U1019094

犁痕桨迹

——我的语文行与思

LIHEN JIANGJI

WO DE YUWEN XING YU SI

何伟俊 / 著

广西教育出版社
·南宁·

一本催我上进的书

于永正

最早见到何伟俊，是在1988年第三期的《江苏教育》（小学版）上。上面有他写的一篇文章，题目叫“挖掘内涵 发展思维——也谈文道结合”。看了作者看文章，看完了文章又回头看作者，目光久久地驻留在“何伟俊”三个字上。文中“以‘少’悟‘多’”“以‘浅’悟‘深’”“以‘反’悟‘正’”三条“文道结合”的路径，使我眼睛一亮，大受启发。想不到的是，同年的《江苏教育》第十二期又看到了何伟俊的一篇文章《乐在其中》，介绍了他教研的收获和体会。就这样，“何伟俊”三个字便刻在我的心中了。我还无端地猜想：这位老师一定是伟岸高大、英俊潇洒的才子。谁都知道，兴化市物华天宝，人杰地灵，是个出才子的地方，郑板桥、刘熙载都是那儿的人。

1999年，他邀我去兴化上课。一见面，我紧握着他的手，大声说：“何伟俊，你是何等的伟岸、英俊啊！名如其人，人如其名，果然不出我所料！”

他不过三十出头，个子高高的，皮肤白皙，高鼻梁上架着一副几乎让我觉察不出的眼镜；目光热情、真挚、深邃、睿智；发型十分严肃，没有一根头发随便脱离集体，但整体看去又不失活泼与灵动。他穿着讲究，衣服笔挺得让你看不到一点儿皱褶，皮鞋锃亮锃亮的。面对这般儒雅的才俊，尘土似乎也不好意思落到他的脚上。

我们一见如故。打那以后，他常邀我到兴化讲学，他也经常到徐州看我，给我带来兴化螃蟹。兴化螃蟹绝不比阳澄湖大闸蟹逊色。我说：“你们的螃蟹是不是送到阳澄湖‘短期培训’过？听说有人把外地的螃蟹在捕捞前的两个月，送到阳澄湖里放养，那些螃蟹就和阳澄湖大闸蟹一样鲜美了。”

伟俊哈哈大笑：“绝无此事，绝无此事！”

2015年底，伟俊打电话跟我说，他打算把多年来写的有关语文教学的文章汇编成册，嘱我写序。我不知深浅，竟满口答应。他怕我累着，在目录上圈了十几篇文章，说：“您看了这几篇，然后随便写写就行了。”

我怕以偏概全，便从头一篇篇地读。读了不到三分之一，我就后悔了，不该贸然答应写序。等到读完了全书，我越发不敢写了。原来，伟俊不但对教育有自己独到的见解，还是一位了不起的实践家和语文教育的引领人！

受人之托，忠人之事，不管怎么样也得写。寻思了半天，有了，就写我读了这本书受到的启发和教育吧。只要伟俊不嫌弃，把它放在书的第一页，不是序也是序呀！

这是一本认识自我、催我上进的书。我以前总以为自己是个读书人，并常常厚着脸皮“教育”青年教师“要多读书”。读了伟俊的《犁痕桨迹：我的语文行与思》，我顿感汗颜。在伟俊面前，我要把我经常对青年教师说的“要多读书”的话，对着自己的耳朵说了！看人家伟俊读了多少书啊！光本书记载的并写了长篇读书笔记的就几十本。他的阅读不但量大，而且涉猎面广。更难能可贵的是，他不是普通的浏览，而是边读边思边写。就像美国人莫提默和查尔斯在《如何阅读一本书》中所写的，他是一位“主动阅读”的人，努力让读过的书“真正属于自己”的人。怎样让书“属于自己”？那就是写。“主动地阅读就是一种思考，而思考倾向于用语言表达出来，不管是用讲的，还是写的。”伟俊的写很不一般，他会把书中的主要观点提炼出来，或者把对自己有启发的几个方面罗列出来，而后逐条写出自己的理解，并能联系工作实际和思想实际写下自己的感悟——既有对自己已有理念、行为的印证，也有对问题的反省和针砭。正如伟俊自己所言：“我已养成这样一个习惯，无论看什么书，读什么文章，都要往教育教学上去想，往小学语文教学上去思考。”他是真正的“向心阅读”者。

阅读伟俊的这些文章，不但能帮助我理解这些书的主要内容和观点，还能从中悟出不少道理。说老实话，我读书很少这样认真思考并且梳理读的书的内容和观点，最多做些摘抄或加些零星的批注而已。从书中我窥见了矮小的自己。猛醒之后，我重新取下了书架上的书。生命的长度几乎不是自己说了算的，但它的宽度和厚度是掌握在自己手中的。感谢伟俊！

之所以说这是一本认识自我、催我上进的书，还有一个原因。以前，我自诩为徐州市鼓楼区语文教改的引领者。读了伟俊的有关语文教学的论述和课堂教学实录后，我赶紧把嘴巴闭紧了。为什么？因为伟俊读书太多，并善于把读书所悟出来的道理用来指导工作。他读了施良方教授的《教学理论：课堂教学的原理、策略与研究》，洋洋洒洒写了一万多字的笔记！读了这篇笔记，就等于读了这本书的缩写本，而且很容易懂。伟俊在杭州评过我执教的习作课《学写对话》。我很佩服他的洞察力和理论水平。读了书中的《理解“教学”，才能更好地“教学”》一文后，才知道他运用的理论是从施良方教授那里学来的。像我这样读书甚少的教研员，以后怎敢开口评老师的课？怎能说出让人茅塞顿开的话？

本书收录了他论语文教学的多篇文章。他的真知灼见，一部分是读书获得的，大部分是来自实践，是在实践中悟出来的，有很强的指导性。如《语言：语文教学的根》《语文教学给学生留下什么》《架起理论与实践的桥梁》《漫话语文教师的专业发展》等，我读了深受启发。我更喜欢他的即席发言，如《读书确定信仰，知识生成力量》等，那种鞭辟入里的分析，那种充满才情的酣畅淋漓的表达，不但让我有获得感，而且读了感到舒畅。他在许多文章中都反复强调这样一个观点：语文教学要留下形象、留下情感、留下语言。对此，我一万个赞成。不深入一线，不亲自实践，这些闪光的思想是提炼不出来的。建议老师们好好读读《漫话语文教师的专业发展》这篇文章，文中讲了他对很多课文的“陌生式”解读，令我叹服。叹服他具有一双“一眼看穿”的慧眼，叹服他能够“一语道破”的本领。

更难能可贵的是，作为教研室主任，作为语文教研员，他不断地（不是一次两次）全方位地（不只是上高年级，也上低、中年级）到基层、到农村上课。他上的是常态课，但又不是一般的常态课，而是带着他的思考和理念上的常态课，他的课目的性、针对性非常明确。他执教的《螳螂捕蝉》《一路花香》《望月》《少年王冕》等，都渗透了他对语文教学的思考和追求，给了我很大启迪。

就拿《螳螂捕蝉》一课来说吧，怎样让学生理解词语？什么叫“联系上下文理解词语”？怎样让词语在学生心中“活”起来？伟俊的课为我们做了生动的、具体的回答。有人说：“词语是文章的细胞。”维果斯基说：“词语只有获得了感性的含义而不是单纯作为概念存在的时候，它才能成为一个生气勃勃的细胞。”“螳螂捕蝉”“乘虚而入”“不堪设想”等词语的教学是“联系上下文理解词语”的经典之作！他不是一般的字面上的“联系”，而是把每个词语都赋予生动的形象、故事，这些词语在学生心中活起来了，变成了一个个“生气勃勃的细胞”。

在讲故事的环节，他不但巧妙地融理解与表达于一体，读而后讲，而且告诉了学生怎样讲好故事。我教了几十年的语文，让学生讲了不少故事，可是，我从来没有考虑“怎样讲故事”。

教研员要又教又研。不上课就不会理解老师，不会理解课堂教学。评课的时候，就会与老师隔着那么一层。一线老师需要理论的引领，更需要实践层面上的引领。兴化市第二实验小学的严伯春老师听了伟俊的《螳螂捕蝉》，称他的课是“紧贴地面的行走”。

相比以前我上的课，就没有像伟俊这样接地气，像伟俊那样“贴着地面行走”。他上课，老师评；老师上课，他和大家一起评。上来上去，评来评去，磨来磨去，磨出了兴化语文教育的美好春天。

《犁痕桨迹：我的语文行与思》真是一本催我自省、催我上进的书。苏轼有云：“门前流水尚能西，休将白发唱黄鸡。”我现在尽管年纪大了，力不从心了，但大脑和嘴尚能“从心”，我要振作精神，在未来的岁月里，和老师们、弟子们一起研究语文教学，让语文教育给下一代留下乐趣，带来受用终生的语文素养。

读了伟俊的书，连我这棵老树都绽放出了新芽，相信年轻的朋友读了，会更加根深叶茂，结出丰硕的果实。

我说的这些话，不知伟俊是否能够排在书的正文前？如能，就算作序吧。

2016年元月25日于徐州

目　录

“学”语文：把读“过”的书变成读“到”的书

“教”语文：留下形象、留下情感、留下语言

“说”语文：还文本以生命

『学』语文：把读『过』的书变成读『到』的书

读书分两种：读“过”的书和读“到”的书。读“过”的书，很快云散烟灭，随时光消逝；读“到”的书，就是“属于你自己的书”，它留在你的心灵里，留在你的生命里，和你的心智一起成长。

理解“教学”，才能更好地“教学”

——读《教学理论：课堂教学的原理、策略与研究》

《教学理论：课堂教学的原理、策略与研究》一书，2009年华东师范大学出版社出版，作者施良方、崔允漷。这本书融理性思维和实践指导为一体，系统介绍了课堂教学的原理、策略与研究三方面的知识。这是迄今为止我读到的讲教学理论、方法最为通透而又富有实践价值的一本书。

作为教师，必须了解教学原理方面的知识，为自己思考和理解教学提供理念框架和思维方式；再结合自己的教学经验，建构自己关于教学的“理论”。一个教师只有具备了自己的教学“理论”或有自己的教学主张（这种“理论”或主张，可能是自己清楚地意识到的，也可能潜意识地存在），他才能从事真正意义上的教学。教学的策略，更是教学实践所必需的。为了不断改善教学，教学的研究已成为教学之中的应有之义。因此，我认为，这本书是教师必读的。这本书不像叙事类、案例型教学书籍那样易读，尤其对喜欢感性阅读的读者而言有一定的难度和障碍。但是，如果能静下心来读下去，自会享受到另一种乐趣——理性的乐趣、思辨的乐趣。这本书的特点是什么呢?

第一，这是一本开放的书。作者“希望读者带着自己的经验去解读、批判这本书，而不是仅仅去接受它”。

第二，这是一本有自己风格的书。为了便于阅读，编者采用了多样化的呈现方式。每一章的开头用文本框列出了本章的主题词和讨论思考题，起到提纲挈领的作用。对一些核心知识或概念，也用文本框呈现出概述或信息。

第三，这是一本有自己独立思考并能引起读者思考的书。对于什么是教学、教学的功能、教学如何实施等重点问题，不是沿袭已有的知识，而是提出了自己个性化的思考。在读的过程中，你能感觉到作者的独立思考，感觉到作者真诚地思考教学问题，是在说经过自己思考的话，而不是说一些公共话语式的套话。在感受到作者独立思考的同时，也就引起作为阅读者的思考。

笔记之一：永远的叩问——教学有没有发生

本书的开篇，作者首先站在语义学的角度对“教学”一词从古到今的语义发展变化进行了考察。在汉语里，“教学”的语义经历了这样的变化：教学即学习→教学即教授→教学即教学生学→教学即教师的教与学生的学。在英语里，“教学”的定义经历了描述式定义→成功式定义→意向式定义→规范式定义→科学式定义五个阶段。

思考：这样的溯源式梳理，告诉我们一种文献研究的方法，即历史比较研究法。我们研究一个概念，要对它有客观、全面的认识，就必须考察它在历史语境中的流变，考察人的认识、思维的变迁。作者对“教学”语义的历史考察不仅给我们以方法论的启示，也使我们对“教学”这一耳熟能详的概念有了历史的、全面的认识。

作者研究教学问题给我们的另一个启示是，研究、讨论一个问题，对概念要有规定性的定义，在这个基础上进行的对话、讨论才是有意义的。书中说：“我国的教学理论要进一步发展，不能停留在日常语言的描述性定义上，需要一种精确的、不易产生歧义的规定性定义。只有这样，不同观点展开对话、争鸣，才会有意义，一门学科的发展才会有希望。”“对话的前提是话题本身必须明确，不能含糊其辞、模棱两可。”

思考：这是一种严谨、科学的学术研究态度。我们现在的很多讨论、争论，之所以自说自话、公说公有理，就是因为共同的话题并不明确，概念的界定并不清楚。这样的争论，对研究问题、解决问题是没有什么价值的。

书中对教学的规定性定义从5个方面进行了阐述。1. 教、教学经常是通用的。

2．教与学在理性思维中是可分的。3.“教的行为”是教学理论的中心问题。4．教学（教）就是教师引起、维持与促进学生学习的所有行为。5．教学行为即探究行为。

思考：第4点给我们的启示是，有了教师，有了学生，有了教材，我们的教学在实际中是不是就真正发生了呢？有的老师经常抱怨：我讲了，学生为什么还不懂？我讲了很多遍，学生为什么还不会？其实，你讲了，教学未必就发生了！按照这一条规定，我们可以这样来思考：教的行为有没有“引起”学生注意，如果学生还没有注意，那教学就根本没有发生，也就谈不上教学的效果；引起了学生的注意，有没有“维持”一段时间，保证足够的时间以完成既定的学习任务；引起、维持了学生的学习，是不是“促进”了学生的进步。只有“引起、维持、促进”了学生的学习，教师的教学才真正发生了，学生的学习才真正发生了，教学才会产生效果。第5点给我们的启示是，我们现在讨论热烈的预设与生成的话题，其实是教学中的应有之义，不是什么新花样。书中第13页“（五）教学行为即探究行为”中说得很清楚：

教学本质上就是一种探究。因为教师从事教学专业的工作对象是活生生的、健康的人，而不是相对静止的物，这是教学专业与其他专业的区别所在。这种专业特性决定教师的专业工作生活方式必须面对教育情景中的不确定性。教师每时每刻面对的情景都具有即时性，都有不同的一些方面，需要教师来面对、来处理，也就是说，需要教师去解决、去探究。例如，从理论上说，上课之前的备课或者说计划是不可缺少的，然而，这并不是说实施就是贯彻执行计划，而是要根据课堂情景进行调整。研究表明，计划充分的教师对学生反倒不敏感，较少鼓励学生谈自己的看法和进行讨论。这就说明，如果教师不随机应变，计划就有可能起副作用。计划毕竟是带有主观性的设计蓝图，实施时的灵活性非常重要，新教师与熟练教师的差别往往就在于此。因此可以说，教学即探究，教师即研究者。

苏联教育家苏霍姆林斯基在《给教师的建议》里也讨论过预设与生成的辩证关系。他说：“教师既要有精心的、充分的计划，又要根据课堂上出现的情况随时调整计划。只有有了充分的计划，才有课堂上有效的及时调整。”

作者在对“教学”下了规定性定义之后，提出了教学活动的三个逻辑必要条件：一，引起学生的学习意向；二，明释学生所学的内容；三，采用易于学生觉知的方式。这三个逻辑必要条件，为我们思考教学是否真正发生、教学是否有效，提供了思考的路径。

笔记之二：历史溯源——理解“教学”应具备的视角

第二章的标题是：教学理论的形成和发展。了解和认识教学理论逐步形成和不断深化、丰富、发展的过程，有助于我们认识现今这个时代的教育，认识现代的教育之所以如此的由来，形成教育的自觉。

西方教育史上，第一个倡导教学理论的是德国教育学家拉特克。他认为，受教育是人与生俱来的权利，要保障每一个人享有这一权利，使一切国民共享同一语言、同一学问、同一文化，以实现统一、和平和独立的德意志。拉特克要求一切国民应获得一定程度的教养，因此他自己致力于探求“教授之术”，开拓教学理论的领域。

思考：一，393年前，德国人就有了公平教育、全民教育的思想。那时，我国处于明末，教育还只是为了少数人考取功名。20世纪初，我国的有识之士才提出开启民智。目前，我们还在苦苦追求公平教育，努力实施全民教育。二，教育是天赋人权，不是任何人的恩赐，更不是教师的恩赐。从人权的角度、伦理的角度，认识教育，认识师生关系，那么，无论在什么情况下，教师都没有权利剥夺学生的受教育权。三，拉特克的“教授之术”为的是全体国民获得教养。也就是说，我们研究教学理论的宗旨应该是为了学生的发展，而不是为了“理论”而“理论”。

捷克教育家夸美纽斯进一步发展了拉特克的思想，对教学理论的发展做出了杰出的贡献。他提出了“自然适应性原则”，直到现在对我们的教育仍然具有启发性。法国教育家卢梭的《爱弥尔》充分诠释了教育的“自然适应性原则”。《爱弥尔》的开篇即表明全书宗旨：“出自造物主之手的东西，都是好的，而一到了人的手里，就全变坏了。他要强使一种土地滋生另一种土地上的东西，强使一种树木结出另一种树木的果实；他将气候、风雨、季节搞得混乱不清；他残害他的狗、他的马和他的奴仆；他扰乱一切，毁伤一切东西的本来面目；他喜爱丑陋和奇形怪状的东西；他不愿意事物天然的那个样子，甚至对人也是如此，必须把人像练马场的马那样加以训练；必须把人像花园的树木那样，照他喜爱的样子弄得歪歪扭扭。”夸美纽斯的三条教学原理——直观原理、活动原理、兴趣与自发原理——成为后来重要的教学原则的源头。

德国教育家赫尔巴特的体系标志着独立的教学理论的形成。他把教育的目的定位在道德的形成和知识、能力、技能的教育。他主张为成长着的一代将来能从事某种职业而实施一定的教育，帮助他们发展能力与兴趣。他还指出青少年学习“技术知识”的必要性。

思考：西方教育的目的是为人的实际生活准备，而我们民国之前的教育主要是为了获取功名、走上仕途。难怪德国的职业教育如此发达，他们的职业教育思想源远流长。我们的职业教育刚刚兴起，其举步维艰就在情理之中。赫尔巴特在教育学史上第一个明确提出“教育性教学”的概念，把道德教育与学科知识教学统一在同一个教学过程之中。我们现在说的知识与能力、过程与方法、情感态度与价值观三维目标统一于教学过程中，不难在这里找到滥觞。他的教学四阶段论——“清楚、联想、系统、方法”为后来教学结构、教学方法和教学过程的发展、丰富做了开创性的奠基。

以上三位杰出的近代教育家的教学理论都是建筑在当时哲学、心理学研究成果之上的。赫尔巴特以后，教学理论沿着哲学取向、心理学取向两条线索发展出许多分支。赫尔巴特的教学理论成为近代各派教学理论的源头。

从当代教学理论四个流派的演变，可以看出新中国成立以来教育改革的线索，以及目前课程改革是如何融入世界教育改革潮流中去的。一，哲学取向的教学理论，我把它概括成“知识取向”；二，行为主义心理学教学理论，我把它概括成“能力取向”；三，认知心理学教学理论，我把它概括成“智力取向”；四，情感心理学教学理论，我把它概括成“人格取向”。几十年来，我们从强调“双基”到强调“能力”，再到强调“智力”，不正对应了前三种当代教学理论流派吗？而情感心理学教学理论正是当前课程改革的价值追求。

美国人本主义心理学家罗杰斯是情感心理学教学理论的代表人物。他指出，学校要培养的人就是：

能从事自发的活动，并对这些活动负责的人；能理智地选择和自定方向的人；是批判性的学习者，能评价他人所做贡献的人；获得有关解决问题知识的人；更重要的，是能灵活地和理智地适应新的问题情景的人；在自由地和创造性地运用所有有关经验时，灵活地处理问题的人；能在各种活动中有效地与他人合作的人；不是为他人的赞许，而是按照自己的社会化目标而工作的人。

思考：上面的每一句话，每一个词都值得我们细细咀嚼、研究。它好像为我们所要培养的现代人，描绘了一幅立体的生动的画像。知识、能力、创造、情感、态度，统一于人格之中。“能从事自发的活动，并对这些活动负责的人。”现在，不少年轻人缺少的就是对自己人生的规划和目标。他们的学习、生活、工作，很多都是“他发”而非“自发”。

罗杰斯提出的师生关系品质的三个方面——真诚、接受、理解，也发人深省，给人深深的启迪。

笔记之三：找准教的位置——教学行动的起点

本书第三章讨论的是“教学的基本问题”。作者把教学的基本问题归纳为四个方面：一是教学活动的参与者，教师和学生的关系；二是教学的目标，掌握知识与发展智力的关系；三是教学过程，认知过程和情感过程的关系；四是教学方法，接受学习和发现学习的关系。

我想，教师对这四个问题都应该结合自己的教学实践，经常思考，反复琢磨，建构起自己对教学的理解。

就第一个问题，作者从两个方面进行了阐述。一是教师与学生的认识活动，即教师“教”的活动和学生“学”的活动，这一方面的师生关系主要是认识论意义上的关系，即主客体关系。二是教师与学生之间的人际接触、人际沟通活动，即师生交往活动，这一方面的师生关系主要是社会学意义上的关系，即人际关系。

关于教师和学生的主客体关系，作者为我们提供了如下思考问题的支架：

1. 主客体是就具体活动而言的，离开具体的、现实的活动，就无所谓主体和客体。因此，我们思考师生间的主客体关系，就要在具体的、现实的教学活动中思考，而不是抽象地谈论谁是主体、谁是客体。

2. 活动中主体的特征：活动中的主体具有自主性、能动性和主观性等特征，自主性是其本质规定。所谓自主性，是指活动的自我决定性，其主要表现有三个方面：一是活动者自己确定目的，为实现自己的目的而进行活动；二是活动者在活动中选择活动的方式方法，自己掌握活动的进程；三是活动者在活动过程中进行自我监督、自我控制、自我调节。活动的主体只能是人，而不可能是其他事物。但是从事活动的人未必是主体，只有自主地进行活动的人才是主体。

3. 主客体的关系：两者相互依存，离开客体无所谓主体，离开主体也无所谓客体；主体是活动中的主导，是活动目的之所属，客体是为主体服务的，是作为主体实现目的的条件和手段而存在的；客体对主体具有制约性。主体的活动必须符合客体的特点，遵循客体固有的规律，才能获得成功，实现主体的目的。

怎样考察教师与学生之间的主客体关系？本书认为：

1. 主客体关系是就特定活动而言的，而教学中的活动是具体的、复杂多变的，因此，主客体关系是具体的、复杂多变的，不能用一种简单的模式去概括。

2. 教学过程中的主客体关系，只是教师和学生认识论意义上的关系。就教师和学生的交往活动来说，无所谓主客体关系。

3. 在教师教与学生学的具体活动中，谁是主体、谁是客体，关键看谁是活动目的的确定者、活动过程的支配者。

4. 判断学生是否确定或参与确定有关活动的目的、是否决定或参与决定有关活动的过程，要以事实为依据，而不能以“应该怎样”为依据，即应该做“事实判断”，而不能做“价值判断”。

怎样处理教师与学生的主客体关系？作者认为：

1. 教师应该充分发挥自己教的主体性。一方面，教师要发挥自己的主观能动性，自觉地把握好自己的教的活动；另一方面，教师的教要以学生的特点和学习规律为前提和依据，因为主体的任何活动必须以客体的特点和变化规律为前提和依据，而且作为教师教的活动之客体的学生是具有主观能动性的人。因此遵循学生的特点和学习规律就显得尤为重要，违背这一点，教师的主体性就不能得到恰当、有效的发挥。

2. 充分发挥学生学的主体性，引导学生参与确定学习目标和学习计划，积极主动地进行学习，在学习过程中自觉地进行自我调控。

3. 主客体关系仅仅是一个认识概念，无任何道德和法律含义。不可把主客体地位上的差异转化为或理解为道德或法律地位上的不平等；同时也不能因为主张教师与学生在道德和法律地位上的平等，而取消他们在主客体地位上的差异。

从上面的三点，我们可以来思考——（1）教学过程中，究竟谁是主体？在什么情况下谁是主体？（2）不同的学习阶段，不同的学习内容，不同的学生，教学过程中的主体会发生变化，学生主体性的程度会有所不同。（3）现在，我们往往因强调师生的平等地位削弱了教师在教学过程中应有的主体性，从中不难看出这是一个逻辑上的误识。（4）教学过程中，预设与生成的关系，就是充分发挥教的主体性和遵循学生的特点以及学习规律之间的关系。

笔记之四：关注师生人际关系，充分发挥其教学功能

师生关系的第二个基本方面是师生人际关系。如果说师生主客体关系在某些时候、某些方面教师表现为主导方面的话，那么，师生的人际关系则应该是民主的、平等的。

我们过去学习的教学理论是不关注师生人际关系这一领域的。本书认为：

师生人际关系具有十分重要的教学功能。主要表现在以下几个方面：

第一，它是教师“教”的活动与学生“学”的活动发生的前提，教与学总是在师生交往的背景下进行的。如果没有教师与学生的相互接触、相互沟通、相互作用，怎能产生教与学的活动呢？

第二，它是制约教学效果的一个至关重要的因素。师生人际关系状况直接影响教师“教”、学生“学”的积极性，影响课堂气氛，从而影响课堂教学效果。如果师生人际关系融洽，则往往会使教师教的热情高涨，使学生表现出好学、乐学，使课堂气氛积极、活跃。

第三，它对学生的人格发展起着重要的制约作用。社会心理学的研究表明，融洽、和谐的师生人际关系有助于学生人格的发展，并能调适或消除心理健康问题；而冷漠、紧张的师生人际关系则不利于学生人格发展，久而久之甚至有可能造成人格障碍。

第四，它是师生进行交往活动从而满足情感需要的一个前提。教师和学生都有情感的需要，这种需要部分是在教学过程中通过师生交往得到满足的，而师生交往是在一定的师生人际关系中进行的。融洽、和谐的师生人际关系能很好地满足师生的情感需要。

第五，师生人际关系还是影响学校风气的一个重要因素，良好的师生人际关系有助于形成良好的学校风气，而不良的师生人际关系则对学校风气有消极的影响。

思考：从上面五点不难看出，师生人际关系在教学中的重要作用。第二点，

老师在教学实践中都会有亲身体验，也就是我们平时说的“亲其师，信其道”。教师要带着情感进课堂，在课堂教学中，教师与学生要有真诚的情感交流，要真诚地关心帮助学生，对所教的内容抱着真诚的态度。良好的师生关系会营造弥漫在教室里的情感的“场”，虽然看不见、摸不着，但师生都能感觉到它的存在。在这样的“场”中，学生和教师都会获得精神享受，课堂教学会取得更好的效果。

第三点应该引起我们的高度重视！这是目前我们忽视的一个方面，也是我们教学存在的一个严重的问题！我们的教学不能只关心知识不关心人，只关心分数不关心人格。“新课标”提出教学的三维目标，其中的情感态度与价值观就包含了关注学生人格发展的教育意旨。现在，不少学生离开学校后，对学校没有感情，对教师没有感情，其原因就是有些教师在教学中忽视了正确处理师生的人际关系。

怎样处理师生之间的人际关系呢？作者提出了以下几条基本要求：

第一，加强与学生的交往，建立密切的师生关系。第二，尊重学生人格、权利，坚持师生之间的民主、平等。第三，关心爱护学生，热心地帮助学生。第四，公正无私，不偏爱，对每个学生寄予好的期望和信赖。第五，以身作则，为人师表，不断提高自己的素质，使自己的言行符合社会和学生对教师的角色期望。

当然，在建立良好的师生关系方面，学生也应该尽多方面的努力：首先，学生应该尊敬教师。其次，学生应该理解教师。再次，学生应尽最大努力使自己达到教师对其的各方面要求。

因此，教师不仅要具备专业知识和教学技能方面的基本功，还要具备与学生交往的基本功，掌握与学生交往的本领。一些专业水平不错、工作负责的教师教学效果却不怎么好，可以从师生人际关系方面找找原因。

笔记之五：准确把握知识、智力两个概念，防止虚妄的僭越

学校教学工作的重点是帮助学生掌握知识和发展智力。

我们对知识和智力这两个概念是不是真正理解呢？

一、广义的知识包括两大类：陈述性知识，即“知什么”；程序性知识，即“知如何”。

二、陈述性知识的范围和掌握陈述性知识的意义。

根据心理学的研究，陈述性知识的范围包括：词语、名称、术语或标记，单一的命题或事实、事件，作为有联系的论述而组织起来的命题或事实的集合等。掌握陈述性知识对人的发展和社会化有着重要的意义。

三、程序性知识的范围和掌握程序性知识的意义。

程序性知识主要包括智慧技能、动作技能中的认知成分、认知策略。

四、智力的概念。

书中列举了九种有代表性的界说，我们可以从中思考，加深对智力这一概念的理解。本书作者综合最后三种定义，提出了他们的理解：“把智力理解为一个人的神经活动的功能特性在人的一切认识活动中的表现，它是一个人的基本的、综合性的认识潜能，在日常生活中相当于通常所说的‘聪明程度’。”

注意：“尽管‘智商’的概念早就提出，但直到现在，‘智力’在一定程度上仍然是一个抽象的、假设性的概念，人们还没有弄清它的实质。”

五、发展学生智力的意义。

智力无疑是影响人的认识和学习的一个重要因素。然而，智力只是为个体现实的能力、成就提供一种可能性，从这个意义上说，发展智力的意义又是有限的。作者的理由是：1. 智力不能决定一个人的能力和成就。个体之间能力高低、成就大小，并非主要取决于智力，而是取决于知识、性格等因素。所以，掌握知识比发展智力更具有实际价值。2. 智力也并不能决定学生的学业成绩，它仅仅决定成绩的25%。学业成绩还受到学生的知识基础、人格特点、学习动机、学习兴趣等多方面的影响。

六、教学在促进学生智力发展方面的作用。

对所处文化环境正常的儿童来说，教学对其智商提高的作用极小，但是延长的学校教育（如进入大学）能够促进智力中较为复杂成分（如推理能力和抽象能力等）的进一步发展，这里显然包含了教学的作用。

教学在促进学生智力发展方面能起的作用，实际上是很有限的。后天因素在个体智力差异中所起的作用并不像我们所期望的那么大。所以，教学不能以发展智力为主要目标。

七、掌握知识与发展智力是发展能力的两个方面。

对什么是能力，历来众说纷纭。作者提出理解能力需要把握三点，为我们理解什么是能力提供了新的思路。第一，严格地说，能力无所谓潜在能力与现实能力之分，被称为能力的，就其本身来说都是现实的。第二，不存在纯粹的一般能力。能力是在活动中形成并在活动中表现出来的，而活动是具体的，个人能力的强弱也是因具体活动领域而异的，所以能力总是带有具体的性质。不少人认为人的身上存在着一般能力，并将之划分为观察力、注意力、记忆力、思维力、想象力等几种类型，这几种类型的能力可以分别加以训练而获得发展。现代心理学理论和事实都表明，这是一种虚构，这种虚构实质上就是历史上官能心理学的论点，而这种论点被许多心理学家的实验证明是站不住脚的。第三，能力并非相对稳定不变，而是不断发展的。

能力由智力和知识构成。在能力结构中，智力是一般成分，知识相对于智力来说是特殊成分。智力和知识两者构成完整的能力，缺乏其中的一个方面，都不足以产生能力。

八、如何处理掌握知识与发展智力的关系。

掌握知识应该成为教学在智育方面的主要目标。掌握知识与发展智力并不是彼此孤立、相互对立的，而是相互制约、相互促进的。在教学中必须把掌握知识与发展智力结合起来。教学中的智力发展目标，也要通过掌握知识才能实现。企图离开掌握知识来进行纯粹的智力训练，是不合理的。

思考：1. 在教学过程中，学习知识、培养能力、发展智力是融合在一起的。而掌握知识是枢纽和凭借，亦即平台。能力的发展、智力的发展都只能在掌握知识的过程中进行。2. 当前，“新课标”实施过程中，忽视基础知识的倾向值得警惕！有了对知识、智力、能力清楚的认识，我们在教学中才不会迷失方向。如果忽视了知识的基础去发展智力、培养能力都只能是虚妄的僭越！

2005年11月—2006年2月

通往语文教学的密林深处

——再读《给教师的建议》随感

苏联教育家苏霍姆林斯基的《给教师的建议》是我翻阅次数最多的一本书。20年前从北京教育科学出版社邮购回来，读着读着，我有一个强烈的想法，全国所有的中小学教育工作者都应该认真阅读这本书，而且要放在案头经常翻阅。我阅读过的那本《给教师的建议》不知被哪位老师借去了，至今不知下落，觉得很惋惜，常常想起那本书，就像常常想起一位不在身边的老朋友。因为，那上面有我阅读的圈画批注和留下的思考与感悟。《给教师的建议》在当时为我打开了一个全新的、宽广的教育教学和教育教学研究的天地。我曾经自己买了这本书，在扉页上写上几句话，送给青年教师，鼓励他们读书、思考、实践，从苏霍姆林斯基那里找到教育、教学、教研的路径和乐趣。成立小学青年教师读书班后，我把《给教师的建议》作为必读书推荐给学员，并要求他们不仅在读书班期间读，而且要在今后教育生涯中反复阅读，在教育教学工作中认真实践苏霍姆林斯基的教育思想。

苏霍姆林斯基的教育思想博大精深，对教育教学工作的方方面面都具有指导意义。近来，重读这本书，发现其中的很多真知灼见对当前的语文教学研究具有启发。我把这些想法写下来和大家交流、讨论，和读书班学员一起再学习、再思考，也起一个抛砖引玉的作用。

随感之一：阅读教学与学生思维能力的培养

在小学里，你要教会所有的儿童这样阅读：在阅读的同时能够思考，在思考的同时能够阅读。

能够在阅读的同时进行思考和在思考的同时进行阅读的学生，就不会在学业上落后。

——《给教师的建议》第3条

思考：语文教师要研究在阅读教学中如何培养学生边读边想的习惯，在读书、感悟中如何增强思维含量，让学生在思维的山道上既付出力量又饶有兴味地向上攀登。这就需要培养学生的问题意识，这一点很重要，这是前提。具体到语文课上，提什么问题与其他学科还不一样。如果，只是一小部分学生有问题意识，能发现一些问题，那是自发的，不是老师的工作所产生的。学生能自主提出问题当然是最理想的境界，但这往往很难。如何让大多数学生学会提问？必须要有老师的示范和引导。如果老师自己没有问题意识，不能在文章中发现问题，不会边阅读边思考，那怎么能培养学生的问题意识？怎么能引导学生发现问题？怎么能培养学生边读边思考的阅读习惯？所谓示范，就是老师要把自己在阅读文章时发现问题、思考问题的亲身经历原原本本地告诉学生；所谓引导，就是老师引而不发，引起学生注意文章中的有关问题并加以思考。

语文课上的问题有语文的个性。语文课程培养的思维能力跟其他学科有区别。一般情况下，我们有一个思维定式，以为培养的思维能力就是抽象逻辑思维能力。但在语文学科中，思维能力的培养，形象思维和逻辑思维同样重要。尽管有人批评现在的语文教学忽视逻辑思维，但我个人认为，语文学科在培养学生思维能力的整体工作中更应该发挥其培养学生形象思维的优势和个性。因为，思维能力的培养是系统工程，不是语文一个学科的全部责任。各个学科都有培养学生思维能力的任务，都有自己学科为培养学生思维能力贡献份额的优势和特质。

语文课上（主要指阅读教学），引导学生思考哪些问题呢？最基本的是思考文章通过语言文字表达了什么内容。其次，这个内容是怎么一步一步表达出来的（即文章的思路，课程标准上叫表达顺序，这也是逻辑思维的训练）。最后，思考作者是怎样遣词造句的。对语文来说，最重要的是思考作者的内容、意思、情感等是怎样表达出来的。这里有两个层面：入乎其内，和作者一同思考；出乎其外，审视作者是怎么思考的。举例说明：我重读叶圣陶的《文章例话》中徐志摩的《我所知道的康桥》。"啊，那是新来的画眉在那边凋不尽的青枝上试它的新声！啊，这是第一朵小雪球花挣出了半冻的地面！啊，这不是新来的潮润沾上了寂寞的柳条？"我们在阅读时首先想到作者写了画眉的叫声、小雪球花、柳条这些客观的景物。直觉告诉我们，作者写得很美。这就引起我们思考，作者是怎么写的呢？画眉的叫声为什么是"新声"，为什么用"试"？我们要进到作者的心里去，进到文章的情境中去思考，这种思考更多的是一种联想和想象（也就是形象思维），更多的是一种身临其境的体验。春天到了，新的一年开始了，作者带着愉快的心情来到郊外，同样的声音，在那个时间、那个环境，在徐志摩听来就别有一番味道了。这也给我们以启示，用心去体验，才会有自己独特的真切的感受，想到这一层，也是一种思考。下面两句的"第一朵""挣出半冻""新来""寂寞"都是我们可以思考、感悟的。

还是一句老话，教师的素质决定学生素养的提高（不是决定学生的素养，而是决定学生素养的提高，因为没有教师，学生也能形成素养，教师的功德在促进学生的提高、发展）。没有教师自己对文章的理解，教师的思维能力不强、思维品质欠优，何谈培养学生的思维能力？何谈引导、启发学生养成边读边思考的习惯？教学毕竟是教师之教学，不管学生的主体性发挥到何种程度，在教学的情景中，离开了教师应有的素质，讨论教学问题就失去了前提，也就没有意义。

随感之二：词语教学的价值和方法

在低年级，从教学的最初步起，知识的最重要的因素就是词，更确切地说，就是词里面所反映的现实的周围世界；词在儿童面前展现出新的、在他入学以前完全陌生的那许多个方面。儿童在知识的梯子上攀登时，使他迈出最初的、在我看来也是最宽阔的步伐的，就是通过词来认识世界。让词在儿童的意识里活起来，欢蹦乱跳，使词成为儿童借助它去掌握知识的工具，这是多么重要啊。如果你想使知识不致变成不动的、死的行装，那就请你把词变成进行创造的最主要的工具之一。

在学生的脑力劳动中，摆在第一位的并不是背书，不是记住别人的思想，而是让学生本人进行思考，也就是说，进行生动的创造，借助词去认识周围世界的事物和现象，并且与此联系地认识词本身的极其细腻的感情色彩。

——《给教师的建议》第7条

思考：词语是概念的物化，是思维的凝结。通过词认识世界，突破了时空的限制、直接经验的局限，进入一个无比宽广的世界。这种认识是活化的认识，是与儿童生活经验相通的认识，是与儿童心灵相契合的认识，是经过儿童本人思考的认识。这样的认识才是有效的，才是可以进行生动创造的。这样的认识又是和儿童对事物、现象的情感体验结合在一起的。认识词本身的极其细腻的感情色彩，其实就是体验事物和现象本身的感情色彩。《语文课程标准》里，在小学三个学段，对词语的感知、理解以及体会其表达效果、感悟其情感色彩等都提出了具体明确的要求。读到苏霍姆林斯基的话，结合对《语文课程标准》要求的理解，觉得是那么的鲜活和亲切。

随感之三：语感，学习语言的环境；语言的音乐性，语言学习的源头

学校里应当有一种高度的言语素养，有一种对词的高度敏感的气氛：一个说错或者写错的词，不仅教师，而且学生听起来都会感到它不谐调，就好像一个具有高度音乐听觉的人，听到一个错误的音符时感到那么不入耳一样。应当向小学各年级的教师提个建议：你们要培养儿童对词的感情色彩的敏感性，你们要使学生像对待音乐那样对待词的音响！形象地说，学生应当成为“词的音乐家”，珍视词的正确、纯洁和优美。你可以把孩子们带到大自然中去，把各种花朵、声音、动作的极其细微的色调指给他们看，把人们的劳动作为一种创造活动展示在他们面前，并且让这一切都通过词、通过色彩细腻的言语反映出来。

——《给教师的建议》第15条

思考：语感培养的场所不仅仅在语文教学的课堂，学校里的任何时间、场所，任何活动，都要有对语言的高度敏感。所有老师的教学语言，非教学语言（老师间的交谈、老师和学生的谈话），语文教师语文课堂之外的语言，学校领导各种集会讲话，国旗下讲话，学校的各种通知、通告，学校、班级的墙报、黑板报，等等，学校的所有语言现象、语言行为——我们都注意了吗？语文学习无处不在，“语文学习的外延和生活的外延相等”。汉语富有音乐性，古人作文写诗讲究音韵，徐志摩倡导现代诗的音乐性。苏霍姆林斯基要学生成为“词的音乐家”，对我们的阅读教学，特别是古诗文教学是不是有启发呢？“珍视词的正确、纯洁和优美”，苏霍姆林斯基对母语的深情和热爱是不是也值得我们敬佩和学习呢？到大自然中去、到生活的源头中去感知语言、感受语言、运用语言，这对我们的习作教学大有启发！

随感之四：“扶贫帮困”的灵丹妙药

一些老师对待学习有困难的学生一般是作业、作业、再作业，时间、时间、再时间，苦了学生，苦了自己，可惜收效甚微。请看，苏霍姆林斯基开出的“灵丹妙药”：

> 学生学习越感到困难，他在脑力劳动中遇到的困难越多，他就越需要多阅读：正像敏感度差的照相底片需要较长时间的曝光一样，学习成绩差的学生的头脑也需要科学知识之光给以更鲜明、更长久的照耀。不要靠补课，也不要靠没完没了的“拉一把”，而要靠阅读、阅读、再阅读——正是这一点在学习困难的学生的脑力劳动中起着决定性的作用。学习困难的学生读书越多，他的思考就越清晰，他的智慧力量就越活跃。
>
> ——《给教师的建议》第19条

思考：看到学生学习困难，我们总是以为学生的知识基础差，因此，拼命地给他补课。而苏霍姆林斯基看到了学生学习困难的本质原因是思维能力差，智慧力量弱。就好比体力劳动，一个人体力弱，当然不能挑重担，不能走远路。同样，一个人脑力弱、智力弱、思维力弱，当然挑不起学习的重担。即使勉强挑上了，也走不远，于是逐渐与别的同学拉开了距离，成了“学习困难的”的学生。而要发展他的智力，增强他的脑力，苏霍姆林斯基认为：只有靠阅读，必须靠阅读。他说：“阅读好比是使思维受到一种感应，激发它的觉醒。”“阅读能教给他思考，而思考会变成一种激发智力的刺激。”《语文课程标准》所言：“少做题，多读书。好读书，读好书，读整本的书。”这不仅是学好语文的不二法门，也是帮助学困生开发脑力的重要途径。

随感之五：感悟和积累，感悟和运用

由于视觉、听觉、感受和思维是同时进行的，在儿童的意识里就形成一种在心理学上称为情绪记忆的东西。与在儿童的记忆里留下的每一个表象和概念联系在一起的，不仅有思想，而且有情感和内心感受。如果不形成发达的、丰富的情绪记忆，就谈不上童年时期的完满的智力发展。

要让词进入儿童意识的时候带着鲜明的情绪色彩。

——《给教师的建议》第30条

思考：语文教学需要积累，现在语文教学也强调积累。可我常常担心过多的强迫性的死记硬背会使学生丧失对语文的兴趣，甚至在心里对语文产生排斥的情绪。在抓写字教学、课外阅读、古诗词诵读等工作中，我反复强调不要以牺牲学生的兴趣为代价，不能让学生怕写字、怕读书。学生怕写字、怕读书，这是我们所不愿意看到的，也是十分可怕和有害的。孙绍振先生在《母语教育的忧思和希望》一文中说：“母语学习是终身的，不调动起学生的情感和兴趣，不可能维持终身学习的热情。问题在于，目前我国的课程设置和考试制度，在许多方面，并没有把培养青少年对于母语的热爱放在应有的位置上。”孙先生对“学生对母语的情感、兴趣和热情”的关注和担忧是十分有见地的。因为，母语不是纯粹的工具。孙先生又说：

“民族自尊和自豪不是抽象的，民族语言的自尊和自豪是题中之义。”苏霍姆林斯基说的“情绪记忆”对我们如何指导学生积累语言富有启发。尽管我们有时不得不采用“机械记忆”（不同于死记硬背，是心理学上相对于“意义记忆”的一种记忆方法）的办法，但我们应尽量减少采用这种方法，多采用“意义记忆”“情绪记忆”。苏教版教材的编者苦心孤诣，想出“情境图”“语境歌”帮助学生学习汉语拼音，想出“看图识字”“词串识字”“转盘识字”帮助学生学习汉字。在日常记忆中，我们也经常把数字、符号等枯燥的记忆转化为意义记忆或情境、情绪记忆。我们都有这样的体验，触动心灵，引起强烈情绪、情感反应的文章、讲话，往往在记忆中保存的时间较长，甚至终生难忘。希望我们的老师在更多的时间、更多的领域、更多的学生身上采用意义记忆、情绪记忆、情感记忆，尽可能减少机械记忆，防止死记硬背，在理解、感悟、体验的基础上积累。我们经常会遇到这样的情况，学生摘录了大量的好词佳句，积累了大量的优美语言，可是能在自己习作中运用的却很少。其中的机制是复杂的，但语言在进入学生意识的时候没有“带着鲜明的情绪色彩”，大概是原因之一。因此，感悟语言恐怕是运用语言的前提之一。《语文课程标准》中说，“语文教学要注重语言的积累、感悟和运用”，如果改为“语文教学要注重语言的感悟、积累和运用”，是否更妥当?

随感之六：书籍，智力的策源地；读书，生命的存在方式

如果少年、男女青年没有自己心爱的书和喜爱的作家，那么他们的完满的、全面的发展就是不可设想的。我要培养一个人，设计他的个性，我就始终努力使我的每一个学生早在小学起就建立自己的小藏书箱。中年级和高年级学生的藏书量已经相当可观——有100—150本书。就像音乐家不随时拿起自己心爱的乐器就不能生活一样，一个有思想的人如果不反复阅读自己心爱的书就无法生活。

——《给教师的建议》第24条

思考：苏霍姆林斯基对学生的读书真是太重视了！在《给教师的建议》一书

中，他多次提到读书，阐述读书的重要性。在他看来，学生智力发展的主要途径就是阅读、思考。朱永新教授说："一个人的阅读史就是他的精神发育史。"朱教授的观点与苏霍姆林斯基的思想不谋而合。再看到苏霍姆林斯基在他的另一本书《帕夫雷什中学》中介绍他的学校的读书情况，我大吃一惊。我觉得我们现在的好多学校跟50多年前他的学校相比，简直"穷"得像乞丐！他的学校有一个总图书馆，另外还有文学图书馆、数学图书馆、科技图书馆、艺术图书馆等，学校里每层楼都有阅览室，楼道里设有开放的书籍陈列架。学校规定，中学期间，每个学生必须读完200部世界文学名著（其中大多是俄罗斯作家的作品）！！在苏霍姆林斯基看来，读书就是教育，教育就是读书。苏霍姆林斯基不仅把读书看作发展智力的手段，更把读书与人的生活乃至生命联系在一起。"一个有思想的人如果不反复阅读自己心爱的书就无法生活。"人是有思想的苇草，阅读成了人生活的必需，成了生命存在的方式。语文老师领着孩子读书多么重要，从小养成读书的习惯多么重要。语文老师是辛苦的，语文老师又是幸运的，语文老师责任更大，语文老师首先应该成为一个真心热爱读书的人！因此，苏霍姆林斯基接着说："把每一个学生都领进书籍的世界，培养起对书的酷爱，使书籍成为智力生活的指路明星——这些都取决于教师，取决于书籍在教师本人的精神生活中占有何种地位。如果你的学生感到你的思想在不断地丰富着，如果学生深信你今天所讲的不是重复昨天所讲的话。那么阅读就会成为你的学生的精神需要。"读书的意义对学校、对教育、对学生、对老师，是怎么强调也不过分的。一个读书的人可能没有自己的思想，但一个有思想的人一定是一个读书的人。《语文课程标准》强调"少做题，多读书，好读书，读好书，读整本的书"。但目前，学校的读书还停留在活动的层面，尚未课程化、制度化。读书的时间得不到课程的保证，读书的评价还处于教学评价的边缘，没有制度保证。作为一项长期的工程，读书需要老师、校长的热情，但光有老师和校长的热情是远远不够的。另外，整个社会崇尚读书、学习的风气，对学校的读书活动，对学生的读书习惯，都有不可忽视的影响。而这种风气的形成，需要全社会、全方位的共建。学校、老师是组织学生读书的主体，应发挥积极的引导作用。我呼唤学校读书的课程化、制度化，呼唤全社会读书风气的形成。

随感之七：词语教学与语言的发展——理解、表达、创造

儿童在学习中遇到困难的原因之一，就是知识往往变成了不能移动的重物，知识被积累起来似乎是“为了储备”，它们“不能进入周转”，在日常生活中得不到运用，而首先是不能用来去获取新的知识。

——《给教师的建议》第51条

思考：语文教学中，老师是不是时时处处都有意识地引导学生尝试运用积累的语言呢？我们可能只注意了习作和口语交际中的运用。其实，在语文课堂教学中，教师的教学语言要给学生做出不断运用自己学到的新鲜语言的榜样。学生在课堂的口头表达中，教师要引导他们有意识地运用积累的语言表达自己的思想，并要及时纠正表达中存在的问题。

如果你不注意尽量使词在儿童的头脑和心灵里成为一种积极的力量，那么认识世界的过程就只能是你的思想在儿童头脑里的堆积，从而把他的头脑变成了知识仓库。当你深信孩子们已经清楚地理解了词、词组的丰富含意和情感色彩以后，你就建议他们自己讲述他们所看到和感受到的东西。

——《给教师的建议》第51条

思考：“使词在儿童的头脑和心灵里成为一种积极的力量”，这种力量就是运用词去思考、表达和创造。词语教学的核心不是让学生记住词语解释，而是让学生“理解词、词组的丰富含意和情感色彩”。关于词语的理解，《语文课程标准》在四个学段都有明确的要求。第一学段：结合上下文和生活实际了解课文中词句的意思。第二学段：能联系上下文，理解词句的意思，体会课文中关键词句表达情意的作用；能借助字典、词典和生活积累，理解生词的意义。第三学段：能借助词典阅读，理解词语在语言环境中的恰当意义，辨别词语的感情色彩；联系上下文和自己的积累，推想课文中有关词句的意思，体会其表达效果。第四学段：体味和推敲重要词句在语言环境中的意义和作用。关于词语的运用，《语文课程标准》中也有明

确要求。第一学段：在写话中乐于运用阅读和生活中学到的词语。第二学段：尝试在习作中运用自己平时积累的语言材料，特别是有新鲜感的词句。上述这些要求在教学实际中落实了，词就会在儿童的头脑和心灵中成为一种积极的力量。学生理解和运用语言的能力就能逐步提高。

有经验的教师们在实际工作中总是遵循这样一个方向，就是在学生的脑力劳动中居首位的，不应当是背诵，而是借助词来进行思考，进行生动的创作，认识客体、事物、现象和周围世界，并且认识其极细微的差别，深入思考这些细微差别的建议。

——《给教师的建议》第51条

思考：进行创作就是运用学过的词去获取新的知识，就是让词“进入周转”。这种创作对学生来说就是一种创造。这种创造是激发学生学习语文兴趣必不可少的条件。没有这种创造，语文学习将陷入枯燥、低效之中。目前，学生对语文学习兴趣不高，学习效果不好，就是因为缺乏这种运用词语进行创造的活动。苏霍姆林斯基在这里又说：“如果词不是作为创作的手段而活跃在儿童的心灵里，如果儿童只是背诵、接受别人的思想，而不创造自己的思想，不用词把这些思想表达出来，那么，他就会变得对词缺乏领会力。”“你要把生动的、使人心情激动的词装进儿童的意识。在装进去以后，还得操心，不要使它成为一枝干枯的花朵，而要像一只离巢飞出的歌鸟，尽情地欣赏周围世界的美。”

随感之八：思维的源泉和丰富的智力生活

为了使儿童有强烈的学习兴趣，就必须使他有一种丰富多彩的、引人入胜的智力生活。我们应当经常关心的是：当儿童跨进校门以后，不要把他的思维套进黑板和识字课本的框框里，不要让教室的四堵墙把他跟气象万千的世界隔绝开来，因为在世界的奥秘中包含着思维和创造的取之不竭的源泉。

——《给教师的建议》第54条

思考：苏霍姆林斯基仿佛是一位精准的“预言家”。把学生“套进黑板和识字课本的框框里”与“气象万千的世界隔绝开来”，几乎成为我们当下教育的普遍现象。怎样从框框里跳出来，怎样打通与“气象万千的世界的隔绝”？苏霍姆林斯基提出了两条建议。一是“到思维的源泉那儿去旅行”。思维的源泉在哪儿？在自然的事物现象里，在现实的社会生活里，在学生的经验世界里。我们的教育要引导学生观察自然、社会，留心生活。《语文课程标准》把“综合性学习”与“识字和写字、阅读、习作（写作）、口语交际”并列，作为语文学习的第五个领域，是很有见地的。我们从综合性学习的目标就能清楚地看出，综合性学习就是引导学生观察自然、社会，参与生活实际，留心生活，“跳出框框”，接通“气象万千的世界”，把语文学习引到“思维的源泉那儿去”。“综合性学习”作为语文教学的一个新领域值得我们去思考、研究和实践。二是丰富学生的“智力生活”。到“思维的源泉那儿去”并非最终目的。观察自然、社会和生活必须与读书、思考结合起来，学生才会有真正丰富的智力生活。有了真正丰富的智力生活，学生的学习愿望才能确立起来。因此，苏霍姆林斯基又说：“我们教会儿童观察自然界，是为了教会他读书，而要把学生培养成为一个爱钻研、会思考的读者，并不是那么简单的。这跟仅仅教会学生流利地朗读并不是一码事儿。只有当儿童的智力生活是在书籍中度过的时候，他的学习愿望才能确立起来。然而，许多学校的一个最大的弊端，正在于精神生活中缺乏书籍。……我们提倡阅读，并不单单是为了让儿童找点可做的事情，而是为了让他生活在书籍的世界里。”苏霍姆林斯基特别强调读书和思考的结合。他多次提到培养学生有思考地阅读的能力。在这条建议里，他又说：“课外阅读，用形象的话来说，既是思考的大船借以航行的帆，也是鼓帆前进的风。没有阅读，就既没有帆，也没有风。”“如果一个人没有在童年时期就体验过面对书籍进行深思的激动人心的欢乐，那就很难设想会有完满的教育。”“通过阅读而激发起来的思维，好比整理得很好的土地，只要把知识的种子撒上去，就会发芽成长，取得收成。”苏霍姆林斯基的思考和实践，使我们不难体会到“语文素养是学生学好其他课程的基础，也是学生全面发展和终身发展的基础。语文课程的多重功能和奠基作用，决定了它在九年义务教育阶段的重要地位”（《义务教育课程标准》

语）。同时，我们也不难理解《语文课程标准》倡导的“培养学生广泛的阅读兴趣，扩大阅读面，增加阅读量，提倡少做题，多读书，好读书，读好书，读整本的书”的意义之所在。苏霍姆林斯基还十分重视用语言进行创作在儿童智力发展中的独特作用。他让儿童在晨会上“朗读自己写的故事和诗歌”。他说：“没有智育就不可设想会有完满的教学，而智育正在于使儿童用语言的手段进行创作时，感到自己是一个作者，为把生活、自然界、人与人的关系的美变成思想美而感到由衷的喜悦。”《语文课程标准》中突出了写作的创造性：“写作是运用语言文字进行表达和交流的重要方式，是认识世界、认识自我、进行创造性表述的过程。”“为学生的自主写作提供有利条件和广阔空间，减少对学生写作的束缚，鼓励自由表达和有创意的表达。”因此，语文教学的根本在于引导学生经历阅读、思考、创作的智力生活，为学生的学习建立丰厚的智力背景。

随感之九：语文教学如何防止思维惰性

我认为，重要的教育任务在于渐渐地养成儿童从事紧张的、创造性的脑力劳动的习惯。……要努力做到使儿童养成这种专心致志的习惯。只有在这样的条件下，脑力劳动才可能成为儿童喜爱的事情。

小学的任务就是逐渐地使儿童养成不仅在体力劳动中而且在脑力劳动中克服困难的习惯。应当使儿童懂得脑力劳动的真正的本质，那就是：要努力地开动脑筋，要深入地钻到事物、事实、现象的各种各样的复杂而微妙的关系、细节和矛盾中去。无论如何不要让学生感到一切都轻而易举，不知道什么叫作困难。

——《给教师的建议》第55条

思考：语文教学中“使儿童养成在脑力劳动中克服困难的习惯”，“使儿童养成专心致志的习惯”，除了紧张的脑力劳动，还要用语言的趣味和魅力去吸引儿童。这里主要讨论前者。不少学生对语文缺少兴趣，原因是多方面的。我想，语文学习过程中思维的质量不高，思维的收益不大，是原因之一。学生在低年级已经学习了一定数量的汉字（认识1600个左右，会写800个左右），完全可以进行初步的阅读和表达。可是，我们在低年级引导学生进行初步的阅读和表达做得还很不够，尽管《语文课程标准》有要求，有少数语文老师也做得很好，但现实中总的情况是不尽如人意的。因此，出现学生在低年级语文成绩好（分数高）的假象，而到了三年级成绩却大幅度下降，一些学生学习的困难越来越大，渐渐成为“学困生”。这是众所周知的事实。这种现象有各种各样的归因。我认为，思维能力、思维质量、思维习惯的断裂是原因之一。在低年级没有适度的思维负担，学生感到一切都轻而易举，养成了思维惰性。苏霍姆林斯基分析道：“说来也很奇怪，如果学习过程不能在儿童面前设置一些能够克服的困难，那么这种懒于思考的习惯倒多半先在那些有能力的学生身上滋长起来的。而且，懒于思考的习惯，又多半在低年级就养成了：有能力的儿童很轻易地掌握了对别的儿童来说要付出一定的紧张的脑力劳动的东西之后，他实际上就无事可干了。不要让学生无所事事，这也是一项特殊的教育任务。”在中高年级的阅读教学课堂上，毫无价值的问题充斥课堂，常常令学生昏昏欲睡，更谈不上紧张的、创造性的脑力劳动。怎么解决问题？苏霍姆林斯基也给我们提出了建议。他说：“我们不是按照识字课本把同一样东西连读许多遍；既然孩子们都把字母学会了，我就用多种多样的积极活动的方式训练他们的阅读技巧。孩子们口编关于自然界的‘小作文’，并把它们写下来（这种‘小作文’就是写一两句话，如在参观果园后，学生写道：‘苹果重重的，垂向地面’；‘绿叶中间挂着红红的苹果’；‘春天开的是白花，秋天长成了金黄色的苹果’）。这样做，大大促进了阅读能力的发展，要比照着识字课本把同一篇课文读许多遍好多了。”这就告诉我们，低年级除了识字写字（这是低年级的重点，必须保质保量完成），同时要进行阅读、说话、写话的语文学习活动，把学到的字、词在阅读、表达中运用起来，通过语言的创造活动，发展学生的积极思维。这就防止了“思维惰性”的产生。中高年级的语文学习，更要重视阅读、表达过程中的发现和创造，让学生享受思维成功的快乐，让“脑力劳动成为儿童喜爱的事情”。

至于脑力劳动的度的问题，苏霍姆林斯基也做了辩证的思考。他说：“有些教师认为，能在课堂上造成一种使儿童‘经常处于紧张状态的气氛’，就是自己的成功。初看起来，他们采用的那些方法能够造成一种积极的脑力劳动的假象：作业的花样像万花筒似的不停地变换，儿童集中注意地听着教师的每一句话，教室里笼罩着一片紧张的寂静。但是，这一切付出了多么大的代价，而所得到的结果又是如何呢？不断地使足力气来集中注意力，不让任何一点东西疏忽过去，而这个年龄期的儿童还不善于约束自己的注意力，其结果只能是使儿童精疲力竭，使神经易于激动，使整个神经活动过于疲劳。所谓'在课堂上不浪费1分钟''没有一时一刻不在进行积极的脑力劳动'——可能在教育人这件精雕细刻的工作中，再没有比这种做法更为有害的了。"他建议老师"应当去把握儿童的注意力，去利用心理学上所说的不随意注意"。之所以大段引用苏霍姆林斯基的原话，是为了提请老师们把握好度，防止"过犹不及"。

随感之十：智慧的养成、能力的培养离不开独立思考，语文教学离不开独立思考和创造性表达

《给教师的建议》第56条"让孩子们心里的诗的琴弦响起来"中，针对学生年级越高、掌握的知识越多，往后的学习反而越艰难这一现象，苏霍姆林斯基说：

我坚定地认为，现代学校的整个教学体系有着非常严重的缺点：没有足够的智力的训练，也就是说，没有进行足够的专门的工作来发展学生的能力。学生日复一日，年复一年地重复着别人的思想，却没有表达自己的思想。向他们提出的唯一任务就是：识记，保持，再现。像我们现在所做的那样，把学校的语文教学仅仅归结为死抠语法，这是很荒谬的，要知道，儿童早在知道世界上还有语法这个东西存在以前，就已经能理解本族语的极其细微的情感色彩了。因此，学校的首要任务，就是教会学生善于思考和善于说话。

思考：苏霍姆林斯基50年前说的话仿佛就是现在对我们说的一样，那样切近，令人警醒。尤其是"把学校的语文教学仅仅归结为死抠语法，这是很荒谬的"，好像就是看到了我们的现状，面对着我们说一样。基础教育阶段学生要养成许多学习习惯。苏教版教材每一册课本之首都安排了语文学习习惯培养的专门内容。我以为，诸多学习习惯中，独立思考的习惯是最基本、最重要的。每门学科的教学都应该十分重视这个问题，语文教学也不例外。几年前，我曾提出，语文教学要在学生的精神世界留下语言、留下形象、留下情感。后来，经过不断的实践和思考，我又加上了一条：留下思考。《语文课程标准》的教学建议部分的表述告诉我们，阅读教学中要注意培养学生独立思考的习惯和能力。“阅读是学生个性化行为，不应以教师的分析来代替学生的阅读实践。应让学生在积极主动的思维和情感活动中，加深理解和体验，有所感悟和思考，受到情感熏陶，获得思维启迪，享受审美乐趣。要珍视学生的独特的感受、体验和理解。”“提倡多角度的、有创意的阅读。”“个性化”“主动思考”“独特”“多角度”“有创意”这些要求明确地告诉我们，阅读教学中，要十分重视学生独立思考的习惯和能力的培养。可我们课堂上更多的是“以教师的分析来代替学生的阅读实践”，更多的是把自己认为的唯一正确的结论告诉学生。《徐悲鸿励志学画》中，外国学生最后向徐悲鸿鞠躬道歉，说自己“有眼不识泰山”。我们有些老师只知道要学生理解外国学生的后悔、悔恨。我们可以引导学生思考，这名外国学生除了后悔有没有其他的情感、态度？有大度吗？有意外吗？有惊奇吗？有赞赏吗？有钦佩吗？杜牧的《山行》，有教师问学生最喜欢诗歌中哪个词？有说“枫林晚”的，有说“石径斜”的，老师不置可否，非要学生说出个“爱”字。这样的教学，正是《语文课程标准》提醒我们要避免的“不应以教师的分析来代替学生的阅读实践”。总是由老师来统一答案，学生能独立思考吗？学生会独立思考吗？这是在培养“思维的懒汉”！学生为什么不会学习，为什么感到学习越来越困难？在很大程度上是我们的教师自己造成的，是我们的教学造成的。这能怨学生吗？

苏霍姆林斯基还提出要十分重视和改进词语教学，以此来促进学生思维的发展和创造力的提高。他说：“我在学校工作了33年，得到一条信念：必须把儿童的生动的词语和儿童的创造作为教学体系的基础。不要重复别人的思想，而要创造自己的思想。”“孩子们不仅是用智慧，而且是用整个心灵来感知周围世界的。他们深刻地感觉到词的情感色彩。词好比是一点火花，去点燃思维的火药。”“只有当词进入学生的精神生活，成为他的带有深刻个性的创作工具的时候，才能取得这样的成果。”“如果儿童在小学里没有学习用词来进行思考和创作，那么到五年级再来开始这项极其精细的劳动，就毫无意义了。”最后苏霍姆林斯基呼吁：“让鲜明的思想、生动的词语和儿童的创造精神来统治学校的王国吧。”

思考：苏霍姆林斯基这些饱含情感的生动的论述，给我们的语文教学以深刻的启示。仅就词语教学而言，我们就能体会到：词语的理解要结合生活实际的“周围世界”，词语的理解要用“整个心灵”，“带有深刻的个性”，词语教学还要“用词来进行思考和创作”。这些和我们目前新课程倡导的是多么相似。我们不能不钦佩苏霍姆林斯基的远见和洞察力。关于词语教学在语文教学中的地位，词语教学与学生的思维发展等问题，可以列出一系列课题进行深入的研究和探讨。

随感之十一：怎样使儿童迈好识字、阅读的第一步——给一年级语文教师的启示

当儿童开始了学校生活以后，从最初几天起，读和写对他来说就成为一件那么艰难的、费劲的、毫无兴趣的事，他在通往知识的崎岖道路上竟要遭遇到那么多的挫折。这一切的根源，就在于把学习变成了单纯地读书本。我看到，在课堂上，儿童是怎样竭尽全力地去辨别字母，而那些字母在他眼前跳动着，交织成了无法辨认的花纹。可是同时我也看到，当这项作业带有某种兴趣、跟游戏相结合的时候，特别是当没有人向儿童提出硬性的要求（“你一定要记住，如果记不住，那就对你不客气！”）的时候，儿童是能够那么容易地记住字母和把字母拼成词的。

——《给教师的建议》第59条

思考：俄罗斯的文字是拼音文字，可他们的孩子刚刚开始时遇到的困难却和我们一样。我们有个传统的看法，认为拼音文字容易学，而我们的象形文字难学。从苏霍姆林斯基的话中不难看出，其实，拼音文字的学习对他们的小孩子来说也是困难的。小孩子初学文字总不是那么容易，关键看怎么教、怎么学。所以，我们的识字教学出现问题，不要把账算到自己的祖宗头上去，老是怪汉字难学，而是要找到

科学有效的教学方法。

针对儿童初学读写遇到的困难，苏霍姆林斯基提出的建议对我们很有启发。他说：“儿童应该生活在美、游戏、童话、音乐、图画、幻想、创造的世界里。当我们想教会他们读和写的时候，仍然应当使他们置身于这个世界里。”“我开始带领孩子们到‘词的源泉’那儿去‘旅行’：我让孩子们观察世界的美，同时我也努力把‘词的音乐’引进儿童的心田。我努力做到，使一个词对儿童来说，不仅仅是一种东西、对象或现象的标志，而且使它带有情感的色彩——带有它的芬芳的香气和丰富多彩的色调。重要的是，要使儿童像倾听美妙的旋律一样倾听词，使词的美和这个词所反映的那一部分世界的美，能够激起儿童对于表达人类语言的乐声的那些小图画——字母的兴趣。”“只有当识字对儿童来说变成一种鲜明的、激动人心的生活情景，里面充满了活生生的形象、声音、旋律的时候，读写教学的过程才能比较轻松。要让儿童牢记的东西，首先必须是有趣的东西。识字教学应当跟图画紧密结合起来。”

对拼音文字的学习，苏霍姆林斯基要求在教学中通过感受形象的美去帮助学生识字，那我们的象形文字的教学更应该这样做，也更有条件这样做。从苏霍姆林斯基的话中，我们可以更深刻地体会到苏教版教材中拼音教学、识字教学的独特设计。情境图、语境歌，看图识字、词串识字、韵文识字，就是把拼音、识字变成一种鲜明的、激动人心的生活情景，让儿童在“活生生的形象、声音、旋律”中，“比较轻松”地学习拼音和汉字。

随感之十二：用思想点燃学生智慧的火焰——语文教师必须有自己对教材的思考和理解

在每一个年轻的心灵里，都存放着求知好学、渴望知识的火药，只有教师的思想才有可能去点燃它。只有教师才有可能向儿童揭示出：思考，这是多么美好、诱人而富有趣味的事。只有当教师给学生带来思考，在思考中表现自己，用思考来指挥学生，用思考来使学生折服和钦佩的时候，他才能成为年轻的心灵的征服者、教育者和指导者。那种热爱自己的事业而又善于思考的教师，才有力量使教室里保持肃静，使儿童特别是少年和青年用心地倾听他的每一句话，才有力量激发学生的良心和羞耻心，这种力量才是一种无可争议的威信。而那些没有什么东西好讲，学生也感觉出他没有什么丰富的思想宝藏的教师，确实是很可怜的。我们依靠思考，也只有依靠思考，才能驾驭年轻的心灵。我们的思考能点燃学生的学习愿望。我们的思考能激发学生对书籍的不可遏止的向往。

——《给教师的建议》第62条

思考：在苏霍姆林斯基看来，教师的思考力是多么重要。它是教学不可缺少的“武器”，是点燃青少年心灵的“火药”，是照耀学生精神世界的阳光！如果说教师不可缺少道德、知识、热情、能力的话，那么，独立的思考精神才是前四者发挥效应的“中枢”！语文教学改革要研究、解决的问题很多，有一点认识是共同的：语文教学改革要不断推进、语文教学的质量要不断提高、学生的语文素养要不断提升，其前提是——语文教师的自身素养要提高。语文教师素养的核心是思考的习惯、能力和独立思考的精神。要把自己对教育的思考、教学的思考、学生的思考，对自然、社会、人生的思考，融入对教材的独特思考、感受、领悟之中，转化为引导学生有效学习的教学资源。依靠标准答案、统一结论，照搬别人的思想，来培养学生的思考能力和习惯，只能是缘木求鱼。而学生缺乏思考的能力和习惯，语文素养的形成和发展也就失去了根本。当务之急，行动着的语文教师要做思考者。思想是相互照亮的——思想产生思想，思考者培养思考者。语文教学的实践和研究从提高语文教师自身的语文素养开始，从独立研读教材开始，这是一道绕不过的坎。什么时候语文教师具有了独立思考的精神和能力，什么时候语文教师对教材有了自己独特的感悟和思考，什么时候才有真正的语文教学实践和研究，才有真正意义上的语文教学质量的提高。

2007年6月—2007年12月

汉语，你真的懂吗？

——读《汉语与中国文化》

关于语言与人的存在、语言与文化的关系，我曾读过海德格尔、洪堡特等人的著作，读过叶秀山的《思·史·诗》，对这个问题有所了解，有所思考。为了更深入地了解汉语与中国文化的关系，以从理性上认识语文教学的人文内涵，而不被时下一些表面的、肤浅的、炫目的所谓语文的人文课堂所迷惑，我又阅读了申小龙先生的《汉语与中国文化》。

在读这本书之前，我曾听特级教师柳印生先生介绍过申小龙的语言学观点，那时就产生了阅读的想法，但一直没有机会。2008年2月26日偶逛兴化席殊书屋，看到这本书十分厚重，专业性学术性很强。基于内心深处对母语深入认识的愿望，犹豫几次，没舍得丢下，买了下来。要知道，读一本书就像交一位朋友一样，也是需要机缘的。作为语文教者和研究者，专业的直觉让我觉得这是一本语文老师需要读的书。读过之后，我更明白了，虽然我们对汉语是熟悉的，是有所了解的，我们生活在汉语中，我们的知识储备中也有“古代汉语”“现代汉语”等。但，作为语文教师的我们真正理解汉语吗？语言的根本功能在于交际、交流，而衡量交际效果的标准是表达的效果。汉语通过何种结构、何种表达方式，达到并优化其表达效果；交际的主体是人，语言的背后藏着人，汉语与中国人的精神气质有什么关联；语言和思维是融为一体的，汉语又体现怎样独特的思维方式；每一种语言都有其特殊性，汉语和其他语言有何异同；等等。这些，都是作为语文教师的我们需要理解和把握的。

这本书是申小龙教授在为复旦大学本科生讲课的基础上编写而成的。申教授教的这门课是全校的公共选修课，课程名称是“语言与文化”。这门课在复旦大学已经讲授了10年20个学期，是复旦大学受学生欢迎的公共选修课之一。

因为是教学过程中不断生成的讲义，很多的信息和观点是新鲜的；因为是教材，相对来说系统性较强。

本书除了《引言》《后记》，共六讲。第一讲：欧洲文化的语言视界。第二讲：美洲文化的语言视界。第三讲：中国文化的语言视界。第四讲：汉语建构的文化精神。第五讲：汉语交际的思维方式。第六讲：汉字的文化内涵。

读了《引言》就更爱上了这本书。

在《引言》里，申教授亮出了自己的观点——汉语人文性。申教授认为“汉语人文性”具有两层涵义：

（一）人类各民族的语言，不仅仅是一个符号体系或交际工具，而是该民族认识、阐释世界的一个意义体系和价值体系。无论东方还是西方，语言都是一个民族看待世界的一种样式，都是“所有人类活动中最足以表现人的特点的”，是“打开人们心灵深处的钥匙”。因而，人文性是语言的本质属性。（二）与西方语言相比较，汉语的人文性尤为突出。汉民族从不把语言仅仅看作一个客观、静止、孤立、在形式上自足的对象，而把语言看作一个人参与其中、与人文环境互为观照、动态的、内容上自足的表达与阐释过程。正因为如此，在汉语的分析和理解中，人的主体意识有更多的积极参与。

申教授是当代“汉语人文性”研究的重要学者，这一理论在国内学术界、教育界都引起了强烈的反响和深入持久的争论；还在英、美、日等国家引起反响和争论，有赞同的，也有反对的，有些反对还相当激烈。可贵的是，在《引言》里，申教授把海外的反对观点做了详细的介绍。这既表明了申教授学术研究的国际视野和胸襟，也反映了他客观、真诚的学术研究态度。这种学术精神值得我们敬佩和学习，也让我更爱这本书。

笔记之一：欧洲文化的语言视界

第一讲介绍了欧洲文化视野下的语言人文性。申教授说，不同领域的科学家从不同的侧面提出了人与动物的最根本的区别：人是象征符号的动物，即能利用象征符号去创造文化的动物。人能把他认识到的世界用象征符号固定下来，反映出来，在人际和代际传播。人用象征符号赋予世界以“意义”和“秩序”，从而拥有了世界。正如民族学家莱斯利·怀特所言：“所有人类行为都起源于象征的使用”，“正是象征，把人类的一个婴儿变成人”。

欧洲语言人文主义具有悠久的历史。古希腊哲学中，语言具有重要的位置。亚里士多德认为“口语是心灵的经验的符号”，虽然“所有的人也并不是有相同的说话的声音，但这些声音所直接标志的心灵的经验，则对于一切人都是一样的”。

一、英国哲学家洛克的观点：语言范畴构成经验。语言的分类和事物的实在的本质不是一回事，它是让你根据自己的看法所做的分类。现实事物都是我们对世界加以规定的范畴，而这些范畴在很大程度上就是语言的范畴。

二、意大利哲学家维柯的观点：诗性智慧与诗的语言。意大利哲学家维柯从“人是世界的尺度”来论述语言对人的重要意义。在《新科学》一书中他认为，人类从理解环境的那一刻起就展开了他的心智，赋予事物意义，从而吸收进来。例如，在许多语言中，大部分涉及无生命的事物的表达都是用人体及其各部分，以及用人的感觉和性欲的隐喻来完成的。在这里语言的“名称”和事物的“本性”是同义的。比方用“首”（头）来表示顶或者开始，用“额”“肩”“腰”“脚”来表达一座山的部位，针和土豆都可以有“眼”，杯和壶都可以有“嘴”，耙、锯、梳都可以有“齿”，任何空隙或洞都可以叫作“口”，麦穗有“须”，等等。最初的事物命名就是用感性意象来替换和转喻，以后将个别的事物提升为共相，替换就发展为隐喻。隐喻既可指以己度物，创造一个人化的世界，又可指以殊相喻共相。

三、德国哲学家洪堡特的观点：语言把世界变成精神财富。语言是精神不由自主的流射。民族语言即民族精神。洪堡特指出，每一种语言都包含着一种独特的世界观。人从自身中造出语言，而通过同一种行为，他也把自己束缚在语言之中；

每一种语言都在它所隶属的民族周围设下一道藩篱。语言既是人的心灵的解放和创造，又是人的心灵的束缚和规范。

四、德国哲学家魏斯格贝尔的观点：语言中间的世界。在人的认识活动的两个主要角色——人和客体之间，存在着第三个特殊的、独立的角色——语言。它就像一个检验员，在积极的中介活动中核准哪些东西可以成为类或范畴，可以成为意识的财富。它不以自身为目的，而始终作为一种塑造力——精神的塑造力量，渗透于人的行为之中。

五、奥地利哲学家维特根斯坦的观点：每一个语言符号似乎都是死的，只是在使用中它才活了。

六、德国哲学家海德格尔的观点：人是语言的存在者。人生来要经受语言的体验，接受和服从语言的要求，在说语言的进程中一点一点地被语言的体验所改变、所融化。

七、德国哲学家伽达默尔的观点：语言是人与世界的本质关系。人不仅是拥有语言，而且是依赖语言才拥有了世界。

八、德国哲学家卡西尔的观点：人类的智慧是符号化的智慧。语言的运用使人类有了一个意义世界，有了创造文化的能力，有了事实与价值、时间与空间、实践与创造、历史与未来，有了无比丰富多样的人类世界。

九、意大利哲学家克罗齐的观点：语言是直觉的创造与表现。语言就是某时期某民族真正说出或写出的文句及其组合。语言只存在于活的作品之中。而活的作品各有独自的精神和风格，出现在特定作品中的语言也就神貌各异。

思考：以上引用这么多欧洲哲学家对语言文化的思考，给我们什么启示呢？1．对语言这样一种人类特有的现象，我们要去思考它，从人的角度去思考它。2．语言是人的语言，认识语言不能离开人、离开人的活动和创造、离开人的智慧、离开人的精神世界。3．语文教学解读文本时，要研究文本的语言。在研究语言时，要关注语言背后的人、人的情感、人的智慧、人的精神世界。

对于什么是语言，在读了这些哲学家的观点后，我有了自己的认识。在2008年8月29日，我曾经写下这样一句话：音乐是人生命节奏律动的声音现实；语言是人心灵的叹息、呐喊和呼唤。

笔记之二：美洲文化的语言视界

第二讲介绍了美洲语言学研究的特点：美洲的语言学家把语言放在人类学的背景下研究。关于什么是人类学背景下的语言研究，我的理解是：在人类生存、发展的历史过程中去研究语言。

关于美洲文化的语言视界，作者重点介绍了萨丕尔的语言观。萨丕尔是美国现代最出色的北美印第安语专家。萨丕尔的语言观主要有以下几点。1. 语言的非本能性。言语这种人类活动，从一个社会集体到另一个社会集体，它的差别是无限度可说的，因为它纯然是一个集体的历史遗产，是长期相沿的社会习惯的产物。走路是一种机体的、本能的功能；言语是一种非本能性的、获得的“文化的”功能。2. 语言的内面是思维模式。萨丕尔说：“语言和我们的思路不可分解地交织在一起，从某种意义上说，它们是同一回事。”“语言形式的无限变异，也就是思维的实在过程的无限变异。”“思维只不过是脱去了外衣的语言。”作者指出，语言的内面是思维模式，还意味着思维模式受制于语言结构。由此，我想到：语言是对人有限制的，但人也在突破这种限制。人类就是在“创造—受制—突破”中且思且行。3. 语言是一种文化模型。萨丕尔认为，语言有一个底座。说一种语言的人是属于一个种族（或几个种族）的，也就是说，是属于身体上具有某些特征而不同于别的群的一个群。语言也不脱离文化而存在，就是说不脱离社会流传下来的、决定我们生活面貌的风俗和信仰的总体。因此，人类学家总是凭种族、语言和文化这三个纲目来研究人，根据这三重视点来为一个自然区域画地图。4. 语言学巨大的文化研究价值。5. 语言模型的本体论意义。萨丕尔指出，使用母语形式的人对自己母语的形式是不自觉的，因为这种形式本质上是一种语言的内在模型。一方面，语言模型如何，与使用语言模型的民族在物质上进步还是落后无关；另一方面，语言模型如何，与该语言的词汇是否丰富无关。所有的语言都有足够的资源，只要有需要，可以随时用来创造新词。但，语言有时又是无能为力的。萨丕尔指出，语言在这里暴露了自己有点无能为力。任何语言似乎都不可能把每一个具体观念用一个独立的词或根本成分表达出来。经验的具体性是无穷的，而最丰富的语言资源也是有严格限制的。

思考：由此，我想到，在语文教学中要慎重概括和提炼。我经常跟老师们讲，很多时候，对文章表达的主旨、情感等，我们一概括就错了！古语云：书不尽言，言不尽意。语文课本中很多都是文学作品。文学是“这一个”的艺术，个性是文学的生命啊。因此，解读文学文本一定要读出“这一个”，而不是乱贴概念性的标签。

笔记之三：中国文化的语言视界

第三讲从五个方面介绍并阐释了中国文化的语言视界：一，本体论的语言观；二，实践论的语言观；三，语言哲学的民族本位；四，语文精神的文化反思；五，语言研究的功能主义。

一、本体论的语言观，从两个方面阐述。一是“同义汇通”的世界图景。在古代中国人对世界的语义阐释中，同义现象的汇通与辨析成为一种独特的方式。汉民族有机整体的宇宙观使古人认识到事象之间你中有我，我中有你，相互联系，相互转化的辩证关系。这种认识渗透在语言的“世界图景”中，就是丰富的同义词之间的聚散离合。在中国2500多年前的民间歌谣中我们可以看到，当时的人们正是用众多的同义词的衔接来推进诗意，组织了一个变化而又统一的世界。例如《诗经·周南》的《关雎》一章：参差荇菜，左右流之，窈窕淑女，寤寐求之……参差荇菜，左右采之，窈窕淑女，琴瑟友之；参差荇菜，左右芼之，窈窕淑女，钟鼓乐之。二是语言的世界性含义。语言是人性的表现，语言是天道的表现，语言是事物本质的表现，语言是治理天下、教化人伦的基础。确立了语言的本体论地位，那么人、语言、世界这三者间是一种什么关系呢？中国第一部系统考究字形字义的著作《说文解字》在序中说包羲氏作八卦是“仰则观象于天，俯则观法于地，视鸟兽之文与地之宜，近取诸身，远取诸物”。这里的“象”“法”“文”“宜”都指人对世象脉理的理解，“取”则是主体对客体的条理。而这种理解和条理都是通过将对象符号化进行的。当人观象于天的时候，他已将自然之天改造为以人为视角的符号之天。天之象是人对天的范畴化知解。天、地的存在是客观的，但天、地之“象”“法”“文”“宜”才是人所认识和理解的世界，而人的这种符号化的世界观是形成并巩固于语言之中的。这样的论述告诉我们：世界是人化的世界，人化的世界是通过语言表达的。

二、语言的实践观。中国的语言实践观体现在春秋战国时期的“名实之争”。“名实之争”，就是关于语言和世界关系的讨论。主要观点有这几家：孔子的“正名主义”，墨子的“取实予名”，名家的“名实一体”，荀子的“有循于旧名，有作于新名”，《吕氏春秋》的“正名审分”。作者对中国的语言实践观做了如下的阐释：中国古代的语言观是一种肩负着社会实践使命的，以意义的政治伦理阐释为核心的语言观。它形成于先秦时代的社会大变动中。刚刚从商周巫史文化中解放出来的理性，在时代的召唤下，既未逸入希腊人那种纯正冷静的抽象思辨，也没有遁入印度人那种厌弃人世的解脱之途，而是执着于人事实际和社会伦理的实用探求。与实践论语言观相联系的，正是这样一种实践理性的精神。因而中国古人对语言问题的思考，很少越出经验的界限做纯逻辑的分析与纯形式的推理。中国古人对语言功能的认识，也主要是一种伦理责任的自觉意识。这与当时以民族血缘为社会纽带和长期的小农生产方式是有内在联系的。正是这样一种农业文明使中国古人从一开始就从语言本质的方面——它的世界性和人文性来思考语言问题，以强烈的社会伦理责任心来探求语义问题，而很少关心语言形式和语言系统的“纯正”意义。这样一种人文主义的语言观，既避免了“神文主义”的空虚，又未陷入“物文主义”的机械。它付出了未进行形式化研究和未建立形式系统的代价，但它得到的是对语言本质的深邃的理解和对语言功能的富有价值的运用。语言学从此走上了文化阐释的宏富之路，成为贯通整个古代思想文化史的领先学科。

思考：在这段论述中，作者对中国古代的语言观充满了自豪。我们应该有这种民族自豪感。但是，学术研究，更多的应该是学术本身。我认为，各民族的语言都有它存在的理由和价值。语言本身无好坏优劣之分。作者在前面也说到，语言的发展与民族的文明程度没有必然联系。对语言而言，妄自菲薄和妄自尊大都是不可取的。民族还应该平等，何况语言。我倒是想到，现今，我们的语文教学政治化、教化色彩仍然比较浓，与这样的语言实践观是否相关。另一种现象不知是否也与之相关，中国社会的管理者过于相信语言的教化作用，而过于依赖于宣传，以至于各种名目的宣传口号此起彼落、泛滥成灾。我们在重视语言教化的同时，应该加强身体力行的示范、引导作用。

三、语言哲学的民族本位。提出语言哲学的民族本位的是语言学家张世禄先生。张世禄在20世纪30年代文法革新讨论中就指出："中国过去文法家过于因袭西洋，以致普通流行的文法书上有很多削足适履的地方。我们应该依据中国语文特殊的性质和现象，来重新建立中文法的体系。"张世禄先生语言哲学的民族本位主要体现在"语序论"和"语气论"两方面。"语序论"认为汉语句子中语词间的关系，不是用语词本身某种标志表明出来的，而是用固定的序次和附加的词语表明的。正因为如此，汉语的语法现象，属于形态学的关系较少，属于句法的关系较多。其表现方法就是词语在句中的位置，词语连接的先后序次。汉语语法的信息主要是从语序中传达出来的，古人也正是从语序的安排中对句子的组织"神而明之"的。

思考：在语境中理解语言，理解词语的意思，对汉语尤为重要。《语文课程标准》在第一、二、三、四学段的阶段目标阅读中，都提出了结合语言环境理解词句的要求。第一学段：结合上下文和生活实际了解课文中词句的意思。第二学段：能联系上下文，理解词句的意思，体会课文中关键词句表达情意的作用。第三学段：能借助词典阅读，理解词语在语言环境中的恰当意义，辨别词语的感情色彩。联系上下文和自己的积累，推想课文中有关词句的意思，体会其表达效果。第四学段：在通读课文的基础上，理清思路，理解主要内容，体味和推敲重要词句在语言环境中的意义和作用。因此，在阅读教学中，我们千万不能满足于就词解词，满足于孤立地解释词语。词语的具体意思，词语的恰当意思，词语的生命，在句子中，在语言环境中。

关于"语气论"，张世禄先生认为，汉语句子的根本性质及其所以成立的要素是语气。汉语的语气作为句子表达功能特有的标志，主要是依靠句末（有时是句首或句中）的语气词来表现的。它传达的不是一个动词的语气，而是全句的语气。张世禄先生把语气和语调看成构成句子的重要因素、语言交际中不可少的成分，并把语气词的运用看成区别句子类型的重要依据，这是汉语语法学史上的一个创见。

思考：汉语语言的学习、阅读教学为什么强调朗读感悟？这可以从“语气论”中找到依据。因为，只有通过朗读，才能感受体会到句子的语气，形成语感。根据“语气论”，“朗读语言文字”的过程，其实就是“感受语言、理解语言、学习语言”的过程。没有“正确、有节奏、有语气语调”的朗读，母语的学习就成了沙上建塔，失去了根基。在我主持的课题“阅读教学中教学内容的选择与优化研究”中，我提出把“朗读作为教学内容”予以落实的想法。我认为，这个问题值得研究。朗读，不能仅仅视为教学的手段、教学的准备、阅读的铺垫。朗读本身，应该成为教学内容，按照其要求教好。《语文课程标准》四个阶段目标的“阅读”中的第1条都是“能用普通话正确、流利、有感情地朗读课文”。在教学建议部分，《语文课程标准》也指出：“各个学段的阅读教学都要重视朗读和默读。”但是，这样的基本要求在实际的教学中并没有得到真正的重视和有效的落实。张世禄先生的“语气论”所阐明的汉语的特征，可以帮助我们更好地理解朗读在汉语学习中的重要性，从而增强我们把朗读作为阅读教学内容予以落实的自觉性。

四、语言精神的文化反思。对汉语进行文化反思的是古典文学批评家、语言学家郭绍虞先生。他是以一个古典文学批评学者的眼光来深度分析现代语文的。郭先生主要从三个方面阐发了他的观点。

（一）汉语的形式弹性与功能弹性。郭先生认为，汉语语法的一个基本特点是语词的形式和功能都具有弹性。例如：重言可以伸缩。即，单音不足以摹物状声而伸衍为双音。如“关关”“洋洋”“茫茫”。单词重叠更传神，如“高高”“低低”“大大”“小小”。反之，这些重叠词有时也根据表达的需要，变为单音词使用。连语可以伸缩。如“犹豫”可以单用为“豫”（《楚辞·九章》：“壹心而不豫兮。”）。语缓可以增字。如《诗经》中虞曰“有虞”，夏曰“有夏”，邦曰“有邦”，家曰“有家”，皆因一字不成辞，加“有”而为复音语词。语急可以减字。如古汉语中以“如”为“不如”，以“敢”为“不敢”，以“可”为“不可”。复语可以单义。顾炎武《日知录》云：“古人之辞宽缓不迫。如得失，失也；利害，害也；缓急，急也；成败，败也；异同，异也；赢缩，缩也；祸福，祸也；皆此类。”也就是现代汉语的偏义复指。骈词可以分合。合如《礼记·曲礼》：“卜筮者……所以使民决嫌疑，定犹与也。”分如《老子》：“与（豫）兮若冬涉川，犹兮若畏四邻。”语词可以变化，语词也可以颠倒。以上事实表明，汉语的词在自身的组合和上下文中的组合中有很强的形式张力。这种张力是适应汉语组织中音韵谐调的要求而起作用的。汉语在单音节基础上的各种组合变化都有音律美的因素。词的复音化趋势除了适应交际表达清晰的要求，也有声气上的原因。句子组织的音节也要求平稳。我们可以说“太守归而宾客从也”，却不能说“太守归而宾从也”；我们可以说“准备战斗”或“备战”，但不能说“准备战”或“备战斗”。这不是说意义上缺少什么，或组织上缺少什么，而是在音节上缺少什么。这种音律上的要求为汉语语词的伸缩分合提供了自由的空间。汉语的语词不仅形式上有很大的灵活性，而且功能上对语境、上下文也有很强的适应性。郭绍虞举《红楼梦》中的一个例子，形象地说明了这一点，“宝玉听说，便猴向凤姐身上立刻要牌。”句中的“猴”，既是实体词，又表现宝玉像猴一样屈身攀抱、缠住不放的动作。关于汉语语法的灵活多变、富有弹性，郭绍虞在《汉语语法修辞新探》中说：“汉语语法的灵活性是建立在单音孤立的基础上的，不是建立在形态变化上的。各种语言都有多种多样的不同说法，以表达极为复杂的思想情感，但是语言的本质不同，当然表达的形式也不会相同。在形态变化上表达多种多样的不同说法，那还是比较容易的。而汉语是在同一形式上表达多种多样的复杂的思想情感，这就特别显出汉语语法的灵活性和复杂性了。”季羡林近年在中西文化、语言的比较中也提出了相同的观点。他说：“西方印欧语系的语言，特别是那一类最古老的吠陀语和梵文等，形态变化异常复杂，只看一个词儿，就能判定它的含义。汉语没有形态变化，只看单独一个词儿，你就不敢判定它的含义。必须把它放在一个词组中或句子中，它的含义才能判定。用惯了这种语言的中国人，特别是汉族，在潜意识里就习惯于普遍联系，习惯于整体观念。”

思考：两位语言大师从汉语的事实中分析出汉语特有的灵活多变性以及中国

人整体的思维方式。这对我们认识汉语的特点，理解汉语，具有很大的启发性。尤其是，郭绍虞从音律、语气的视角分析了汉语用词造句的特点，可谓抓住了语言的本质。因为，语言首先是人说出来的，它是一个口头表达和耳朵听闻接受的过程。这样的说和听必然离不开声音。因此，理解语言不可以忽视语音，而且应该从语音出发。尽管书面的语言没有了可以直接听到的声音，但作者的心里是在无声地“说话”的。揣摩语言的声音，是进入语言世界的门径。如果从语言的特点上升到文化、思维价值的高下，则值得研究。语言产生后就是客观的存在。它对文化、思维等能产生什么样的影响，大概不仅仅是语言本身能决定的。人类文明的产生和发展是一个复杂的系统。社会的结构、组织形式、制度，等等，可能才是根本的原因。如果说语言对文化有潜在影响的话，那么汉语的这种灵活多变性和整体性，是不是也造成了中国文化中过于注重群体？而忽略个体的价值取向，使中国人缺乏人格的独立性？整体思维固然有其可取之处，但整体是个体之整体。整体不是抽象的，不是概念性的。没有个体的优化，也就没有整体的优化。整体与个体都不宜强调到极端。另外，不同的思维方式各有优势，宜相互补充、沟通优化，从而服务于人的实践和认识。

（二）汉语的句读脉络和名词重点。郭绍虞认为，汉语的句读脉络是“积词组而成句”。1．流块堆叠态。汉语句子的组织，好似儿童玩的积木，可以利用种种不同的词组，随心所欲地组成不同的语句。例如：“我们村庄上种地种菜，每年每日，春夏秋冬，风里雨里，哪里有个坐着的空儿？”（《红楼梦》第三十九回）“那一阵风起处，星月光辉之下，大吼了一声，忽地跳出一只吊睛白额虎来。”（《水浒传》第四十三回）这两个句子都是由词组流动堆叠而成的。就句子的每一个词组来说，好像没头没脑，然而词组与词组之间却有机联系、藕断丝连，流转出汉语句子特有的韵味。郭绍虞指出：必须把词组当作一个独立单位来分析句子，那才能对句子的脉络看得更清楚些。在看清了句子构造的脉络之后，当然对于说话写文也容易找到关键，不会感到困难了。汉语语法本来就是这样一个很简单的问题，受了洋框框的影响，一个词、一个词地加以分析，那就变得复杂而不可究诘了。2．大主语态。所谓大主语是相对于西方形体语言的句子要求而言的。如“子曰：道千乘之国，敬事而信，节用而爱人，使民以时”。“道千乘之国”就是主语。“那一阵风过了，只听得乱树背后，扑地一声响，跳出一只吊睛白额大虫来。”“那一阵风过了，只听得乱树背后”就是主语。大主语是以名词为中心建立起来的，所谓“名词为中心”，实质上是以功能为中心，即从句首词组的名词性功能（作为陈述的话题）来确认它的句法地位。3. 节律声态。郭绍虞认为，汉语是一种很讲究音乐性的语言。汉语的句子组织、语法规律之外，还有着音节上平稳的规律。他提出“中国文辞重在音句而不重在义句”的观点。所谓“音句”，是词组的自然形态，是受规律制约的句读单位。音句与音句组合起来，表达一个完整的意义，就形成一个义句。

思考：我猜想，汉语的音乐性强，也说明汉语更注重感性，而理性不足。用之于文学艺术，可；用之于科学论证，则不足。汉语更容易产生诗人，而形态化的语言更容易出现科学家。

（三）汉语语法的修辞内涵与综合知解。郭绍虞认为，汉语的语法和修辞浑然一体，难以分家。汉语语法的一切修辞内涵，都是因为汉语的词汇容易组成形式整齐的词组。从组块（语素组成词组）到流块（词组作为音句铺排成句子），从而形成汉语各种不同的句子形式，这看来是语法问题，而其之所以造成这种不同句子形式，仍在于修辞。因此，修辞在汉语句子的编码和译码的心理层次上高于语法。这也就是为什么汉语语法在表面上灵活多变，常有例外，近乎无语法，而从修辞或逻辑的角度看，这些例外都是有其所以然的原因。说到底，汉语语法是和修辞、逻辑相结合的统一体。郭绍虞还从文学的角度，分析了汉语语法、修辞的统一。汉语的诗歌利用汉语音节变化的特点，使读者在韵律中感知到作者所表现的境界。这种境界，完全在语言文字之外，同时也仍寄托于语言文字之中，即语言文字本身已成为一种恰好的安排，在这种安排之中带给我们一种音乐美的快感。汉语的骈文建立在古汉语中一些整齐词组的基础上，尤其是四言词组、联合结构的词组。这种比较整齐的句式至今仍活在汉语的文学作品和日常口语中。汉语的散文则建立在虚词的语气作用的基础上。它不像骈文以运用实词见长而以虚词作为通篇的脉络，而是以运用虚词见长，使先后照顾，脉络分明。同时又利用词组的灵活性，既可运用整齐形式的词组使语句整而不乱，简而不烦；也可以运用不整齐的词组，在词组本身看出它的脉络，也就更增强了虚词在语句中的脉络作用。汉语的其他特点也在文学语言中有典型的表现。例如汉语以名词为重点，造句中就可以有不用动词的名词句。由于名词比动词更具体形象，状景抒情特别适宜。如"鸡声茅店月，人迹板桥霜"，"杨柳岸，晓风残月"，"枯藤老树昏鸦，小桥流水人家，古道西风瘦马"，都是用名词组合意象，音调铿锵，有独特的表现力。

思考：汉语语法、修辞的统一，为我们更好地解读文本提供了独特的视角。在理解具体的修辞手法时，我们不应该纠缠于所谓的名词术语，而要从汉语的特点出发，从汉语的具体运用出发，去理解、体会汉语独特的表达效果。虚词在散文中的脉络作用，启示我们：在理解、教学文章中的虚词时，不能停留于认识其是个关联词，是某种类型的关联词，而要从整篇文章的思路、文脉出发，体会其表达效果。比如，《蚂蚁和蝈蝈》中的最后一句话："蝈蝈又冷又饿，再也神气不起来了。"其中的"也"是个虚词，但它照应了前面夏天蝈蝈笑蚂蚁傻的内容，使文章连成一个整体。《宋庆龄故居的樟树》的最后一句："人们也总爱在这两棵樟树前留个影，作为永远的纪念。"这里的"也"，同样照应了文章开头宋庆龄的话："我舍不得这两棵树。"宋庆龄对两棵樟树的情感，人们对两棵樟树的情感，人们对宋庆龄的情感，通过这个"也"字，贯通了，交融了。这个虚词，就像针线，把文章缝成了一个绵密的整体。

笔记之四：汉语建构的文化精神

第四讲介绍汉语建构的文化精神。

一、气的思维与气的语言

（一）由语言之气到哲学之气

1．句法流动与气化流行。作者说："中国古代的自然观与西方的自然观不同，前者以'气'作为世界的本原，后者以'原子'作为世界的本原。"

思考：这样的表述不太符合历史事实。中国古代以"气"作为世界的本原只是一派之说，有的认为世界的本原是“五行”——金木水火土，有的认为世界的本原是“太虚”，还有的认为世界的本原是“道”，等等。西方古代世界的本原说也是丰富多彩的，有的认为“火”是世界的本原，有的认为“水”是世界的本原，有的认为“数”是世界的本原，等等。

所谓语言之气，就是“句子组织的流动引起的句子声气节律的运行和变化”。

语言之气，主要通过助词体现出来。作者分析道：“助词在句子中的作用，一在延宕语气，二在确认句法，三在显示句子的表达功能，它是汉语句子组织在由简练向复杂流动发展的过程中的必然要求。正是由于句子组织的流动铺排，使句子的生气有了顿挫。而在汉语中，声气的顿挫与句法结构浑然一体。古人所谓‘句读’，正是句子的组织运行中一个音义共存的自然单位。而古人最初意识到的造句法则，正是这种声气止息的法则。由句子组织的流动引起的句子声气节律的运行和变化，自然将声气的高下缓急强弱用语首、语际、语尾的助词表现出来。”

2. 从《尚书》到《左传》

作者通过从《尚书》到《左传》的语言事实的分析，以连词、助词的使用为线索，梳理了古代语言之气的形成、发展过程。

作者对“而”做了具体分析。《尚书》中有“而”字三十八例。“而”字用法的丰富与成熟在战国时代。“而”字具有很强的延展结构、贯通文气的功能。从某种意义上说，它是上古汉语句法由古简到畅达、由静止到流动的一个标志。

思考：了解语言之气，对我们语文教学有什么帮助呢？可以帮助我们从语言之气的角度，更好地理解汉语言的特点，感受汉语言的魅力；可以帮助我们从文章的整体上去理解虚词的作用；可以从语言之气的角度去研究指导朗读教学；等等。

（二）汉语的文气与句法脉络

流动型语象与几何型语象。作者把汉语的句法结构归纳为流动型语象，把西方的句法结构归纳为几何型语象。对汉语的流动型语象，作者做了这样的阐述：“气”的概念用现代人的语言来理解，既是一种活动着的物质，又是生命力的精神概念。中国语文传统所说的“文气”，也就是这种与情理相一致的抑扬顿挫、疾徐有致的动态的语句组织精神。通俗地说，“文气”就是念诵文句时的一口气。它常可于诵读之中领略出来。当一个句读接一个句读流转顿挫而进的时候，句子组织就自然发生“流动”，形成声气的“场”。韩愈说：“气，水也；言，浮物也；水大而物之浮者大小毕浮。气之与言犹是也。气盛则言之短长高下者皆宜。”姚鼐说：“文学者犹人之言语也。有气以充之，则观其文也，虽百世而后，如立其人而与言于此，无气则积字焉而已。意与气相御而为辞，然后有声音节奏抗坠之度，反复进退之态，采色之华。故声色之美，因乎意与气而时变者也。”

思考：古人对汉语言文气的理解启示我们，朗读和诵读是学习汉语言最重要的途径。有了对汉语语气的功能的理解，我们对“各个学段的阅读教学都要重视朗读和默读教学”，就会从道理上有比较真切的理解。

二、汉语语法的虚实建构

三、汉语语法的耦合建构

先解释一下“耦合”。耦：双，古代指两个人并排耕作。物理学上指两个或两个以上的体系或运动形式之间通过各种相互作用而彼此影响的现象。

（一）阴阳合德与句法耦意。汉语言中的对仗、对偶是句法耦合的集中体现。句法耦意是“对偶性思维”的反应。“一阴一阳始能化生万物”，“道原于一而成于二”，既要“分一为二”，又要“合二而一”。老子所谓“有无相生，难易相成，长短相形，高下相倾，音声相和，前后相随”。

（二）句法耦合的语义类型。这样的耦合句法共有十三种类型：视景对，应接对，彼此对，主客对，纵擒对，比兴对，名实对，比较对，分合对，诠释对，平衡对，事时对，继发对。

（三）句法耦合与理解之“场”。作者阐述道“汉语的耦合句，不仅是对偶性的思维方式所致，而且是汉语文解读方式的要求”。汉语语词往往言简意赅，汉语的行文也讲究词约而义丰。汉语文句的理解机制主要是语词意义相互映衬而引发的一种“意合”作用。映衬所形成的语义、语境场周延越大，处于“场”中的单个文句的意义也就越清晰。因而古人为文讲究“文必相辅，气不孤申”。这种“场”效应固然有赖于立言造句所依托的整个题旨情境，但它最直接也是最典型的建构则是句法组织的平行对应。汉语句法的耦合不仅使语句意义互相映射，互为补充，甚至

“互文见义”。

有了这样的知识，我们就能更好地理解《语文课程标准》中说的“在教学中尤其要重视培养良好的语感和整体把握的能力”。解读教材时，我们就会更多地从整体上，从前后文的连贯照应上去思考。课堂教学中，引导学生理解文本时，我们就会少一些零零碎碎的分析和孤立的讲解。

四、汉语语法的意合建构

（一）语法中的“主客二分”与“天人合一”。作者说，哲学上的天人合一，其立足点是人的主观体验和感悟。因此在形与神、言与意、文与道这一对对矛盾范畴中，神、意、道这些语言的本质方面是主要的，与之相对的语言的形式方面不具有独立性。中国古代语言哲学的一个重要命题是“言不尽意”。

（二）汉语结构的自然之序。作者说，身形同构，即语法的结构体现语义的结构，按照语义上的先后、大小、重轻等自然次序安排结构成分，这是汉语语法的一个特点。

（三）言不尽意与得意忘言。作者说，根据中国的语言哲学，意义最终是难以言喻的。无论是表达者还是阅读者，都随时准备由迹化的语言表象去把握它所蕴藏的世界本质。一旦领悟，语言的形式如何已不重要。正是这种意义的主导作用，使汉语的句法编码可以容忍多变之形而不以辞害意，神形异构而统形之神不变。汉语的主宾易位、反义替换等，就是这种神形异构的体现。

五、汉语语法的弹性建构

（一）道器不离的领悟空间。冯友兰先生指出，汉语的暗示几乎是无穷的。作者说，所谓暗示，正是由于汉语词语的体用相关、内外融通、功能发散和意蕴丰润。语言对道的表述，不是靠语言固定的外延和内涵，而是靠语言的暗示、语言的透露。而且，语言一旦达到了暗示的目的，它就该被忘掉。所谓“言者所以在意，得意而忘言”（《庄子·外物》）。

（二）体用一原与动静相涵。汉语语法中基本单位的弹性，首先表现在功能弹性上。启功曾形象地指出，汉语的词“是一种多面功能的零件。譬如一个螺丝钉，可以左右旋转，也可以钻进、退出，更可以用锤直接钉入或用钳直接拔掉。例如衣和食，作为名词是衣服、食物，作为动词则是穿衣的穿、吃饭的吃。所以可以说解衣衣我，推食食我。如果说衣我食我，即是给我衣穿，给我饭吃，那么这句中的衣食二字中即同时各具有动、名两种性质”。《左传》中，衣的动词用法占61%，名词用法占39%。

（三）有分无分与虚实相涵。

性状之虚涵盖事物事象之实。披坚执锐，“坚”本是描述性状，此处指实在的武器。

性状之虚涵盖动作之实。老吾老以及人之老，第一个“老”本是描述性状，这里涵盖当作老人的动作之实。

由此看出，汉语基本单位的功能在运用中非常灵活，具有很大的弹性。一个词的意义是凸显物象、动作即实用，还是凸显性状即虚用，全在于具体的上下文的运用。中国传统语文学认为：“字之虚实有分而无分。本实字而止轻取其神，即为虚字；本虚字而特重按其理，即如实字。”

（四）左右逢源与积木组合。汉语中表示动作的词，其功能往往既可指向主位，又可指向宾位，关系都不变，可谓左右逢源。如：潜能释放—释放潜能，全家兴奋了—兴奋了全家。

（五）组合变序与语义自由。如：工人—人工，人为—为人，同伙—伙同，爱怜—怜爱，伤感—感伤。

六、汉语建构的艺术气质

（一）文化的通约性。作者认为，用文化发生学的观点来看，任何一种文化形式同它所属的文化系统的其他文化形式都有着内在、有机的联系。这种联系就是文化通约性。汉语作为一种有着深厚的文化积淀和浓郁的文化性征的语言，必然和本民族的其他文化形式，尤其是艺术、文学的形式有着深刻的文化通约性。因此，汉语语法的特点与中国文化的特点是一致的。

思考：文化通约性的观点给我们语文老师以启示，掌握汉语必须有中国文化艺术的系统知识做背景。要读一些中国文化方面的书籍，了解中国多方面的文化和艺术。语文老师为什么更要博览群书，大概就是这个道理。文化艺术的背景知识越丰厚，对汉语的理解就越深刻、真切，对汉语文教学的理解也就越深刻、真切。有了对汉语的理解，才会有真正意义上的语文教学。我曾经说过，语文教师要不断提高自己的文化修养。当时，是凭感觉和经验说出来的，现在从文化通约性的观点去理解，就有了理性的认识。因此，知识是很重要的。每一个对你来说的新知识，都为你的认识打开一扇窗户，使你认识的范围扩大，使你的认识加深，使你的知识结构丰富，使你建构知识的能力增强。

（二）汉语建构中的简约灵动。作者认为，汉语的灵性之根在于它的简易性。“文贵约而指通，言尚省而趋明。”（王充《论衡·自纪》）“凡文笔老则简，意真则简，辞切则简，味淡则简，气蕴则简，品贵则简，神远而含藏不尽则简，故简为文章尽境。”（刘大櫆《论文偶记》）由于尚简，汉语语词单位的大小和性质往往无一定规，有常有变，可常可变，随上下文的声气、逻辑环境而加以自由运用。语素粒子的“随意”碰撞可以组成丰富的语汇。词组块的“随意”堆叠、包孕，可以形成千变万化的句子格局。

从汉语建构简约灵动的特点，我们可以找到语文教学倡导“简约灵动”的本体依据。

（三）汉语建构中的观物取象。作者认为，汉语的思维是一种具象思维。中国古代哲学讲求观物取象，即取万物之象，加工成为象征意义的符号，来反映、认识客观事物的规律。概念是一种思维的抽象，而在用汉语语词固定概念的形式时，中国人习惯于用相应的具象使概念生动可感而有所依托。汉语的成语、典故、歇后语更有丰富的形象色彩，如：紧锣密鼓、煮鹤焚琴、举棋不定、胸有成竹、胶柱鼓瑟等。

思考：汉语建构观物取象的特点启发我们，在语文教学时要重视通过形象思维帮助学生感受理解语言，培养学生联想、想象的能力。汉语言的学习与想象能力的提高是相辅相成的。通过汉语言的学习，学生的想象能力得到提高；学生的想象能力发展了，更利于学生学好汉语言。在这里我又找到了语文教学要在学生的精神世界里“留下语言、留下形象、留下情感”的知识依据。

另，作者说，汉语语词组合的灵活自由，使汉语行文免除了许多规矩。由此，我想到，根据语言文化的通约，这样无规则的语言，是否也导致中国人规则意识的淡薄，而过于“随机应变”“见风使舵”呢？一点胡思乱想，不足为训。

（四）汉语建构中的节奏旋律。作者认为，汉语句子的生动之源就在于流块顿进之中显节律，于循序渐进之中显事理。流块的顿进将音乐性与顺序性有机地结合起来，由音句进入义句，随事态变化的自然过程，流出千姿百态的句子来。音句不仅以它的停顿表现了节律，而且以它的停顿传达了句子的脉络。汉语的句子组织一旦采取音句铺排的形式，往往可以不用关系词而显示出关系来。音句的顿进将语气和语法脉络有机协调地结合在一起，这是汉语语法流块建构的一大特色。汉语的流块建构与汉民族其他文化艺术形式在流态动感上具有通约性。我国古代的雕刻、书法与绘画都不重视立体性，而注意流动的线条、飞动的美。于疾徐波折、自由流转的线条之中透出勃勃的生气和生命的旋律，于移视中可体会它的流动气势。

由此，我们可以想到，学习汉语言，重视朗读的停顿即感受语言的脉络，感受语言的脉络即体会语言表达的事理、情意。朗读作为教学内容有其汉民族语言的特质做基础。

（五）汉语建构中的传神写意。作者认为，我国古代的语言研究讲究“神而明之”。语言分析所用的许多概念、范畴，都出自人的主观感受。用西方形式主义的语言分析眼光来看，汉语的理解几乎是只有“人”而没有“法”。当西方民族汲汲于向外探索，以发展世界、改造世界为获得自由的途径时，中国人则向内探求，以认识自身、完善自身为获得自由的途径。这种内向性文化所显示出的独特的人文性往往是西方的科学传统眼光很难理解，也很难企及的。

作者这样的论述，引起我这样的思考：外向型、内向型的思路，都是人类认识自身和认识世界的路径，都是人性的表露和物化，无所谓长短。不同文化应该彼此沟通、理解，“内”“外”兼修，而不应该分出此优彼劣。人类文化发展的趋势应该是平等对话，相互交融，相互包容，共同发展。

作者又认为，在语法分析中，古人弃“形”而求“神”，固然是它不科学精密之处，但它贴近汉族人的语感，比起现在繁复的语法学体系来，自有其优越之处。我国现代语言学注重汉语“形”的规律的发掘是不错的，但它颠倒了“神”与

“形”的位置，企图以“形”摄“神”，而它的一套形式范畴，又都是西方形态语言之“形”，这就造成分析方法与语言事实的深刻抵牾。现有的语法体系之所以不实用，关键在于它所用的西方语法“主动宾”那一套“形摄”范畴与框架，游离于汉语组织的“神”之外。

思考：就用西方语法分析的框架来套汉语语法，作者的分析是有道理的。的确，各种语言自有自己的特点，无论用哪一种语言的语法规则去机械、简单地套另一种语言都是不合适的。但是，作者做的比较，我认为却是不太合乎逻辑的。因为，汉语的语感，汉语的重“神”，与繁复的西方语法体系不是一个层面的概念，是无法比较的。你从汉语简约、灵动、传神的视界去关照西方的语法体系，认为那一套繁复、机械，可西方人用起来并不觉得；这就好像西方人看汉语语法，从他们细密严谨的语法看汉语简洁、灵活的语法，会认为不严谨、无法可依一样。另外，语言的产生、运用是文化的自然现象。古人那样使用语言，未必是故意的“弃形求神”。那个时候的中国人就是这样感受、理解、运用语言的，汉语的语言形态本来就是这样。它是民族文化、历史的必然产物。

（六）汉语建构中的音韵象征。中国古代的文学批评把诗歌的音律形象地称为“韵”。“韵”之悠长，总是延伸着深远无穷之“意”，“有余意之谓韵”。“韵”是“乐”与“意”的有机统一。诗歌的音律形象建立在语言词汇的声音形象基础上。在人类对世界的感受与认识中，最能撞击心灵以形成观念的是事物的音响。人们在语言实践中发现，汉语中一定的词音特征伴随着一定的形象色彩。例如长音宽缓不迫，因而辽远闲静；短音急促剧烈，因而繁杂激动；清音纯净明快，因而愉悦轻逸；浊音厚重阻滞，因而粗劣慢乱。

汉语的音韵特点启示我们，古诗词的教学，主要的手段应该是诵读，由声音形象感知理解其意，感受其韵。

笔记之五：汉语交际的思维方式

第五讲介绍“汉语交际的思维方式”。

一、汉语交际与直觉思维

1．直觉思维与功能主义。作者认为，中国传统的思维方式，着眼于整体而非个体，着眼于动态而非静态，着眼于事物的功能、属性而非其具体结构，而要把握运动形态中的有机整体，不能靠逻辑分析，只能靠直觉顿悟。这种直觉，是一种超理性的体验型直觉。用中国古代的术语来说，就是“体认”“体道”，它超越了在有限时空精确限定下的逻辑分析，超越了对原因与结果的反复寻求，沉浸在直观感悟之中。

思考：这样的结论是否有人类学的证据？直觉是超理性的，还是与理性并列的一种思维方式，抑或是“前理性”？

2．中西语言交际理论的共性。作者认为，人类语言研究的原始动机，不外乎两种需要：一是典籍阐释的需要，一是交际修辞的需要。典籍阐释使人类不断深化民族文化传统的内涵，语言的探究成为人类生存的一种方式；交际修辞使人类不断调整人际关系，语言的探究成为人类活动的一种手段。古希腊的哲学家认为，文辞是智力的表征，是人格的反映，是真实而道德的灵魂的外在意象，文字是理性与智力的格式与决定力。擅长使用文辞，即富于道德和智慧。中国古代的哲学家认为：“鼓天下之动者存乎辞。”（《周易》）

思考：此处的“道德”是伦理学意义上的道德吗？因为从历史和现实看，擅长文辞与道德并没有必然联系。“文辞是智力的表征”“鼓天下之动者存乎辞”，似乎也夸大了语言的作用。夸夸其谈的人，智力未必高啊；不善言谈的人，也许内秀啊。孔子说：“讷于言而敏于行。”商代的宰相傅说说：“非知之艰，惟行之艰。”舆论的作用不可轻视。但，当人们知道文辞与事实相悖时，再好的词，大概也不能鼓动天下，也许还会适得其反。

3．中西语言交际理论的对立：内涵与形式。作者认为，西方古典修辞学传统是一种注重形式的传统，中国古典修辞学传统是一种注重内涵的传统。中国古代对修辞的理解是“修辞立其诚”，即将修辞与修身养性融为一体，将言辞的修饰归于身心的诚挚，所谓“外则修理文教，内则立其诚实”（孔颖达《五经正义》），“修其内则为诚，修其外则为巧言”（王应麟《困学纪闻》），而“辞欲巧”的前提是

“情欲信”。这样一种注重言辞内涵的修辞观念，对言辞美的基本要求就是“为情而造文”，以内容作为形式选择的基本依据，力求“言有物”“言有宗”“言善信”。

思考：根据汉语这样的修辞特征，在理解汉语言的表现形式时，我们就不能仅仅停留在形式上，而要联系语言所表达的内容去理解语言形式的修辞效果。

作者还阐述道，中国古代的修辞观从一开始就以“意旨”的修炼为其着眼点，以“言近而旨远”为修辞的理想境界。《易经》中已有“其旨远，其辞文，其言曲而中”的表述。“言近而旨远”，“守约而施博”，不仅是中国古代修辞哲学的一种表述，而且具体体现为修辞活动与整篇作品、整个社会人文环境相互依赖、融为一体。在这个整体中，任何单位文辞的修辞之义都借助题旨情境“以大观小”地显示出来。这就形成了中国古典修辞活动的一个基本方略：情境通观。情境通观从言语交际的修辞来说就是要注重“言之时”以及说话的不同对象和场合，也就是当代语用学所说的“语境”。

二、汉语交际与整体思维

1. 整体思维与辞境交融。作者认为，汉民族的整体思维方式对汉语的修饰运用有着深刻的影响。中国古代的语言理解策略讲究意在言外，如庄子所说：“可以言论者，物之粗也；可以意致者，物之精也。”“意之所随者，不可认言传也。”这就是说，文辞本身不是自足的，文辞要表达的全部含义须从文辞所联系的上下文和整个语境中才能显示出来。修辞的本质也不在于对文辞本身的修饰，而在于文辞与情境题旨的充分协调、有机互补与制约，在于文辞对所在语言、社会、文化环境的调适。这样一种修辞学传统，我们可以说是一种语境通观的修辞学传统。

思考：语境通观要我们在解读汉语文本时，一定要从文章的整体出发，注意联系上下文的语境。当前，不少的阅读教学课堂，把文章的某些段落甚至词句孤立地抽取出来理解、阅读，而不顾文章的整体背景，这样的做法值得反思。

2. 辞之修功在整体。

思考：从前面的“情境通观”和“语境通观”，必然得出“辞之修功在整体”的结论。

3．辞之修功在适变。

思考：汉语的修辞重在内涵，也即“题旨”。而不同文章的“旨”是不同的，题旨不同，修辞必然要跟着变化。

4．辞之修功在于人。

思考：因为，文章的交际对象是人，所以，强调修辞的效果最终归结于交际的对象，即人。

笔记之六：汉字的文化内涵

最后一讲介绍“汉字的文化内涵”。

一、汉字的文化定义

1．文字定义的西方标准。亚里士多德说：口语是心灵的经验的符号，而文字则是口语的符号。索绪尔断言：语言和文字是两种不同的符号系统，后者唯一的存在理由是在于表现前者。

2．人类文字性质的二重区分。索绪尔认为，人类的文字有两大系统：一个是表音体系，一个是表意体系。索绪尔还认为，汉语的文字是第二语言。汉文字不依附于语言，文字独立地表达概念。帕默尔认为：“如果中国人屈从西方国家的再三要求，引进一种字母文字，充其量不过为小学生（和欧洲人）省出一二年学习时间。但是为了这点微小的收获，中国人就会失掉他们对持续了四千年的丰富的文化典籍的继承权。”瑞典汉学家高本汉表示了相同的意见：“中国人没有废除自己的特殊文字而采用我们的拼音文字，并非出于任何愚蠢的或顽固的保守性。中国人抛弃汉字之日，就是他们放弃自己的文化基础之时。”

3．汉字的文化定义。汉字是汉民族思维和交际最重要的书面符号系统。汉字的物质形式——方块结构——是以象形为基础的。“文”，即以图纹状物的独体字；“字”的本义是“生养子女”，在“文字”中“字”的意思是在“文”的基础上滋生出来的合体字，就像从母体里生出众多的生命一样。

二、汉字的文化功能与文化形态

1. 文字与文明。人类的文字体系，无论是表音文字，还是表意文字，都是人类文明的有力杠杆。《英国大百科全书》在“文明和文化”条中指出：“文字是人类文明的最伟大的一个组成部分。”没有语言文字，文明甚至不会出现，而且肯定永远不会达到它的高级形式。正如18世纪一位牧师所谈到的：“文字有一些神秘莫测的力量。这使它们产生了一种超出我们通常所能解释的力量。”中国神话《淮南子·精神篇》对创造文字做了惊心动魄的描述：“仓颉作书而天雨粟，鬼夜哭。”

汉字的产生，正是汉民族对自己所理解的世界样式的符号化勾勒。作为一个独立的表意系统，汉字的结构体现出汉民族看待世界的样式，因而汉字具有独特的文化解读功能。汉字是一种以象形表意为基本特征的文字。虽说一般的文字系统都经历过象形的阶段，但象形文字所包含的文化信息和语义密码只在汉字中基本保留了下来，从而为汉民族文化心理的阐释提供了系统的依据。

2. 汉字的历史文化认识价值。中国的历史文化，有数千年的渊源。用汉字记载的浩瀚典籍，为我们提供了丰富的历史文化信息。然而，中国现存最早的典籍，至多也只能达到春秋战国之际。那个时期之前的历史比中国古文献的历史长得多。从这个意义上讲，汉字是一座恢宏的历史博物馆。

3. 汉字的“观物取象”及其结构化。汉字的产生，是一个“观物取象”的结构化过程。

三、汉字结构形态的变异：历时与共时

1. 汉字结构形态的历时变异。从历时层面来说，汉字的文化形态经历了一个不断符号化的递嬗过程。符号化的过程中，汉字在象形方面付出了代价。但，符号化并没有改变汉字象形表意的性质，只不过使汉字的象形表意手段大大简化了。汉字符号化的关键点是“隶变”。隶变，指汉字从小篆到隶书的变化。隶书前的古汉字都以曲线象实物之形。这种写实性的曲线虽经小篆改为圆润的线条，但象形的表意作用仍很突出。隶变将圆润的线条改为方折的笔画，使汉字的书写彻底摆脱了“描绘”而成为符号的书写。

2. 汉字结构形态的共时变异。

3．方音与汉字变异。

四、汉字造型的认知框架

1．汉字意象结构化的基本途径。汉代文字学家许慎认为古人造字是“仰则观象于天，俯则观法于地，视鸟兽之文与地之宜，近取诸身，远取诸物”。可见，“观物取象”，即从客观物象中提取主观意象，并通过方块字的结构化将意象表达为一种文（纹）理，这是汉字建构的基本方式。

2．汉字意象的内在逻辑。二合是汉字意象的内在逻辑。二合即合二为一。会意字的基本形式是两个象形符号的组合。90%的形声字是形符和声符的二合。

3．汉字构形的结构平衡。从笔画繁简与面积比例来看，为了保持方块字的结构平衡，二合的两部分在面积上并不平分秋色。为了保持平衡，一些字还将笔画甚繁的字拆卸开，移到笔画少的一边去。

五、汉字造型的人文精神

1．汉字构形的主体投射。从根本上说，汉字的建构精神是一种以人为立足点的人本精神。汉字以象形为基础来表示物体。除了有形体，汉字表意都是以人为本的。“匕”是爬在地下的人，“长”是有长头发的人，“身”是大肚子的人，“戍”是人荷戈，“弃”是把孩子盛在箕里扔出去，“字”是把孩子养在家里。画一只眼睛就代表有人在瞧，画一张嘴就代表有人在说话。总之，它是从人看事物，从人的感官看事物。因而文字的结构必然赋予经验以主体意识的特征，使之带有人的需要、人的态度、人的评价。

2．基本建构方略：“取于身又见其为。”汉字的构形不仅直接以“人”形入字贯彻主体的认识，而且还更多地以人体的部分入字勾勒具有主体性的范畴。如：“保”取人抱幼子之形，“大”取人的正立之形，“央”取人立于门框中央之形。

3．汉字构形的人文主义观念。“天”字的构形，下方的“大”是一个正面斜展双臂的人形，上方的“一”指示头顶。由此可见，天的概念是和人的概念联系在一起的。《说文解字》在解释“大”的字形时说：“大，天大地大人亦大。”

思考：这一讲“汉字的文化内涵”，给语文教学特别是识字写字教学以很大启示。

1. 了解汉字文化内涵的知识，可以加深我们对汉字教学传承中国传统文化价值的认识，丰富识字教学的文化内涵。在教学某些具体的汉字时，可以联系汉字的字源字理，给学生中华传统文化的启蒙教育。

2. 汉字的象形表意的构字方式，汉字对事物概念的直接表达的功能，可以帮助学生在学习汉字的同时提高认识世界的能力。汉字的象形特征，可以培养学生的想象力和直觉思维的能力。汉字的人文主义观念，可以在识字的过程中加强学生对人自身的认识。

3. 汉字构形的结构平衡，给指导学生写字以启示。感受汉字的形体美，其实就是感受这种平衡给人带来的美感。而结构平衡，是汉民族文化表现形式的一个显著特征，也是中国艺术审美的一个显著特征。

2008年3月—2008年7月

思想，是相互照亮的

——读《论对话》

《论对话》是英国20世纪重要的思想家戴维·伯姆写的。戴维·伯姆曾任伦敦大学伯贝克学院物理学荣誉教授，但他一生致力于对话理论的研究。戴维·伯姆之所以花毕生的精力关注、研究对话，缘于他对现代社会人与人沟通困难的忧虑。现代社会交通、通信空前发达，可是人与人的对话非但没有得到改善，反而越来越困难。正如戴维·伯姆所说：“人与人之间的沟通在恶化，阻止沟通恶化的努力反而使情况变得更糟，这就是我们所面临的现实。”“过去几十年来，现代科技发展一日千里，广播、电视与飞机、卫星构成了一个庞大的网络连通全球，使得世界的任何一个角落几乎都可以在瞬时之间彼此相连。然而与此相对应的，则是人与人之间日渐隔阂，彼此间的沟通以空前的速度，变得每况愈下。国与国之间由于经济与政治制度的不同，除了动武之外，无法正常地进行交流。即使在一国之内，不同的社会阶层与群体也做不到相互理解。‘代沟’无处不在。老年人与年轻人之间无法沟通，即或有之，也不过是敷衍塞责，应付了事。”

基于对上述现象深深的忧虑，戴维·伯姆从社会学、人类情感的本质、人类思维过程的模式、人的价值观和信仰等众多的层面，对人与人之间的对话进行了观察和研究。戴维·伯姆所说的对话，远非语文意义上的概念，更不是我们通常意义上所说的人与人之间的谈话。在戴维·伯姆看来，“对话是一个多层面的过程，远远超越了传统意义上所指的谈话和交流范畴”。

这本书去年就买了，一直没有读。现在，有些害怕买书了。看到买回来放着没有读的书，就觉得欠了这些书的债。今年下半年，争取把前段时间买的书读完，把债还掉，然后再买新书。否则，债越积越多，心里会放不下的。这本书虽然只有100页，11万字，但是，从6月5日起读，陆陆续续到7月底才读完。当时，列了写读书笔记的提纲，但没有及时写下来，一搁就是一个月。今天晚上写出来，也算是又还了债。

1. 什么是对话？对话是流淌于人们之间的意义溪流。

对话并不仅仅局限于两人之间，它可以在任何数量的人之中进行。甚至就一个人来说，只要他抱持对话的思维与精髓，也可以与自己进行对话。这样来理解对话，就意味着对话仿佛是一种流淌于人们之间的意义溪流，它使所有对话者都能够参与和分享这一意义之溪，并因此能够在群体中萌生新的理解和共识。在对话进行之初，这些理解和共识并不存在。这是那种富于创造性的理解和共识，是某种能被所有人参与和分享的意义，它能起到一种类似"胶水"或"水泥"的作用，从而把人和社会黏结起来。

从戴维·伯姆的这段话中，我理解了对话的一些特点：①对话的语言是具有意义的话语，没有意义的或不能让人理解意义的话语，不能构成对话。话再多，如果没有意义，或不能让人理解意义，也等于没有说话，更谈不上对话。②对话在人之间（也可以是自己和自己的内心之间）来往、对流。对话像希腊神话中的信使赫尔墨斯，在人与人之间来往穿梭，传递信息。③对话具有生成性，每个人的"意义之溪"与别人"交流"之后形成更大的"合流"，不同"意义小溪"的"汇流"，使对话形成的"水体"不断丰沛。这样的"合流"，是对话之初不存在的未曾预料到的新的意义。④对话具有分享性，生成的新的意义被参与者共享。⑤对话的结果是多赢，每个人在对话中不断生成新的意义，人人都是赢家，人人都是受益者。⑥对话的"三不"前提：不带偏见，不施加影响，不强加于人。⑦对话是合作，"在对话中我们不是相互对抗，而是共同合作"。

2. 对话作为一种教育原则。

对话作为一种教育原则，从简单的意义讲，强调的是师生的平等交流与知识共建。从深层的意义讲，它挑战我们关于师生关系、知识本质，以及学习本质等方面的思维成见、定见与主观认定。尤其是随着网络教育的兴起和发展，基于对话的教学代表着未来教育和人类学习的一种发展演进方向。

译者王松涛在《译丛总序》里的这段论述对我们理解教学过程中的对话富有启发意义。新课程改革以来，我们在教学过程中强调了对话。《语文课程标准》也指出：“阅读教学是教师、学生、文本之间的对话的过程。”由于新课程改革的倡导，更多的教师知道了教学过程存在着对话，也把对话作为一种教学的策略在教学中运用。但是，现实中的实际情况是，大多数的所谓对话教学，只是传统意义上的谈话法、提问法、问答法的形式上的翻版而已。对话教学，在大多数情况下只是被教师们用作一种具体的教学方法。其实，对话本身就构成了一种革新性的教育观。译者把“对话作为一种教育原则”，就是告诉我们，不要把对话简单地作为一种教学方法，而是要作为一种原则来指导我们的教学。对话作为一种教育原则，对我们的教学有哪些指导意义呢？

首先，对话要求我们建立新的学生观。对话强调的是师生平等交流，教师要尊重学生的人格。尽管教师可能在知识方面有某种优势，但是在人格上与学生是平等的。对话，是一种平等文化。没有人格的平等，就不可能有真正意义上的对话。现在的课堂上，有些教师表现出身份的强势、语言的强势，使得教学的对话无法开展。师生平等交流，还要求教师尊重学生的知识经验。在对话的过程中，学生的知识呈现也许是不完整的、有缺陷的，学生的经验也许是局限的，但是学生的现有知识经验自有其价值。如果因为学生的知识经验是幼稚的、有缺漏的，就剥夺其对话的机会，那么真正的对话也不可能实现。

其次，对话要求我们建立新的知识观。知识不是固定不变的程式，而是动态的建构过程。只有在自身经验基础上建构的知识，才是活的有价值的知识。这样的知识才会对学生的精神世界产生积极的影响，生长出智慧。教学对话，就是在师生之间、生生之间共享意义，共建知识。

因此，要在教学过程中真正实现对话，就必须要重新认识师生关系，重新认识什么是知识，什么是学习。

3．沟通如何可能？

本书的第1章标题是“论沟通”。本书的书名是“论对话”，为什么开篇先讲“论沟通”呢？沟通与对话是什么关系呢？

在这一部分，作者首先描述了当今世界面临的沟通困难和困境，“彼此间的沟通以空前的速度，变得每况愈下”。接着，解释了什么是沟通；最后，阐述了如何实现沟通。

什么是沟通呢？在英语里，沟通是“传递或交流信息使之得到公认”的意思；《现代汉语规范词典》中，沟通是“使彼此相通”的意思。汉语沟通的意思更宽泛。词义总是有预设的，“公认”“彼此”告诉我们，沟通存在于两个以上的人或群体之间。“使之得到公认”“使彼此相通”告诉我们，在沟通之前，人们之间是存在分歧没有取得共识的，是彼此不相通的。怎么通过沟通，“使彼此相通”“使之得到公认”呢？这就引出了“对话”“共识”。对话是沟通的途径，共识是沟通要达到的结果。

从对话到达成共识，是一个什么过程呢？作者说：

在对话时，一个人所说的意思，与别人所理解的意思，通常并不一致。两者之间会相似而不会完全相同，既存在相似性，也存在差异性。因此，一个人可以从别人对他的反应中，发现自己所要表达的与别人所理解的之间的不同之处。他进而就有可能在自己的观点和别人的反应基础上，产生新的想法。如此反复进行下去，就不断地会有新的认识与观点出现，并逐渐得到两个人的公认。在对话当中，每个人都不试图把他所知道的观点或信息强加于人。相反，可以说是两个人共同去认识，并形成新的共识。

要做到这一点，前提是不带任何偏见、无拘无束地相互倾听，而且不试图对对方施加影响。每个人所关心的唯有真理，因此他可以随时抛弃自己的旧思想与观念；而在必要的时候，又随时可以接受异己之见。反之，如果只想把自己的想法灌输给别人，或者戴着有色眼镜来看待别人的观点；不管别人说的是否有道理，都固执己见，那么就根本无法进行沟通，因此也就必然会导致上文所指出的那种无法解决的“沟通问题”。

从作者的这两段论述中不难看出，实现沟通，要做到“四不一接受”：不带偏见，不施加影响，不强加于人，不固执己见，接受异己之见。

但是，人往往容易固执己见。这是什么原因呢？作者指出，一是，“当一个人想做某件事时，他倾向于主观认定自己已经听取了别人的意见。如果有问题，那么一定是出在别人身上”。二是，“当问题发生在自己身上的时候，我们在心理上就会出现一种短暂的恐惧感，阻止自己触及这些问题”。作者对人性的洞悉，真是入木三分。在遇到问题的时候，人本能地就会产生自我保护的意识，趋利避害，由此就会“文过饰非”，推卸责任。如何克服这种人性的弱点呢？作者提出的办法，竟然与中国古代儒家的观点一致，这就是“反求诸己”。

子曰：“君子求诸己，小人求诸人。”（《论语·卫灵公》）

射者，仁之道也。射求正诸己，己正而后发；发而不中则不怨胜己者，反求诸己而已矣。孔子曰：“君子无所争，必也射乎！揖让而升，下而饮，其争也君子。”（《礼记·射义》）

孟子说：“君子所以异于人者，以其存心也。”（《孟子·离娄下》）存心，即检查自己的思想，也就是反求诸己的意思。当别人对自己蛮不讲理时，孟子说：“则君子必自反也。”自反后，自己没有不仁无礼之处，别人还是蛮不讲理，孟子还是要求“君子必自反也”。

求诸己，是一种修养，一种境界。只有以警省之心，观察自己，才能以诚恳之心，抛弃自己的成见，接纳别人的意见，坦诚地与别人对话，达到沟通的目的。

从这一点上倒是可以看出，中国古人提倡的个人修养，在现代社会仍然具有现实的意义。

4. 对话的难，在哪里？

上面作者讲到人与人之间沟通的困难在于人往往固执己见。人之所以固执己见，是因为人不能“反求诸己”，也就是不能真诚地对待自己，人往往被自己所蒙蔽。在剖析了上述的沟通困难后，作者又提出了存在于每个人内心的“思维假定”，这又是对话的障碍。

思维假定就是人由于自己的经历形成的比较固定的“看法、意见或观念”。“这些假定不但包括那些微不足道的假定，还包括植根于你内心深处关于事物看法的最根本思维假定，比如关于生命意义的假定、关于个体利益的假定、关于国家利益的假定、关于宗教兴趣的假定，以及人生的基本问题，诸如如何做事、如何生活等假定。”

作者提出的思维假定，也就是解释学上所说的解释的“前见”“偏见”。

通常的情况是，我们的对话难以进行下去，就是因为在自己的思维假定受到挑战时，我们总是会不自觉地维护、捍卫它们，有时甚至情绪冲动。我们对很多问题的讨论，为什么往往无果而终，就是因为各自的思维假定束缚了我们，使我们无法继续对话，进而达成共识。

人为什么会不自觉地为自己的思维假定辩护呢？因为人的思维假定一旦形成，这种假定就会与你整个人浑然融为一体。“别人所质疑的本来只是你的意见，但你却觉得别人似乎是在质疑你本人，所以你要奋起为自己辩护。”

因此，对话不仅是个技术问题，更是人的社会生存方式，如何对待自己，如何对待他人，对不同价值观不同意见的接纳、容忍，对不同的人的尊重，等等。

都说教学是对话的过程，这样的过程意味着什么呢？美国人本主义心理学家罗杰斯是情感心理学教学理论的代表人物。罗杰斯提出了师生关系品质的三个方面——真诚、接受、理解。罗杰斯提出的真诚、接受、理解，是师生间开展对话的前提。

教学对话绝不仅仅是可供操作的方法，而是我们对学生的态度，对师生关系的重新定位，对教学的新的价值取向的追求。

5．对话怎样进行？

①创造“空灵之境”。作者说：“在对话中，对于任何事我们都不要去决定做什么。这一点至关重要。否则我们就不够自由。我们必须让自己空空荡荡，这样我们就不会觉得有责任和义务去做任何事，也不需要去达成任何结论，也不需要顾忌应说些什么或不应说些什么。这是一种开放和自由的环境，是一个空灵之境。我们

要在心中保持一种空灵之境从而可以让任何事情进入——而当对话结束之时则再次将它们清空。我们不让自己的心中积聚任何事。这是关于对话的一个要点。"

这里提到的"空灵之境"，与老子的"有无相生"异曲同工。《老子》十一章："三十辐共一毂，当其无，有车之用。埏埴以为器，当其无，有器之用。凿户牖以为室，当其无，有室之用。"车轮中间有了空，才能转起来，才有用；器皿中间有了空，才能放东西，才有用；房子中间有了空，才能让人生活其中，才有用。老子讲的是"无之以为用"的道理。从这些实物的"无之以为用"，可以引申出一种思维方式——虚怀若谷。虚怀若谷，就是把内心空出来，像山谷那样宽广，才能容纳各种意见，接纳各种思想。对话是各种不同意见的交流，不同于思想的共享。只有"空"出我们的"心灵"，对话才能得以进行。

作者说，在对话中，对于任何事我们都不要去决定做什么。那么，是不是对话没有任何目的，只在乎对话的过程，甚至陷入无意义的闲谈呢？在后面提到的"有限性对话"中，作者做了说明。

②搁置"思维假定"。前面提到，思维假定妨碍人与人之间的沟通。为了使对话展开，作者提出："暂时把你的思维假定搁置起来，既不让它们发挥作用，也不要刻意去压制它们的出现。我们通常能做到不出声骂人，但心里却仍然在骂人。因此我们需要从内到外都做到搁置己见，并予以自省。""对话的要素就在于此——它让大家认识到每个人心里想的都是什么，但并不对人们的想法下任何结论或判断。"

这一点对开展教研，对评课，对学校里其他需要讨论协商来解决的问题，对人与人之间的交往，等等，都具有启发作用。思维假定，存在于每个人的头脑中；每个人也都有成见、偏见；人也需要有属于自己的观点、看法、意见，甚至人还需要坚守自己的一些观点。但是，这并不妨碍在对话时暂时搁置自己的思维假定，听取别人的意见；另外，你有自己的思维假定，别人也有自己的思维假定。换位思考的话，大家都要尊重别人的思维假定。这样的话，对话才能展开。在对话过程中，在讨论问题时，不对别人的想法下结论和判断，可以在自己的心里有自己的想法，只是不要过早地下结论和判断，避免妨碍对话的进行。有些时候，是不需要下结论的，有些时候暂时不需要下结论，有些事情可能就没有结论。对话，就是"让大家认识到每个人心里想的都是什么”，这一点比得出结论更重要。在评课时，让大家都说出自己的真实想法，比得出一个统一的结论更重要。经过反复的对话，会产生一些共识，让大家去分享。也就是说，结论是充分对话的结果，而非简单、草率或以权威强加的结果。

③对话不欢迎劝告或说服。作者说：“一个人没有理由去被劝告或说服，其中存在着不一致性，缺乏道理。如果事情是对的话，你根本就不用被说服。如果有人试图来说服你相信什么，那么其中必大有可疑之处。”

作者的这种观点颇让人费解，但能隐约感觉到其中更深层的意味。正常情况是，对话恰恰是为了劝告或说服。如果对话不是为了劝告或说服，那么对话的意义又是什么呢？如果有人确实是错的，是不是也不需要劝告或说服呢？

④对话的有限性。作者介绍了两种对话的类型，一种是纯粹的对话，一种是有限的对话。纯粹的对话就是排除了等级和权力因素干扰的对话。“我们做事时都想摆脱等级与权力的束缚，但真正做事时，我们又需要有一定的权力来使事情运转。而当你为事情赋予某种特定的‘目的’时，就注定会使权力因素涉及其中。但在对话中，由于我们不需要预先设定目标和日程，我们不必被迫去做任何事，所以就完全不需要有等级和权力的因素牵涉在内。相反，我们需要一个没有等级、没有权力的地方，无须设定特定的目的——这是一个完全开放的空间，在此空间里恶魔可以无所不谈。”这实在是一个理想的对话状态、纯粹的对话境界。但是，正如作者所说，我们真正做事时又需要有一定的权力来使事情运转。因此，作者提出了有限对话。关于有限对话，作者说：“参与对话的人有着明确的目的，这一目的决定了这种对话是有限性的。即便如此，这种对话也非常有价值。它的作用起码在于使大家互相认识到每个人都有自己的思维假定，进而使大家认真倾听彼此的思维假定并了解它们究竟都是些什么假定。做到能够共享我们的判断，共享我们的思维假定，认真倾听彼此的思维假定，就至关重要。”

课堂教学中的对话更多的是有限对话，因为教学总有一定的目的性。但是，如果我们在有限的对话中，意识到权力因素对对话效果、对话展开的影响，我们就会注意控制教师的权力因素，尽量减少因为教师的权力束缚而产生的消极影响，在有限中更好地展开对话。即使是理想化的纯粹对话，对课堂教学的对话也是有启发的。在有些时候，对于某些问题，我们可以让对话接近于纯粹，教师可以把自己的权力暂时隐藏起来，以便于对话的充分展开。

⑤对话与友爱。对话与友爱，似乎是不相干的。其实，对话的深层价值正在于人与人之间情感的相通、相容。作者说：“如果我们不能沟通和共享意义，爱将不复存在。如果我们能够真正地实现沟通，那么我们之间的友爱、分享、情谊和博爱就会日益增长。”

对话能让我们获得一种“精神能量”，也许对话的真正意义和价值正在于此。对话不仅是为了获得知识，不仅是为了交流信息，不仅是意义之溪的对流，也不仅仅是为了劝告或说服（这也与③相呼应），对话是关乎心灵的，关乎精神的，关乎内心感受的，关乎两颗心、更多的心之间的理解、契合、感应、尊重，等等。

6. 思维也有出错的时候。

人以“能思想的动物”自居，人因为有思想而骄傲。质疑思维，令人警醒。思维：人类智慧之花。“在人类文明形成之初，思维被认为是非常珍贵的东西。至今它依然是。思维完成了所有我们引以为豪的事情。城市因此而诞生，科学技术因此而诞生，医学因此而出现。但是，思维也有出错的时候，会导致灾难的产生。”

是的，说起思维，我们不由得想起：“知识就是力量”（培根），“人是能够思想的芦苇”（帕斯卡尔），“一个有思想的人就是力量无边的人”（巴尔扎克），“人为自然立法”（康德），等等。但是，作者提出的“思维也有出错的时候，会导致灾难的产生”值得我们警醒。因为，人们重视的往往是思维的正面价值，更多的是赞颂思维，而往往忽视思维的负面影响。尽管，康德的“纯粹理性批判”为知识划定了边界，但是，在实际中，在习惯中，思维往往僭越，进入它不能进入的领域，导致错误的产生。

分裂性思维：思维的误区。人类错误的思维方式之一是“分裂性思维”。“这种思维方式把本来完整一体化的事物分裂肢解为仿佛各自独立的部件，它不是单纯地拆分事物，而是把本来不可分割的事物整体硬行分解。这就像把一块手表打成碎片，而不是把它拆开去发现各个零部件。零部件乃是整体的各个有机组成部分，而人为裂解的碎片则是依据主观臆断而进行的分割。事物本来是属于一体的，但却被人的思维认为不是一体。正是由于思维的这一特点，从而导致做错事。”

由此，我们要慎重地对待分析思维。分析，是现代科学的思维方式之一；分析能力，是人思维能力的重要标志。分析，更多地适用于自然科学；分析，运用于人文科学时就需要谨慎。今天读到《读一本书，做一段修行》一文中的一段话，正好可以成为这个观点的注脚。“以前欧洲人读不分段的《圣经》每次都老老实实从开篇读起，《圣经》分段以后，人们开始认为不同的段落重要程度不同，分歧就产生了。所以英国大哲学家约翰·洛克说：‘《圣经》分段印刷是无耻商人酿制的悲剧，他们为了让《圣经》更畅销强行分段，分段以后我们的信仰将四分五裂。’后来的结果被洛克不幸言中——基督教分裂成一大堆教派、教会。”同样，我们的文本解读、阅读教学，也要防止碎片化的思维和理解。

思维：人类集体意识的累积。“首先我们要质疑的是这样的一个思维假定，即思维完全是我们个体的思维，与他人无关。从某种程度上来说是这样的，我们有各自的独立性。但是对这个问题我们必须予以详加审视。我们大多数的思维，就其一般的形式而言，都不是个体性的。它源自于我们整体的文化，无处不在。从幼年时代起我们就从父母那里、朋友那里、学校那里、报纸那里、书本那里，以及其他地方获得了它们。我们对之稍加改造，选择我们所喜欢的部分，排斥掉其他的部分。归根结底，它们都出自于同一来源。”

作者的这一发现，提醒我们要常常反思自己的思维，我们的思维到底有多少属于自己。我们狂妄宣称的所谓“独创”，所谓“我认为”，是否是真的。

思维与事实：思维不等于事实。“仅仅通过思维或想象来再现事物是远远不足以采取行动的。你必须在你的感觉中真实地感受它的存在。我们有时会人为地建立事实，但这样建立的事实是错误的。对于这类事实，我们可以说它未被以正确的方式建立起来。由于我们把思维与事实混为一谈，而我们自身又未意识到这一点，因此这种所谓的事实是错误地建立的。”

由此，我想到，一般的概念不能不加审视地套用到个别的具体的个体上，也就是要防止概念形成的成见对思维的影响。这也是逻辑学上的不完全归纳法，归纳永远是不能完全的。天鹅是白的，你不能保证将来不会出现黑天鹅。毕飞宇说过，没有抽象的农民，只有具体的人。文本解读的套版效应，往往就是由于从概念到概念，而忽略了文本具体的事实。事实应该先于思维，从事实出发，加上思维的参与，建立理解，才能得出个性化的解读；相反，如果从思维出发，从既有的概念出发，就会忽略事实，获得貌似正确的解读。

7.“思维假定”——一个藏在你心中的观察者。

①“思维假定”是一个观察者。“我们自身的思维假定能够对我们如何观察事物发生影响。思维假定影响我们观察和体验事物的方式，最终影响我们要做的事情本身。从这一点来看，我们是通过自身的思维假定来观察事物的。我们可以说，思维假定是一个观察者。”观察者的任务就是要去收集信息，而且是有选择地收集相关的信息，并把这些信息形成一定的图像和意义。这一过程是通过头脑中的思维假定来完成的。

“思维假定”是观察者，就是说，人是带着思维假定进行观察的。如果“思维假定”有了偏差，那么观察的结果、结论也会有偏颇。这也提醒我们，对观察的结论要进行审视，不能武断地、直接地由某种观察得出结论。这种审视，就是对思维本身的反思、审查，心理学上叫“元认知”，本书作者称之为“思维的自我意识”“思维能够对自己的所作所为予以监察”。

②观察即被观察者。“就像克里希那穆提说的那样，观察即被观察者。如果你不把观察者和被观察者放在一起考虑——即把思维假定与情绪反应放在一起来考察——那么就会大错特错。如果我对自己说我准备观察自己的心理但是却不把自身的思维假定考虑进去，那么就会出错，因为其实是思维假定本身在观察。”

这就好像“你在桥上看风景，看风景的人在楼上看你；明月装饰了你的窗户，你装饰了别人的梦”。德国物理学家海森堡提出的“测不准原理”，从科学的角度说明被观察者对观察的影响。目前，教学研究中运用的“课堂观察”，应该以此为鉴。我们带着怎样的“思维假定”去观察课堂，我们观察到的课堂现象是否是真实的，我们观察后得出的结论是否可靠，等等，都值得我们审视。严格意义上讲，观察是不可能完全测得准的。

8．思维的一致性和不一致性。

不一致性是说你的意图和实际的结果不吻合，你的行动与你所期待的不相符合。为了掩盖这种不一致性，你就会产生矛盾、困惑，乃至自欺。由于知识本身不是完美的，因此有些不一致性是不可避免的。由于知识是来自整体的抽象，因此所有的知识都是有局限性的。它仅仅是由到目前为止你所学到的东西所构成的。在这一点上，知识总是有局限的，因此它本身就存在不一致的可能性。当你按照知识行动时，即知识被予以运用时，它的不一致性就会显现出来。或者，当你试图通过知识来解决问题时，也会暴露出其不一致性。如果你对此持正确的态度，就会说："好吧，我承认这种不一致性，我将抛弃陈旧的知识，我要去发现新知识。"你就会发现哪些地方错了并去改正它。但是，如果你固守已有的知识，你就踏入了歧途。知识本身是无须固守的，但人们却总是执迷其中。

这就是人对无序的恐惧。人天生追求秩序美与和谐，也就是一致性。尼采曾指出，因果关系本身并不存在，由于人们恐惧不确定性，用因果关系把事物纳入有序之中。但是，如果人只看到秩序、和谐，认为所有的事物都井井有条、井然有序，就容易被自己愚弄。怎样克服这样的矛盾——内心对一致性的追求甚至是先天认同和事物实际的可能的无序？那就是不断地经历从不一致到一致的无限的过程，从无限的不一致性不断地建构有限的一致性，保持对不一致性的敏感，首先承认这种不一致性，然后去发现其来源。人要保持对未知的敬畏，对宇宙世界的敬畏。为什么知识越多的人却感到自己知道得越少呢？为什么苏格拉底说，我唯一知道的就是我什么都不知道？对知识的态度决定了一个人真正的知识修养。

9．人类的三个维度：个体、集体、宇宙。

作者从三个维度对人类进行了探讨：

第一个维度是个体，即完全意义上的个体的人。他能形成对自我的印象，并通过自我印象来识别自己。

其次，我们可以从集体的维度上来分析人。集体是由很多人构成的——它们构成一个社会和一种文化。集体与个体有质的不同：它具有相当大的威力，包括潜在的威力和现实的威力。在对话中我们可以运用这种威力来形成某种和谐与秩序。

第三是宇宙维度上的人。在这个维度上，我们关注的是人如何浸润于大自然之中，以及如何从科学和宗教的角度来认识宇宙。从最远古的史前文化时代起，人类就总是在思考着这些问题。人们认为自然乃是超越个体或社会之上的某种东西。就像我们先前曾说过的那样，在遥远的过去，就存在着泛灵论的观念，即万物有灵论。人们觉得万事万物都是有生命的，都具有精神或灵魂，与人类参与和共享一切。虽然人们在努力地认识宇宙，但很多人已经不再相信宗教的说法了。宗教已经离我们而去。我们也同时日益远离大自然。哲学也变得迷茫了。到了现代社会，科学试图在某种程度上把我们与宇宙联系起来，可它的作用实在有限，而且大多数人也不能很好地理解它。因此，我们似乎遗失了人与宇宙的联系。但是我认为，人们还是怀着重归宇宙的愿望。要全面地理解人，除了个体和集体这两个维度之外，宇宙维度也是不可缺少和绝对必要的。

由此联想到，新课程改革强调以“人与自我的关系”“人与他人社会的关系”“人与自然的关系”三个方面构成课程体系。由这三方面构成的课程体系，其作用的对象是人，是学生。由此看出，人的全面发展有了新的内涵和要求。作者从这三个维度对人类进行的探讨，无疑对我们的教育教学改革富有启发意义。

在《论对话》中，作者戴维·伯姆为什么用如此多的文字论述人类思维的问题，这是值得思考的。对话，从形式上看，是人与人之间的交流和沟通，其表征是语言；其实，对话的背后是人，是人的思想，是人的思维，是人的思维方式。要改进对话，要改进人与人之间的关系，必须从改进人的思维开始。人是水边会思想的芦苇，人的对话是芦苇的絮语。

人的思想，只有在对话中相互照亮，整个世界才会温暖起来。

2009年9月8日—2009年10月1日

让语言获得新生

——读《博尔赫斯谈诗论艺》

这个双休日阅读了《博尔赫斯谈诗论艺》。这本书2008年11月11日购于南京新开张的凤凰书城。

豪尔赫·路易斯·博尔赫斯（1899—1986），阿根廷作家。他的作品涵盖多种文学体裁，包括小说、随笔小品、诗歌、文学评论、文学翻译等，以隽永的拉丁文和深刻的哲理见长。我们从他的言论中可以更多地了解这位作家的个性和追求。

身为一位作家对我究竟有什么意义呢？这个身份对我而言很简单，就是要忠于我的想象。我在写东西的时候，不愿只是忠于外表的真相，而是应该忠于一些更为深层的东西。我会写一些故事，而我会写下这些东西的原因是我相信这些事情——这不是相不相信历史事件真伪的层次而已，而是像有人相信一个梦想或是理念那样的层次。

不过我的生命重心是文字的存在，在于把文字编织成诗歌的可能性。当然啦，我一开始时也只是一个读者。不过我觉得身为读者的喜悦是超乎作者之上的，因为读者不需要体验种种烦恼焦虑：读者只要感受喜悦就好了。

《博尔赫斯谈诗论艺》是博尔赫斯1967年秋天在哈佛大学学术演讲的文集。在演讲中，博尔赫斯更多的是从他个人的角度谈自己对诗歌、文学、艺术的理解。不过，他也从自己的角度评价了历史上的许多著名的文学家：荷马、莎士比亚、狄更斯、惠特曼等。他还介绍了自己的阅读、写作情况以及童年的阅读生活。演讲共分六讲：诗之谜，隐喻，说故事，文字—音韵与翻译，诗与思潮，诗人的信条。我就其中的四讲写了阅读笔记。

第一讲：诗之谜

1. 我的大半辈子都花在阅读、分析、写作（或者是说试着让自己写作），以及享受上。我发现最后一项其实才是所有之中最重要的。

启示：阅读、写作可以有很多目的，享受是最重要的目的。凤凰语文论坛“读书空间”的很多朋友一直在阅读、写作，大概也是在享受吧；还有很多朋友经常来看看，大概是分享这种享受吧。

2. 伟大的英国作家与梦想家托马斯·德·昆西写过：发现新问题跟发现解决老问题的办法比较起来，其实是同样重要的。不过尽管如此，我还是无法告诉你解决问题的办法；我只能提供你一些经年累月以来的困惑而已。而且，我为什么需要担这个心呢？哲学史为何物？哲学不过是一段记录印度人、中国人、希腊人，学院学者、柏克莱主教、休谟、叔本华，以及所有种种的困惑史而已。我只不过想与你分享这些困惑。

启示：我们学习哲学、文学，是不需要找到答案的。有时候，找答案反而使我们误入歧途。和作者一起去思考问题，进而思考自己的问题，这大概是最好的阅读享受吧。

3. 我记得爱默生曾经在某个地方谈过，图书馆是一个魔法洞窟，里面住满了死人。当你展开这些书页时，这些死人就能获得重生，就能够再度得到生命。

书是一套死板符号的组合。一直要等到正确的人来阅读，书中的文字——或者是文字背后的诗意，因为文字本身也只不过是符号而已——这才会获得新生，而文字就在此刻获得了再生。

启示：从博尔赫斯的这段话中，我们可以体会到阅读的重要性——书籍的生命在阅读中才可以获得。这样的阅读还必须是正确的人来阅读。由此，我体会到，当前的阅读教学为什么如此关注文本解读。如果我们不能让书籍获得重生，不能让文字获得新生，那我们的阅读教学还怎么进行？

4. 事实上，诗与语言都不只是沟通的媒介，也可以是一种激情，一种喜悦——当理解到这个道理的时候，我不认为我真的了解这几个字，不过却感受到内心起了一些变化。这不是知识上的变化，而是发生在我整个人身上的变化，发生在我这血肉之躯的变化。

启示：阅读不仅仅是理解，更是体验和感受；我们的阅读教学缺少的恰恰是这样的体验和感受。我们多的是讲道理，给结论；缺少激情、喜悦体验和感受的阅读，没有让语言重生的阅读，看到的也许只是文本的“木乃伊”。

2008年12月10日

5. 我要说的是我们都犯了一个常见的通病，我们常会因为无法为某些东西下定义，就说我们对这些事情一无所知。我们如果是处在一个切斯特顿式的情绪下（我认为这是最佳的情绪状态之一了），我或许会说我们只有在完全一无所知的情况下，才能为某些事情下定义。如果要我为诗下定义的话，这件事会让我忐忑不安的。我们对诗可以说是已经知之甚详，我们无法用其他的文字来为诗下定义，这就像我们无法为咖啡的味道下定义，或是无法为红色黄色，无法为愤怒、爱与仇恨，或是日出日落，还有对国家的爱来下定义一样。总括来说，我引用了圣·奥古斯丁的一句话，我觉得这句话在这里引用相当的贴切。他说过：“时间是什么呢？如果别人没问我这个问题的时候，我是知道答案的。不过如果有人问我时间是什么的话，这时我就不知道了。"而我对诗也有同样的感觉。

启示：这里博尔赫斯用自己对诗的真切体验，说出了两个悖论。一个是"定义悖论"。从认识论的角度讲，为了更好地认识事物，我们要为事物下定义。很多时候，我们就是通过定义认识事物的。这也就是我们过去知道的"间接经验"（"间接经验"的说法对不对，值得研究）。但同时，当我们定义了一个事物后，这个事物的其他方面就被定义排斥在外了，也许事物的本质还会被定义所遮蔽。另一方面，当我们根据定义理解事物时，往往忽略了事物的多样性、复杂性、情境性、动态性等。在研究一些课文的时候，我曾经说过，有时我们一概括、一上升、一定义，可能就错了。作家毕飞宇在接受《中国教育报》记者采访时说："我为教育悲哀。我们的教育使得我们的精神与思维都产生了极其可怕的定式，有了语感，都说得顺口了。你怎么知道农民是'淳朴'的？你怎么知道战士是'勇敢'的？你的依据是什么？天下没有'农民'，只有具体的人。带着'淳朴的农民'这一现成的观念走向社会，你永远也不能了解中国。"这就是说，带着现成的固定的定义去理解事物是很有问题的。

另一个是"知识悖论"。"知识就是力量"，人类社会的进步无疑离不开知识的积累。前一段时间，我在读了申小龙教授的《汉语与中国文化》后，越发觉得语文老师掌握新知识的重要。就我们现在教师队伍的状况而言，我们的知识不是多了，而是缺失太多。问题的另一方面是，当知识多到一定的程度时，知识也会成为创造的桎梏。所以，博尔赫斯说："我或许会说我们只有在完全一无所知的情况下，才能为某些事情下定义。"

学习离不开定义，定义又会限制我们；人离不得知识，又不能囿于知识。这真是有趣得很。

我们的语文教学中，是不是也应该承认有些知识是"默会知识"。有些问题是不用讲明白的，讲明白了，答案反而没有了；有些问题是不需要或者说是不能提的，提出来了，学生反而糊涂了。教语文，除了知识，真的还需要智慧。

2008年12月13日

第二讲：隐喻

1. 就我所知，暗示比任何一句平铺直叙的话都还要来得有效力。或许人们心中总是有点不爱听人训话的倾向吧！记得爱默生就讲过：争论无法说服任何人。

启示：这几句话让我思考——说话、说服人还是要讲方法、讲艺术的。所谓的心直口快、有什么说什么，未必获得预期的效果。争论无法避免，有些问题也确实需要争论。但，争论不是解决问题、澄清问题的唯一办法。有时，争论会使问题更加复杂化；或者，使事态僵化，不利于解决问题。想到一句话：教育不是告诉，而是影响。在教育的过程中，在教学的过程中，暗示可能比直接告诉效果会更好。暗示，也许是有效教育教学艺术之一。语文教学中的人文熏陶，更多地需要暗示。

“争论无法说服人”，这句话告诉我们在无法解决问题时，去思考另外的途径。

2. 虽然我们已经有了上百种的比喻，而且一定也可以再找出另外上千种的比喻，不过这些比喻其实都可以回溯到几个最简单的形态。不过我们一点也无须为此感到苦恼，因为每一个比喻都是不一样的：每次有人引用这些模式的时候，每次的变化都不一样。

启示：对比喻，我们怎么去理解？是不是停留在知道“用什么比什么”就够了？博尔赫斯的这句话给了我们启示，我们应该去思考——“每一个比喻都是不一样的！”这个不一样，我是这样理解的——作者在此处为什么用这个比喻？用这个比喻表达了作者怎样特殊的情绪、思想等？在不少的课堂上，教授比喻仅仅停留在要学生说出把什么比作什么，这是很肤浅的。以这样的教学，学生根本不能理解比喻，更不能理解比喻背后蕴含的意味。比如《安塞腰鼓》里有这样的比喻：“骤雨一样，是急促的鼓点；旋风一样，是飞扬的流苏；乱蛙一样，是蹦跳的脚步；火花一样，是闪射的瞳仁；斗虎一样，是强健的风姿。”如果，我们的教学只停留在让学生知道把什么比成什么，学生就无法理解作者对安塞腰鼓的独特感受，无法理解语言的魅力。这里首先是语言组合陌生化——喻体的前置——带来的魅力，句式工整带来的节奏美；其次是作者对安塞腰鼓速度、力度以及后生们表现出来的强劲的生命力的感受。因此，比喻的理解和教学，一定要关注比喻之所以这样比的“不一样”。

博尔赫斯引用了拜伦的一句比喻：“她优美地走着，就像夜色一样。”有兴趣的朋友可以体味一下这个比喻的独特之处。前天，在《中学语文教学》上，看到这样一句话：“天空，非常希腊。”真是非常独特的一句话，大概也可以算作比喻。这个比喻同样能引起我们丰富的遐想。

2008年12月18日

前天看《中国文化十一讲》，庞朴对中国古代“书不尽言，言不尽意”“圣人设象以尽意”（《周易·系辞》）的解释，觉得与前文博尔赫斯讲的暗示有相通之处。

博尔赫斯认为“暗示比任何一句平铺直叙的话都还要来得有效力”的原因或许是“人们心中总有点不爱听人训话的倾向吧”。从“书不尽言，言不尽意”，我们是不是可以推出，表达（说话写文章）之所以需要暗示，还因为“言不尽意”。因为，言不能尽意，所以，用暗示的方法能更好地更多地表达那“不尽”之“意”。而中国古代所谓的“设象”就是一种暗示。庞朴先生认为，“象”有两种具体表现形式：一个是寓言，另一个是图形。比如要求人们按照客观规律办事，不要急于求成，急于求成甚至会适得其反。如果只是把这句话告诉别人，也许听不进去，那就想另外的办法——设个“象”，比如讲一个寓言故事——揠苗助长——宋人把禾苗拔起来帮助禾苗生长，其实大家都知道没有这样的傻宋人。讲故事的人也不是想说宋人把禾苗拔起来结果禾苗死了，讲故事的人要说的是别的意思。这不就是暗示吗？我们把想法直接说出来，对方未必能听懂、能接受，我们也未必能说清楚。这时候，就可以把想法放在一个“象”里，也就是“寓”。博尔赫斯说的比喻也是一种暗示，也可以说是“象”。其实，一首诗，一部剧，一篇小说，何尝不是暗示，何尝不是“象”呢？这样的暗示，这些“象”，是为了更好更多地表达“言”之“不尽”之“意”。“形象大于思维”，大概也是说“象”中蕴含了更多的“意”吧。我曾经提出，阅读教学应该在学生的精神世界里“留下语言，留下形象，留下情感”。结合“暗示”与“设象以尽意”来理解的话，“留下形象”的同时，也在学生的精神世界里留下了更多的“意”。有些“意”是不必要也不能用语言直接描述、讲解清楚明白的，这时应该给学生更多的“象”。“象”留下来了，“意”在其中矣。

图形也是一种“象”。而这“象”中是有“意”的，且是语言所不能尽之意。如果，我们从这样的角度去理解看图，去利用图形、图画，那么，就不会只是简单地看看图而已，或者看图只是为了“学文”服务。图画本身就应该是阅读的内容。由此看来，国外重视绘本的阅读是有道理的。绘本的阅读更多的是一种“象”的阅读。这种阅读是纯语言的阅读所不能替代的。

2008年12月21日

第五讲：诗与思潮

1. 沃尔特·佩特说过，所有的艺术都渴望达到音乐的境界。很明显，这种说法的原因就是在音乐中，形式与内容是无法断然一分为二的（我这么说当然也是因为我只是个凡夫俗子）。旋律，或者任何一段音乐，是一种声音与停顿的组合形式，是在一段时间内展开的演奏，而我也不认为这种形式可以拆开来。旋律单单是形式罢了，然而情感却可以在旋律中悠然跃升，也可以在旋律中被唤起。

启示：在解读文本和阅读教学中，形式和内容的关系是经常困扰我们的问题。在解读文本时，在理解语言时，在思考教学方法时，我们会不自觉地把形式和内容分割开来，甚至对立起来。追求形式和内容的完美统一，大概是教学艺术的高境界。思考形式和内容的关系，不仅仅要用对立统一的辩证法，还要用系统思维。在思考形式和内容的关系这个问题时，我曾经和朋友说过这样一句话——“最好的形式其实就是内容”。

2. 文学作品所使用文字的意涵将会超越原先预期的使用目的。斯蒂文森说，文字的功用就是针对日常生活的送往迎来而来的，只不过诗人多少让这些文字成了魔术。……我们会发现文字并不是经由抽象的思考而诞生，而是经由具体的事物而生的。……这些现在是抽象的字眼，在当初也都是有过很鲜明的意涵。

启示：这几句话是谈文字的，是博尔赫斯对文字的理解。在阅读时，我们如何去理解文字？是不是应该还原出文字“当初鲜明的意涵”？孙绍振先生介绍过用“现象学还原”的方法解读文本，细读文本。还原，才能让抽象的文字回到鲜明具体的事物。博尔赫斯喜欢读字源字典，大概是从字源中了解文字是“经由具体的事物而生的”。

3. 语言并不像是词典告诉我们的那样，语言并不是学术界或是哲学家的产物。相反的，语言是历经时间的考验，经过一段相当冗长的时间酝酿的，是农夫、渔民、猎人、骑士等人所演出来的。语言不是从图书馆里头产生的；而是从乡野故里、汪洋大海、涓涓河流、漫漫长夜，从黎明破晓中演进出来的。

启示：语言来自生活的海洋。当我们在阅读时，还把它们放回到海洋中去吧。回到了生活的海洋，我们才能真正理解语言。海德格尔说，语言是存在的家。存在何尝不是语言的家呢？存在，是生活之存在，是人之存在。

4. 我认为智慧比起爱还来得重要；而爱又比起纯粹的快乐更重要。快乐有时候是很微不足道的。

我相信，我们是先感受到诗的美感，而后才开始思考诗的意义。……当然，这些诗篇都是既美丽而又无意义的。不过至少还是有一个意义——不是对推理思考而言，而是对想象而言。……这几首诗很美，不过却美得很没有意义；这首诗本来就不打算表达什么。……我们没有必要把谜解开。谜底就在诗里头了。

启示：博尔赫斯在这里讲诗的美和意义的关系。在他看来，诗的美是第一位的。诗可以没有意义，但不可以不美。因此，理性地、逻辑地解读诗，有时是很危险的。读诗，我们首先要去感受它，感受它的美，然后才是去理解它。有些诗，大概不需要去解读它，只要用心欣赏就可以了。我曾经写过十几篇诗歌解读，以后，我要小心，不要因为理性的解读，而忽视了对诗的美的感受。

5. 有人把文字当成一连串代数符号的组合，我认为这种想法是来自字典的误导。我觉得字典里头一长串的单字以及解释定义，会让我们觉得解释会消耗掉文字的意义，觉得任何一个生字、词汇都可以找到相互替换的字。不过我却认为——每一个字都应该单独地存在，并且也都要有它独特的意思——而且每个诗人也都应该这么认为。

启示：学习语言，如何恰当地使用字典词典，值得我们思考。

2008年12月23日

第六讲：诗人的信条

1. 基本上，我是把自己设定为读者的角色的。各位都知道，我之所以开始写作也是误打误撞的；我觉得我读过的东西远比我写出来的东西要来得重要。我们都只阅读我们喜欢的读物——至于写出来的东西就不一定是我们想要写就写得出来的。

启示：这是博尔赫斯的真切体验啊。阅读和写作是相通的，也是有不同的。阅读是机会，在不同的机遇会读到自己喜欢的作品；写作是运气，想写的东西不一定写得出来，在灵感不期而至的时候，写出来的东西，是自己想不到的，不一定是自己想要写的。

2. 我以前认为语言是说话的方式，是抱怨的工具，是诉说我们喜怒哀乐的工具，等等。不过就在我听到这几行诗的时候，我知道语言也可以是一种音乐，一种热情。

启示：博尔赫斯的这句话，为我们提供了语文工具性与人文性关系的又一种解读。

3. 不过我的生命重心是文字的存在，在于把文字编织成诗歌的可能性。当然啦，我一开始时也只是一个读者。不过我觉得身为读者的喜悦是超乎作者之上的，因为读者不需要体验种种烦恼焦虑：读者只要感受喜悦就好了。当你只是读者的时候，这种喜悦是可以很容易就感受得到的。

启示：博尔赫斯告诉我们，阅读是享受，阅读是快乐。

4. 如果要我对作家提出建言的话（不过我不认为他们会需要我的建议，因为每个人都要去发掘出属于自己的东西），我只会这么说：我会要求他们尽可能地不要矫饰自己的作品。

启示：真实，真情，真心，是文学的灵魂。

5. 我在写作的时候是不会考虑到读者的（因为读者不过是个想象的角色），我也不会考虑到我自己（或许这是因为我也不过是另一个想象的角色罢了），我想的是我要尽力传达我的心声，而且尽量不要搞砸了。

启示：我们说，写文章要有“读者意识”，要想到读者的需要。由博尔赫斯的这句话，我对“读者意识”有了新的理解。“读者意识”只适用于实用文章。文学是创造，发乎心灵；发乎心灵是不会考虑读者也不会考虑自己的，它是生命的自然流淌。

6. 我年轻的时候相信表现这一套。我要的是把所有的事情表达出来。比如，如果我需要落日的话，我就要找到一个能够准确描写落日的词汇——或者是要找到一个最令人惊叹的比喻。不过我现在做出了结论（而这种结论听起来可能会有点感伤），我再也不相信表现这一套说法了：我只相信暗示。毕竟，文字为何物呢？文字是共同记忆的符号。如果我用了一个字，那么你应该会对这个字代表的意思有点体验。如果没有的话，那么这个字对你而言就没有意义了。我认为当作家的只能暗示，要让读者自己去想象。如果读者反应够快的话，他们会对我们仅仅点出带过感到满意的。

启示：文字不仅仅是符号，对文字符号的理解需要体验。

7. 我在写东西的时候，我会尽可能地别去了解这些东西。我不认为智能才情跟作家的作品有什么关联。我认为当代文学的罪过就是自我意识太重了。……我在写作的时候（我本人当然不是一个很客观的例子，我不过是要提出一些警醒而已），我会试着把自己忘掉。我会忘掉我个人的成长环境。我就曾经试过，我不会把自己当作“南美洲的作家”，我只不过是想要试着传达出我的梦想而已。

联想：这和清代书画家恽寿平心意相通啊。恽寿平一首诗这样说：心忘方入妙，意到不求工。点拂横斜处，天机在此中。

8. 你以后可能会回想起你曾经听过这场精彩的演讲。如果是这样的话，那么我要恭喜你。因为你毕竟是跟我一起合作完成这场演讲的。如果没有你的参与，这场演讲也不会如此精彩，更别说能让人受得了了。

启示：言说需要听众。尽管博尔赫斯说，他写作是可以忘掉读者、忘掉自己，但他的演讲不能没有听众。没有听众，他的演讲就无法进行。用他的话说，演讲是一场“合作”。

博尔赫斯的哪些话有道理呢？你相信他的哪些话呢？还是用博尔赫斯的话给你解答：“我觉得我们总要试着去相信一些事情，即使这些事情后来让你很失望也无所谓。”

2008年12月26日

真正的教育呼唤真正的教师

——读《第56号教室的故事》

读《第56号教室的故事》，先要从读《第56号教室的奇迹》说起。2009年12月20日左右开始，大约花了两个星期，到2010年1月3日，陆陆续续读完了美国教师雷夫·艾斯奎斯写的《第56号教室的奇迹》。当时读完全书，觉得雷夫老师是一位可亲、务实、富有教育情怀的老师，一位真正的教师。他给我的印象是：

他是一位具有仁慈之心的教师，他的心弦为学生跳动；

他是一位智慧的教师，他的教学助力学生成长、成功；

他是一位人师，他的教育指向学生的心灵和人格。

他的教学不但帮助学生掌握学科知识、技能，而且更关心学生的人格培养，或者说，他将两者巧妙地结合在一起，共同影响学生。也许在他看来，知识、技能和人格对于人的成长本来就是一体的。用雷夫的话说："我在第56号教室的主要目标之一，就是教导学生在一个什么都有只欠仁慈的世界中怀有仁爱之心。"他带学生观看体育竞赛，是为了"教孩子们认识运动以及更重要的运动家精神"。

第56号教室的奇迹之所以能发生，是因为雷夫追求知识、技能背后对学生人格的影响。他所有的教育内容、教育手段都是指向学生的心灵的。真的教育乃是人的教育，教育的理想在于提升、完善人格。教师应该做的就是自觉地为学生人格的养成提供机会、可能和引导。

2012年3月5日，雷夫应邀来到中国，进行了为期四天的参观、访问和演讲，他在北京、上海和深圳做了数场报告，并与中国教育工作者进行了深入的交流。雷夫在中国的演讲和交流被编辑成《第56号教室的故事——雷夫老师中国讲演录》，由教育科学出版社于2012年8月出版发行。2013年1月31日，请女儿从网上帮我购得此书，在寒假里、春节期间阅读，于2月15日凌晨读完。阅读这本书用的是"慢读""细读"的方式。慢读，因为是"佳肴""美味"，慢慢品尝，延长阅读、享受的时间，就像小时候"生怕好的东西早早吃完了就没有了"。细读，细细品尝，在书上做了详细的圈画批注，阅读的即时感受写在了书的天头地脚和订口切口。

雷夫的到来，使"真正的教育"的话题被大家重新提起。北京十一学校校长李希贵先生在该书的序《珍惜相遇》中说："真正的教育，都是发生在'信任'的氛围里。"该书主编北京新学校研究院的陈勇先生在书后的《致谢》里说："他（雷夫）让无数中国同行理解了什么是真正的教育，理解了一个教师所能达到的精神高度！"

无独有偶，钱理群先生提出了"真正的教师"这一说法。他在作品中写道："但在观察中国教育的现状时，我又发现，在基层教育第一线的老师中，这些年在全国各地都出现了比例很小、绝对量却不少的'真正的教师'——这是我概括出的一个概念，以和那些混日子的'不合格的教师'和追名逐利、吃改革饭的'伪教师'相区别。这些真正的教师，他们都是教育理想主义者，又是具有行动力和创造力的教育实践者，他们正在默默推动一场'静悄悄的教育变革'。"

真正的教育是不分国界、无论古今的。把不到一个月内阅读的这两本书联系起来思考，把一个个个性鲜明、教育情怀浓郁的教师联系起来思考，我想到的是：真正的教育由真正的教师创造，真正的教育呼唤真正的教师。教育作为一个概念是虚空的，只有融入具体的事实、行为，教育才能成为事业，成为人们可感的对人有价值的存在。这些具体的事实，有校园、器材、教材等物质，更有具有精神和思想的活生生的教师和学生。物质的条件，古今中外不断变化。比如古代的校园，有的在厅堂，有的在庭院，有的在野外，有的在街头。但是，真正的教育中关于人的价值，对人的尊重、信任、关怀是不变的。孔子、苏格拉底、苏霍姆林斯基、马卡连柯、陶行知、雷夫，他们教育的方式和内容不一样，但他们做的是真正的教育，他们是真正的教师。

一、真正的教育在底层、在一线，真正的教师心怀慈悲

真正的教育起于乡野、社区，存在于自然状态之中。城市里经过选择的教育，不是教育只是“生产”。现行的教育，过热的考试让真正的教育缺失。把“应试”和“教育”合起来说成“应试教育”，是对“教育”的亵渎和侮辱。现在的名校、名师，拥有好的学校、好的条件、好的学生，这是名校、名师的虚妄。雷夫刚工作时被派到一所非常好的学校。在2012年3月6日上午北京大学百周年纪念讲堂的演讲上，雷夫说：“数学是我最喜欢教的科目，所以我指导一组学生参赛，他们以完美的成绩获得了数学竞赛的冠军。我觉得我干得太漂亮了，毫无疑问我是一个好老师。那天，当我离开竞赛现场的时候，一位校长——霍伯特小学的校长走过来，指着我的鼻子说：‘你没什么了不起的，不信你就来我们学校教书，让我们看看你是不是好老师！’我当时很震惊，但还是接受了这个挑战，来到霍伯特小学任教。”雷夫来到霍伯特小学，一教就是30年，而且在同一间教室——第56号教室。在这间教室，他创造了奇迹。没有这所办学条件、生源很差的学校，就不会有神奇的雷夫老师；就像没有疑难杂症的病人，就没有高明的医生一样（我们的“名师”都是教好学生的“名师”，而名医则是医治问题严重的病人）。敢于教育自然状态下的学生，敢于教条件差的学生，才是真正的教师。马卡连柯教工读学校的孩子，苏霍姆林斯基在帕夫雷什乡村从事教育，雷夫来到大多是贫困家庭孩子的霍伯特小学，晏阳初、陶行知到乡村办教育，马复兴等是“最美乡村教师”。他们是真正的教师，他们做的是真正的教育。他们的心中始终装着孩子，想着他们的前途和未来。他们教学、办教育为的是帮助众生、关怀众生、利益众生。真正的教师不但心怀慈悲，心中只有学生，只有学生的健康成长，而且不把学生当作自己获得名利的手段和工具。他们会为自己教育的失误、为学生的堕落伤心落泪、寝食难安。当雷夫老师听说他教过的学生加入帮会、吸毒时，多少个夜晚辗转反侧、彻夜难眠。当听到李希贵校长讲述当年的教育失误时，雷夫老师蓝色的双眸里满含泪花。当和杭州天长小学的两位女学生合影时，雷夫老师自然地单膝下跪，蹲在两个孩子中间（两个孩子

的头高出了雷夫老师的头顶），一手搂着一个孩子，露出天真灿烂的微笑。于永正老师“蹲”下来“看”孩子，已经很了不起；雷夫老师“跪”下来“抱”孩子，让人由衷敬佩。这是我看到的最有教育意味、最温暖、最感动人心的师生合影。这张“最美照片”示现出教育的真正内涵。雷夫老师大慈爱的心、大悲悯的心，从上面的三个场景中示现无遗。雷夫正是带着“我们一定要努力拯救每一个孩子！”的宗教般的情怀做着真正的教育。

二、真正的教育是人格引领，真正的教师人格健全

雷夫老师来中国访问、演讲，短短四天时间，给中国老师留下了“真诚、热情、谦逊、友善”的深刻印象。正是因为雷夫老师的人格魅力，才创造了“第56号教室的奇迹”。教育是人与人的交往，心与心的交流，情与情的交融，雷夫老师正是与学生交往的高手。他的真诚、热情赢得了学生的信任。在演讲中，雷夫十多次提到“信任”。他说：“我不认为所有的学生都喜欢我，但是他们都非常信任我，因为我的言行举止都是一致的，无论什么时候。”是的，情感富有个体色彩，你不可能喜欢所有的人，也不可能让所有的人都喜欢你；但是，可以尊重所有的人，可以被所有的人信任。

雷夫老师在自己的教室里用“信任”取代了“恐惧”，把教室变成了孩子们安心生活、愉快学习的天堂。雷夫老师说：“对于我的学生来说，我是第一个愿意倾听他们说话的人，我总是对他们很有兴趣，始终如一地善待他们，因此他们信任我，无论什么时候都信任我。”雷夫建立信任的法宝是“公平”。雷夫在演讲中说，你可以是一个严格的老师，但必须是公平的。即使是惩罚孩子，你的惩罚也一定要公平。“如果孩子们觉得你对他们不公平的话，你可能就会失去在孩子们心中的信任。”通过建立与学生的信任关系，雷夫老师引导学生自主学习、自主活动，学会生活、生存。为了每年一次的旅行，他让学生自己研究、规划线路，自己订机票、酒店，自己制定旅游须知，等等。他的众多课程——阅读、写作、棒球、摇滚乐、演出莎士比亚戏剧等，学生都是在信任中自主学习、自主活动。在这些活

动中，孩子们的能力得到全方位培养，人格得到全面塑造。这是信任带来的教育效果。

为了这份信任，雷夫老师30年一直工作在第56号教室。他说："在过去的30年里，我告诉第56号教室的孩子们，第56号教室是一个非常重要的地方。如果我去了一所更好的学校，或者去好莱坞拍电影，那就表示我撒谎了。我不能对我的孩子撒谎。如果第56号教室是个重要的地方，那么我就应该待在那儿。"对比雷夫的承诺和执着，我们有多少曾经做过教师的官员，嘴里说着教育重要而自己却离开了教育；我们有多少校长说课堂重要，却很少走进课堂；我们有多少教师说读书重要，可自己却很少捧起书本。真正的教育说起来也很简单，就是教育者"做出样子来"。古人云：非知之艰，唯行之艰。信哉斯言！

雷夫老师另一个突出的人格是"真诚"，校内校外、学生前学生后，言行一致，真心做人，诚信待人。他说："作为一名优秀教师，最重要的是要给孩子做榜样。学生随时在关注着我们，你希望学生成为怎样的人，你自己首先要做到这一点——我希望学生努力学习，那我自己也要做到努力工作。"在演讲中，雷夫老师多次讲到自己教育的失败。他说："事实是我失败的时候远比成功的时候多。"这是多么可贵的品格。我们现在的大多数演讲，只讲成功，从来不讲失误、失败。其实，失误、失败也是生活、工作的常态。敢于面对失败，既是勇气、理性，更是一种品格。下面是雷夫老师讲的一个失败的例子，也许能给我们以启发和警示。

1993年开学的第一天，雷夫还沉浸在"年度教师"事件带来的沮丧之中。新生乔安娜非常高兴能到仰慕已久的雷夫的56号教室上课，于是怀着激动的心情给雷夫带了一份早餐，而雷夫只是有些冷淡地对她说，"小朋友，你不用给我带早餐，你只要乖乖的、努力学习就好了"。没想到，一周的最后一堂课上，乔安娜郑重地告诉雷夫："我对能来到你的教室感到非常兴奋，我给你带早餐只是表示一下激动的心情，而不是要'拍你马屁'，但是你深深地伤害了我的感情。"后来，雷夫才了解到其实乔安娜非常优秀，她的钢琴和游泳都能排到全加州的前十名，但整个学校都不知道她这么棒，她也从不告诉大家，因为她很谦虚，从不自夸，还默默地帮助大家，而自己却伤害了这个极具才华又十分敏感的小姑娘。这件事成为雷夫职业生涯的一个转折点，从此以后他要求自己对学生要更为敏感，即使心情不好，也不能对学生口出恶言或者敷衍搪塞。

真正的教师敢于承认失败，敢于面对失败。雷夫勇于承认错误，既是一种真诚，更是一种智慧。正如他所说：“我的思想没有多少受其他教育者的影响，我更多地受到以前学生的影响。我优秀是因为我的学生优秀。”“我的很多教育思想是从我犯下的错误中领悟到的。一直坚持在同一所学校的同一个年级的教学一线30年的一大好处就是：有机会不断改正、成长，让自己做得更好。”

三、真正的教育是复杂的，真正的教师信念坚定、永不言弃

当谈到教育改革，谈到真正的教育、做真正的教师时，不少教育者往往埋怨环境、抱怨体制。环境、体制成了他们无所作为、自甘沉沦的托词。他们希望有一个理想的如“实验室”真空般的环境，做真正的教育。实在说，这样的环境是永远不会出现的。我们总以为美国的教育环境好。其实，雷夫老师所在的霍伯特学校，生源不好，工作环境不好，收入也不高。他同样要面对每学期的期末考试，面对“标准化测试”，面对分数和成绩。雷夫老师也要参加他讨厌的行政官员召开的会议。但是，雷夫老师有一个坚定的信念，就是一切为了学生，为了学生的成长，为了学生的未来。

雷夫在演讲中说：“教学是一件非常不容易的工作。我是一个好老师，但仍然无时无刻不感到教学的艰难，无时无刻。因为我必须想方设法，教学生如何在一个不诚实的世界里做一个诚实的人，如何在一个不友善的世界里做一个善良的人。这是非常困难的。因此，我一定要告诉在座的老师们，遇到艰难的时候不要放弃，重要的是我们每个人都在努力。”雷夫这番话中说的情形，与我们的现实何等相似！真正的教师应该直面现实，不要等到具有了所谓理想的环境才进行教育，不抱怨现实，不强调原因，在困难面前担当责任、有所作为。李希贵校长说：“在有限的空间和条件里能够成功，这才是真正的成功和伟大。”主持雷夫和李希贵对话的主持人李振村说：“雷夫老师表达了一个真理。这个世界上从来不会有人把一切都准备

好，等待你去收获。只有自己拓展空间，付出努力，你才能够一步一步不断走向卓越。”

以考试为例。面对世界级的难题——考试，雷夫是怎么做的呢？

首先，雷夫要学生正确看待考试。“父母和老师可以通过讨论考试结果来帮助孩子，让孩子明白‘行动’和‘成果’之间的相互关系。”“孩子们需要了解，一次没考好并不代表是世界末日，身为大人的我们，必须努力帮助孩子们安全渡过分数的陷阱。”“绝不拿某个学生的测试分数跟另一个学生相比，一定要用学生自己过去的表现来衡量他的进步。”“我总是提醒学生：一生中最重要的问题，永远不会出现在标准化测试上。会考试固然好，但更值得称赞的是价值观——我的学生知道许多比SAT成绩更重要的事情。”他总是对孩子们说：“我们对成绩没有任何兴趣，重要的是学习这些内容；我们也不是为了考试而考试，只要学得好，肯定能考好，但为了考试而学习是没有意义的。”“考试很重要，要好好准备，争取考好。有些最重要的东西，考试是考不出来的，比如诚实、善良。”这些话，雷夫反复跟学生讲，每天讲，让学生意识到，过程比结果更重要，做人比分数更重要。

尽管雷夫对考试有这样理性的认识而小心避免着考试可能带给学生的伤害，但是，雷夫并不一味地反对考试，他反对的是不规范的过度的测试。他说：“我不反对测试，因为我们需要评估孩子们的学习状况。精确、公平、合理的测试能帮助家长、教师以及学生了解‘已经精通’和‘需要加强’的地方分别是哪些。拥有精确的数据对教学和被教双方都很受用。”他反对“把过多上课时间花在考试上，导致孩子们对分数越来越冷漠”。为了帮助学生应对考试，他还训练学生的应试技巧。比如，对于选择题，他让学生知道：“选择题是精心设计的结果，在正确答案以外的其他选项都不是随便填写的。”

其次，与考试相比，雷夫老师总是强调人的素质、发展才是根本。在本书第一讲中，雷夫四次将考试与人的成长相比。“我教孩子经济学，这是一项非常有价值的技能，比仅仅让他们通过考试有价值得多。”“我是四个孩子的父亲，我知道一定要照顾好孩子们，养育好他们，这比确保他们记住正确的考试答案更重要。”“我想跟大家分享一封鲁迪（雷夫的学生）写给我的信。他的这封信，让我觉得比年终考试还重要。”“但是鲁迪从很小的时候就知道，每一个学习任务都和生活相关，而不是仅仅为了考试。”

在雷夫的心中，学生永远比考试重要。面对考试，他想到的是孩子，是孩子们的感受，孩子们的成长。“一切为了孩子”是他坚定的信念。他的一切教育行为始终关注人，关注人的感受、人的情感、人的发展。他才是真正的“一切为了学生”。在我们的有些学校里，“一切为了学生”是贴在墙上挂在嘴边的口号，是用来装饰的“时髦”；而在雷夫老师那里，“一切为了学生”是他从内心深处发出的“吾道一以贯之”的愿力。就是在取得了我们认为的巨大成功（“全美最佳教师奖”、美国“总统国家艺术奖”、英国女王颁发的“不列颠帝国勋章”）之后，雷夫老师仍然坚守在霍伯特小学的第56号教室，一直和孩子们在一起。

真正的教育，其实就是一个字，“真”——千教万教教人求真，千学万学学做真人；真正的教师，也是一个字，“真”——做真人，真心为了孩子。

做真正的教师，真难。追求做真正的教师，做成了真正的教师，真好！

2013年2月15日

语用与文本解读

——读《语用学与语文教学》

《语用学与语文教学》，浙江大学出版社2000年出版，被列为全国中小学教师继续教育教材。作者王建华，浙江教育学院教授。

语用学，即语言运用的学问。语用学，是在语法学、语言学基础上产生的，作为系统的学科才50年历史，但是，作为语文教学的背景知识，语用学是不可缺少的。

读过本书，我以为语用学对当下语文教师、语文教学的启示有以下几点。

一、关注语用主体

语用学的三大要素（语境、话语、主体）之一，即语用的主体，包括作者和读者。这里主要说关注作者以更好地理解作者的意图和文本的意义。

文本解读，就是解读人，解读人心。言为心声，人心是通过语言表露出来的。任何语言都是人的表达，都是人心的表露。为了更好地表达，作者的编码经过了修辞；作为阅读的解码，同样需要通过修辞。修辞，即是语用。阅读理解，就是在语言的丛林里追思、发现，由语言追思人，追思人心，又由人、人心再追思语言。

在《天游峰的扫路人》中，如果我们忽略了作者这个“人”，就只能做出诸如老人是“勤劳朴实”的等标签式的浅显理解。如果从语用主体——作者来看文本，就能读出丰富的内涵和意味。

文章是写我眼中的老人，心中的老人，情感中的老人。本来，游武夷山最大的收获是登上了天游峰（“那天，我终于顺着这根银丝上了峰顶，心里好不得意”）。但遇到了老人，游武夷山最大的收获就变成了认识了这位老人，理解了这位老人，从这位老人身上有所启发，等等。

作者是怎样一步步认识老人的，对老人的感情是怎样一步步发展的，怎样从素昧平生到恋恋不舍的——这些是要回到文本，回到语言，去理解，去体会，去感受的。课标第三学段阅读的目标和内容中要求“体会作者的思想感情”，这一点往往被我们忽略，没有把“作者”作为理解文本的视点。

暮色中看清老人。→进小屋和老人聊天，“如今游客多，您老工作挺累吧？”（询问语气，关心）→老人说“不累、不累”，说得轻轻松松、自在悠闲；我诧异了（这是怎样一位老人啊？！），便再次眺望暮色中的天游峰。下面的话，不是写景，而是作者听了老人的话惊讶之余望望天游峰，在心里自己对自己说的话。→惊诧之后，借着淡淡的星光，仔细打量老人，又问一句：“您老有60岁了吧？”体现了关切。作者问60岁，是猜想老人该退休回家享清福，不必吃苦劳累了。→当得知老人70岁时，作者紧紧抓住老人的双手说：“30年后，我再来看您！”一个亲密的动作，表达出敬意，一句热情的话语，表达了衷心的祝福。作者说30年，就是祝福老人活到100岁，长命百岁啊。→“30年后，我照样请您喝茶！”老人自信、爽朗。我带着老人的笑声，带着这位已经走进我心中的老人，回到了住地，回到了家，写出了这篇文章。

弄清了语用主体，我们就不会去教“老人是怎样的人”这样浅显的内容，不会去教“向老人学习什么”这样不是语文的内容，不会去教景物描写（第二段写天游峰只是为了衬托我登上山顶的得意和成就感，而这样的得意和成就感又是为了反衬下文老人登山的轻松、悠闲，至于第七段，上面讲了，其视角不是在描写天游峰）。

从语用主体出发，我们就会思考：作者用细腻、敏感、关爱的心，走近了一位陌生的老人，亲近了一位陌生的老人。从“哗——哗——”的扫地声中，作者听出了别样的意味。走近老人和老人交谈（作者是主动走近老人的：“我循声迎了上去”），体现了作者对普通人普通工作的尊重；两句贴心的问话，体现了对老人的关心；最后祝福的话，体现了对老人的敬爱。一名作家，把一位普通劳动者写出来，体现了他的人文情怀。当然，作者也从老人身上获得了启发：普通人在普通工作中也可以享受工作、享受生活，他们没有那么多抱怨、焦虑，淡然面对生活，认真做好工作。

二、关注语境

当我们关注文化语境，对《少年王冕》就会有更深的理解（当然，教师的理解不必都教给孩子；但是，如果有了较深的理解，就能更好地教）。

王冕，作为《儒林外史》敷陈大义的开篇，作者吴敬梓的意图是为中国古代读书人指出另外一条路的可能。一般而言，中国古代读书人只有一条路，就是读书做官。王冕读书不是为了做官，而是自足地生活，养活、孝敬母亲以尽天伦之职，自己读书、画画以修身养性。

当王冕看到雨后清丽的荷花，便动了学习画荷花的念头。他说：“天下哪有学不会的事？我何不自己画几笔？”这就是古代“君子求诸己”的思想。王冕因家境贫寒，母亲供不起他读书，只好让他去人家放牛。母亲无奈又愧疚地说：“孩子呀，不是我要耽误你。”可是，王冕一边放牛一边读书，自己读书、明理、学画，自食其力，奉养母亲。客观上说，在王冕十岁时，放牛不读书，母亲是耽误了王冕；但是，因为王冕自己的努力，他又没有被耽误。一个人被不被耽误，还在自己，这也是“君子求诸己”。

吴敬梓，为什么将事实上的王冕画梅花改为画荷花，从语用的角度看，就是用古代文化的语码来表达自己的话语意图。荷花，象征文人的高洁和优雅。

三、关注语用义

语用义，即在场语言运用的具体、现场的意思。比如：“1955年10月1日清晨”

（《钱学森》开头第一句）。这里，作者不仅仅为了交代时间，而是突出了"10月1日"这个特定的时间，以及这个时间在钱学森心中的分量。

"这次，我看到了草原"（《草原》首句）。"这次"，不仅仅是个指示代词，作者表达的是隐隐的激动和盼望已久的兴奋。我们可以想象到他终于来到草原，站在广阔无垠的草原上的心情、表情。作者在"这次"后面用了"，"，停顿中同样表达了丰富的意味。

再如《论语》的首章，孔子说话用了三个反问语气，仅仅为了强调意思吗？当我们用语用的思维还原现场，可以生成更多的理解。

当我们反复咏诵"学而时习之，不亦说乎？有朋自远方来，不亦乐乎？人不知而不愠，不亦君子乎？"体味其中的"语言、文字以及音韵、节奏、声调和韵律"，尤其是其中的"节奏、声调"，孔子面对学生谆谆教诲的场面，自然地浮现于我们的眼前。这三句话，不是孔子的理性判断，不是孔子的自说自话，也不是孔子对学生的训话；而是孔子与学生的亲切对话和循循诱导，对学生心灵的殷殷关注。当孔子感受到弟子们心中的困乏、疑惑、芥蒂时，他这样说，就是在与弟子们交心。这样的交心是富有情趣的，是充满感情的。情是孔子对待弟子的真诚、关心和期待；趣是孔子说话的口吻和语气，"不亦说乎""不亦乐乎""不亦君子乎"，不是反问，是商量，是启发，是诱导。这就是大教育家的境界。

当我们运用语用学的知识和观点去解读文本，就会有更丰富、细腻和深刻的理解，并且获得独到的发现和惊喜。

2014年6月

叙事学对阅读教学的启示

——读《叙事学》

过去在阅读教学刊物时，曾看到过“叙事学”这个词，但对什么是叙事学并不了解。近来，在解读文本的过程中，从直觉上越来越感到叙事学的知识对解读文本的重要，于是就想着找这方面的书来读。由此想到一个问题：关于语文教学的研究，目前不少研究者（王荣生、王尚文等）认为专业、新鲜的语文知识的缺乏是当前语文教学研究不能深入、新课程理念难以落实的重要原因。到网上搜了几本，大多是20世纪90年代出版的，而且大多数已经买不到了。托请书店的朋友到出版社找，最后只买到了一本胡亚敏著的《叙事学》，华中师范大学出版社2004年出版的第二版。叙事学讲了些什么呢？叙事学的知识对阅读教学有什么帮助呢？

叙事学讲的是关于叙事文的知识。叙事文指什么呢？本书作者说，给叙事文下一个统一的定义是困难的。这个理论问题我们不去管它。我们用文学的经典划分来理解叙事文。文学的划分有多种，经典的划分是叙事文、戏剧文学和抒情诗。从这个划分可以看出，散文、小说、叙事诗等都属于叙事文。由此可以看出，中小学语文教材中大多数文学作品都是叙事文。这也是我为什么要读叙事学的书、了解叙事学知识，也是我希望更多的语文教师读这方面书的原因。

关于叙事学，在这本书里作者讲了三个方面：叙述、故事、阅读。

叙述，是叙事的方式。就叙事文而言，叙述方式直接关系到故事的性质。在叙事文中，不单是观察角度会左右事件的性质，叙述者在材料的取舍、组构过程乃至语气的运用上都会不同程度地影响故事的面貌和色彩。以《天游峰的扫路人》

为例，文章叙述作者与一位天游峰扫路人相遇、交谈的故事。这一过程中，作者一定与老人说了很多话，但是，文章中呈现出来的作者的话只有三处，每处都是短短的一句话。这三句话是，“如今游客多，您老工作挺累吧？”“您老有60岁了吧？”“30年后，我再来看您！”作者为什么只写这三句话呢？这三句话表达了作者对老人的关心、祝福。这样的一种情愫，是我们理解这篇文章必须关注的。

第一章讲叙述。叙述的方式包括视角、叙述者、叙述接受者、叙事时间、话语模式、非叙事性话语。这里主要说视角对解读文本的作用。视角，指叙述者或人物与叙事文中的事件相对应的位置或状态，或者说，叙述者或人物从什么角度观察故事。视角关注的是谁看的问题，谁在观察故事。以《天鹅的故事》为例，是一位猎人——斯杰潘——在向作者讲故事，讲他从以猎杀动物为业到放下猎枪的故事。从这样的视角去理解课文，我们就会有新的发现、新的理解，而不是仅仅停留在对天鹅的理解上。

第二章讲故事。叙事学中的故事包含情节、人物、环境，但是，叙事学对它们的分类和研究更加详细，为我们理解小说、故事提供了有效的背景知识。这部分内容理论性更强，对于一般读者来说有些阅读困难，但是，耐心读下来，还是会有收获的。

第三章讲阅读。这一部分对解读文本具有直接的意义。阅读，离不开文本、作者与读者的关系。文本的意义从何而来？历来文学研究中有三种不尽相同的立场。1. 传统的文学研究认为，意义存在于作者的意图之中，而作者的意图很大程度受制于他的个人经验、心理以及他所处的社会环境、历史条件。这就是作者中心论。2. 以英美新批评为代表的批评理论主张意义存在于文本之中。这是文本中心论。3. 读者反应理论则认为，文本的意义是阅读的产物，由读者赋予。这是读者中心论。这三种观点有各自的道理，可以综合起来去认识作者、文本与读者的关系。

关于阅读，作者写了三个方面：文本类型，理想读者，阅读模式。

文本的特征：一切传达意义的客体都可称为文本，乃至现实世界就是用语言构成的大文本。叙事学中的文本是指书面的叙述语言的集合。文本的特征是，文本在控制读者的过程中，往往出现两难现象。一方面，为了便于读者阅读，文本必须具有明确性，即它必须通过读者熟悉的惯例和结构增加可理解性；另一方面，如果文本太容易理解也会使人索然无味，故文本又要通过设置障碍以延长理解的过程——于是构成了一个悖论，为了不让读者因其过于明白或过于晦涩而退出阅读活动，文本必须驾驭这个悖论。这个悖论就是文本的易读性与陌生化的对立统一。易读性不等于可读性，为了达到一定的可读性，易读性必须与陌生化结合起来，通过在文本中增加阅读的障碍以达到某种中和。陌生化通常有三种形式：视角异常、话语移位与变形、情节的特殊组合。

文本类型有三种：陈述文本、疑问文本、祈使文本。陈述文本指作者用肯定的语气将所知之事告诉读者的文本类型。疑问文本指作者不采用肯定的语气，而是持询问或矛盾的口吻，要求读者思考和回答文本中的问题。祈使文本是对读者发布命令的文本，也可称作“宣传”。了解文本的这三种类型，有利于我们从不同类型的文本特征更好地理解文本。

理想读者。罗兰·巴尔特划分出两类读者形象：消费性读者与生产性读者。消费性读者在阅读中完全依赖文本引导，只理解文本提供的一种意义，处于被动接受状态。消费性读者阅读作品的目的是追求刺激和娱乐，或者获得某种人生的经验，所做的努力一般只是价值判断：我觉得这本书不错或我感到完全不是这回事。生产性读者则不然，他具有强烈的参与意识，拒绝文本明显的可理解性。他把文本视为再生产的材料，在阅读中自身将成为阐发文本多重意义的另一个生产者。在语文教学的阅读和阅读教学中，作为语文教师，更多的应当成为生产性读者。

理想读者应具备以下四种能力：话语能力、逻辑能力、形式能力、结构能力。话语能力，这是一种将普通语言理解为文学语言的能力，他将从文学系统的角度去理解语言。如分析语言在上下文中的丰富和含混，诸如象征、隐喻、反讽之类；理解语言在结构故事中的作用和意义等。逻辑能力，指猜测、推断故事意义的能力。形式能力，指辨析叙事文内各种构成形式、技巧的能力，包括叙述者、叙述角度、叙事时间与空间、叙述模式等方面。结构能力，指分解故事和重建故事的能力。

提高这四种能力对提高文本解读能力无疑是有很大帮助的。

阅读模式有三种：叙述阅读、符号阅读、结构阅读。

叙述阅读要注意视角的把握、叙述者形象的判断、叙事时间的辨析。以往人们阅读叙事作品，往往被故事中的人物、情节所吸引，而对谁在讲这个故事、他怎样讲述这个故事则很少在意，甚至意识不到叙述者的存在。这些被人们忽略的地方正是叙述阅读关注的重点。

符号阅读，就是对文本语言作释义分析的阅读方式，它赋予读者对文本语言作充分阐释的权利，要求读者努力挖掘文本语言的内涵，尤其是语义的歧义性。在符号阅读中，读者对语言的关注超过了故事中的人物和情节，文本的结构也随之更具开放性。在符号阅读中，能指和所指不是一一对应的，有四种关系：能指≈所指，能指>所指，能指<所指，能指≠所指。符号阅读还包括代码分析法。

结构阅读，指对文本内在结构的研读，它不同于叙述阅读对表达形式的分析，也不同于符号阅读对显在语言丰富性的阐释，而是考察文本内在结构和关系及其在文本中的意义和作用。结构阅读包括重建深层结构，发现结构中的空白，寻找结构中的矛盾等阅读方式。

叙述阅读、符号阅读、结构阅读这三种阅读模式为我们解读叙述文本提供了有效的方法，提供了多样化的解读视角。

2010年6月15日

教育力=学习力+梦想力

——读《教育力》

《教育力》，日本教育学者斋藤孝著，张雅梅译，华东师范大学出版社出版。2015年4月28日，冬俊把此书作为礼物送给我。我经常放在包里，带在身边，断断续续地读，6月20日读完。其间，有机会就推荐给遇到的书友、老师，推荐给第六期读书班学员，做讲座时也常引用其中的内容。

这本书为做一个好老师、做一个幸福的老师提供建议。一个好老师、幸福的老师，必须具备强大的教育力。作者从“教育力”的视角来谈作为教育者所应具备的素养。

为了便于阅读，除序言外，作者从十个方面来谈。每个方面又分出若干小点，全书共89个小点，有点一事一议的味道。两页左右为一个点，这样的节奏，便于用零碎的时间、间断的空隙来阅读，也便于读者针对一个小问题、微问题，细细思量，慢慢体味。

作者认为的教育力有哪些呢？又有哪些主要的，给我们深刻启示呢？我阅读后的理解主要是两点：传递梦想和热情的能力，学习的热情和能力。

在序言中，作者开篇讲的第一个话题就是“传递梦想的能力”。他说：“教育的基础，是一种梦想的传递。”“教育者本身必须抱有强烈的憧憬，才能将‘这东西有多棒’的热情传递给受教育者，使之能够体会。假如连教育者自己都已失去热情，别人又怎么会受到感染而追随呢？”

最后一章《呼吸、身体与学习态度》，视角独特。我们通常说的教师素质，很少说到教师的身体素质，更少像作者一样关注到具体的身体的呼吸。其实，梦想也好、热情也好，是离不开身体这个物质基础的。作者说："你还要以开朗的表情与铿锵有力的声音对学生们说话。像这样自行调节身体的功夫，是教师的基本技巧。""可以确信的是，全身充满上进心的老师，他的身体所展现出来的正面能量，正是构成教育力的根本。"

这样的开篇和结章，似乎是循环与呼应，突出了梦想和热情这个重点。

第二个重点是学习力。

学高为师，这是古今的共识、通识、常识。常识，往往习焉不察，就像自己的眼睛看不到自己的鼻子。当下，教师教育力中最缺乏的就是自身的"学习力"；而教师培训最根本、最常态、最有效的途径应该是教师自身的读书、学习。孔子，之所以成为中国第一教师、中国最好的教师、中国最快乐的教师，就是因为其好学。《论语》中讲孔子教的方法其实就一条——"不愤不启，不悱不发，举一隅不以三隅反，则不复也"。关于孔子的教育智慧，《论语》中记载的更多是孔子自己学习的热情、感受和体验。孔子是因为自己"学"得好，才"教"得好；是因为他的热情和好学，才有那么多弟子跟随他、尊敬他。

最近，我在多个场合、多次发言中反复说："教师应该成为学者——先学者、会学者、善学者、好学者、乐学者。善于学习、勤于学习、乐于学习的老师，一定是位好老师、优秀老师。好学的教师，能学的教师，会学的教师，才是真正的教师。读书、学习，是最好的最有效的备课。"

在《给教师的建议》中，苏霍姆林斯基对教师要读书多次说，反复说。为了传达这样的信念，他不惜重复得让人觉得啰唆——"教师获得教育素养的主要途径就是读书、读书、再读书"。

斋藤孝也一样，对这样的司空见惯、人人都知道的常识，再去说，怎么说呢？只能耐下心来，像对不懂事的孩子一样反复说，像母亲对待子女一样苦口婆心而且不厌其烦。因此，有时候当我们听到有人心平气和反反复复说话的时候，不要嗤之以鼻，不要总以为那是不重要的事情。其实，"谆谆教诲"只是"婆婆妈妈"的另一种表达而已，后面都是一颗炽热和真诚的心。请看作者所言——

有不少教师一心只想着教导别人，却忘记了自己也要持续不断地学习。

归根到底，教师不仅必须是指导别人的专家，同时也必须是懂得学习的专家。

既然有心从事指导别人的工作，养成读书的基本习惯应该是必不可少的。假如连自己都不爱读书，缺乏学习的意愿，那么，想要教导别人无疑是本末倒置。唯有自己成为学习方面的专家，才有资格去指导别人。

总而言之，教育力的基础不仅仅在于你要懂得怎么教，你还必须是懂得学习的专家。谈到学习，有何基本要素呢？那就是你自身必须要有通过学习获得喜悦的体验。换言之，你自己要能清楚地感受到学习是一件非常快乐的事。

如此言说，其拳拳用心，诸君当自明矣。

2015年6月20日

听文字讲那过去的故事

——读《文字的故事》

2010年春节大年初五，好友送我一本《文字的故事》，说是刚从新华书店买来的。他知道我最近对汉字方面的书感兴趣，觉得这本书不错，就买了送给我。感谢好友给我这本书，让我对汉字又多了新的知识，新的认识。确实，做教研员十多年了，一直在抓写字教学，关注学生的写字。近几年，我感到要进一步提高写字教学的质量，必须从管理转向研究，具体讲，就是要研究汉字本身，研究学生写字的规律，研究写字教学的规律。而要做到这些，教师要具备基本的汉字知识、书写汉字的知识和技能。近几年，作为教研员，我自己带头学习。我向书法老师、向字写得好的老师请教写字的知识技能，买来有关汉字的书学习——《趣说汉字》《图说字根》《汉字寻根》。我认为，作为语文老师，要教好母语，必须了解一些汉字的知识，所以我向老师们推荐上面的这几本书，它们可以作为工具书，不是读了丢开去，而是可以作为经常翻看的资料，甚至可以作为教学资源用于教学。这里，我再要向老师们推荐这本《文字的故事》，这到底是一本怎样的书呢?

《文字的故事》由上海人民出版社2010年出版，作者是台湾学者唐诺。《文字的故事》以中国最古老的文字甲骨文为对象，还原甲骨文造字之初人的生活、境遇、情感、思索，探寻中华民族的先民们是如何造出这些字来的。作者讲造字法，运用的是文学手法，甚至带着幽默、戏谑，全然没有我们想象的隔膜、枯燥。随着作者的描述，读者好像走进了一个个故事，来到了古人生活的现场；这些文字好像活了，仿佛它们就是人，在向你讲述自己出生的故事。因此，我用“听文字讲那过去的故事”做我这篇读书笔记的题目。

我们会在生动有趣的故事中，在想象的古人的生活中，了解文字学的知识。这些知识不是概念，不是定义，而是人的、生活人的、情绪人的思想。汉字的六书——象形、指事、会意、形声、转注、假借，过去我们认为它们都是造字法，其实转注、假借并非造字法，这是怎么回事呢？作者用富有故事化的语言给出了答案。形声字为什么会成为汉字的大多数呢？汉字的趋势是简化呢，还是要恢复繁体？（去年的全国人民代表大会上，有人提案要恢复繁体字。）文字的“生生死死”是怎么回事呢？随着信息技术的发展，文字会不会消亡呢？文字与人的生存是什么关系呢？对于这些问题，作者的描述，都会给你启发，把你带进文字世界的深处。

对一些甲骨文，作者从历史和文化的角度做了思考，给人以启发。如甲骨文的“弃”字，最初的意思是把刚出生的婴儿倒掉；甲骨文“微”，最初的意思是棒杀老人。古人为什么要杀死老人与婴儿呢？这是不是残忍、不道德呢？作者的解释是：“杀死老的跟小的，这原是大自然的专利，老去的动物丧失了猎食（肉食性）和逃逸自保（草食性）的能力，本来就难以存活；初生的生命，数量一般总远大于大自然所需、所允许的数量，这是生物护种的人海战术老策略，本来就是敢死队般只打算确保其中一小部分能躲开环境的敌意好存续下去。今天，很多人所赞颂、所矢志学习的大自然生生不息秩序，本来就是靠死亡机制来修护不坠的……这个大自然的生生不息秩序，既然根源于大自然的悭吝本质，根源于生存资源的稀少和必要争夺，对应于它的杀老杀小行为，便无法仰靠人的‘道德觉醒’一下子终结，而是生存环境和技艺的有效改善，让饭更够人吃，同时，帮老人和小儿找出存活的价值……”

现今的影像正对文字造成来势汹汹的威胁，我们还需不需要保护文字？作者的回答是：“需要保护的当然不是文字，而是保护我们不变笨，不会一代一代地白痴化下去。”

汉字的学习，除了传承中华文化的功能，是不是也可以在提升智慧上发挥作用？

2010年3月7日

读书快乐和读书的功利

——读《如何阅读一本书》

读书快乐，和读书讲效果、讲效率的目的和功利性，是不矛盾的，就看你是为了“什么目的”，讲“什么功”，谋“什么利”。读书的快乐，不是不花时间、不下功夫、不费精力，而是在读书过程中，享受获取知识、分享智慧、发现问题、生成思想的精神乐趣。有时候真的“休闲”了，“休闲”过去，“无聊”反倒来了。

达不到一定的年龄和境界，没有一定的资源，读书不可能完全为了休闲和逍遥。古代贤者达人无不把“立德、立功、立言”作为人生追求。他们立的是天下之“功”，谋的是天下之“利”。孔子“加我数年，五十以学易，可以无大过矣”。孔子学《易》，也有目的——为的是“无大过”。

世界上所有的人，都想于风花雪月之下，付读书于笑谈之中。那真是美好、理想的境界，但是在现实中是不可能存在的。读书，可以有“桃花源”的享受和游思，但不完全是为了“桃花源”。

说前面这一番话是为了介绍一本书——《如何阅读一本书》。

既然读书要讲目的、有收获，就要讲方法、讲策略。《如何阅读一本书》就是讲读书方法、读书策略的。

这本书的作者美国人莫提默·艾德勒和查尔斯·范多伦，都是出版人、学者、教育家。

翻译者，台湾著名出版人郝明义，是当代极富个人魅力的出版人之一，被台湾人奉为文化“教父”、出版界“小巨人”。2009年4月，他的《越读者》在大陆出版，学者钱理群为此书的大陆版作序时，开门见山地引用了书中这句令人惊心动魄的话："我们犹如原始人，身处丰饶之中，却逐渐饥饿至死。"郝明义说的是"越读"，原因在于我们"在自觉不自觉中，局限于一些界限之内"。他提醒阅读者们要超越局限——"没有越界，不成阅读"。

"越读"，为的是追求更好的阅读效果。

读书，既要有自己的独立思考，坚持自己的立场，不要"把自己的大脑变成别人思想的跑马场"（叔本华）；又要有意识地接受书中的观点，用书中（其实是人）的智慧改变自己的思维方式和行为方式，成就新的自我。读书为的是寻找更好的自我。真诚地敬服接受和冷静地审思明辨是一体两面，都是共同为了铸就更好的自己。

郝明义在2009年接受《南都周刊》采访时说："《金刚经》是过去二十年对我影响最大的一本书，它不断地改变着我，是我认为最经典的一本书。阅读的作用有很多，但我觉得阅读真正有力量的地方在于这本书会让我们的人生很不一样。甘地在火车上读了《给未来者言》，后来的人道主义、不抵抗主义都是从这本书出来的。我1996年读《韩非子》，就觉得其中关于管理学讲得太有道理了，比如说老板用什么杯子，你就不能也跑去买一个。当时我正处在是否要改行的犹豫不决之际，这本书读完后也让我坚定了自己做出版的决心。"

而我本人，从2009年起拜读、学习《论语》。在不断的阅读、思索之中，我真切体会到孔子之所以成为中国第一教师，乃是因为他是中国第一好学之人。孔子的好学、乐学，最令我敬佩，给我深深的启迪。过去，我们理解"学而不厌，诲人不倦"，往往从并列关系解读：学习不厌烦，教人不厌倦。其实，孔子的"学而不厌，诲人不倦"是条件关系、因果关系——只有自己"学而不厌"，才能"诲人不倦"；因为自己"学而不厌"，所以"诲人不倦"。好学、乐学、终身学，使孔子成为万世师表。《论语》中讲孔子教学方法的只有一条——"不愤不启，不悱不发。举一隅不以三隅反，则不复也"。而《论语》的很多内容，是讲孔子怎么学习以及他自己学习的体验、感受等。好学、善学是乐教、善教的根。由此，作为教师的我，现在比以前更加用功读书，不因年龄的增长降低读书的要求和热情。有时到学校为学生上课、为老师做讲座，读书成为“备课”最主要的事儿，阅读与教学内容相关的书籍成为备课最重要最基本的途径。

“阅读真正有力量的地方在于这本书会让我们的人生很不一样。”——这就是阅读的“功利”。

这样的“阅读效果”和“阅读功利”，有什么不好呢？

读书，是对自己经验的回应、升华和改造。郝明义在《译序》中的一段话，说出了他的真切体验。他说：“这么多年来，我在阅读的路上，思索固然很多，困惑也多，想清楚的有一些，想得模糊的更多。就如同书名“如何阅读一本书”所言，这本书帮我就读书这件事情的思索和困惑，作了许多印证和总结。如果没有经历这么多年的寻觅与颠簸，发现与失落，我读这本书的感受不会这么深刻，收获也不会这么丰富。因此不论就读者还是出版者的身份，我相信这本书都深远影响我的未来。”

《如何阅读一本书》给我们的方法和启示有哪些呢？

第一，阅读要根据不同的目的和书籍选择不同的时间、速度和方法。法国学者巴斯卡在300年前说过：“读得太快或太慢，都一无所获。”

为此，书中将阅读区分为两种：为获得资讯而读和为求得理解而读。

第二，为了不同阅读目的而用不同方法，作者将阅读分为四个层次。

基础阅读：小学完成，类似于我们的认读和初步理解阶段。

检视阅读：相当于浏览和略读。

分析阅读：相当于精读，“特别在追寻理解”。

主题阅读：带着一个主题（问题）读几本书。

第三，阅读提升——阅读与心智的活力与成长。

如何使阅读促进心智成长？

1. 作者反复说，阅读应该是“主动的阅读”，而“主动的阅读”就是“能提出问题来”。

2. 阅读有一定难度的书。“当你成功地阅读了一本难读的好书之后，你的阅读技巧必然增进了”，也就是理解力、阅读力、思考力增强了。

3．让一本书真正属于你自己。为此，作者提出两点建议：说和写。

说——“用你自己的话来说”，是测验你懂不懂一个句子主旨的最佳方法。“如果你无法放下作者所使用的字句，那表示他传达给你的，只是这个‘字’，而不是他的‘思想’。你知道的，只是他的用字，而不是他的思想。”

这就告诉我们，在阅读教学中“与他人交流自己的阅读感受”（《语文课程标准》）是多么的重要。

写——“你买一本书，就像是买了一项资产，和你付钱买衣服或家具是一样的。但是就一本书来说，付钱购买的动作不过是真正拥有这本书的前奏而已。要真正完全拥有一本书，必须把这本书变成你自己的一部分才行，而要让你成为书的一部分最好的方法——书成为你的一部分和你成为书的一部分是同一件事——就是要去写下来”。“写在阅读中的价值在于：第一，那会让你保持清醒——不只是不昏睡，而是非常清醒。其次，阅读，如果是主动的，就是一种思考，而思考倾向于用语言表达出来——不管是用讲的还是写的。一个人如果他说他知道在想些什么，却说不出来，通常是他其实不知道自己在想些什么。第三，将你的感想写下来，能帮助你记住作者的思想。”

我在和书友交流读书心得时，多次讲自己的一个感悟——读书分两种：读过的书和读到的书。读过的书，很快云散烟灭，随时光消逝；读到的书，就是“属于你自己的书”，它留在你的心灵里，留在你的生命里，和你的心智一起成长。

《如何阅读一本书》，可以帮助你成为真正的“阅读的人”，读几本“到”你心里去的经典书。

作者的期待——他在书的最后说：“好的阅读，也就是主动的阅读，不只是对阅读本身有用，也不只是对我们的工作或事业有帮助，更能帮助我们的心智保持活力与成长。”

2015年6月14日下午至晚

读经，你怎么看？

——读《读经二十年》

近二十年来，对于读经，有赞成，有反对。赞成者认为，读经才能救中国的教育；反对者认为，读经就是残害儿童。

我的想法是，为了文化的传承，为了语文的学习，经典有其教育和学习的价值，应该转化为当下的学习资源。但是，对于一味读经，以为读经能解决当下教育的所有问题，我持保留的态度。我不同意的是，指望读经能普遍提高人的道德，解决社会风气问题，解决学生的品行问题。社会、教育的这些问题，仅靠读经是不能解决的。

由于受“五四”“文革”影响，经，在不少人的意识里，是落后的、过时的、陈腐的。为对读经有系统、具体的了解，最近我购买、阅读了王财贵先生的《读经二十年》（中华书局）。

王财贵先生海内外推广读经二十年，乐此不疲。过去，零星了解读经，印象中主张读经的人是热情有余，理性不足，有点疯狂的味道。书中，王财贵先生接受中华书局副编审华一欣采访时说：“我演讲时常说，大家听我的理论，一定要自己思考，认为对，你才做，认为不对，你千万不要跟着走。盲从也是一种罪过。”这种以独立思考、独立判断为前提的接受，是理性的。

从王先生的6篇演讲中，我得出如下的印象。一是，王先生对中国传统文化充满热爱和传承的热情。二是，王先生认为，传承传统文化，就得读经典。三是，读经典的方法就是多读成诵，不一定要懂。典型的说法是：“小朋友，跟我念”，“《论语》要读一百遍”。四是，经典不仅要读中国的，国外的经典也要读。五是，他认为中国的经典分四个层次，最高层次是《论语》《孟子》《大学》《中庸》，第二层次是《周易》《诗经》《老子》《庄子》，第三层次是古文、唐诗、宋词、元曲，第四个层次是《三字经》《百家姓》《千字文》《弟子规》《幼学琼林》等所谓蒙学读物。

教育是复杂的事情，人是复杂的动物，没有一种教育能解决所有人的所有问题。教育的成本、风险很大，“沉没成本”尤其大，就是成人以为的符合儿童天性的儿童文学，也不是每个儿童都喜欢。教育的理想是找到适合每个儿童的教育。这很难，几乎做不到。

从一般意义上说，读经肯定有益。但读什么、怎么读，值得细细考量。教育需要小心翼翼，需要慎之又慎，读经亦如是。

2014年10月7日晨

没有“越界”，不成阅读

——读《越读者》

今天下午和晚上，窗外是滴答的春雨，读完了《越读者》（郝明义，人民文学出版社，2009年版）一书。这本书，是书友冷玉斌4月16日赠送给我的。书有“非借不能读”之说。我以为，书还有“朋友之赠书不能不读”之说。非借不能读，是一种紧迫感；赠书不能不读，是朋友之美意不能拂也。若是将朋友所赠之书束之高阁，不免心生歉疚。朋友赠书给你，总有其想法，所谓“奇文共欣赏”。好读书的人，总有一个习惯，看到好的书，读到好的文章，总有向朋友推荐，与朋友分享、讨论的冲动。我也有这样的习惯，经常把自己认为好的书推荐给同事朋友，甚至买了相送。当然，自己喜欢的别人不一定喜欢，但是这样的友情却是朋友十分乐意接受的。

我正是用了书中介绍的方法，花一个下午和晚上较短的时间读完这本书的。书中，关于陶渊明、朱熹、诸葛亮三人的读书方法，作者说：“我不认为这种比较是有意义的，因为我不相信这三个人真的各自只有一种读书风格。因为，有些书就是需要‘观其大略’，有的需要‘不求甚解’，有的则需要‘熟读精思’。不但如此，同一本书里，有些地方读来需要‘观其大略’，有些需要‘不求甚解’，有些则需要‘熟读精思’。更有甚者，同一本书，可能第一遍读来只能‘观其大略’，第二遍‘不求甚解’，第三遍才能‘熟读精思’。因此，与其说‘不求甚解’‘观其大略’‘熟读精思’是这三个人不同的风格，不如说是三种不同的方法。而我相信，这三个人一定都是对这三种方法很精娴的。”

我是用“观其大略”的方法读这本书的，遇到其中的一些我感兴趣的内容则停下来，稍做一点思考和联想。下面是一些零碎的心得。

所谓“越读者”，就是越界的阅读者。作者所说的越界，首先存在于现实和理想之间。“人生的现实，与理想及梦想之间，有着巨大鸿沟的界限。是阅读，让我们有机会跨越这个界限。”其次，是阅读的内容、习惯、方式的越界。“每个阅读的人都可能在自觉与不自觉中，局促于一些界限之内。界限，可能是考试教育锁定教科书与参考书所形成的。可能是中、大学长时间阅读胃口的影响所形成的。可能是踏入社会的现实压迫所形成的。可能是对于‘网络’与‘书籍’一些既定印象及使用习惯所形成的。可能是从没有意识到这些界限的存在所形成的。”鉴于这样的分析，作者这样描述越界阅读：“这是个越界的时代。人类和动物的器官在越界，太空探索和旅行在越界，所有梦想在越界。而越界的起因，正在于知识与阅读的越界。这是一个没有越界阅读，就不成阅读的时代。不论错过多少机会，不论多么晚开始，阅读都在等着给我们一个美好的机会。何况在这网络时代。这是一个历史上从未有过的越读者时代。”

作者考察了台湾中学教育中的阅读，其情形与我们大陆教育惊人地相似。“我们的学校教育，尤其是从中学教育开始，不会教我们如何处理‘阅读’，而只是教我们如何处理‘课本’——有助于提升考试成绩的课本。”作者认为，教科书对学生心智成长而言，是维生素；参考书是刺激考场上肾上腺素分泌的兴奋剂。他认为，应该做“跨越四种阅读饮食”的阅读：一是主食阅读，又可以称为生存需求的阅读；二是美食阅读，又可以称为思想需求的阅读；三是蔬果阅读，又可以称为工具需求的阅读；四是甜食阅读，又可以称为休闲需求的阅读。这四种阅读需要兼顾，才能为心智的成长提供需要的均衡而又充分的营养。

对于网络阅读，作者的态度显然是乐观的。“网络出现的本意，虽然是为了方便文字的交换与传播，但却注定要提供一个文字以外的阅读与沟通的过程。网络终将结合文字以外的声音、影像、气味、触感，甚至意念，提供一种全新的认知经验，让人类重归全观的认知经验。”因为，文字并不是人认知世界的唯一方式。为此，作者还分析了文字、书籍出现以后所产生的负面影响。“文字出现的好处是，多了一个可以极为抽象又方便地认知这个世界的方式；坏处是，我们原先综合运用各种感官的全观能力逐渐退化。书籍出现的好处是，把文字的传播力量做到了最大的扩散；坏处是，我们容易疏忽，甚至贬低书籍以外的知识来源。”

在谈到美食阅读（指文学、历史、艺术、哲学等阅读）时，作者特别强调了诗的阅读。其中的两句话，让我颇有感触：“何况，读诗又真是不需要理由的。理由，比不过感觉的。”在4月17日上午“教海领航”活动上评陈建先老师教的《爱因斯坦和小女孩》一课时，我谈到，陈老师在指导学生朗读时，关注的是学生朗读的感觉，是指导学生把对文字所表现的人物的那种“感觉”，通过朗读表达出来，而很少说读出“感情”。我在评课时说，在朗读指导“感情泛滥”的情况下，是不是可以少一些感情，多一些感觉。读诗，重要的是感觉，读其他文学作品又何尝不是呢？“因为小说是需要赴约的，而诗是与你邂逅的。”这一点，我有亲身的体会。一两年前的一段时间，我写了十几篇读诗的心得。不知什么原因，那一段时间，读那些诗，会有那样的感觉，而后来这样的感觉没有了。这大概就是一种邂逅吧。

而作者关于读哲学书的想法，我有不同的看法。“哲学是帮我们思考清楚的。没法帮我们思考清楚的哲学书，不看也罢。”我以为未必，读哲学书不应该这样“功利”。读哲学是为了进入思考的王国，享受思考的快乐。在希腊，哲学的原初意思是爱智慧、爱思考。

关于读不懂的书，作者的意见值得我们借鉴。“如果一下子就懂，就明白了，那你又为什么要读这本书？”我曾经和读书班的老师说过，我们要读一些不懂的书，也是这个意思。只有读了不懂的书，知识的圆才能扩大。

作者还提出“少阅读一点的理由”。因为，少阅读，才会精通；还有，人生本来就不只是阅读。

另外，作者在“主题阅读”“阅读的时间”“藏书的管理”“阅读的精专与博览”等方面，也提出了有益的建议。

2009年4月19日

诗心不老人

——读《叶嘉莹说诗讲稿》

《叶嘉莹说诗讲稿》，是书友吴小健2009年送给我的。本来叶嘉莹就是我崇敬的学者，看过她在电视上讲诗的节目，很喜欢。她讲课的声音有特别的音色和音质，真是金玉之声；她的形象气质透出中国式的古典美，雅洁深邃。因此，得到小健送的这本书，很高兴，置于床头，睡前翻阅，但一直未竟读。今年暑假，天大热。全国多个城市常常连续几天气温在39℃、40℃。我们这儿大暑以来气温也一直在36℃、37℃。这么热的天，最好是待在家里不出去，汗就让它自然地流。7月31日（星期六）半天，8月1日一天，8月2日半天，从头开始，读完了《叶嘉莹说诗讲稿》。8月1日，一天没有下楼，享受一边淌汗一边读书，体验读书消暑。

在《叶嘉莹说诗讲稿》里，叶嘉莹表达了她对中国古代诗歌的热爱和理解。她认为，诗传达的是诗人"不死的心"，传达的是兴发感动的生命。"兴发感动的生命"，是叶嘉莹用得最频繁的一个词组。她说："鸟啼花落，皆与神通，都与我们的精神、我们的心灵有相通之处。人不能悟，是我们的心死了，我们的心都被外在的那些物质的、死板的东西塞满了。因此，我们就没有一个空灵的心灵，来接受宇宙万物的如此美好的种种的生命迹象。物，不是一个死的物，那是生命的迹象。"这样的见解，对我们去理解诗、教授诗是有启发的。叶嘉莹讲中国古代的诗，既运用中国的诗论来讲，比如赋比兴、境界等，又结合西方新文学批评的理论，比如"接受美学""阐释学""显微结构""语码""陌生化"等。这对于拓宽我们的视野，提高感受诗歌、解读文本的能力大有裨益。

“诗心不老人”，是我为这篇读书笔记想的题目。为什么想到这个题目？首先，叶嘉莹先生就是一位诗心不老人。其次，一个人具有了诗心，他的生命就永远是活泼泼的，不会衰老。

叶先生已近九十高龄，还热心于传播中国传统文化，令人感佩。叶先生讲古典诗词，没有太多的高深理论，结合自身的经历和对生活的感悟，联系历史、文化、作者，浅近、亲切又富有启迪。叶先生经历了抗战，台湾的“白色恐怖”，移居海外，晚年回归故国。80多年甘苦人生，故国之情始终不变。从20岁开始讲述中国古典诗词，从中国台湾讲到加拿大，从加拿大讲到美国，上世纪80年代开始回国讲；从大学讲到幼稚园，从校园讲到社区，从僧人讲到老师。七十载斗转星移，叶先生乐此不疲。她说：“不把自己知道的告诉现在的人，告诉年轻人，就是对古人的亏欠，对年轻人的亏欠。”这是怎样的责任和情怀，真是诗心不老。叶先生的诗词人生，带给我学习诗词之外的兴发感动。

2010年8月5日

阅读，是和自己的约会

——读《孔子的乐论》

因为阅读《论语》，走进了孔子的世界；故而，对有关孔子的书别有留意。《孔子的乐论》，买来便束之高阁。近来，修改、校正《论语里住着的孔子》书稿，沉浸于孔子的世界里。9月31日晚，初稿完工交编辑部。立于书橱前，遍览这两年为了讲述《论语》阅读参考过的关于孔子、《论语》的书籍，目光停留于《孔子的乐论》。这本书是江文也1941年用日文写成的，由台湾学者杨儒宾翻译。最近，在学校为师生讲《论语》、讲孔子，“孔子的艺术人生”是内容之一，孔子与音乐的内容也有涉及。为了更多地了解孔子与音乐的关系，这本书要读一读。9月2日下午到晚上11：30读完。

首先，让我颇为感触的是，本书作者江文也——20世纪三四十年代很有造诣的音乐家、音乐教育家——对孔子、对祖国传统文化具有如此深厚的情感。

江文也，中国作曲家。祖籍福建永定，1910年生于台湾省台北县淡水镇，1983年10月24日逝世于北京。1923年被送往日本求学，就读于长野上田中学，课余学习音乐。1932年在武藏野高等工业学院毕业后，弃工学艺，专攻音乐，师从日本著名作曲家山田耕。后在日本的哥伦比亚唱片公司、胜利唱片公司和东宝影片公司担任歌唱演员和作曲，并多次在日本全国音乐比赛中获声乐奖和创作奖。20世纪30年代即以前卫原创的作曲风格，在日本成为崭露锋芒的青年音乐家，更以《台湾舞曲》扬名国际。1938年后，他移居北平，在民族情思与传统文化中寻找新的创作灵感，完成了《孔庙大晟乐章》等作品，实现创作现代中国民族音乐的理想。在生命晚期，政治斗争使江文也身心饱受煎熬，但他仍进行了台湾民歌的改编整理，并以未完成的遗作《阿里山的歌声》，表达对故乡浓烈的思慕之情。中国音乐文化的传统，不仅是江文也创作的根源，也是他的信仰。在中国近代音乐史上，能这样深刻了解西方文化与现代音乐，还能坚持“不以西衡中”，努力保存中国音乐特性与传统的作曲家，除了江文也，似乎无人能出其右。1980年起，“江文也”这个名字重新在音乐界引起注意，也让更多世人得以认识这位优秀的台湾音乐家。多变的人生、敏锐的情感、深沉的思绪，使江文也留下了多彩多姿的美丽作品；而他一生勇于追求理想，始终不曾放弃的音乐热情，也令人深深感动。

江文也从事音乐教育工作数十年，主要担任作曲、配器和音乐作品分析课的教学，以讲授精深、剖析细密见长，学生甚多。他还创作了大量音乐作品，其中包括12首大型管弦乐曲、1首钢琴协奏曲、5部舞剧音乐、8首室内乐、12部钢琴曲集、12部歌曲集、4首宗教性音乐作品、若干首合唱作品等，同时还整理改编了台湾民歌100余首。他的创作题材广泛，形式多样，和声新颖而富于动力，乐器组合上注重色彩的鲜明和层次的丰富，并对寻求音乐的粗犷和纯朴的乡土气息怀有浓厚的兴趣。

这样一位具有深厚音乐素养和深爱祖国传统文化的音乐家，能写出《孔子的乐论》就不足为怪了。更给我们启发的是，江文也通过研究音乐方面的古籍，走进了孔子，走进了孔子的内心世界。他在序言中说：“尔后，我先发现了孔子的人性。等我进一步翻阅各种古籍之后，才开始接触到他的音乐思想，最后不得不由衷发出赞叹。”“笔者发现孔子其人竟然如此温润，真是令人惊讶。而且，他居然有如此丰富的思想，还有许多音乐留存下来，这也一样令笔者惊讶不已。”译者杨儒宾在译者序中说：“他对孔子的生命具有特别相应的感受能力，所以即使是随笔式的文风，我们依然可以看到他笔下不时流露出的深刻洞见。”

“发现孔子的人性”“发现孔子其人竟然如此温润”“对孔子的生命具有特别相应的感受能力”，都在告诉我们阅读的真谛——阅读，是与“人”“人的心灵”的对话；阅读，是发现“人”的信息；阅读，是对作者生命力的感受。有感受的阅读，才有心灵的生长；感受越深，阅读的收获越大。没有感受的阅读，是时间和思想的空转。由此联想到近来对阅读的思考——

阅读是穿越和对话，是心灵的传递和聆听。读者和文字在生命中相遇。文字和作者，是信使；他们不在场，却在说着话，向阅读者传递“信息”。阅读就是寻找“人”的信息，聆听文字和“人”（作者或作品里的人）的声音；就是复活久远的“人”的生命，复活躺着的看似没有生命的文字的生命。

因为有了心灵的对话，江文也才穿越时空走进了孔子的音乐世界，感受到了“孔子本人和我们一样，同样是活生生的人物，他喜爱音乐，听觉敏锐，热心事物，是位极具音乐家风范的潇洒人物”。

2014年9月4日

人与历史

——读《秦崩》和《楚亡》

近来，用半个月左右的时间阅读了李开元先生的两部史书——《秦崩》和《楚亡》，在酷热的盛夏感受到来自远古的“风雨雷电”。这两部书讲述了从秦朝建立、灭亡到汉朝立国（公元前221年—公元前202年），这一段时间不长，却奠定中国之后两千多年国家格局的历史。

李开元先生，四川成都人，1982年北京大学历史系毕业，留校担任田余庆先生助教。1989年获东京大学文学博士。现任日本就实大学人文科学部教授，北京大学中国古代史研究中心兼职研究员，主要研究秦汉史。

李先生写历史，继承司马迁的文笔和精神，既注重研究历史文献，又注重实地考察，还结合近当代新出土的文物，再加上历史逻辑的推想，还原历史。正如作者在《秦崩》代结语中说：“司马迁一部《史记》，堪称中国历史叙事的顶峰。《史记》是伴随我一生的读物。我重读《史记》，在确认史实可靠之余，再次感叹太史公叙事之良美，思虑之周详。精彩动人的叙事，有根有据的史实，深藏微露的思想，正是《史记》魅力无穷的所在。我获得又一种感悟：打通文史哲，师法司马迁。”恰如作者所言，两部书读完，我感受到“史实”“史评”“哲思”三者的融通。

这次的阅读，使我对“历史”这个耳熟能详常从嘴边说出的概念有了一点自己的思考。历史，简单通俗地讲，就是过去、过去的事情。这事情是人做出来的，人走出来的。历的字源：是历的甲骨文，上面山崖边的丛林，下面一只脚，表示穿越丛林山崖。金文又写成，下面添“日”，表示时光流逝。史，，提笔书写、记录。这些过去的事情，被人记下来，后来人看到了就是历史。大多数人不能亲临历史的现场，就是在场者，时间一过去，哪怕是一瞬间，你心中的或语言表达出来的，都不可能与当时发生的完全一致。历史就是这样的诡秘，它既活在史实、史料、遗物中，更活在人的思想和情绪里。

历史是事情，更是人。历史，常常被现在提起；历史，总是引人回顾和深思。因为，历史的后面是人，而人性是在历史中不断被认识的。人性的复杂、无常又是人自己都无法把握的。虽说，人生没有彩排，历史不能改写，但是，如果作为后来者的彩排，是否让后来者更精彩。因为人性恒常又多变，是以人关注历史又不断创造新的历史。

秦亡汉兴的历史，其实是战争史。在战争快意恩仇、荡气回肠的背后，是否应该对战争反思？不论战场如何惊心动魄、扣人心弦，具有某种审美的意义，战争的后面仍是人，是人的生命。人类这种自相残杀的“游戏”贯穿了人类历史直到今天，到底是聪明还是愚蠢，抑或其他？

在还原历史的得意、快感后，历史学家应该有理性的批判——为了人类生存得更好的价值判断。呜呼，古人“平天下”（天下太平）的理想，几千年来如天上浮云，何时才能化为甘露滋养众生？

孔子为何倡导“不争”？争必斗，斗必伤、亡。“君子矜而不争，群而不党”，诚哉斯言，美哉斯言！如何“不争”而“致中和”，彼此和睦相处又各展其能？人类这种“怪物”能否做到，何时能做到？为此，还要付出多少生命代价？唯天知乎。

2015年8月2日

阅读，就是寻找心中的“桃花源”

——读《“天命：之谓性！”片读〈中庸〉》

“天命之谓性，率性之谓道，修道之谓教”，是《中庸》首句。“天命”，作为中国传统文化的重要概念，在《中庸》文本里并没有阐释。“天命”，在一般中国人的意识里，意思跟“命运”差不多，更多含有宿命的意味，带有消极的情绪色彩。在这样的理解里，“命”是名词，是先定的人力无法改变的力量。“天命”，从哪里来？就像一首歌唱的“我像雪花天上来”。这片从天而降的“雪花”，究竟是什么呢？在《“天命：之谓性！”片读〈中庸〉》中，作者伍晓明却对“天命”做了另一番解读。

伍晓明，北京大学比较文学硕士，英国萨塞克斯大学博士，现在新西兰坎特伯雷大学语言及文化研究学院任高级讲师。伍晓明从比较哲学的角度，用西方哲学的观点，解读中国传统哲学“天命”的内涵。他把“命”当成动词，阐释“天命”的含义。再从“天命”的解释，去解释“性”——人的本性。这就有别于我们通常理解的“天命之谓性”——天赋予人的禀赋叫作性。

伍晓明认为，天命的“天”，不完全是自然意义上的“天”，也不完全是人格意义上的“天”，而是“人那自始即已作为‘他者’而内在于人自身的‘自己’”。“命”，从字源上讲，就是发布命令的意思。“天命”，就是人作为一种特别的“生命”而必然得到的一种命令。这就是作者说的“人之为人，从根本上说，即在于其能回应和接受天命。这才是人之有别于一切其他事物之处。这才是人之最根本的人性”。

作者又从海德格尔“人是自身可能性的存在”的思想出发，阐释了“天命”的可能。而这种可能，又是与《中庸》的另一个重要概念“诚”连在一起的。“明于人作为人就必须回应和接受自己的天命，并明于人作为人就是完成自己之天命的可能性，人就有可能开始真正面对自己，面对那个作为完成自己之天命的可能性而存在的自己，从而完成自己之纯粹天命。让自己真正面对自己，面对那个作为完成自己之天命的可能性而存在的自己，让自己为完成天命而尽己之完命的可能性：能如此即为诚，即为让自己诚。”

阅读这样从概念到概念纯推理的文字，确实很费力。但是，也是另一种阅读的体验。当你慢慢地跟着作者绕了一大圈，明了他要说清楚的意思，有一种长跑终于到达终点的轻松和享受。在这一路上，作者的思维不断开出花儿来，“山重水复”而又“柳暗花明”。阅读就像走在风景迭出的山径之上，充满新奇和期待。

不禁联想到《桃花源记》。我们的阅读，有时就像偶遇桃花源的武陵捕鱼者，“缘溪行，忘路之远近”。当你进入了文字的世界，惊喜往往出现——“忽逢桃花林，夹岸数百步，中无杂树，芳草鲜美，落英缤纷，渔人甚异之”。在思想丰美的树林里，你不会停下脚步——“复前行，欲穷其林。林尽水源，便得一山，山有小口，仿佛若有光。便舍船，从口入。初极狭，才通人。”最终，那桃花源必然在你面前“豁然开朗”。这样的感觉只能在你自己的心中，因为，此中人语云：“不足为外人道也。”

阅读，就是寻找心中的“桃花源”。

2015年7月5日晚十时

又见迟子建

——读《群山之巅》

近几年，我的读书大致分两条线。一条是中国古代经典阅读，从2009年9月开始，《大学》《中庸》《论语》已读完，并和读书会、读书班的书友交流、分享，下半年开始读《孟子》。另一条是文化、历史、哲学、教育等。为了改变读书的节奏，每年要读两三本长篇小说。2015年6月28日零点40分，读完迟子建的《群山之巅》。说起读迟子建的小说，也是机缘。

2009年12月20日左右，偶然在电视上看了作家迟子建的几分钟访谈，她正在表达自己对生命的理解。那样的表达以及表达的内容，激起了我阅读她的小说《额尔古纳河右岸》的兴趣。不几日，到新华书店买了《额尔古纳河右岸》，多是用晚上睡觉前的时间来读，约两个星期，到2010年1月7日晚读完。读完小说，一个遥远的族群生存的故事留在了我的梦境。当时写了阅读随记——《一个神秘的族群》。

今年6月10日左右，去新华书店看到迟子建的《群山之巅》，不由想到几年前读她的《额尔古纳河右岸》。想到她笔下小说故事的奇幻、语言的细腻，尤其是她对生命和人性独特的关注和思考，就把《群山之巅》也买了回来。

迟子建生于北国边陲黑龙江漠河。《额尔古纳河右岸》，写的就是那儿鄂温克人的历史和故事。而《群山之巅》，写的也是那儿鄂伦春人的历史、现实和故事。正如莫言的小说都是从山东高密生长出来的一样，迟子建的小说是从漠河里长出来的。一个地方、地域，不仅生长万物、哺育人类，还能生长精神、思想，生长故事。

《群山之巅》的故事和人物命运，既有历史的原型，又有现实的影子。在这些故事和人物的背后，作者表达的是复杂的人性和对生命、生存等终极问题的思考，而不是简单的道德判断。

迟子建的语言也富有灵性和意味。“补丁是衣裳的花瓣，每个花瓣都有故事。”“霜花在屋顶，屋檐流泪了。”“糖里裹着的，是凄苦的人生。”“一世界的鹅毛大雪，谁又听见谁的呼唤！”这样的语言，让你从沉湎于故事中抬起头，做片刻的呼吸和回味，有如一曲绵长丰富的乐曲中很有意味的休止符。

生活中的迟子建对现实和生活充满热切的关注。2001年8月下旬，她和爱人回老家，遇到一位70多岁的老人。他曾在攻打四平的战斗中受伤，新中国成立后却被说成是逃兵。政府每月只给他100多元生活费，连吃饭都不够。迟子建觉得很悲凉，好说歹说才让老人收下了她给的一点钱。不久，他的爱人专门为这事到老人村庄所属的县城，请有关部门、领导关心老人的问题。意想不到的是，她的爱人在回乡办理这件事的途中遭遇车祸身亡。

在后记《每个故事都有回忆》中，她写道：“爱人不在了的这十二年来，每到隆冬和盛夏时节，我依然会回到给我带来美好，也带来伤痛的故乡，那里还有我挚爱的亲人，还有我无比钟情的大自然！社会变革过程中产生的各类新规，在故乡施行所引发的震荡，我都能深切感受到。”

正是对现实与生活的关注和作家特别的敏感，让她每隔三四年“会情不自禁地投入长篇的怀抱”，也才有我们阅读《群山之巅》的因缘。

2015年7月5日傍晚7时

不该遗忘的学术史

——读《发现李庄》

从《读书》2010年第1期上的一篇文章《文物的出土与科学的扎根》，知道了《发现李庄》这本书，知道了傅斯年、梁思成、陈寅恪、童第周、李济、陶孟和、董作宾这些现代精英的大名。因为这些名字的强力吸引，产生了阅读这本书的急切愿望。随即请书店的朋友购买了这本书，春节前后阅读完毕。阅读完毕后觉得，不读这本书，不去了解这段仅仅6年的历史，真是一种遗憾。这一段历史在中国现代历史中不该被遗忘，这一段学术史不该被中国现代学术史遗忘。我们了解的中国现代史仅仅是革命史、斗争史和党史，这是不全面的。作为一个民族的历史，它应该是完整的。共产党的历史要了解，国民党，其他党的历史也应该了解（前几日新闻说，蒋介石通信、家书、题跋等内容集结的文集要在大陆首次出版发行）；革命史、斗争史要了解，学术史等其他历史也要了解。

西南联大，大家都知道，可是知道李庄的人不多。李庄，位于四川南溪，是长江边上的千年古镇。在抗战期间，李庄是和重庆、昆明、成都并列的四大文化中心之一，是当时最具有国际影响力的学术重镇。从1940年起，同济大学、中央研究院的历史语言研究所、社会科学研究所、体质人类学研究所、中央博物院筹备处、中国营造学社等单位先后迁往李庄，直到抗战胜利撤离。

抗战期间，战火纷飞，物资匮乏，昔日的大学者、教授，在工作、生活条件极其困难的情况下，潜心学术研究，在不少领域取得令国际学术界瞩目的成果，难能可贵，令人感佩。他们在另一个“战场”“战斗”着，为自己的民族争取着另一种

“解放”。在这期间，最负盛名的中国问题研究专家费正清、英国科技史专家李约瑟专门到李庄访问，看望傅斯年、梁思成、童第周、林徽因等学者。

作者陈岱峻在本书的自序中说：“李庄的发现，我窥见了民国人文学术史上的一段不寻常时期，找到了一座中国学术的富矿。关注李庄，我开始追寻发生在那段特定时空中的人和事，探寻故事梗概背后的细枝末节。执着地在历史与现实之间穿梭，就像一把重续时光的梭子。”

但愿，有更多的人走进“李庄”，走进那个时代那个特殊时期大师们不一般的心灵世界。

2010年2月26日 星期五

参禅，就是寻找自己

——读《禅与心理分析》

约在20年前买过一本《禅与心理分析》，文字竖排，薄薄的，小小的，作者记得很清楚——日本的铃木大拙和美国的弗洛姆。当时，自己读过，有圈画批注。尤其记得里面的一句话——“当黑暗的屋子里有了一支蜡烛，就会亮起来”。当时读得似懂非懂，但是阅读时的感觉很美妙，似乎来到一个陌生奇妙的世界，很吸引人。后来，我把阅读这本书的感觉说给一朋友听，他竟然让我把书借给他。过了一段时间，我向他要书时，他竟然找不到了。后来又要过几次，还是没有找到。一本我很喜欢的书，就这样没有了，就像丢了一件宝贝。十几年来，一直想重新获得这本书。每次外出逛书店（杭州、武汉、桂林等地），必查此书。2012年，还让女儿帮我在网上找。她找到了，但只有复印本（文字小，模糊，难以阅读）。这次获得此书，要感谢书友沈高明。我在他读书空间开的“吙读记”中，看到这本书的新版，如获至宝。当即请女儿网购。15日收到书，如故友重逢，爱不释手。这几天，天天看，今天看完了。

这次读《禅与心理分析》的体会是：参禅，就是寻找自己。

人，自从成为人，就离他自己越来越远。在中国，是“混沌”死了；在西方，是亚当、夏娃离开伊甸园。这大概是人的生存、生命的悖论。当然，人本来就是发展着进化着的。因此，就有人不断在寻找人自己。老子在找“赤子”，庄子在找“真人”；苏格拉底说，未经审视的人生是没有意义的人生；赫拉克利特说，我寻找过我自己；孔子说，君子求诸己。哲学有三问：你是谁，你从哪里来，你到哪里去。这三问，就是人自己问自己。

弗洛姆心理分析的寻找自我，是让人从意识进入无意识。这个无意识不是我们了解的一般意义上的无意识概念。弗洛姆说："无意识的内容既不是善也不是恶，既非理性亦非非理性，它两者皆是，它是一切人性的总汇。无意识是整个人——减去那与他的社会相符的部分。意识代表社会人，代表着人生于其中的历史处境的种种限制。无意识则代表普遍的人性，代表着整个人——这个人的根是在宇宙中；无意识代表着他之内的植物，他之内的动物，他之内的精神；它代表着他的往日，直至他人类的曙光初现，并代表着他的未来，直至他将变为充分的人类，那是自然将人性化，而人亦将'自然化'。"

铃木大拙禅的寻找自我，是觉醒和自由的泰然状态。铃木大拙说："禅究其本质而言，是看入自己生命本性的艺术，它指出从枷锁到自由的道路……我们可以说，禅把储藏于我们之内的所有精力做了适当而自然的解放，这些精力在通常的环境之中是被挤压、被扭曲的，因此它们找不到适当的渠道来活动……因此禅的目标乃是要救我们免于疯狂或残废。这就是我所说的自由，是要把秉具在我们心中一切创造性与有益的冲动自由展示出来。"

寻找我自己，就是认识自己的自性。当一个人自性示现出来的时候，他对世界才有真正的觉知。"科学与工艺的成就是以智力为条件，因此近代就特别强调智力性的知识，而教育与学识也就以此为重，结果是语言文字取代了体验，然而当事者却没有觉察到这一点。他以为他看到了某些事物，他以为他有了某种感受，实则除了记忆和思维之外，并没有体验。当他以为他抓住了事实，其实只是他的头脑抓住它，而他自己、他这个整个的人、他的眼睛、他的手、他的心、他的肚子，却什么也没抓住——事实上，他并没有参与他以为是他的体验。"

寻找自己，就是从受压抑的意识动机中解脱出来，让一切束缚你的意识死去。正如17世纪日本禅师至道无难的一首和歌：

当我们活着，
做一个死人，
彻底死去；
然后如愿而行，
一切尽善。

2014年1月20日

人与书的相逢

——读《书时光》

因为某杂志上读到的一段话，知道了张宗子，知道了他的一本读书随笔集《书时光》。因为一个人在书中的某句话，就想着去读这本书，了解这个人，是我的书缘之一。

2014年3月13日下午，收到女儿网购的《书时光》。3月15日凌晨零点20分读完。作者的读书笔记率性、洒脱，我也读得轻松。张宗子读书不求严谨考证，不做严格意义上的研究，但求畅快，但求读出自己的真切感受。这真是读书的享受，读书的自然状态。有的读书不得不“为稻粱谋”，如果温饱之后，就为读书而读书，那真是太好的事，正如作者在《小序》中说：

但一个喜欢读书的人，如果只是为了猎奇，那么，无论他读过多少书，知道多少掌故，具有多么深厚的知识，都是微不足道的。读书还必须向另一个方向开拓：读常见书，读历代的伟大经典。一方面，通过岁月的积累，对经典的解读已成为经典的一部分，因此经典是一个活物，在不断增长和变化。另一方面，经典中确实有契合每一个读者的东西，等待那一个特定的读者来发现。

这两年，我读《论语》，读孔子，就是这样的感受。在阅读《论语》的过程中，我发现了一个属于我自己的孔子，而不是概念化的符号化的孔子。藏在书里的孔子，藏在时间里的孔子，在我的心里复活了。我越来越被孔子的人品、人格感动。这是书缘，也是人缘。张宗子说：“阅读基于个人，阅读经验是个性的必然结果，正如书是另一个离去的人的个性的结果。因此，人与书的相逢，无异于两个人的相逢，是终成陌路，还是永为知己，靠的是心有灵犀，靠的是缘分。”

2014年3月18日

成长，从独立旅行开始

——读《独立，从一个人旅行开始》

2013年读的第一本书是日本女作家新井一二三的《独立，从一个人旅行开始》。

这本书是2012年12月13—16日和工作室同人一起去南宁进行教学交流活动，14日晚上逛南宁图书大厦买的。去一个城市，总要去书店看看，已经成为习惯。可惜，15日晚上在桂林没有去书店。桂林，一个不大的城市，一个中外闻名的旅游城市，竟有两个出版社：广西师范大学出版社、漓江出版社。近几年，两个出版社出了很多有品位、有影响的书，尤以广西师范大学出版社为甚。我的书柜里，广西师大出版社图书的数量靠前。没有逛桂林的书城是为待弥补之遗憾。

言归正传。当时，买这本书，是为封面书名的“独立”两个字吸引。我们的文化里缺少的正是独立，我们的教育里缺少的也是独立：独立的思想，独立的精神，独立的人格。我们的教育也很少重视培养学生的独立意识。当时，在书店浏览目录时，以为是一本文化随笔，阐述作者对独立的理解；回来一看，却是一本写作者自己旅行见闻和感受的游记。

新井一二三，20世纪60年代生人，东京人，对中文着迷，用中文写作。她在14岁的夏天，第一次独自坐长途火车，到达目的地后，和先期到达的父母家人会合。高一年级时，学校放一个星期的秋假，她开始了独自旅行。1984—1986年在中国留学期间，做了七次长线旅游，大部分为单独旅行，总共去了中国43个城市。作为同龄的中国人，恐怕一生旅行的城市也不及这个数字。后来，一边工作，她又到过加拿大、中欧各国、南美几个国家、越南，还到了中国的港澳台地区。

值得注意的是，独自旅行不仅仅是新井等少数年轻人的行为。20世纪70年代的日本，年轻人掀起了一阵旅游热潮："他们往各地寻找自我去了。"日本有供年轻人旅游住宿的"青年之家"，"年轻人无论想去哪里，只要跟'青年之家'联系，一定有廉价而安全的住宿，方便极了"，中学生可以拿到"青年之家"的会员证。1974年，会员总数达到60万之多。

青年人（高中生、大学生）这样的旅行，其实是一种自我成长、自我锻炼、自我教育的经历，是任何家庭、学校教育所不能替代的。现在，我们的学生像鱼缸里的金鱼，关在校园里，困在课堂里，钻在书本作业里。如此这般，教育改革倡导的理念——自主发展，培养独立思考能力，培养创新精神和实践能力，培养开阔的视野、开放的心态，等等，如何实现呢？

我们不可能让更多的年轻人单独旅行，但是没有开放，没有独立，就没有真正的教育，就不能培养高素质的人才。

"百啭千声随意移，山花红紫树高低。始知锁向金笼听，不及林间自在啼。"我们什么时候才会像欧阳修那样猛然醒悟，"始知锁向金笼听，不及林间自在啼"，回到教育的本真。

2013年1月19日

感性与理性的统一

——读《尼采与形而上学》

在间断了大约十天之后，今天（端午节）上午将《尼采与形而上学》（周国平著）读完了。虽然，形而上学是哲学的最高问题，也是最抽象的问题，但是正如作者所说，“虽然本书是一本学术著作，但并不难读”。确实，在我所读的诸多哲学书籍中，这本书属于为数不多的不太难读的一本。尽管如此，读这样的书还是和读其他的书不太一样，需要慢慢读，常常停下来想一想，才能大概读懂。因此，这本书尽管只有247页，却花了我大约20个晚上（每晚2小时左右）才读完。

一、读了这本书更多地认识了周国平和尼采。近几年，周国平以哲理散文风靡高校校园和学界。他凭借情感细腻的哲理散文成为高校女生的偶像。在未读此书之前，周国平在我印象中是个十分感性的人，他的文字也是十分感性的。但在这本书中，我感受到了他理性思辨的能力。尼采，这位另类的德国哲学家，影响了从鲁迅以来的几代中国知识分子。尤其在社会变革时期，社会上总会掀起一股尼采热。过去，我是从尼采的一些感情强烈的观点来理解这位哲学家的。这些观点是：虚无主义，上帝死了，强力意志，重估一切价值，超人，等等。从这些尼采的语言，得出的结论似乎是：尼采是位情绪激烈、感性浓厚的哲学家。读了这本书后才知道，尼采的这些带有强烈情感色彩的观点，都是通过严谨的思辨得出的结论。由此，我明白了，在一些人的身上，感性和理性是统一的，在强烈的感性背后往往有着深刻的理性，深刻的理性也可以通过感性的形式表达出来。

这样的认识，使我思维的方式多了一个视角，纠正了我以往对语文教学的一些偏见。近年来，语文教学流派纷呈，出现了不少对语文教学富有感性的表述，如：

诗意语文、情智语文、深度语文、生命语文等。我对这些说法略有微词，觉得是故弄玄虚。抛开这些说法是否恰当的判断，至少这些说法从不同的视角去理解语文教学、研究语文教学，是可取的。况且，在这些感性的观念背后，有什么样的理性思考，往往是我们所忽略的。用感性的观点去表述理性的思考，至少可以成为语文教学研究的思路之一。

二、理解一个人，理解一个人的思想，只看概述是远远不够的，必须系统地了解其具体的思想形成过程。在读这本书之前，我也从一些介绍西方哲学家的书籍中了解了一些尼采的哲学思想，但仅停留在“上帝死了”“强力意志”“重估一切价值”等感性的零星的认识上。通过阅读这本书，才知道尼采提出这些观念的由来及其背后的深层的思考。导游手册并不能替代亲自到风景所在地的实地观赏和亲身体验。

三、重新理解什么是形而上学。在我们过去学的马克思主义哲学中，形而上学是一种错误的、落后的世界观。我们学过的哲学教材中说，形而上学是用僵化的、静止的、机械的观点看待世界。其实，这样去理解形而上学是很片面的。本书中说：“广义的形而上学就是所谓的终极关切，终极既可从价值论角度理解，指终极的意义、目的；也可从本体论角度理解，指终极的实体、原因。”终极意义、目的，即“最高价值”或道德；终极实体、原因，即理性或逻辑。尼采论证了传统形而上学意义上的道德和理性的虚妄，他的论证是很有力的，论证的方法是很独特的，给人以思维的启迪。如：尼采认为，逻辑是来自非逻辑，是人对事物做简化处理的习惯。再如：尼采赞同休谟的观点，原因与结果之间并无必然联系，因果关系仅是以经验为基础的习惯性联想。尼采还强调，因果联想是人类最古老的习惯。他分析道，逻辑上的因果关系来自语法上的主谓结构。有谓语必有主语，而相信作用必有作用者。因此，对因果关系的信仰实际上是对语法的信仰。尼采还从人类的心理找到了因果关系的发生。“所谓因果性本能不过是对于陌生之物的恐惧心，是在其中发现某种熟悉之物的企图——不是对原因，而是对熟悉之物的寻求。原因冲动是由恐惧感决定和引起的。”

对尼采的这些观点，你可以有不同的看法。但是，他的这些观点是独到的、新颖的，让你读了以后觉得过瘾。

2009年5月28日晚

林语堂眼中的孔子

——读《孔子的智慧》

春节前一个星期左右读完《孔子的智慧》。

《孔子的智慧》是林语堂先生向西方读者介绍孔子其人、其思想的书，用英文写作，1938年在美国出版。语堂先生对孔子感兴趣，倒是一件有趣的事。在我的印象中，语堂先生是个西学背景浓厚的人。自由、洒脱、闲适、优雅，既他散文的风格，也是他为人、生活的格调。读过他的《苏东坡传》，觉得其性情和苏东坡有款曲相通之处。而经过历代的圣化，孔子在一般人心中已成为格式化的令人敬而远之的圣人。孔子在语堂先生的眼中是个什么样儿呢？孔子吸引语堂先生的又是什么呢？带着这样的好奇，我跟着语堂先生去认识他眼中的孔子。因为，我自己读、讲《论语》到第15篇了，2014年上半年要读、讲完剩下的5篇。我读《论语》、讲《论语》，也是要认识一个我心中的孔子，一个生活中的活生生的孔子，而非历史上固定化的、符号化的孔子。这样的背景，让我对这次的阅读有了大大的期待。

语堂先生向西方读者解释孔子、孔子的思想，没有按照现成的资料、已有的路数，而完全是他自己的考虑。本书共十一章。第一章《导言》，是语堂先生自己撰写的，介绍阐释他自己理解的孔子之思想、人品、风貌。第二章《孔子传》，全部引用司马迁《孔子世家》原文，语堂先生分章节、加标题。第三章《中庸》原文，分节标题。第四章《大学》原文，分节标题。第五章《论语》，选取《论语》约四分之一内容，列四个主题。第六章为孔门教育六科——六艺。第七章选自《礼记·哀公问》。第八章为《礼记·礼运·大同篇》。第九章选自《礼记·学记》，孔子论教育。第十章选自《礼记·乐记》，孔子论音乐。第十一章选自《孟子·告子上》。除第一章外，语堂先生认为，要了解、认识孔子，不能仅仅读《论语》，还要参读上面列举的文本。

在第一章《导言》中，语堂先生写出了他心目中的孔子。

语堂先生明确提出："孔子的封建思想虽已陈腐不切实际，孔子主张的个人道德修养，仍是今日社会生活上所不可或缺的。这是孔子学说的伟大价值。孔子的学说是顺乎人性的。"

语堂先生认为，孔子本人的声望之高及其遗教地位之隆，其原因之一是孔子本人的人品声望使人倾慕。他说："在我们这个世界上，有些伟大师表人物，他们影响之大多半由于其人品可爱，反倒不是由于他们学问渊深。"诚哉斯言！1月24日读到"爱思想"网上方朝晖的《现代儒学的困境与出路》，说的大概也是这个意思。方朝晖说："儒学的改革，主要不是理论改革，而是实践性改革，围绕修身、践履的方法这个中心，重建一套自身的话语体系……所谓重建，也只是从儒学的价值传统出发，来看看能不能找到真正对现代人有益的资源。"

语堂先生认为，孔子人品的可爱之处主要表现在：孔子生活的快乐、热情及其力行精神；孔子的和蔼温逊，风趣诙谐，有时像普通人那样恨人，说出刻薄的话，有时自嘲自己的缺点；孔子有深厚的艺术气质；孔子的学问渊博，而毕生好学。

第五章，语堂先生在《论语》选读前的一番话，讲了他读《论语》的体会以及阅读的方法，颇多启发。他说："《论语》本文是属于零星片段而飞跳飘忽的风格，阅读时自然需要读者的凝神苦思。懒惰的读者往往需要作者谈论个没结没完，自己只采取消极的态度，若是那样来读《论语》，便得不到益处了。读《论语》时，读者必须全神贯注，文句中包含的真理必须要凭读者自己的悟力才会彻底了解。读者必须要凭自己的经验去印证，才能有所得。"语堂先生的这一番话，真是说出了我读《论语》时的情景。我用为老师们讲《论语》的方式，逼着自己去细读，读出自己的理解，否则讲什么呢？不能只做翻译，那是没有意义的。讲每一篇之前，我反复细读，潜心思索，有所心得，便记于书的行间、两边。虽说是"苦思"，其实更多是每有所悟的阅读发现之快感。我的思考，大概是三个层次：一是理解文句的字面意思；二是想象语境，揣摩孔子是在什么情况下说的，有何言外之意；三是对现代人、生活有什么启示——也就是语堂先生说的“凭自己的经验去印证”。

语堂先生的智慧，启发我更好地阅读、学习《论语》，亲近孔子。这是这个春天的第一个收获。

2014年1月31日（农历马年初一）

人生，乃学习之人生

——读《孔子的一生》《鲍鹏山说孔子》

《孔子的一生》，李山著。《鲍鹏山说孔子》，鲍鹏山著。孔子传记已读了两本：《孔子的故事》，李长之著；《孔子传》，钱穆著。这次，读这两本书，最大的感受是，孔子的一生是不断学习、不断精进、不断升级的一生。因为这样的体会，2014年1月9日在“心远”读书会戴南、张郭学区小组交流会上，我说了三句话：会学习、能学习、坚持学习，才是真教师，才能真正教好学生；人生乃学习之人生；读书，乃人生配置的不断升级。现在，第一句话，我要加上“乐学习”，第三句的“读书”改为“读书学习”。这是我体会到的孔子的学习人生对我们今天教育的启示。

《论语》开篇就讲“学”。“学而时习之，不亦说乎”。学习和做事情（“习之”）是一体的，在学习中做事、在做事中学习，边学边做、边做边学是快乐的事。孔子的这句话告诉我，人是能学习的动物，人是应该学习的动物。现在，大人、小孩都把学习当成痛苦的事，实在有违人性，背离人道。小孩子要入学了，家长就说，“小把戏”要吃苦了；老师也教育学生要“刻苦学习”。“学海无涯苦作舟”，成为中国人的潜意识。整个社会都在暗示，只有苦读苦学才是学习。个中原因复杂，其中之一是，学习成了手段——“吃得苦中苦，方为人上人”——不是来自自身内在的需要。我们可以引导学生，把学习当成自己的事，快乐学习，享受学习。尽管，学习环境的“污染”很严重，教师在面对自己的学生的时候，还是可以有所作为的。学习，不仅是读书、学知识，学习锻炼身体，学习与人相处，等等。

人全面发展、全面成长的一切内容都在学习之列。

孔子说他自己，少也贱，多能鄙事。少年时代，孔子做过委吏、田乘。做委吏，账目管得精细；做田乘，牛羊长得肥壮。孔子事情做得好的背后是什么，是善于学习。

后来，孔子学习六艺（礼乐书数射御），学习古代文化。自己有了学习成就，再办学，和弟子们一起学习，这就是“三十而立”。做了教师，孔子的学习没有停止——“学而不厌，诲人不倦”，“学如不及，犹恐失之”，“发愤忘食，乐以忘忧”，“十室之邑必有忠信如丘者，不如丘之好学也”。孔子对自己的好学，很是自信。孔子的人生拾阶而上——十有五而“志于学”，三十而“立”，四十而“不惑”，五十而“知天命”，六十而“耳顺”，七十而“从心所欲而不逾矩”。这一路走来，学习始终相伴。学习改变命运，学习造就人生、提升生命境界。

我想，孔子之所以成为伟大的教育家，首先因为他是个伟大的学习者。我得到的启示是，好的教师必定是个优秀的学习者、快乐的学习者。教师所教的内容，自己要先学习一遍。教师的学习经历，学习体验，是最重要的教学资源。会学习的教学，才是道德的。教师最好的备课，就是做一个终身学习者。

孔子是个教育家，更是个学习家。由此想到，教和学本是一体的，一体的两面，两面的一体。教、学不二，教、学无碍。教育本是大教育，涉及社会所有方面，关乎每个人和每个人一生的全方位。学习过程即教育过程。教育过程即学习过程。《中庸》上说：“天命之谓性，率性之谓道，修道之谓教。”人，“天命”之物也。人之善恶，修“天命之性”的结果，即教育之结果，学习之结果。人类文明进程，即教育之进程，学习之进程。正如孔子所说：“好仁不好学，其蔽也愚；好知不好学，其蔽也荡；好信不好学，其蔽也贼；好直不好学，其蔽也绞；好勇不好学，其蔽也乱；好刚不好学，其蔽也狂。”

学习，即去蔽；学习，即自我启蒙。

2014年1月13日

希腊神话的隐喻

——读《西西弗斯的神话》

《西西弗斯的神话》，阿尔贝·加缪著，闫正坤、赖丽薇译，江苏文艺出版社出版。这是一本加缪的哲学随笔集，从哲学的视角，对生命、自然、城市荒诞等做了思考。文字晦涩，兼具意识流的气息。阅读文字时，更多的感到被作者跳跃和流淌着的思绪牵着走，无暇理解文字所表达的意思，好像时不时就进了作者语言的“埋伏圈”。这是一种别样的阅读感受。

了解作者——

阿尔贝·加缪，法国小说家、哲学家、戏剧家、评论家，存在主义文学领军人物，“荒诞哲学”的代表。他于1957年获得诺贝尔文学奖，1960年不幸遭遇车祸英年早逝，年仅47岁。加缪高扬的人道主义精神使他被称为“年轻一代的良心”。如今，半个多世纪后，越来越多的人意识到加缪及其思想的重要性，其成名作《局外人》也一再重版，印数突破千万册。加缪年少时是阿尔及利亚竞技大学队的门将，可惜18岁那年因为肺病终结了足球生涯。加缪曾经说过这样一句话：“只有通过足球，我才能了解人及人的灵魂。”

看来，任何一个点，都能打开心灵向世界敞开的大门。

了解荒诞——

荒诞是20世纪文学和哲学中非常重要的关键词之一。在阿尔贝·加缪的全部文学作品和哲学随笔当中，荒诞是他强调的最重要的一个概念。对荒诞的解释，各人有各人的表述。加缪这么说：“这个世界是不合理的，这是人们可以明确说出的表述。但是，荒诞是这一不合理性与人的心灵深处所呼唤的对条理性的强烈要求的对立。"

是的，世界为什么是我们看到的样子，想想就荒诞；在地球上，为什么四季更替，日出日落，想想就荒诞；人生了又死了，死了又生了，想想就荒诞；如此等等。

了解希腊神话——

本书内容分两大块，标题分别是：西西弗斯的神话、地狱中的普罗米修斯。为什么用神话作为标题，与荒诞何关？引起我的思考。

希腊的神和人是对等的，仿佛是镜像的人——有优点，有缺点，善良至极，恶毒之极，和人一样具有复杂性和喜怒哀乐；中国的神，完美无缺，高高在上。

希腊的神具有隐喻的意味，试举例如下：

西西弗斯之石：人类重复劳作的困境与突围。

普罗米修斯之火：善良往往与忍受痛苦连在一起。

斯芬克司之谜：当你揭开了事物的真相，你的悲剧命运就开始了。

阿喀琉斯之踵：人总有致命的软肋。

达摩克利斯之剑：危险随时可能产生。

赫尔墨斯之信：上帝的语言需要解读和传播。

以上隐喻，是我简陋的思考。具体的故事，有兴趣的自己查阅。

2014年3月11日晚

守望乡村教育：守望心灵，守望真诚

——读《麦田里的守望者》

最近在思考“乡村教育，平民情怀”的话题。所谓乡村教育，就是当下中国最底层的教育；所谓平民情怀，就是关注乡村普通家庭甚至是困难家庭的孩子。底层是数量大的，底层是基础的，底层也是容易被忽略的，就像吃了第三个烧饼而忘了第一个烧饼。现在，乡村的教育资源尽管有了改善，但与城市相比还是薄弱的。城市的物质资源本来就比乡村丰厚，而好的师资不断流向城市，好的学生（家庭条件好或学业水平好）不断流向城市。因此，与城市相比，乡村的教育资源还是弱势。现在，有“留守学生”一说，其实，乡村的教师又何尝不是“留守教师”？守望乡村教育，不要忘了我们的留守教师！关注留守儿童，其实就是守望乡村教育。在参加一个乡村学校的“六一”庆祝活动上，我说，关注留守儿童的精神比关心他们的物质更重要，因为他们缺失的更多是亲情和心灵的关怀。

由守望乡村教育，想到守望一词。由守望，想到美国作家塞林格的小说《麦田里的守望者》。早听说这部小说，但由守望乡村教育的话题才产生了阅读的冲动。谁在守望？守望什么？为什么在麦田守望？这一切引起了我的好奇。2008年5月31日下午于兴化席殊书店购得此书。6月1日下午阅读，次日凌晨1时读毕。下面是小说的重要情节摘录和自己的零星思考。

1. 学困生悄悄地告别他的学校

“他们把我踢出了学校，过了圣诞节后不再要我回来，原因是我有四门功课不及格，又不肯好好用功。他们常常警告我，要我好好用功——特别是学期过了一半，我父母来校跟老绥摩谈过话以后——可我总是当耳边风。于是我就给开除了。他们在潘西常常开除学生。潘西在教育界声誉挺高。这倒是事实。"

义务教育阶段，我国的教育制度虽然没有开除学生的处罚，但因学习困难被劝退还是有的。

"潘西有的是贼。不少学生都是家里极有钱的，可学校里照样全是贼。学校越贵族化，里面的贼越多。"

我们校园里的偷盗、敲诈、以大欺小等现象也是存在的，应该引起关注。

"我"是一个什么样的学生？

"我"的自我意识觉醒了——"我流连不去的真正目的，是想跟学校悄悄告别。我不在乎是悲伤的离别还是不痛快的离别，只要是离开一个地方，我总希望离开的时候自己心中有数。"

"我"是学困生——四门功课不及格。

"我"喜欢运动——"我突然记起在十月间，我怎样跟罗伯特·铁齐纳和保尔·凯姆伯尔一起在办公大楼前扔橄榄球。"

"我"抽烟，"我"在长身体——"我的气很短，我老实告诉你说。我抽烟抽得凶极了，这是一个原因——那是说，我过去抽烟抽得极凶。现在他们让我戒掉了。另一个原因，我去年一年竟长了六英寸半。"

总之，"我"是个问题少年。"我"的问题究竟是什么，还是看"我"的表现吧。

这个少年名叫霍尔顿。

2. 告别老教师：斯宾塞——学生眼中的学校、教师

这是一个"我"比较喜欢的老师。"有一个星期天我跟另外几个人在他家喝热巧克力。""我"临走时还想到要和他告别。

可是，"我对生病的人反正没多大好感。还有更叫人泄气的，是老斯宾塞穿着件破烂不堪的旧睡袍，大概是他出生那天就裹在身上的。我最不喜欢老人穿着睡衣裤和睡袍。""我"比较喜欢老斯宾塞，可"我"并不觉得他哪里都好，"我"的真实感受是什么，就真实地写出来。

老斯宾塞的说教和讽刺，"我"并不能接受。

“人生的确是场球赛，孩子。人生的确是场大家按照规则进行比赛的球赛。

是的，先生。我知道是场球赛。我知道。

球赛，屁的球赛。对某些人说是球赛。你要是参加了实力雄厚的那一边，那倒可以说是场球赛，不错——我愿意承认这一点。可你要是参加了另外那一边，一点实力也没有，那么还赛得了什么球？什么也赛不成。根本谈不上什么球赛。”

这就是说，起点的公平很重要。

斯宾塞把“我”在历史试卷底下写给他的那一封短信大声念了出来。“他放下那份混账试卷，拿眼望着我，那样子就像他妈的在比赛乒乓球或者其他什么球的时候把我打得一败涂地似的。他这么把那短信大声念出来，这件事我一辈子也不能原谅他。”

讽刺，能否起到教育的效果，孩子听到讽刺后是什么感受。这是值得教育者研究的问题。

“我”厌恶周围假模假样的人。“我离开爱尔敦·希尔斯最大的原因之一，是因为我的四周围全都是伪君子。就是那么回事。到处都是他妈的伪君子。举例说，学校里的校长哈斯先生就是我生平见到的最最假仁假义的杂种。比老绥摩还要坏十倍。比如说，到了星期天，有些学生的家长开了汽车来接自己的孩子，老哈斯就跑来跑去跟他们每个人握手。还像个娼妇似的巴结人。我是说要是学生的母亲显得太胖或者粗野，或者学生的父亲凑巧是那种穿着宽肩膀衣物和粗俗的黑白两色鞋的人，那时候老哈斯就只跟别的学生的父母讲话，一谈也许就是半个小时。我受不了这类事情。”

成人待人的不公正也许已经很“自然”，可对孩子心灵的影响是巨大的。

“听我说，先生。别为我担心。我说的是实话。我会改过来的。我现在只是在过年轻人的一关。谁都有一些关要过的，是不是呢？”

人生就是过关。在孩子过关时，我们应该做些什么呢？教育的艺术，也许就在于怎样帮助孩子过关。

3. 鸭舌帽少年与读书

“那是顶红色猎人帽，有一个很长、很长的鸭舌。我发现自己把所有那些混账宝剑都丢了之后，刚下了地铁就在那家体育用品商店橱窗里看见了这顶帽子，只花一块钱买了下来。我戴的时候，把鸭舌转到脑后——这样戴十分粗俗，我承认，可我喜欢这样戴。”倒戴鸭舌帽的形象，成了反叛少年的象征，这部小说出来后，当时美国的很多学生，纷纷模仿。

就是这样一个倒戴鸭舌帽的少年，同样读了不少的书。“我这人文化程度不高，不过看书倒不少。”“我最爱看的书是那种至少有几处是别出心裁的。我看过不少古典作品，像《还乡》之类，很喜爱它们；我也看过不少战争小说和侦探故事，却看不出什么名堂来。真正有意思的是那样一种书，你读完后，很希望写这书的作家是你极要好的朋友，你只要高兴，随时都可以打电话给他。”

其实，读书与孩子的“听话”“调皮”，并没有必然联系。我在一次学校读书节的发言时说过：“顽皮的孩子不一定不读书，读书的孩子也可以顽皮。”我举曹操为例子，曹操小时候很顽皮，但他同样好读书，后来成为诗人、文学家。我的观点不一定正确。我的意思是，我们看孩子要看到他的多面，不要用统一的标准看待不一样的孩子。

霍尔顿喜爱读书，也给我们以启示。读书是一种交流，心灵的交流。读了喜爱的书，就会产生与作者交流的愿望。这样看来，阅读的作者意识很重要，阅读的交流意识很重要。多引导学生与作者进行心灵的交流，学生的阅读欲望就会被大大地激发。阅读就会成为学生自觉的行为。这是我们和学生一起阅读应当追求的境界。

4~8. 提前离校出走

霍尔顿本来是要到星期三才从学校回家的。但星期天的晚上，他觉得马上要离开他现在就读的学校潘西。“刹那间，我打定了主意怎么办，我要他妈的马上离开潘西——就在当天晚上。我是说不再等到星期三什么的。我实在不想在这儿待下去了。我觉得太寂寞太苦闷，因此我打定主意，决计到纽约的旅馆里开一个房间——找一家最便宜的旅馆——一直逍遥到星期三。到了星期三，我休息够了，心情好转，就动身回家。”

霍尔顿提前离校的原因，除了他已经不留恋学校外，还因为他在离开的当天晚上和两个同学发生了冲突，他还被一个大同学打得鼻子出了血。

同学斯特拉德莱塔，晚上要去约会女朋友——而且这个女朋友还是霍尔顿曾经的女友——却要霍尔顿替他写一篇作文。

还有一位同学阿克莱，令人讨厌，专门不经别人同意翻看别人的东西。

9~10. 住进酒店，逛夜总会，排解无聊、寂寞

“我下车进了潘恩车站，头一件事就是进电话间打电话。我很想跟什么人通通话。”

想一想，一个人孤独地流浪在外面，此时最需要的是交流、有人倾听。现在，我们关注、关心留守儿童。留守儿童最需要关心的，是他们的心灵，他们的情感需要，他们与他人交流、交往的需要。留守儿童，甚至是一些家庭贫困的学生，最缺失的不是物质上的帮扶，而是精神上的关怀，心灵上的帮助，情感上的抚慰。

“我很想跟什么人通通话。”“很想”，渴望的强烈；“什么人”，有个说话的对象就行；“通通话”，说出来，有人听，心灵的渴望就会得到满足。正如罗伯特·彭斯在《你要是在麦田里遇到了我》最后一句写的：我们都活在彼此的文字里。

11~14. 回忆与女友的交往，逛欧尼夜总会，见到各式可笑的人或事，被拉皮条的电梯工敲诈。

“尽管时间已经这么晚了，老欧尼还是拥挤不堪。绝大多数是大学预科和大学里一些粗俗不堪的家伙。可是倒静得很，因为欧尼正在弹钢琴。只要他在钢琴边坐下，便被看成是件神圣的事，其实老天爷，谁也不可能好得那样。他卖弄本领，傻里傻气的把那些高音符弹得像流水一样，还有其他许多油腔滑调的鬼把戏，我听了真是厌恶极了。可是，你真该听听他弹完时听众的那阵声音。你听了准会作呕。他们全都疯了。他们完全像电影院里的那些痴子，见了一些并不可笑的东西却笑得像魔鬼一样。我可以对天发誓，换了我当钢琴家或是演员或是其他什么，这帮傻瓜如果把我看成极了不起，我反而会不高兴。我甚至不愿他们给我鼓掌。他们总是为了不该鼓掌的东西鼓掌。换了我当钢琴家，我宁可在混账壁橱里演奏。嗯，他一弹完，当每个人都在不要命地鼓掌的时候，老欧尼就从他坐着的凳子上转过身来，鞠了个十分假、十分谦虚的躬。完全是假模假式——我是说他原是那么个大势利鬼。这也不能完全怪他。我倒有点怪所有那些不要命地鼓掌的傻瓜——你只要给他们一

个机会，他们会把任何人宠坏。”

在霍尔顿眼里，这是商业化的消费狂欢，人们需要的只是表面的热闹，与艺术和真诚无关。

当霍尔顿和他哥哥的一位海军朋友道别时，“那海军跟我互相说了声‘见到你真高兴’。这类事情老让我笑疼肚皮，我老是在跟人说‘见到你真高兴’，其实我见到他可一点也不高兴。你要是想在这世界上活下去，就得说这类话。”

这里写出了少年霍尔顿进入社会时的不习惯、不适应。倒也表现了少年人内心的那份真——对虚伪、矫饰的成人世界的厌恶。

15、16. 约女友看戏，为妹妹买唱片

在去看戏之前，我到百老汇给妹妹买唱片。“我想给菲苾买一张叫什么‘小舍丽·宾斯’的唱片。这是张很难买到的唱片。我曾在潘西听到过。住在我底下一层楼的一个学生有这张唱片，我知道这唱片会让菲苾着迷，很想把它买下来，可那学生不肯卖。”从这儿看出，霍尔顿想着他的妹妹。

在路上，霍尔顿看到了一家三口。“天气已不像昨天那么冷，可是太阳依旧没有出来，散起步来并不怎么愉快。可是有一件事很不错。有一家子人就在我面前走着，你看得出他们刚从哪一个教堂里出来。他们一共三人——父亲、母亲，带着一个约莫六岁的小孩子——看去好像很穷。那父亲戴着一顶银灰色帽子，一般穷人想要打扮得漂亮，通常都戴这种帽子。他和妻子一边讲话一边走，一点也不注意他们的孩子。那孩子却很有意思。他不是在人行道上走，而是仅靠着界沿石在马路上走。他像一般孩子那样在走着直线玩，一边走一边还哼着歌儿。我走近去听他唱些什么。他正在唱那支歌：‘你要是在麦田里捉到了我。’”

这样一幅温馨、和睦的家庭画面，给霍尔顿的精神以极大的享受。这使他之前灰暗、无聊、寂寞的心，在这一刻明亮起来——“可是有一件事很不错”。这是霍尔顿在幻想做麦田里的守望者之前心情唯一好的一次。这一段也是全书中少有的霍尔顿没有说脏话的段落——全书中，霍尔顿“他妈的”“混账”等脏话不绝于口。好的家庭环境，是孩子成长的良好土壤，也是孩子心灵的港湾。小孩子的自由自在、天真可爱，与成人世界的虚假、粗俗，形成鲜明的对照。他唱的那支歌“你要是在麦田里捉到了我”，为后面引出麦田里的守望者，做了铺垫。

17、18. 诉说心中对现实的怨恨

在和女友的交谈中，霍尔顿发泄了对现实的不满和怨恨。在谈到欧尼弹钢琴时，他说：“你不管做什么事，如果做得太好了，一不警惕，就会在无意中卖弄起来。”在看到他的女友跟只有一面之交的人热情地打招呼时，他说：“你真该看见他们打招呼时的样子。你准以为他们有二十年没有见面了。你还会以为他们小时候都在一个澡盆里洗澡什么的。是一对老得不能再老的朋友。真正叫人作呕。好笑的是，他们也许只见过一面，在某个假模假式的舞会里。”

在谈到学校念书时，他说：“你几时最好到男校去念书试试。里面全是些伪君子。要你干的就是读书，求学问，出人头地，以便将来可以买辆凯迪拉克；遇到橄榄球队比赛输了的时候，你还得装出挺在乎的样子，你一天到晚干的，就是谈女人、酒和性；再说人人还在搞下流的小集团，打篮球的抱成一团，天主教徒抱成一团，那帮混账的书呆子抱成一团，打桥牌的抱成一团。连那些参加他妈的什么混账读书会的家伙也抱成一团。”

霍尔顿最不喜欢看电影，可是，极度的无聊，使他不得不走进了电影院。

“我能说的只有一句话：你要是不想把自己的肠子呕出来，就别去看这电影。”“最让我受不了的是旁边还坐着位太太，在整个混账电影放映时哭个不停。越放到假模假式的地方她越哭得凶。你也许会以为她这样做是因为她心肠软得要命，可我正好坐在她旁边，看出她并不是软心肠。那些在电影里看到什么假模假式的玩意儿会把他们的混账眼珠儿哭出来的人，他们十有九个在心底里都是卑鄙的杂种。我不开玩笑。”

霍尔顿对虚假的厌恶已经到了愤激的地步。

19、20. 维格酒吧醉酒，想着回家与妹妹道别

百无聊赖之至，“我”走进了维格酒吧。“你或许不住在纽约，所以我来说给你听，维格酒吧间是在那个叫作萨敦饭店的高级旅馆里。我过去经常去，现在不去了。我慢慢地改掉了这习惯。这是个十分浮华的场所，那般伪君子之流的假模假式人物挤得简直都从窗口往里跳。”霍尔顿一边喝酒，一边和老路斯谈论同性恋的话

题。“嘿，我在那个混账酒吧间里一直坐到一点钟光景，醉得很厉害。我连前面是什么都看不清楚了。不过有件事我很注意，我小心得要命，一点没让自己发酒疯什么的。”酒醉得这样厉害，霍尔顿想到了死。“我开始想起万一我染上肺炎死了，老菲苾心里会有什么样的感受。想这类事情当然很孩子气，可我禁不住要这样想。万一这样的事果真发生了，她心里一定很难受。她非常喜欢我，我是说她跟我很要好。一点不假。嗯，我怎么也摆脱不掉这念头，所以最后我打定主意，决计偷偷溜回家去看她一次，万一自己真的死了，也算是一次临死诀别。”

注意，我“临死”想到的是妹妹，妹妹是个孩子。在前面写到了一个可爱的六岁的孩子。在后面霍尔顿要做麦田里的守望者，也是为一群孩子做守望者。成人的世界，虚假；少年的世界，彷徨。唯有孩子，孩子的心灵，才是救赎人类的渊薮。因为，孩子是真的，孩子是诚的。这部小说中，孩子的笔墨虽然很少，但是孩子一出场，带来的都是亮丽的色调、心灵的温馨。也许，孩子，正是这部小说文字海洋下的珍珠，尽管这颗珍珠很小，但很珍贵。

21~23. 夜潜回家看妹妹，与妹妹交谈引出“麦田里的守望者”

霍尔顿悄悄地回到家，爸爸妈妈没有发现，妹妹睡着了。他看了妹妹的房间，看了熟睡的妹妹，看了妹妹的玩具，看了妹妹的学习用品，看了妹妹的作业本。“我就坐在D．B．（霍尔顿的哥哥）的书桌上把那本笔记本全看完了。我没费多大工夫，再说我也爱看这类玩意儿——孩子的笔记本，不管是菲苾的还是别的孩子的——我可以整天整夜地看下去。孩子的笔记本我真是百看不厌。”

注意，又是孩子，孩子的笔记本。因为孩子的笔记本写的都是真的，所以，“我百看不厌”。

我叫醒了妹妹和她说话。“我说的那些话老菲苾到底听懂了没有，我不敢十分肯定。我是说她毕竟还是个小孩子。不过她至少在好好听着。只要对方至少在好好听着，那就不错了。”霍尔顿对倾听是多么渴望。

“你可知道‘你要是在麦田里捉到了我’那首歌吗？我将来喜欢——”

“是‘你要是在麦田里遇到了我’！”老菲苾说，“是一首诗。罗伯特·彭斯写的。”

“我知道那是罗伯特·彭斯写的一首诗。”

她说得对。那的确是“你要是在麦田里遇到了我”。可我当时并不知道。

“我还以为是‘你要是在麦田里捉到了我’呢。”我说。“不管怎样，我老是在想象，有那么一群小孩子在一大块麦田里做游戏。几千几万个小孩子，附近没有一个人——没有一个大人，我是说——除了我。我呢，就站在那混账的悬崖边。我的职务是在那儿守望，要是有哪个孩子往悬崖边奔来，我就把他捉住——我是说孩子们都在狂奔，也不知道自己是往哪儿跑，我得从什么地方出来，把他们捉住。我整天就干这样的事。我只想当个麦田里的守望者。我知道这有点异想天开，可我真正喜欢干的就是这个。我知道这不像话。”

麦田里游戏的儿童，多么美好纯净的画面。麦田里的守望者，多么美好的职业。当人的世俗的心灵足够沉重的时候，有这样一个美好的幻想也是可以聊以自慰的。人类追求童真的理想可谓由来已久。老子说：“常德不离，复归于婴儿。含德之厚，比于赤子。”

24. 看望安多里尼老师——从理想到现实

妹妹听说霍尔顿要离家出走，把自己准备在圣诞节买礼物的八块六毛五分钱给了霍尔顿。霍尔顿还答应等看了妹妹的圣诞戏剧表演才离开。接着，霍尔顿来到了他在爱尔克敦·希尔斯学校时的老师安多里尼家，因为，“安多里尼先生可以说是我这辈子有过的最好老师”。

老师听了霍尔顿在学校的感受和经历，知道他被学校开除了。老师说：“我仿佛觉得你是骑在马上瞎跑，总有一天会摔下来，摔得非常厉害。说老实话，我不知道你到底会摔成什么样子……你在听我说吗？”看得出，老师对霍尔顿状况的担忧。老师又说：“一个不成熟男子的标志是他愿意为某种事业英勇地死去，一个成熟男子的标志是他愿意为某种事业卑贱地活着。”“学校教育还能给你带来别的好处。你受这种教育到了一定程度，就会发现自己脑子的尺寸，以及什么对它合适，什么对它不合适。过了一个时期，你就会心里有数，知道像你这样尺寸的头脑应该具有什么类型的思想。主要是，这可以让你节省不少时间，免得你去瞎试一些对你不合适、不贴切的思想。你慢慢就会知道你自己的正确尺寸，恰如其分地把你的头脑武装起来。”

这种成人思维的说理，霍尔顿当然不感兴趣。“接着突然间，我打了个哈欠，真是个无礼的杂种，可我实在是身不由己！”

25、26. 路在何方？幻想离家出走，被妹妹留住

从老师家里出来，“我不知道他妈的往何处去好”。“最后，我打定主意，决计远走高飞。我决意不再回家，也不再到另一个混账学校里去念书了。我决定再见老菲苾一面，向她告别，把她过圣诞节的钱还她，随后我一路搭人家的车到西部去。那儿没有人认识我，我可以随便找个工作做。我用自己挣来的钱造一座小屋，终身住在里面。我准备把小屋造在树林旁边，而不是造在树林里面，因为我喜欢屋里一天到晚都有充足的阳光。”

霍尔顿找到妹妹，和妹妹告别。他看见妹妹拖着个大手提箱。原来，妹妹收拾了行李，要和他一起到西部去。霍尔顿试图说服妹妹不要跟他去西部，可是，妹妹始终不答应。霍尔顿只好和妹妹一起回家了。

霍尔顿回到家里，接受了精神分析家的精神治疗，又要回到学校。可是，霍尔顿还是有他自己的想法。“许多人，特别是他们请来的那个精神分析家，不住地问我明年九月我回学校念书的时候是不是打算好好用功了。在我看来，这话问得真是傻透了。我是说不到你开始做的时候，你怎么知道自己打算怎样做？回答是，你没法知道。我倒是打算用功来着，可我怎么知道呢？”“我知道我很想念我所谈到的每一个人。说来好笑。你千万别跟任何人谈任何事情。你只要一谈起，就会想念起每一个人来。”

霍尔顿就这样，又回到了现实中。霍尔顿两个晚上、两个白天的流浪、幻想就这样结束了。

守望：看守，瞭望。看着眼前的、身边的；瞭望着远方。守望，一定有个守望的对象。这个对象是值得守望的。守望，有时是一份工作和责任，有时是一种义务和愿望。心灵需要守望，心灵也需要守望着什么。

2008年6月

心灵的相遇

——读《秋华与冬雪》

读书会产生不同的感受。读哲理书，会享受智慧开悟的愉悦；读小说，会和作者所编的故事中的人物同喜同悲，或愤怒，或激动，或惋惜……读诗歌，会沐浴在美好的意境和情感所营造的氛围之中；读历史，会在遥远的世界里梦游；读随笔，则会和一个真实的心灵相遇，仿佛和故友灯下倾心絮语。以上的感受，是十几天前我用了几乎整整三天时间阅读了《秋华和冬雪》这本书后产生的。其中，连续两天晚上读到深夜两点钟不觉疲劳。我真切地体会到了什么是敞开心扉，什么是心灵相遇，享受了一种被真实而温暖的情意包裹的美好感觉。

这是一本什么书呢？是“天涯”丛书中的一本，江苏文艺出版社2008年5月出版。这套丛书共三本，其余两本是《山居心情》《符号的角逐》。每本书都是一些记人、记事等随笔式文章的汇编，内容相对接近。在书的封底上印着这样一句话，“呈现近十年来中国文化思想界的真实状况及思想深度”。这套书是我去年下半年得到的。我是从《读书》上知道了这套书，觉得有阅读的价值，就请书店的朋友帮助买了。后来，我自己买了几本送给朋友。先读了《山居心情》，这本书的内容，主要与环保相关，写人与自然的关系，如何敬畏自然、尊重动物，如何爱护自然、保护动物。有些作者可以说是激烈的环保主义者、动物保护主义者。有一篇文章写作者同几个同道者，跋山涉水，吃尽千辛万苦，到怒江地区调查，写成报告，呼吁政府保护三江源头的生态，有一篇文章，关注的是台湾流浪狗的命运。

《秋华与冬雪》（“秋华与冬雪”是其中一篇文章的题目，用来做书名）一书则写人自身，关注人的心灵，关注人的生存状态。第一组13篇文章，写个体的人。有我们熟悉的作家张承志、韩少功、北岛、张炜、于坚等。

（一）

《秋华与冬雪》，作者张承志，写他对革命者瞿秋白和杨靖宇的理解。张承志写出了自己读瞿秋白《多余的话》的独特的内心感觉：

每逢感到特别的心沉意静，便知到了最好的读书时间。

在这样的感觉里，这一回该遇上怎样的一本呢？在网上徘徊着，不觉吸引我步步陷入的，是革命先驱者瞿秋白。我很快读了进去，虽然未做钻研和深入。仿佛我心里有一种模糊的前冲的姿势——拖得太久了，对我来说，已是该重读革命的时候。

阅读需要一种心境——"心沉意静"，阅读需要被吸引——"步步陷入""模糊的前冲"。这种阅读的感觉真好，这也是爱读书的人都体验过的一种美好的感觉。

作者在写了自己思想、情感中的瞿秋白后，又写了杨靖宇。

花草凋零之后，白雪遮蔽四野。若想为瞿秋白寻找一个媲美的伙伴，若想让这样的遐思接续下去，不知为什么，我总是顽固地想到杨靖宇。

文章的题目为什么叫"秋华和冬雪"？因为，瞿秋白的秋白就是秋之白华，杨靖宇是在白雪皑皑的雪地上以身殉国的。

张承志在文章的最后写道：

我们生在奴隶的物欲和理论的轰炸中。如同杨靖宇一样，直面着强敌的轻蔑傲慢。也许也有些像瞿秋白：一步踏出，便会招致一生的诋毁。但冥冥之中他们的美如秋华冬雪，逼视和震慑着我们，使我们仍然向他们靠拢。是的，我们不背离，即便是和平的攻战，即便是孤立的死守，胜利仍然是可能的。

吸引张承志靠拢“秋华和白雪”的是瞿秋白和杨靖宇永恒的人格魅力。

《感情的飞行》，作者韩少功。这是他2006年9月在四川音乐学院的演讲。他由音乐讲到人的心灵：

问题不仅仅在于音乐离心灵更远，而在于很多人的心灵本身在枯竭，在麻木，在冷漠，已经很难分泌出音乐。

这样的言说，刺痛我们的心，让我们生出无限的悲凉和沉思。不知这样的洞见，能否唤醒人们被物欲奴役和异化的心灵。

《革命和雏菊》，作者北岛。雏菊是一位尼加拉瓜女诗人，同时又是一位革命者。她的丈夫和她一样，也是一位诗人、革命者。诗人的浪漫、唯美，如何与革命的决绝、血腥同住一个心灵？他们隐秘的内心，必然引起人窥探的欲望。

（二）

《冬夜笔记》，作者张炜。他写了自己的创作经历和体验，写了对文学的看法和认识。通过自己的创造经历，祛魅了文学创作的神秘性，让我感受到了一位作家的真诚。在很多作家用创作的神秘性忽悠读者炒作自己作品的时代，这样的真诚、真实，让我感受到了人性温暖的光辉。

写作中的朴素应该成为一个原则，这是因为所有的读者都不希望受骗，不希望花费宝贵的时间去与一个不诚实的人交谈。如果作者的一切文字都是有感而发，是真心实意的吐露，是真正的激动或愤怒，就会更有价值。一个矫情卖弄的人不会写出朴素的文字。不同程度的卖弄会不同程度地引起反感。从道理上讲，矫情和卖弄是个别学生、个别尚处于学习阶段的人才偶尔感兴趣的东西。

这是在把他的心掏给我们！这对于我们的教学、读书、写作，不是有很大的启示吗？

在谈到写作的灵感时，张炜说：

我们往往不信任那些把自己的创作过程说得神乎其神的人，因为通常的写作不会是那样。我们看到有人被灵感弄得疯狂，就知道那是不对的。人在工作中有时兴奋一点、激动一点，都再正常不过，但仍然不至于疯狂。写作是没有灵感的，起码没有通常所夸张和形容的那种“灵感”。人的脑子有时好使一点，有时不太好使，这都属于正常情况。这首先是与休息的状况有关。好使的时候也不必说成“灵感”。实际上越是守时工作的作家，越有可能是最好的作家，这一点我们不必怀疑。

灵感的问题可以讨论，其他作家写作时是什么状态，除非作家本人，其他人不能完全知道。但是，张炜说的是真话，我们不必怀疑。

张炜关于文学评论的看法，对我们解读文本、引导学生阅读文学作品，富有启发。他说：

我们理想中的文学评论最好是这样的：它尽可能不去概括和发掘什么大义，不做结论，而只是展现赏读的细致微妙的过程。因为结论是多么不易的事情，文学阅读中的大多数时候一有结论就是错的。可见作家正因为难以得出结论，才使用了几十万字甚至更多，还动用了比喻、暗示、景物描写等等复杂难言的方法，简直是使用了十八般武艺。为什么？其中一个主要目的，就是要千方百计地接近那些极难以表达的东西。既然如此艰难，那么动不动就要做出结论的文学批评也就危险了。现在的学院式批评是让人痛苦不堪的。他们一直致力于创造的所谓“体系”、可以传授的不无神秘的方法，讲白了都是文学的天敌。文学的理解和批评是在感动中进行的，更是在领悟中生发的。

读到这段话，我真是非常兴奋。因为，我对文学的理解在这里得到了印证。

我在两年前曾经说过的一句话跟“文学阅读中的大多数时候一有结论就是错的”这句话很接近。有了作家的思想观点做印证，我更坚信了自己的理解。在这之前，我还没有读到过与自己想法这么接近的文字。这样的心灵相遇，怎能不使我激动和兴奋呢？2000年，我提出语文教学要在学生的精神世界里“留下语言，留下形象，留下情感”，“应该教语言而不是内容，教形象而不是概念，教情感而不是道理和结论”。近两年，在和老师们研究教材、讨论教学时，有感于老师们课堂上总是讲道理、教结论，我说过，“很多时候，我们一概括一上升往往就错了”。

《游泳池记》，作者于坚。大多数动物喜爱洗澡，人更爱洗澡。人的洗澡，除了生理的需要，添加了人作为人特有的所谓文化内涵。于坚的《游泳池记》，读来有趣，有时你会会心一笑。其中，他还不忘揶揄一下学校教育：

他洗完了，把淋浴位让给我。他没有关水，好意，方便我。我在小小的感激中钻到喷头下，立即被烫得跳出来，他的皮肤对水温的感应与我完全不同，那好意像学校的课文一样，在生活中完全失效，甚至损害了迷信者的一生。

这也可以诠释什么是好心办坏事吧。

（三）

《我们的不幸归咎于谁》，作者孔见。我们不能生活在一个理想完美的世界里。我们如何对待我们认为的不公、不平，我们的愤世嫉俗是不是应该，也许我们愤的就是我们自己。中国有句俗话，人生不如意事十八九。怎么对待我们的人生，怎么看待我们的世界。《我们的不幸归咎于谁》做了理性的思辨。孔见说：

一个本来依据人性要求来设计的社会，最终却反过来对人性本身提出苛刻的要求，这意味着人性中存在着不堪承受理想生活的阴暗、腐败、卑劣、下贱、魔障的成分，对它的改造成了社会改造的核心工程。

社会的种种不合理因素都应该通过一代代人的努力不断地得到修订、改良和歼灭。但是，在得到修订、改良和歼灭之前，又是我们必须作为自己的命运接受下来的现实。我们没有足够的寿命等到社会上的所有问题都一揽子解决之后才开始自己的生活；也不能因为这些因素的存在，就不打算过好日子；还不能认为自己过得不自在，就一定是社会或别人出了问题，从而使自己的内心充满怒火；更不能认定在社会的种种不合理现象没有得到根本改变之前，我们的生活就只能是一种灾难，恶魔的幸福只能是一种罪恶，我们的尊严只能是一种反抗和叛逆，是破罐子破摔；更不能设想只要剪除了种种不合理的权力关系，或者让自身在权力关系中占据优势主导地位，就可以一劳永逸地铲除使我们终日不得开心颜的弊端，我们的生活就一定春风得意马蹄疾。

人本性中存在的问题绝不比社会中存在的问题更少、更容易解决，人对自身的伤害绝不比社会对人的伤害更轻、更容易避免。调伏自己混乱不堪的心，与改天换地、迁移外在的处境同样紧要，因为，人可以逃离许多不适合自己生存的境遇，却不能从自己的心性这里迁移出去。在外与事物处好的人，可以有一时一地的快乐；在内心跟自己处好的人，则可以有永久的自在；而在内心总跟自己处不好的人，在任何境地里都不可能得到安宁。

作者撕开了人心灵的门扉，揭秘了人内心隐秘的所在。两千多年过去了，苏格拉底的话仍然在人心灵的上空震荡——认识你自己！

《黑暗之歌》，作者夏榆。作者讲了自己作为一个有理想的青年在煤矿井下的经历。他经历了饥饿、寂寞、恐惧，但他"用阅读和书写挨度着在地腹中的时光"。由于同伴遭遇矿难的死亡，作者逃离矿井。当他的头儿——一位老者说他"你是个胆小如鼠的家伙"时，他没有反驳。那是怎样的人生艰难，怎样的人间辛酸。他的真诚，让我看到了一颗真实的心。

《有一个人的存在让我不安》，作者徐晓。这样的题目就让你忍不住要去了解这个人，认识这个人，走进这个人的内心世界。

《江上的母亲》——母亲失踪十年祭，作者野夫。野夫的母亲，一位含辛茹苦把几个子女拉扯大的母亲，最终却平静地走进滔滔长江与子女不辞而别。这是怎样的母爱，这是怎样的令子女肝肠寸断。

我们每个人都有母亲和母爱。这是我们的幸福，有时也是我们的痛楚。

作者在文章的最后写道：

1996年我责编了第一本书稿《垮掉的一代》，看到金斯堡纪念他母亲的长诗《祈祷》，他不断地回旋的一个主题就是他母亲最后的遗书——

钥匙在窗台上，

钥匙在窗前的阳光里。

孩子，结婚吧，不要吸毒。

钥匙就在那阳光里……

读到此时，我在北京紫竹院初春的月夜下大放悲声，仿佛沉积了一个世纪的泪水陡然奔泻，我似乎也看见了我母亲在阳光下为我留下的那把钥匙……

《为爱而来》，作者熊晋仁。熊晋仁，一个自由职业者，一个文化传播者，一个佛教徒。然而，他和女友陈蔚又有着热烈浪漫的情爱。陈蔚，一位追求浪漫爱情的青春女性，后又皈依佛门，潜心修佛，最终在癌症的折磨下痛苦地辞世，走完短暂的一生。也许，他们的生活方式不适合一般的人；也许，大多数人不认可他们的生活方式。但是，他们袒露了自己的心迹，让我们看到了复杂人性中的一种可能。

（四）

接下来的一组文章写的是底层问题以及自己曾经经历的底层。《底层》，作者蔡翔。《有关底层的问答》，作者薛毅、刘旭。《我们怎样叙述底层》，作者刘继明。《贫苦不是穷人的错》，作者李昌平。《L县见闻》，作者王晓明。《被“文化”殖民的农村》，作者石勇。《我是农民的儿子》，作者摩罗。《我的“早稻田大学”》，作者秦晖。这些学者，以一副悲悯的热心肠，以对生活在底层人的人格尊严的尊重，同时以冷静、理性，引发我们去关注、思考生活在底层的我们的同类。前一段时间，我在思考并和书友讨论人的“类”意识。我们人类，都是人，都是同类。有了“类”意识，我们才会关心、同情所有的人，这种关系超越国度、种族、地位、贫富、智愚等人的外在符号。我们对学生的公民教育、世界意识教育，其实是一种人的“类”意识的教育。中国上古人提出过“世界大同”的理想。德国哲学家康德在晚年写了一部重要的著作《论永久和平》。他在书中提出了“世界公民”“世界联邦”等构想。我猜测，人类的未来会在一个新的层面上实现“世界大同”。但是，通往“世界大同”的路，也许要用矛盾、斗争，甚至杀戮流血铺成。这就是让我们又爱又恨的我们自己。

蔡翔说：

我只是觉得，我的底层因为对富裕的追求而付出太多的纯朴和善良。也许，因为在这个时代，劳动不再神圣，富裕必须依靠投机和掠夺。

薛毅说：

但在我看来，电视在农村，有非常坏的效果。因为如今的电视，无论从哪方面来说，都与农村文化完全脱钩了，当然它也没有什么完整的都市文化形态，它只不过是利用一些文化的要素为权力和商家服务而已。

农村里的人，受到的教育，是否定农村，这是怎么回事呢？教学的目的是把学生往上面送，小学到中学，农村进县城，一直到高校，逐渐地从自身熟悉的环境中跑出来，到所谓更高的地方去，教育者和受教育者，都认同这个目标。你可以说这样的教育也会给孩子一个机会，让他们从农村出来了，否则他们将被闭锁在农村。可是，你要看这个教育的代价有多大。教育一百个小孩，最后出来一个，九十九个在干什么？

忽略了底层人的文化，就等于忽略了底层人作为人的最根本的东西，就等于剥夺了底层人的主体位置，似乎底层人只需要一点粮食，一点生活必需品，就可以解决问题了，而尊严和价值无从谈起。

一个普通人，有自己的尊严，而不以富人作为自己的归宿。一个朋友很沉痛地说，现在，工人丧失的不仅仅是福利，还有他们的尊严。

刘继明说：

如果所谓“关注底层”变味成主流意识形态、精英文化和大众媒体为自己脸上涂抹的道德脂粉和肆意挥洒同情心的佐料，我宁愿让底层问题仍旧回到那个被遗忘和抛弃的历史角落里去。这样，至少可以避免底层在被叙述的过程中，像木偶一样毫无尊严地任人涂改和粉饰的命运吧。

（五）

《我是农民的儿子》，作者摩罗。“农民的儿子”，曾经作为调侃的笑话。可是读了摩罗的这篇文章，心里有的只是沉痛。我感到了出生在农村的作者，走进城市后的对农村的不舍、关切，作为农民的儿子，他在城市的孤独、寂寞和惆怅。他说，他对自己所来自的那个群体是有原罪的。

在《秋华与冬雪》这本书中，这篇文章是最令我感动的。我感受到了作者的真诚，他是把自己的心掏出来了。巴金为母校的题字即是“掏出心来”，曾有人建议换成“捧出心来”，巴金没有采纳。也许，巴金从一个世纪的风风雨雨中感受到了“真心”“真诚”是我们这个社会的每个人以及整个社会最需要的，非“掏”出心来，不足以表达他这种强烈的感受。朱镕基在极少的题词中有四个字：“不做假账。”摩罗在文章中流露出来的真诚、真情，为什么深深地感动人，大概是现在“真”成了社会的稀缺资源。诗人北岛曾经问台湾的星云大师，大陆文化存在的最大问题是什么。星云大师的回答是一个字“假”。面对这样的回答，人们会做何感想？幸好，我们还能读到真诚的文字。让我们来听听作者真情的告白：

我每次回农村都有一种负罪感，虽然我在城里只是一般的市民，并没有过上富足的日子，但一回到农村就感觉到自己在城里拥有的太多，面对农民觉得不好意思。我的穿戴比他们好一些，回家过年是坐硬卧，他们则是坐硬座，有的甚至是站回来的。

这些年农村的新房子有所增加，但是村庄的格局越来越乱，房子堵路的情况很严重。还有卫生情况一年比一年糟糕。几乎所有的公共池塘都成了垃圾场，池塘四周堆满了生活垃圾，水源受到严重污染。每个小镇都脏得惨不忍睹。像倒垃圾这种情况，决不能随意批评农民素质差，素质再好的个人也没有能力解决这样的公共问题。凡是公共问题都必须由相关的社会组织解决。

他们（统治者）像炼丹的道士一样成天守候在冶炼炉边，按照他们的政治冶炼学原则钻研他们那种特定的冶炼术，将农民的汗水提炼成玉石，将农民的血液提炼成金如意，将农民的白骨提炼成长城和宫殿……今天我们津津乐道的许多历史文化遗产，大到万里长城、兵马俑，小到昆明湖边的一块白玉栏杆、故宫里的一个金香炉，其实都是农民的白骨戴上了一副风雅的面具。

我喘息在大街小巷，奔波在立交桥上和林荫道旁，在极度喧嚣中咀嚼着我所独有的孤独和寂寞。我跟城市原住民完全没有交往，成分复杂的白领阶层也让我感到陌生，即使是跟最纯洁最有良知的学人纵谈天下文章、喜论惊世学说，也难免感到惆怅，因为我内心最隐秘的一角，盛满了任何学说和文章都无法涵盖的乡村经验和农民苦难。这些经验和苦难才是决定我命运的最根本因素，而这些东西永远没有地方可以倾诉。我因此无法融入学术界、文学界或文化界，我到哪里都只是一个孤独的异数，是一个真正的化外贱民。我仄身在城市的夹缝里，以格格不入的孤独情思，与乡野兄弟姐妹内心的苍凉遥相呼应。

（六）

下面一组文章写女性的问题。《无法流通的天赋》，作者翟永明。《宦官制度、中国男性主体性和女性解放》，作者崔卫平。《持不同性见者》，作者张念。《阴性之痛》，作者陈蔚文。《性·谎言·木子美》，作者胡晓梅。《“人造美女”的伦理问题》，作者单正平。女性问题，其实也是整个社会的问题。研究女性问题必然离不开人的另一半——男性。因为，离开了男性，女性的问题就不成为问题。这一组文章正是把女性问题放在人类社会的整体背景中来审视、思考的。《无法流通的天赋》，讲了历史上在艺术领域对女性创造的忽视、忽略。尽管她们有艺术创造的天赋，但是她们少有创造的机会，即使有了少数的创造表现的机会，历史的记载也把她们忘记了。因此，她们的天赋也就成了“无法流通的天赋”。

《宦官制度、中国男性主体性和女性解放》，作者从中国的宦官制度入手分析了中国古代权力制度的本质和深层的人性问题，以及同样作为人的男性和女性共同解放的问题。作者对中国古代权力文化的剖析和深层人性的透视，给人的感觉不是深刻、震撼、惊异等能够形容的。我一边读着以及读后的几天一直想着用什么样的语言来表达自己感受，但没有找到恰当的言辞。我不得不用连自己都不满意的带有点血腥味道的语言来表达——我觉得作者是用语言的刀子把人的心剖开了，流着血。有兴趣的读者可以自己找来读一读，看看会产生什么样的感受。

读到这样的文字，才能理解“五四”时期的很多学人们为什么把“独立之人格，自由之精神”看得如同生命一样重要。我们需要对完整生命的尊重，对独立人格的尊重，对每一个人的尊重和对个体独立价值的认同！

2009年2月—3月

生命的学问

——读《禅来禅去》

相传，禅，源于一次法会上，释迦牟尼和迦叶尊者之间拈花一笑的瞬间。有一天，释迦牟尼上大课，众多弟子眼巴巴地望着他，他却一句话也不说。伸手从讲台上的花盆中，拿起一朵花，在手中转来转去，好像在暗示着什么。弟子们谁也不懂老师这个动作是什么意思。

释迦有个大弟子，叫迦叶。看见释迦拈花，迦叶“破颜微笑”。这师徒两人神秘怪异的行为，合在一起，就叫作“拈花一笑”。

紧接着，释迦牟尼讲话了：徒儿们听好了，我有绝妙高招，可以直接悟道，刚才已经传授给迦叶同学了啦。你们要学，就问他去吧！

据说，这也就是禅宗的起始。禅宗的特色就是：传道授学，讲求心领神会，无需文字言语表达，所谓“不立文字，直指人心”。

费尔巴哈在《宗教的起源》一书中说，宗教产生的原因是人对未知的恐惧。接着费尔巴哈说的往下思考，恐惧什么？恐惧生命的痛苦和消失。由此，可以说宗教是生命的学问。佛教为了人的离苦得乐，无疑是生命的学问。禅宗，作为佛教的一宗，在心领神会间领悟生命的真谛。

这个生命的真谛即是，用平常心、本心看待生活、生命。人生中的烦恼都是自己找的，当心灵变得博大，空灵无物，犹如倒空了烦恼的杯子，便能恬淡安静。人的心灵，若能无分别心、取舍心、爱憎心、得失心，便能获得快乐与祥和。就像水往低处流，云在天上飘，一切都自然地发生，这就是平常心。拥有一颗平常心，人生如行云流水，回归本真，这便是参透生命，这就是禅。也就是六祖慧能说的：

"菩提本无树，明镜亦非台，本来无一物，何处惹尘埃"。这种境界，庄子叫"坐忘"——"心忘方入妙"（恽寿平）。

这种令人神往的禅，如何得到呢？普通人很难真正达到"禅境"，但可以接近禅、走向禅，可以体验、经历，也可以修行。

《禅来禅去》，是女作家西岭雪一段短暂修禅的经历记录。她修禅的地点是，西双版纳勐罕橄榄坝曼听佛塔寺法乐禅修园；时间，18天。

普通人的禅修，不是为了成佛离俗，而是为了更好的世俗生活。禅修，其实就是生活、实践、经历，也是体验、感悟和内化。这样的修，其实就是"教"，就是教育——《中庸》上说的"修道之谓教"。我们现在的所谓教育，已经不是教育，而是知识的复制与再现。没有这样的修，就没有内在于生命的教育，更没有生命质量的提升和丰实。台湾学生高中生毕业后，要从军一年才可以读大学，这是"修"。日本的高中生毕业前，要独立旅行一次，这是"修"。德国的孩子从小到大要做不同的家务，这是"修"。过去，中国的家庭，弟兄姐妹多，大的带着小的；父母亲在外工作、劳动，家务是孩子们做，这是"修"。二战后，美国有"垮掉的一代"之说；当今中国80后、90后，独生子女，最缺少的就是"修"！邓小平说，改革开放最大的失误是教育，说的绝不仅仅是学校教育，而是指整个的教育，包括家庭教育、社会教育。如果，我们的下一代还是父母包办、学校包办、社会包办，则中华民族危矣。不少有识之士已经醒悟，并行动起来。最近，姜文带着他的两个儿子到新疆待了半年，在子女"修行式"教育上做了有益尝试。

以上，是由"修"想到的教育话题。

回到《禅来禅去》。西岭雪在前言中说，她的禅修，"不是为了成佛，而是视之为一门学科，通过身体力行的学习来感受佛法，确切领悟它并非高深莫测的玄学"。"我的禅修存在于生命的每一次呼吸、生活的每一个细节中，具体到穿衣、吃饭、扫地、赏花这样的小事，从头学习待人接物的道理，并通过禅修来训练自己的心，使之平和、谦卑、柔软、恭敬，对所有人与万事万物更有诚意，在顺境中感恩惜福，在逆境时泰然处之。"

2014年3月31日

一个神秘的族群

——读《额尔古纳河右岸》

电视上偶尔的几分钟看到作家迟子建的访谈，她正在表达自己对生命的理解。那样的表达以及表达的内容，激起了我到书店买来她的《额尔古纳河右岸》阅读的愿望。这又是一个阅读的机缘。很多的阅读都是有机缘的。2009年12月20日左右，到书店买了书，多是用晚上睡觉前的时间阅读，约两个星期，到2010年1月7日晚读完。读完小说，一个遥远的族群生存的故事留在了我的梦境。

关于这个故事记下几个关键词：

额尔古纳河——中俄边境的一条大河，黑龙江的支流。左岸是俄罗斯，右岸是中国。鄂温克人曾经在左岸活动，由于俄军的侵入，渡过额尔古纳河，在右岸的森林里开始了新的生活。河流，既是界限、阻隔，也是向往、希望。作为现代意义上国家的分界线，似乎更多的是政治意义。而对于生活在两岸的人来说，河流的意义更多的是生存的资源和家园。为了生存，左岸的“娜杰什卡”照样越过宽阔的河流与右岸的“伊万”在一起，“不仅生出了黄头发白皮肤的孩子，还把天主教也带来了”。在冬天冰雪覆盖打不到猎物面临饥饿威胁时，“我们不得不靠近额尔古纳河，用冰钎凿开冰面捕鱼来吃”。

驯鹿——鄂温克人最亲密的伙伴和最重要的生活资源。驯鹿有其他鹿一样的温顺美丽，还有其他鹿没有的体力和耐力，可以负载很重的东西和人穿山林、越沼泽。鄂温克人在迁徙游猎时少不了它。它的肉、奶可以吃，皮毛可以御寒，鹿茸、鹿筋、鹿鞭、鹿心血、鹿胎是名贵药材，可以为鄂温克人换来生活用品。正如

“我”所说，“驯鹿一定是神赐予我们的，没有它们，就没有我们”。小说中很多人与驯鹿的故事，写得凄美感人。

萨满——鄂温克人的巫师，通过跳神祈福祛祸、帮人治病甚至起死回生等。在我们现在看来，好像是迷信，是反科学；但是，在那个时代，那一群人的生活中，却少不了他们。他们跳神现出来的神迹，是我不能相信的，比如：通过萨满的跳神让一头驯鹿仔代替一个孩子去死，使病危的孩子奇迹般地活过来。不知道这些是不是真的，如果是，怎么解释？但是，萨满的牺牲精神、对族群的爱，却是无私的、感人的。他们不会为了个人的恩怨放弃自己的责任。他们每次跳神的时间都在十个小时左右，往往从天刚黑跳到天微明。妮浩（女萨满）曾经为了救邻近氏族的一个小孩而让自己的孩子去了天堂。下面是小说的一个片段：

我和玛利亚把血肉模糊的果格力抱回希楞柱（鄂温克人的住房）的时候，妮浩回来了。她一进来就打了一个激灵。她看了看果格力，平静地对我们说，我知道，他是从树上摔下来的。妮浩哭着告诉我们，她离开营地的时候，就知道她如果救活了那个孩子，她自己就要失去一个孩子。我问她这是为什么，妮浩说，天要那个孩子去，我把他留下来了，我的孩子就要顶替他去那儿。

那你可以不去救他啊！玛利亚哭着说。

妮浩凄凉地说，我是萨满，怎么能见死不救呢？

妮浩亲手缝了一个白布口袋，把果格力扔在向阳的山坡上了。她在那里为果格力唱着最后的歌谣——

孩子呀，孩子，

你千万不要到地层中去呀，

那里没有阳光，是那么的寒冷。

孩子呀，孩子，

你要去就到天上去呀，

那里有光明

和闪亮的银河，

让你饲养着神鹿。

随着新中国的成立，特别是改革开放以来，史无前例的“改天换地”运动，向高山进军，向海洋进军，鄂温克人也离开了山林，离开了驯鹿。而“我”（小说的叙述者，一位90岁的女人，也是鄂温克族最后一位酋长的妻子）却没有离开大山、森林和驯鹿。

美好总在过去，生活却在未来。

2010年2月3日

一束语言的子弹

——读《送你一颗子弹》

读一本书就像认识一个人或者交一位朋友。认识一个人或交一位朋友，必是有机缘的，或因一件事，或因一个人，等等；同样，读一本书也有机缘，学生时代读的大多数是被别人规定的书，后来的“自我阅读”时代，有的是自己爱好的书找来读，有的是从媒体上获得信息而去读某本书，还有的是朋友、身边人的介绍，等等。读《送你一颗子弹》，就是因了书友潘建的介绍。前一段时间，因为读书班活动遇到了他，随意地问起他最近读什么书。他说，“《送你一颗子弹》，刘瑜写的”。其实，虽说是随意地问，后来想想，我的潜意识里是想知道像潘建这样比我小十几岁差不多晚一辈的青年老师他们在读什么书，以此来比照一下自己的阅读趣味和视界，免得与年轻人的差距太大而失去了与他们对话的共域。读书也是讲对称的，一者，不同的年龄段，读不同的书，所谓“少不读水浒，老不读三国”；二者，不同个性的人，不同的经历、旨趣，读不同的书，所谓“道相同，相与为读”。过去，我经常送书给年轻的教师，当然以我的读书兴趣、价值取向向他们推荐、介绍；现在，我更多地请年轻的朋友给我介绍书，以免孤陋寡闻，成为阅读的落伍者。潘建、吴小健、冷玉斌等年轻书友常常送书给我，让我在自己喜欢的文史哲之外读到更多不在自己阅读视野内的书，真的很感谢他们。

带着这样可能与年轻人阅读不对称的忐忑，读完了《送你一颗子弹》，的确获得了一种新鲜的感受。

先说作者。刘瑜，女，网名“Drunkpiano”——“醉钢琴”，网络写手，写小说、随笔、政论。生于1975年12月。本科毕业于中国人民大学，美国哥伦比亚大学政治经济学博士，哈佛大学博士后，现为英国剑桥大学政治系讲师。为《南方周末》写时评专栏，并为《新周刊》写书评影评专栏。《南方周末》2008年年度专栏作者。作品：《民主的细节》（美国政治观察专栏集）、《余欢》（小说）、《送你一颗子弹》（随笔）。

70后、女博士、网络写手，她的每一个标志都是当今时代引人关注的文化符号。我能走进这样的新新人类的文字吗？我过去阅读的书的作者大多是几千年前的、几百年前的、几十年前的，至少也是余秋雨、周国平、孔庆东这样的50后、60后。

再说内容。《送你一颗子弹》，作者写自己的真生活、真情感、真见解、真性情。没有掩饰、没有曲折、没有做作，就像在茶楼、咖啡屋的肆意谈话和真心交流。读这样的文字，像是灵魂的放假和旅游，畅快、自由、清新。

最后说语言。近年关注文本解读，进而关注语言，尤其是语言的陌生化和智慧。作者写真的生活、真的性情，本真的语言中流露出智慧、轻松，常常给你熟悉的语言风景之外意外的欣喜。形容男留学生的长相——"瞧瞧那些男留学生，长得丧权辱国的"，说明学术文章滥用术语——"戴上学术的墨镜让人扑朔迷离"，说自己写毕业论文的时间长——"我的毕业论文淅淅沥沥写了3年"。在新颖的语言表达后面，同样揭示生活本身的深刻——"也许'不怎么______我以为我以后______会但是其实根本不会______'本来就是生活的公式"。

作者的语言就像一束子弹，给人惊怵的美。

2010年4月19日

用概念框架和想象力把握思想

——读《当代哲学问题九讲》

《当代哲学问题九讲》，是同济大学哲学系教授陈家琪根据2011年为研究生开设的“当代哲学问题”讲座整理成的书。

哲学，一般人觉得离自己很远，或者觉得深奥晦涩、高不可及。其实，哲学没有那么“高大上”。古希腊人说的哲学，就是“热爱智慧，追求真理”；哲，中国古汉语的意思是“聪明，有才能”。用通俗的话说，哲学，就是动脑筋思考，探究人、自然、社会的真谛。而一个人生活也好，做事情也好，都离不开动脑思考。所以，每个人都离不开哲学；只是，每个人的“哲学”和少数人专门研究的哲学，层次、内涵不完全一样罢了。

学一点专门的哲学，对一般人生活、工作需要的“哲学”是有帮助的。为了对教育有更深的理解，我一直坚持看哲学方面的书。尽管不完全看得懂，但是，哲学的思维方式、哲学思维的体验，对提升自己的理解力和转变看待世界、教育的方式大有助益。读了哲学再看教育，再看语文教学，就如“曾经沧海难为水”。2005年前后，曾集中看了一批哲学书。北京大学出版社丛书“未名讲坛”：《邓晓芒讲黑格尔》《朱高正讲康德》《曹卫东讲哈贝马斯》《莫伟民讲福柯》《杨大春讲梅洛庞蒂》，还有《西方哲学的智慧》《尼采与形而上学》《思·史·诗》等。另外，阅读了几本翻译的原著：康德的《纯粹理性批判》、海德格尔的《存在与时间》、柏拉图的《斐多》、海德格尔的《在通向语言的途中》等。

近几年，精力花在学习、研读“四书”上，读哲学少了些。今年，在《读书》

上看到《当代哲学问题九讲》的介绍，产生了阅读的欲望——为的是了解当代哲学的问题，以更好地认识当下的社会，更好地理解教育。陈家琪，也是当代有功力的哲学家，长期从事德国哲学研究。

《当代哲学问题九讲》讲的九个问题是：一、什么是当代哲学问题；二、政治哲学为何会成为当代显学；三、世纪的思想情绪及20世纪的主导逻辑；四、现代性反思与时代的拐点；五、知识分子与现代性危机；六、社会转型中的信任问题（上）；七、社会转型中的信任问题（下）；八、哲学的语言学转向与母语的危机（上）；九、哲学的语言学转向与母语的危机（下）。本书对我的启发主要有以下几点。

一、学习、研究的深入，来自不断学习新的知识。学习新知识，就是用新的概念建构拓展知识体系和框架。现在，我们的教学迷茫、不能向前，就是因为我们没有新的知识概念框架去解释和表达。正如作者所说：“自己的问题来自于读书和生活经验的结合。读书给了我们很多把经验凝聚起来的框架，我们能通过读书知道很多词语，这些词语包含丰富的经验，于是就有了框架；而生活经验本身需要一种敏感性和想象力。框架和敏感性和想象力结合起来，使我们能直观到我们时代的尖锐的问题是什么。如果不读书、不经验，这些问题就不会出现。”譬如要理解当代的教育，就离不开“个性、尊重、对话、唤醒”等概念；解读文本，停留在“中心思想”“写作方法”等老概念上，就读不出新意，而用“陌生化、视界融合、还原、人本”等概念，就会生成新的解读。

二、教育慎提创新。黑格尔说，现在是永远继续着的。“所谓现在，并不全然是最新的，而是延续着的过去，不断成为过去的现在。不可能有什么全新的东西，我们人类发展到今天已经创造不出全新的东西了。”作者说他的讲座“都不是我自己独创的，而是其他哲学家早就认真讨论过的。我只不过把他们的话变成自己的话，把他们很复杂的理论尽量口语化，再加上一些个人的感受、看法、评述，等等。”现在的教育，打着创新的旗号，把有用、有效的传统中好的、适合现在的做法、思想抛弃了，所谓的改革，有时候其实是倒退。

教育，更要警惕“平庸的恶”和“被训练成的无能”。“一是服从上级，不思考，不独立判断，这是‘平庸的恶’；再一个就是死读书、读死书，就如现在从小学到大学培养出来的人，没有动手能力，只知照猫画虎，考试总是满分，但就是没有创造性，这就是‘被训练成的无能’。”

三、思想表达，需要想象力和感受力。“发现意义，就是构建表达，或者说发现生活的意义就是要你发现一种你可以依凭的有意义的表达；反过来说，你在什么事情上找到了意义，取决于你是否找到了有意义的表达，如果你没有找到有意义的表达，这个意义不能被人领会，也不能变成你个人的体会。很多东西是在你把它变成表达后，才能反过来成为你个人的体会，或者至少我们在表达中加深了个人的体会。”

作者的这段话启示我们，教育是需要写作的，在写作中教育的意义才能显现出来，为你自己所体会，为他人所领会。有意义的表达和回忆、想象、感受（敏感）是互动、互生的关系。有了感受和想象，才能有文字表达；文字表达，又反过来提高你的敏感性和感受力。

别人的表达帮助你理解意义，这就是看书、读文章的价值。当然，这样的表达应该是能切入、感应你的心的。比如，最近网上流传的梅子涵为今年教师节写的文章《教师万岁》。看到这个题目，你会以为作者用“高大全”的手笔赞颂老师。其实不是。作者并没有从政治上歌颂教师的伟大，而是从琐琐碎碎的生活中感受、想象并表达了老师在学生心中的“高大上”。这样的表达是有意义的，同时让不少老师感受到了意义。梅子涵的语言真有股力量，仿佛推动你的情绪、精神在坐过山车，痛快淋漓又心惊胆战，期望眼前出现奇妙的景象。

“我们说一个人有很强的感受力，即是说他有很强的回忆能力和展望未来的、想象的能力，而如果没有这些能力的话，这个人不可能对时代有很强的感受能力。”不由想到斋藤孝在《教育力》里说的，教育的基础是一种梦想的传递；教育力＝梦想力＋学习力。

2015年9月13日

由苏格拉底想到孔子

——读《斐多》

2013年上半年，读了《斐多》（柏拉图对话录之一）。这本书，由生活·读书·新知三联书店出版，清雅的封面，小巧的书身，让人爱不释手。

《斐多》描绘的是古希腊哲人苏格拉底临刑前一日，与其弟子就正义、死亡、灵魂等话题的讨论，以及其饮鸩致死的过程。

苏格拉底在死亡之前娓娓而谈死亡本身，从容淡定地面对、接受死亡，那情景和场面真是令人神往。苏格拉底之死是人类永恒的哲学命题，他和他的行为把人类的灵魂和理性提到了新的高度。这个高度至今无人能及。

为什么从苏格拉底想到了孔子？因为，最近在细读《论语》，走进孔子。《论语》"先进第十一篇"中，季路问事鬼神。子曰："未能事人，焉能事鬼？"曰："敢问死。"曰："未知生，焉知死？"子路问死，孔子没有正面回答。孔子的思维是，以生论死，未知生，焉知死？知道了生，生命的意义价值，才能谈论死亡。也许，孔子认为，生才是有价值的，值得思考研究的；而死，是生的结束。"生的伟大"，才能"死的光荣"。和孔子正好相反，苏格拉底的思维是以死论生。苏格拉底认为，只有死了，人才进入自由的王国，而活着正是人的累赘。似乎不可思议。请看苏格拉底是怎么论说他的观点的——这也是孔子式的中国思维与苏格拉底的希腊思维的不同之处——苏格拉底提出观点（且不论观点对错），是有严密的逻辑推理论证的，起码能自圆其说；而孔子更多的是提出观点，以观点替代结论，缺少论证的过程。《论语》中大多是孔子的观点，类似格言，充满人生智慧，给人启迪，就是没有推理论证。这是中西不同的思维旨趣。

也许苏格拉底的论证，你未必认同，但会感受到思考的乐趣。如想全面了解，请阅读《斐多》。下面是苏格拉底对“追求真理与死亡关系”的论述：

一辈子真正追求哲学的人，临死自然是轻松愉快的，而且深信死后会在另一个世界上得到最大的幸福。许多人不懂哲学。真正的追求哲学，无非是学习死，学习处于死的状态。他既然一辈子只是学习死、学习处于死的状态，一旦他认真学习的死到了眼前，他倒烦恼了，这不是笑话吗？

我们追求的既是真理，那么我们有这个肉体的时候，灵魂和这一堆恶劣的东西掺和一起，我们的要求是永远得不到的。因为这个肉体，仅仅为了需要营养，就产生没完没了的烦恼。肉体还会生病，这就阻碍我们寻求真理。再加肉体使我们充满了热情、欲望、怕惧、各种胡思乱想和愚昧，就像人家说的，叫我们连思想的工夫都没有了。冲突啊，分帮结派啊，战争啊，根源在哪儿呢？不都是出于肉体和肉体的贪欲吗？为了赚钱，引发了战争；为了肉体的享用，又不得不挣钱。我们都成了这类事情的奴隶了。因此我们没有时间研究哲学了。还有最糟糕的呢。我们偶然有点时间来研究哲学，肉体就吵吵闹闹地打扰我们思考，阻碍我们见到真理。这都说明一个道理：要探求任何事物的真相，我们得甩掉肉体，全靠灵魂用心眼儿去观看。所以这番论证可以说明，我们要求的智慧，我们声称热爱的智慧，在我们活着的时候是得不到的，要等死了才可能得到。因为如果说灵魂和肉体结合的时候，灵魂不能求得纯粹的知识，那么，或是我们压根儿无法寻求纯粹的知识，或者呢，要等死了才能得到。人死了，非要到死了，灵魂不带着肉体了，灵魂才是单纯的灵魂。我们当前还活着呢，我想，我们要接近知识只有一个办法，我们除非万不得已，得尽量不和肉体交往，不沾染肉体的情欲，保持自身的纯洁，直等到上天解脱我们。这样呢，我们脱离了肉体的愚昧，自身是纯洁的了，就能和纯洁的东西在一起，体会一切纯洁的东西——也许，这就是求得真实了。因为不纯洁的不能求得纯洁。我想，西米啊，真正热爱知识的人准是都这样想的。你觉得对吗？

中国人忌讳死，也没有死亡教育。看看下面的故事《国王与死神》，了解国外人怎样理性地思考死亡。国王道出了千百年来困扰着人类的忧思：“到底什么是死”？“我为什么一想到他就这么害怕”？“我为什么会这么害怕他来找我呢”？为此，国王召集起他的大臣，共同商讨对付死神的办法。终于，他们抓住死神并摆脱了他的威胁。然而，几百年过去了，死亡的消失并没有带给人们期待中的福音，他们发现随着永生的实现，自己所得到的只是一个拥挤、无聊的世界，以及对于那已经不值得珍惜的生命的懒怠和厌倦。于是，人们重新召回了死神；所有活了很久很久的人都欣然跟随着国王，“一个一个快乐地死去”。

苏格拉底从业石匠，同时在雅典的市集牵引市民参与讨论：什么才是正确的思想和行为。他既是一个靠劳动的自食其力者，又是一思想者。这种思想是超越的、纯思想的，与政治不相干。孔子靠教学为生，热衷于政治。孔子少时从鄙事，后来对具体劳动不感兴趣，反对樊迟学稼穑。孔子的思想更多是实用的、生活的。这也是两者的不同。

2013年9月8日

语言的魔力

——读《战争》

《战争》是2008年诺贝尔文学奖得主——法国作家勒·克莱齐奥——的代表作。上个双休日读完了这本小说，一直被小说所表达的情绪、思想以及表达本身所笼罩。

这部小说既非中国传统意义上的小说，也非西方传统意义上的小说。它完全没有了传统小说的形式，没有主人公，没有故事情节，没有主题。但是，当你读到它，接触到它的语言，你不能不进去，不能不被它所吸引。你会感到自己掉进了语言和情绪的海洋，你来不及思考什么，你只能在阅读之后去思考它的意义。不由得想起作家毕飞宇说过，中国的作家注重情节，而西方的小说家更注重语言。

读完小说后，我猜测作者说的意思可能是：在物质越来越发达的时代，人被物质、消费所包围，人与自己创造的物质之间无形中形成了“战争”。文明也许是个悖论：人创造文明的同时又为文明所牵累。

下面摘引几段小说的原文：

战争开始了。谁也不知道在哪里又是怎样打起来的，但事情就是这样。它就在人的脑袋后面，如今，它在人的脑袋后面张开了大嘴，正喘着气。战争，就是种种罪恶、声声诅咒，是狂怒的目光，是脑海迸发的思想。战争就在这里，展现在世界面前，使其笼罩在它设置的那张电网下。战争时刻在扩展，只要抓住什么，就将之碾为灰烬。在它看来，什么都值得一击。它有无数獠牙、利爪和尖嘴，没有人能活下来。任何人都不能幸免。这，这就是事实的眼睛。

……

孤零零的，只身一人。永远像这样存在。这就是和平。而如今，头颅打开了，灵魂从里面出来。它在宇宙中漫游，隐失在海面。出于习惯，或者出于怯懦，或者别的原因，灵魂留下残余，这些嘟囔低语声，这些签名。这是我的，那是你的，她的。有时，人们自以为无所不有，其实早已掉进了公共墓穴。人有嘴是为了占有，有眼睛是想征服。人们用脚度量世界。怎能忘记这一切呢？难道就没有一小块土地留着你的名字？难道就没有一个梦幻，一阵和风，一缕阳光是属于你的？

……

如果你愿意，我们可以试试看，我们可以先从忘记名字，忘记签名开始。有太多的签名，到处都是。人们花大把大把时间来签名，什么都签，到处都签。在墙上签，在树上签，在人行道上签，在喇叭声里，香烟味里。

2008年11月30日

中国靠什么站起来?

——读《中国站起来》

3月19日下午，好友万寿打电话给我，兴奋地告诉我在席殊书店看了一本好书：《中国站起来》，是摩罗写的，也帮我买了一本。听他急切的口气，以及自己对作者摩罗的了解，便忍不住要尽快拿到书，早读为快。我嘱咐他把书放在他们学校的传达室，我下班后去拿。最早知道摩罗，是他作为广西教育出版社出版的《新语文读本》编者之一。这套学生语文课外读物，从小学一年级到高中三年级，每学期一本。我们这儿一直使用，大概七八年了。其间，商友敬、王栋生、摩罗三位编者来兴化给老师们做过讲座，我陪他们吃过饭。摩罗讲的内容已经记不清，只模糊地记得他对底层民众甚至是罪犯的理解和同情，颇有悲天悯人的情怀。后来阅读“天涯丛书”读到他的《我是农民的儿子》一文，体会到了他对故乡人生活艰辛的深深同情。后来，还在《读书》上读过他的文章。这些信息综合起来，我觉得摩罗是一位学识渊博、富有独立思想意识的学者。

坐在出租车上便拿出书来看封面。“中国站起来”，五个红色的大字（宋体）占据封面的主体位置。五个大字上面是字体小一号的一句话：我们的前途、命运与精神解放。这句话的上方是颜色淡一些的字体更小一号的一句话：从今天起，做一个高贵自信的中国人。封底是大陆学者钱文忠、宋鸿兵、孔庆东，作家刘震云，香港凤凰卫视主持人梁文道、台湾学者张忠智的推荐语。这样的阵势是强势推荐，是广告轰炸。我向来对这样热闹推荐的书存有戒心。在读者尚未阅读做出判断之前，先入为主的推荐，是对读者的引导，还是对读者的压迫和不尊重？这样想来，不免对书友兴奋的推荐产生了疑问。

尽管产生了疑问，因着过去对摩罗的好印象，晚上还是捧着书读了起来。钱文忠的序《伟大史诗般的呐喊》，稍微扭转了封面留给我的不好印象。随着进入书中作者在大量事实基础上分析得出的观点和结论，我的情感不断地和摩罗靠近进而认同。

这是一本写中国文化、中国人精神的学术著作。但是，作者是带着强烈的情感来叙述和分析的。虽然，作者带着很浓的情感在陈述、在讲道理，但是，并没有因为情感而冲击理性的客观和逻辑。史料是真实的，最起码是学术界目前公认的，从史实得出的结论是符合逻辑令人信服的，情感是真挚的。作者重点分析的是近代西方社会对中国国民性的偏见，以及我国学者如鲁迅、胡适对中国国民性的批判。我们怎么看待我们已经习焉不察常常挂在嘴边的近代中国国民性定论——“国民劣根性”？作者从全球的视界，从人性的普遍性等角度，进行了比较、评析。近代以来的教育，在教科书里，一直对“国民劣根性”进行自省和批判。这样做是不是就一定能达到“痛改前非”的良好愿望呢？还是不断地打击着中国人的自尊？如何走出妄自菲薄和妄自尊大的非此即彼？我们怎么进行民族自尊的教育，怎么看待五四启蒙运动，怎么看待“国民劣根性”的历史？改革开放，是“全盘西化”，还是“彻底民族”？在现阶段，有没有超越一切利益之上的所谓“国际主义”？有没有抽象的国际“民主、平等、博爱”？在现阶段，怎么看待基督教的“人类博爱”和中国古人的理想“天下大同”？这些问题，值得今天的教育者关注和思索。这些问题，也许是见仁见智的。但是，读了《中国站起来》，会让你思考了以后，再做出判断；也会给你一个评判和思考的标杆。

这不是一本文学作品。但是，我阅读的体验却超过了一般的文学作品。在双休日两天里，我几乎是一口气读完这本近30万字、近300页的著作。在我的阅读经验和阅读历史中，很少这样地在阅读的过程中和作者靠得这么近；很少有如此程度的感情、情绪、思考的投入。这样的感觉几乎与30年前阅读《高山下的花环》接近。

2010年4月5日

追溯中华文化的起源

——读《中国文化十一讲》

《中国文化十一讲》的作者是庞朴。庞朴先生是著名历史学家、文化史专家。庞先生研究中国文化从第一手的历史材料（主要是马王堆帛书、郭店竹简）入手，更具有客观性和可靠性；从字源（甲骨文等古文字）入手，让人耳目一新，觉得言之成理。语文教师读了，既能了解中国古代文化的渊源，又能增加古文字知识，提高理解中国古代文化的能力和理解中国古代文字的能力，对提高自己的阅读理解能力也有助益。

《中国文化十一讲》的内容是：太一，万物的源头；杂多，从混沌走向有序；阴阳，中国哲学的基本范畴；五行，中国文化的基本架构；说象，无形无状的想象；无玄，道家哲学的基本范畴；仁义，儒家哲学的基本范畴；中庸，古代中国人的核心价值观；一分为三，认识世界的另一种方法；相马，中国古代的认识论；火历，以大火星为授时标准的一种上古历法。

看标题，好像学术味儿很浓，专业性很强，但是，这些内容是根据庞先生为研究生开设的讲座整理而成的，因此，现场感强，深入浅出，易于阅读。推荐各位书友一读。

第一讲：太一，万物的源头

这一讲是作者根据郭店竹简的一篇原文《太一生水》来讲的。《太一生水》是整理者起的名字。因为这一篇的开头一句就是"太一生水"。该篇共有14支竹简。其中，第1到第8支简，谈太一如何生水，水如何生万物；第9到第14支简谈道是什么，有什么特点。这篇文字的原文不长，且易懂，抄录如下：

太一生水，水反辅太一，是以成天。天反辅太一，是以成地。天地复相辅也，是以成神明。神明复相辅也，是以成阴阳。阴阳复相辅也，是以成四时。四时复相辅也，是以成寒热。寒热复相辅也，是以成湿燥。湿燥复相辅也，成岁而止……是故太一藏于水，行于时。周而又始，以己为万物母；以缺以盈，以己为万物经。

从这段话中，我们可以看出，中国古人认为太一是万物的起源。那么，太一是什么呢？庞先生认为，这里的太一是个哲学范畴。太就是伟大，比大还要大，所以叫"太"。太一就是伟大的"一"。这个"一"，既是一切数、一切物的开始，也是一切物、一切数的汇总。最早、最全、最大，所以叫作"太一"。太一，有本原、起始、伟大、唯一、一切的意思。

庞先生还从这段话中概括出两个思想。一个是互动的思想。太一生水之后，水又返回去帮助生它的太一。庞先生认为，这种互动的宇宙生成论，好像是前所未有的。另一个是化生的思想。生，有两种：派生和化生。鸡生蛋，生完后，鸡还是鸡，蛋自是蛋，各自独立存在，这是派生；蛋生鸡，鸡生出来后，蛋不存在了，这是化生。关于宇宙的起源，也有两种观点：一是宇宙生成论，就是派生；一是宇宙本体论，就是化生，认为宇宙的各种现象背后，有一个看不见摸不着的本体。这个本体变化为各种具体的东西，而本体就藏在它所化成的事物里面。太一生水，又藏于水中，作为水的主宰和灵魂，这就是化生。

从上面简单的叙述，我们可以了解中国古人的宇宙观。

第二讲：杂多，从混沌走向有序

在这一讲中，庞先生提出了自己的一个独到的观点——在中国人的思想发展历程中，曾经有一个杂多阶段。它应当晚于混沌观念所主宰的时代，而比阴阳、五行观念出现得更早。

这种杂多的思想体现在“数类”这种思维方式之中。数类就是先给事物分类，再给这些类配上一定的数，也就是将世界归结为数与类。数类作为一种思维方式，已经成为一种无意识的民族习惯。比如：“三维目标”“五讲四美”“两个文明”。汉语的量词，也反映了中国人的思维方法：进行抽象时要考虑到具体对象。数量是抽象的数和具体的物的结合。比如：一尾鱼，一匹马，一头牛。

庞先生认为，杂多时代的思维特征就是抽象而不彻底。在西方人看来，这是一件坏事情；但在他看来，抽象而不彻底是某种有意的保留，是带着具体的抽象，带着感性的理性，是介于感性和理性之间的一种状态。过去，我们从西方人的视角来审视中国文化，所以，对这个时代和此种思维方式有所忽视。他之所以讲杂多，就是为了提醒大家，在感性和理性之间还存在一种思维方式，历史上曾有一个时代以此思想为主导。

我以为，思维方式是历史的产物，是人认识物质世界的历史阶段。历史上的思维方式的存在，都有它的价值。思维方式的发展是一个历时的过程，从具体到抽象；同时也是一个共时的过程，不因为从具体到了抽象就可以把具体丢了。不同的思维方式会随着人类文明的进程共时存在，相互影响，共同发挥作用，服务于人类的思维和智慧。

第三讲：阴阳，中国哲学的基本范畴

谈中国文化离不开“阴阳”。很多人凭印象，往往对“阴阳”存在模糊的认识，甚至存在理解的偏差。也许有人认为“阴阳”是迷信，人们把算命先生称为“阴阳先生”；有人认为“阴阳”是阴谋，是政治权术。是的，诸子百家中有阴阳家。春秋战国以后，直到现在，“阴阳”确实被很多人用来算命、看风水，也被政治家、军事家用于政治、军事。但是，作为中国古代文化的基本概念，作为中国人传统的思维方式的“阴阳”，到底是怎么回事呢？读了庞先生的讲解，我们就会有

一个比较全面、客观的了解。

庞先生从三个层次来讲阴阳：一是自然方面，二是社会方面，三是宇宙方面。

一是从自然方面讲，阴阳是一种自然现象。在甲骨文中，阳就是有太阳，表示晴天；阴就是没有太阳，表示阴天。阴阳本来是说天气的。后来，渐渐被用来描述地。地有向阳的，也有背阴的，地也有了阴阳。因此，阴阳最初的意思非常简单，只限于表示下雨、不下雨，低处、高处，背阴、向阳，等等，有时也引申为黑夜和白天。为此，庞先生从古代文献中找了证据。《诗经·公刘》篇中，将阴阳两字连用。这是迄今为止发现的最早把阴阳两个字连用的文献。在这之前，阴与阳一直是分开使用的。诗句是：“既溥既长，既景乃冈。相其阴阳，观其流泉。”“相其阴阳”，就是观察地理环境的阴阳相背。庞先生还讲到，最奇怪的一点是，《易经》是使用阴阳一词最少的典籍。大家都知道，《易经》是讨论阴阳的。但是，《易经》里谈到阴阳的文句确实很少（《易经》跟《易传》不同，《易传》中大量谈阴阳）。阴阳在《易经》中只出现了一次，而且只有一个字：“鸣鹤在阴，其子和之。”显然，这里的阴完全是讲自然现象。

阴阳后来表现天地之气。阳气从地下往上升，阴气从上面往下压。庄子说：“至阴肃肃，至阳赫赫。肃肃出乎天，赫赫发乎地，两者交通成和而物生焉。”

二是从社会方面讲，阴阳成为圣人的权术。阴阳的社会化，最早是巫实现的。巫的任务就是利用种种阴阳现象解释现实生活，规定人的行为。后来，阴阳为医生所用，发展成为中医的治疗原则和方法。中医用“阴阳表里”建立了自己的理论体系。圣人，即统治者，把自然界的阴阳与人的行为结合起来，编织了一套符合需要的解释，借以实现其实际力量无法企及的目的。

三是从世界观、宇宙观方面讲，阴阳是一种辩证的宇宙图式。《易传》里说：“易有太极，是生两仪，两仪生四象，四象生八卦。”两仪就是阴阳。庞先生对“一阴一阳谓之道，继之者善也，成之者性也”（《周易·系辞上》）提出了自己的理解。庞先生指出，有人喜欢把“一阴一阳”说成是“两点论”，理解为对相反的两面都要照顾到。庞先生对此的理解分为四个层次。首先，阴阳是对立的统一，阴阳两个对立者共居于一个统一体内；其次，一阴一阳是动态的，可以理解为时而阴时而阳或一时阴一时阳；再次，这种动态是循环的；最后，这样的循环是上升的，一阴一阳后有“继之者”“成之者”。

第四讲：五行，中国文化的基本架构

庞先生认为，阴阳和五行是中国文化的基本架构。庞先生解释说，千万不要用科学来研究五行。五四时代，人们就是以科学为标准来分析五行，因而认为它是不科学的迷信。事实上，五行本来就不科学，它是一种文化。我们不能因为它不是科学，就置之不理。五行这个框架，是中国人无法摆脱的。所以，我们把它视作一种文化现象，视作一个了解中国文化的很重要的切入点。

五行是什么，五行是怎么来的？联系第二讲的内容，我们不难发现，五行也是数类。“五”是数，“行”是类。庞先生先为我们讲了数。我们现在喜欢的数是六和八，取顺利发财之意。但在古代，庞先生认为，中华民族推崇五。而且在很长一段时间，六跟五竞争。《国语・周语下》里有句话说：“天六地五，数之常也。”在五行确定以后，五慢慢占了上风。

行的本意是道路、行走，在甲骨文里写成十字路口的样子。

五行是什么呢？在古代有三种含义长期并存。它们是：元素、能量和德行。元素就是指我们常说的金木水火土，能量就是指这五种元素处于运动之中而产生的能量，德行指仁义礼智信。德行的五行并不是哲学意义上的五行，但是，在文献中最早出现的五行，恰恰是五种德行。庞先生在这里给我们讲了一个古汉语的知识。作为德行的五行，“行”不读“形”而读“恒”。现代汉语口语中的道行（读“恒”），实际上就是德行（读“恒”）。后来五行（读“恒”），为了避汉文帝刘恒的讳，改成了“五常”。

五行的来历可以追溯到五方。五方，即东南西北中五个方位。商人是游牧民族，重视空间和方位观念。在甲骨文中，可以看到东方、南方、西方、北方，西方的帝、南方的帝、东方的帝、北方的帝，等等类似的观念，其中出现最早的是五方。确定了五方，然后把这五个方位拟人化，想象成五个不同的“帝”。东边的叫作青帝，南边的叫作炎帝或赤帝，西边的帝叫作金帝或白帝，北边的帝叫作黑帝，而中间的帝就是黄帝。

由五方发展到五材。五材就是五种材料，这五种材料就是金木水火土。《左传》上说："天生五材，民并用之。"

由五材逐渐转变为五行。《尚书·洪范》篇说："初一曰五行。五行：一曰水，二曰火，三曰木，四曰金，五曰土。"水、火、木、金、土，对应的数字为一、六，二、七，三、八，四、九，五、十。庞先生为我们讲了一个与五行文化有关的例子。浙江宁波的藏书楼为什么叫"天一阁"呢？天一阁就是根据《易传》"天一生水，地六成之"来命名的。藏书最怕火，要想制住火就得用水。

五行的排列。按照排列组合有120种。在历史上出现了十几种排列的方法。我们了解三种就可以了。一种是原始序，就是最初的顺序：水、火、金、木、土；一种是经典序：就是《洪范》中的顺序，水、火、木、金、土；通行序，也就是大家现在通用的顺序：金木水火土。有兴趣的可以了解其他的顺序，特别是相生相克的顺序。

五行的相生相克是古代系统论的思想。古人用五行来代表自然界、人体甚至社会现象等，然后去研究它们相生相克的关系。这有点像现在的数学建模，用模型去解释现象。

庞先生认为，我们现在的国旗的五星设计，除了政治意义外，暗含了五行的观念。北洋政府时期，国旗是五色旗。之所以采用五色或五星，后面肯定有某种集体无意识在起作用。这是一种文化的解释。

第五讲：说象，无形无状的想象

这一讲庞先生讲"象"，对我们语文老师理解汉语特别有帮助和启发。

1. 什么是象？庞先生认为，象就是没有形状的想象。我理解为，象是有形的，但没有具体的大小、高矮、黑白等形状。这个形不是在现实世界里能够看到的，而是存在于人的想象之中。庞先生举例说，神话传说中形容哪吒"三头六臂"。虽然现实中根本没有三头六臂的人，但是我们能够想象出一个三头六臂的形象来。庞先生认为，象介于形与道之间。有形状的是形，没有形状的形而上的东西是道；在形和道之间，我们可以设定有象。

关于象，韩非有一个解释：因为当时中国已经没有大象了，所以，人们只能根据死象的骨头或化石去想象活着的象有多大，是什么样子，这就是“象”。

2. 象与言和意的关系。在中国哲学里，言意之辩是本体论或认识论的一个重要问题。中国哲学家对言意之辩的探讨持续了三四百年。言意之辩讨论什么问题呢？人能不能用概念和判断来充分地表达事物的本质，即人能不能用语言描述事物的本质？对这个问题有肯定和否定的回答，即言尽意和言不尽意。所谓言不尽意，指的是言语可以表达一些普通简单的意，却不能把所有的意都表达出来。庄子说：“世之所贵道者，书也；书不过语，语有贵也。语之所贵者，意也，意有所随。意之所随者，不可以言传也。”庄子的这段话，其实就是“书不尽言，言不尽意”的意思。

由言不尽意引出象。孔子在《周易·系辞》中说：“圣人立象以尽意，设卦以尽情伪，系辞焉以尽其言，变而通之以尽利，鼓之舞之以尽神。”

在言意之间，儒家主张立象以尽意，这是进行建构；而道家则主张忘象，进行解构。庄子说，得鱼忘筌，得兔忘蹄，得意忘言。魏晋时期的王弼说：“尽意莫若象，尽象莫若言……故言者所以明象，得象而忘言。象者所以存意，得意而忘象……是故存言者，非得象者也。存象者，非得意者也。”

3. 象的两种表现形式。象有两种具体的表现形式，一个是寓言，一个是图形。图形比如图画、漫画等，古代的八卦就是典型的以图形设的象。

理解象的另一种形式——寓言，对我们语文教师教学寓言很有启发。庞先生说，寓言故事并不是说本身，比如龟兔赛跑，并不是想说龟和兔怎样怎样，而是想说别的东西。这个寓言，或者说，这个“言”里“寓”着一个东西。“寓”就是“住在”，即有个东西“住在”这个“言”里。那为什么不把要说的东西直接说出来呢？因为，有时候直接表达，对方未必能听懂，或者讲述者无法讲清楚。这个时候，讲一个寓言，其实就是设一个象，用这个象尽我的意。我在《博尔赫斯谈诗论艺》里读到，这个设象跟博尔赫斯讲的暗示是相通的。

由此推论，文学也是设象，用语言来设象，把作者的意思寓于象中。最近，上海电视大学中文系的鲍鹏山教授讲《水浒传》，就是从林冲故事的象中，读出了作者所要说的意。我们阅读文学作品，就是进入作者设的象，去理解其“象中之意”。而阅读教学，既要入象明意，同时还要学习作者用以设象的语言。这就是我为什么提出阅读教学应该在学生的精神世界里“留下形象，留下语言，留下情感”的缘由。

一些寓言的教学，停留于寓言本身的故事、人物的理解，把“寓”在“言”里的东西忘了，无异于买椟还珠。教学《揠苗助长》，过多的讨论拔苗者怎样怎样；教学《自相矛盾》，过多的讨论楚人怎样怎样，甚至讨论楚人的品质诚实不诚实——这样的教学都远离了寓言的本意。

第六讲：无玄，道家哲学的基本范畴

无和玄是道家最基本的范畴。在这一讲中庞先生用分析字源、字根的方法，来研究无和玄。这有助于我们了解一点古代的文字学。

庞先生分析了“无”的三种形态及它们的意思、演变、关系。“无”在中国古文字里的三种形态是：亡、無、无。第一个字在作“逃亡”的意思讲时读wáng，实际上，它在许多时候是读wú。第三个字，现在我们把它当作“無”的简体字来使用，但在古代，“无”也是一个独立的字。历史上，这三个字就按照“亡、無、无”的顺序依次出现。

“亡”，在甲骨文中谈到“有”“无”的地方，用的是第一个字“亡”。在造形上是甲骨文“有”的一半，表示“有”的缺失，意思是，本来有，现在没有了。因此，庞先生说，这个“亡”是有而后无。

“無”，在甲骨文里的意思是跳舞。跳舞跟“無”是什么关系呢？原来，古人通过跳舞跟神灵交流，向神灵祈祷。古人相信神灵存在，神灵是有的；但却感觉不到它的存在，神灵又是无。“亡”表示原本有，后来没有了，是有的丧失；“無”表示的确有，真的在那儿，只是一般人看不见、摸不着，是虚而不无的。对这种一般人看不见摸不着的东西，有些特殊的人能看见摸到；而别人也宁愿相信他们真能看到摸到，相信神灵跟他们有特殊的关系。这些特殊的人就是“巫”。所以，“無”有三层含义：一是跳舞的舞，二是神灵的無，三是巫婆的巫。庞先生这样讲的证据是，有一件出土文物，叫洹子孟江壶，是楚国的一件青铜器，上面铸有差不多一百字的长长的铭文。其中有三个“無”字。它第一次出现的时候当巫婆的“巫”字用，第二次出现的时候当跳舞的“舞”字用，第三次出现在“万年无疆”句中，作“没有”的意思。因此，庞先生说“無”是“虚而不无，实而不有”。我的理解，这是一种精神的存在或者是意识的存在。庞先生举例说，地球有一个地轴，地球围绕地轴转，但是，谁也没有办法把它指出来让人看见。

“无”，出现得很晚。庞先生说，据他所知，最早见于《墨经》。在古文献中，使用“无”字最多的是《易经》。《墨经》指出“无”有两种意思：一是相对的无，就是先有而后无；二是绝对的无。

庞先生提醒人们，在阅读古代文献时，要将上述三个字分辨清楚，才能真正理解文献的意思。“无”的确有三种字形，每种形式各有其内涵意义。而且这三种意思出现的顺序跟人的认识过程是一致的。先是跟“有”相对的“亡”，然后是比“有”还“有”的“無”，最后才是不与“有”相对的，绝对的“无”。

玄，是道家思想的重要范畴。关于玄，甲骨文的样子像一个葫芦糖串，上面一个扁圆稍大，下面一个扁圆稍小，两圆上下紧靠，一竖从两圆中心穿过。根据对玄字甲骨文的分析和出土的新石器时代纺锤的分析，庞先生提出了一个大胆而有趣的设想：玄，就是漩涡。玄的甲骨文字形就是漩涡的剖面图，一圈一圈地漩下去。因为东西掉到漩涡里立即就被漩下去不见了，很神秘。玄，就有了玄妙神秘的意思。庞先生还认为，日本的“巴”图案，我们熟悉的太极图，其实不过都是漩涡的图案化。

第七讲：仁义，儒家哲学的基本范畴

这一讲中最新鲜的是，庞先生从字形、字义、字根入手，对“仁”“义”的字

形、字义演变的探讨和辨析。这样的辨析是很多人从未听说过的，也是历史文献中很少见到的，具有原创性、新颖性、独特性。

先说“仁”字。《说文解字》：“仁，亲也，从人二。”2000多年来，历代学者基本上都接受了这种理解。但庞先生却说：“这个理解是完全错误的。”庞先生的依据是郭店出土的13000多个字的竹简文献。郭店竹简中的“仁”的形象：上半部是一个人的图形，在人的腰部画了一个圈，以示强调，指代人的身体；下半部分是个“心”字，人心的心，说明这个字是表示心态的。这说明，在古文字中，“仁”不是“从人从二”，而是“从身从心”。许慎在《说文解字》“从人从二”的正式定义后，又补充说：“古文仁，从千心”“古文仁，或从尸”。

庞先生先解释了“古文仁，或从尸”的由来。这段历史，读来也颇有趣而离奇。庞先生说，“尸”指一个地方，也叫“尸方”。参考甲骨文和一些传世文献，我们可以知道，尸方指的是山东沿海一直到江苏北边这一带，也被称作夷。夷大概是当时口语中尸的发音，后来也用夷来代替尸这个字。我们知道，当时东夷、西戎、南蛮、北狄被用来称谓四方的少数民族。其中，东方的少数民族就叫“夷”。那么，“尸”为什么成了构成“仁”字的主要部分呢？这一点可以在《论语》的两则文字中得到旁证。《论语》说，“子欲居九夷”，“礼失求诸野”。在当时，夷这个地方的某些风俗传统被认为是好的。某些在大城市里已经丧失的东西，却在那里保留着。所以，孔子才会说“欲居九夷”。他们保留的是什么呢？从仁的字形中我们可以看出，这个好东西就是“仁”，就是人与人之间的亲爱之情。“仁”是尸方人特有的，或者说比较重要的一种行为准则和道德规范。因此，尸方的“尸”字，加上其他的符号，就组成了仁爱的“仁”。《说文解字》所说的“从尸从二”的古仁字，也证明了这一点。

再说“从身从心”。仁最早只是一种地区性、民族性的美德。孔子及其后学做了一项非常重要的工作，把这个地区性的美德提升为普遍性的美德；把这个民族性的美德推广为人类性的美德。这时，人们不再用“从尸从二”的写法来表示“仁”，而是采用“从身从心”的写法。“从身从心”的写法大约出现在孔子和孟子之间的时代，孔子的弟子与再传弟子活跃于其间。通过郭店竹简，我们可以发现，那时有一个非常奇怪的现象，出现了一大批带“心”字旁的字。在郭店竹简的13000多字里面，至少可以找出几十个“心”字旁的字。带“心”字旁的字在孔孟之间的年代大量出现，说明当时学术界非常重视对心理状态的研究和探讨。后来，许多这样的字在汉代许慎的《说文解字》里却不见了，这反映出，重视研究心理状态的时代已经过去了。那么，用“从身从心”表示“仁”是什么意思呢？用“身”下面放个“心”，说明是一种心态，是一种发生在人身体内部的心态，或者说，它跟人的身体有关。既然这种心态跟身体有关，那么它也就跟血缘有关。仁爱的“仁”最初只适用于血缘集团内部，在集团之外是不谈仁爱的。由此，联想到正在读的另一本书《简明儒学史》。

因为马上要读《论语》《孟子》，这三五天读了《简明儒学史》（李申著，中国人民大学出版社）。这本书2007年2月12日购于南京。买回来后，看了目录，看了个开头，翻了一下，丢下了。想不到，这次看竟像读小说一样读得丢不开手，有两天晚上读到深夜一点半。大概是儒学跌宕沉浮的命运，让我忍不住要看下去。读完全书有如下几点感想：

1. 要了解中国古代朝代的兴衰必须了解儒学思想的变迁。因为，自汉以来儒学一直是历代统治者的治国指导思想。儒学的历史伴随着从汉朝到清朝灭亡的整个过程。

2. 了解古代文学家，阅读他们的作品，也需要了解儒学思想的变迁。因为，大多数古代文学家都是儒者。汉朝的贾谊，唐宋八大家中的韩柳、三苏、欧、王都是儒者，明清的宋濂、刘基、顾宪成、顾炎武等都是儒者。

3. 儒学的宗旨是“治国平天下”。但古代中国治时少，乱时多，儒学的历史是悲剧的历史。

4. 清末，西学为什么会东进？国人为什么会由“中国”心态变为“崇洋”心态，从极度的自信到极度的自卑，缘于对儒学的失望。在无路可走、无计可施的情况下，只能从“师夷之技”走向“师夷之学”。儒学真是撞到了南墙、头破血流之后，无奈之下才选择了“西学”。从鸦片战争中，林则徐上疏说“可师敌之长技以制敌”开始，魏源又提出“师夷长技以制夷”。1861年，朝廷讨论开同文馆学西文并向西方购买军火。冯桂芬在《采西学议》一文中指出，数学、物理学、光学、化学等，皆得格物至理，应该学习，并建议聘请西人教授西学。在《制洋器论》中，他建议鼓励制造，对能够造出如同洋人那样精巧器械的人，赏给举人头衔，让他们参加进士考试。这样西学就取得了和儒学同样崇高的地位。到19世纪80年代，西学运动进入开办学堂时期。这个运动，不仅创意者是儒者，实行者也是儒者。曾国藩、李鸿章、左宗棠、张之洞等人，不仅是清朝的重臣，也是当时最优秀的儒者。儒学不得不为自己“挖掘坟墓”。

5. 中国文化经先秦的百家争鸣后，汉“独尊儒术”以来的文化、思想一下子统一了。如此禁锢了思想，妨碍了制度的创新，致使皇权专制延续2000年之久。

6. 儒学的悲剧在于，儒学只能是一门学问，可以作为国家意识形态建设、文化建设的内容，不能作为治国方略。当一个思想超越了它本身的功能或者用错了地方，悲剧就发生了。思想有时只能管“思想”，至于怎么用，是另外一个问题。从理论上讲，体与用是不可分割的，但实践中体与用毕竟不是一回事。

第八讲：义

庞朴先生从字形、字根出发，研究出“义”在古代有“杀”的意思。这是我从来没有想到过的。

庞先生先从郭店竹简的一则材料研究。郭店竹简的一支竹简上有三个字，“义，宜也”。第一个字是仁义的义字，写作“我”字底下放个“心”。第二个是宜，就是适宜、合宜。宜字大篆的写法是切菜用的刀板。根据字形、字与字之间的关系以及文献中的相关内容，庞先生认为，宜最早指的是一种杀戮行为，也是一种祭祀的名词。为什么又是祭祀名词呢？因为，祭祀是要宰杀牲畜的。

庞先生认为，义原初的意思跟杀有关，这层意思不但在甲骨文中有所体现，在现代用语中也有所保留。比如，我们通常说的“大义灭亲”。又比如“见义勇为”，讲见到应当做的事情，即便有危险，也勇敢地去做。这里的潜台词说明其间有争斗，因此，还是跟杀有关联。

那繁体字义从我从羊，又是怎么回事呢？从甲骨文“我”的字形来看，是一只手拿着一把武器。古人为什么用手拿武器来表示我呢？庞先生推测，一个人劳动的时候，任何工具都不如他用惯了的工具顺手。这里面蕴含着一层意思：最习惯的，因而也是最方便、最顺手的工具，与“我”有着某种关联，甚至可以说，该工具带有“我”的某种属性。古人可能注意到了这一点，所以在造字时，用跟我关联最密切的工具或武器来指代“我”。当时，人们正处在游牧阶段，部族之间争斗不断。对每个人而言，手拿武器是最为切己的，因此，用来指代“我”。可见，“我”的字形也跟杀戮有关联。上面的羊，庞先生认为应当是翎毛，表示人头上插上翎毛以示威武。

在庞先生推测的基础上，我联想到，古人手拿武器与杀戮有关，也可能与“保护自己”有关联。他们手拿武器，不仅仅是为了部族间的争斗、杀戮，也可能是捕杀动物作为食物，也可能是为了防御外族人或动物的进攻，等等。

仁和义的关系。儒家对于血缘关系较为关注，他们认为，仁适用于血缘内部；而血缘以外的关系，则应当用义来解决。在中国文化的社会环境中，仁与义的统一是非常困难的，需要诸多条件才能够实现。就是在现代社会，如何统一仁与义，也是一个值得研究的问题。先秦时代，墨家讲兼爱，就是无差别的仁；法家不讲仁，只讲法，把义推向极端；儒家讲“大仁小义”，仁义矛盾时则舍义取仁。但儒家讲“大仁小义”，也许可以用于家庭内部，用于社会，历史证明是行不通的（《简明儒学史》中已经证明）。在社会治理的层面，仁、义、法如何统一，值得研究。

2008年12月—2009年2月

『教』语文：留下形象 留下情感 留下语言

阅读教学应该在学生的精神世界里留下形象、留下情感、留下语言。形象是理解、运用语言的重要背景，情感与理解、运用语言相依相伴，语言是语文学习的归宿。形象、情感、语言三位一体，共同作用于学生语文素养的形成、人文精神的养成，体现语文教育的多重功能。

朗读，如何成为教学内容

——《二泉映月》课堂实录及点评

时间：2008年3月21日

学生：兴化市文正实验学校五年级一班

教者：何伟俊

点评：赵冬俊

第一课时

（课前：学生照常齐诵必背古诗）

师　听同学们背诵古诗，我心里很幸福。还记得何老师吗？上学期和大家一起学习了一篇课文，希望我们能成为老朋友。（师生问候）

师　昨天晚上，我遇到一件很蹊跷的事，乘出租车回家，一进车，一首熟悉的乐曲传入耳中。你们猜是什么？

生　《二泉映月》！

师　你们太聪明了！我之前从没有在出租车上听到过这首曲子。于是就和师傅交流，问他，你喜欢吗？（一生猜是“爱”）他却说出了两个我想不到的字——“经典”。他还说日本人说这首曲子应该跪下来听。我更惊讶了，并告诉他，那个日本人是世界著名的指挥家，叫小泽征尔。我对师傅说，怎么这么巧呢，明天我正好要和小朋友们一起学习《二泉映月》这篇课文。我不是说，司机就不可以说出

“经典”两个字，就不可以知道《二泉映月》要跪着听。我是想说，从出租车司机对这首曲子的喜爱，我们可以很好地去理解课文的最后一段。

【点评：何伟俊主任的这段导入，是一段能够扣住人心的导入。真实，仿佛就在身边。我甚至想象——即使有人复制这段经历，将之编成自己的美丽谎言，也不失为一段自然、有效的课堂导入。】

师　我们一起来看课文的最后一句话。请你来读一下。（生读“这首曲子……”）

师　结合刚刚的小故事，能理解这句话吗？哪些词引起了你的注意？

生　“深受”“享有盛誉”。

生　“几十年来”。

师　那能理解“深受喜爱”和“享有盛誉”吗？结合刚刚的小故事。

生　《二泉映月》非常著名，驰名中外。

师　结合老师的故事，老师的巧遇，能想出来吗？就是说我们在一个普通的出租车司机的车上都能听到这首曲子，说它深受我国人民的喜爱过不过分？

生　不过分，全世界人都喜欢。

师　我刚才讲的小泽征尔是什么人？世界著名的指挥家。那是不是说明它在世界乐坛上享有盛誉呀？一起来读一读这句话。（生读）那它到底是怎样的曲子呢？我们今天一起来学习，好不好？

【点评：听过好几节《二泉映月》，几乎可以断言，《二泉映月》绕不开小泽征尔，绕不开小泽征尔的“跪听二泉”。更有钟情者，以“跪”为线，设计并经营出阿炳的种种精神与品质，方觉圆满。我没有细查“跪听二泉”的出处，只是凭直觉——作为乐坛享有盛名的大指挥家，小泽征尔的“跪听”，表达的是对音乐本身的虔诚。恐怕小泽征尔不会先查阿炳的家谱，了解阿炳的身世遭遇，然后再听《二泉映月》，泪流满面。这样一来，我怀疑我们所有的课堂推论会不会是一厢情愿的自欺欺人。

何主任也用"跪听二泉"，但他没有落入窠臼。他是借助小泽征尔之"威名"与"跪听"的张力，引导学生关注（"课文最后一段，哪些词引起了你的注意"）并理解课文词语——"盛誉"。切莫小瞧此中的"关注语言"，这是一种语文习惯与语文意识的培养。套用何主任的课堂用语，便是"你关注语言的时候，你已经理解了语言"。这是比"理解"更重要的一种语文能力。目前的小学高年级语文教学，对此并未给予应有的重视。】

师　课前我了解一下，有的同学喜欢这篇课文，也有的不喜欢，为什么呢？有同学说这篇文章难理解，难读难懂。现在来读课文，有两个任务：一是找出哪些地方难读，自己练习几遍，或问问老师、同学；二是找出难理解的地方，在旁边打上小问号，我们一起来探讨。前几天，我听你们学校的赵老师说，读书要有一种状态。我觉得有道理。一位作家说，作家就是在词语的池塘里游泳的人。其实，我们读书也是在词语的池塘里游泳、呼吸。让我们提醒自己进入读书的状态。好，现在开始。（生自由朗读，师行间巡视，个别指点）

【点评：关于读书的状态、读书的方法，课堂上传诵着许多耳熟能详的经典。但学生对之早已不觉新鲜。让我们钻到课文里，"在词语的池塘里游泳、呼吸"，何主任这么一说，尽管是引用，对于学生而言，对于听课的我们而言，是一种高强度的刺激，是一种实实在在的收获。可见，文学理论应是语文老师的必修课。】

师　读好后，不要急着用笔画，先享受一下阅读的状态——十秒到二十秒。现在，拿起笔，把自己觉得读得不太顺的地方或有疑问的地方找出来。（师观察、询问、交流）

师　下面我们来交流一下。

（有三个学生发现了同一处难读的地方）

生　"因为除了淙淙的流水，他什么声音也没有听见。"在流水后面容易加一个"声"。（师请他们分别朗读。学生并没有读错）

师　读得不错。当你发现问题的时候，问题就解决了一大半。这也是一种学习方法呀。我们一起来读一下“小阿炳……他什么也没有听见”。

【点评：自己教过一遍，居然没有注意过“除了淙淙的流水”并没有“声”字。真希望学生都能记住何主任这句富有哲理的话——“当你发现问题的时候，问题就解决了一大半”。难道不是吗？】

生　第五小节最后一句排比句太长了，不好读。

师　你们学过排比句吧？自己先读一下“阿炳用这动人心弦的琴声告诉人们，他爱那……”

师　朗读可以有自己的习惯，但你不能把意思读破了。“他爱那”可以在这里停顿，我们不仅要读准，意思也不能破。听老师读，自己再练习两遍，马上找人读。（生练习）

师　我找同学来读，逗号稍稍停顿，把节奏读出来。（生读）

师　好的，可以再轻些。朗读是要用脑筋的，把它读好了，你会喜欢的。你再来读一下。……好的，同学们想一想再去读，书会越读越好的。进行第二个任务：有哪些问题。

（学生提出不理解的词语：藤萝摇曳、静影沉璧、积淀、委婉连绵、升腾跌宕）

师　好，这些是词语，还有什么问题吗？对课文内容不理解的？暂时没有，那我们一边读一边发现问题。先理解这几个词语。大多数词语我们在读课文的过程中是可以理解的。“藤萝摇曳”猜一下，“摇曳”是什么意思？

生　摇晃。

生　摇动。

师　怎样摇？是台风来了，猛烈地摇动吗？

生　不是，是轻轻地摇动。

师　想象一下“摇曳”是什么情景。

师 “静影沉璧”的“璧”，懂吗？看它下半部分是什么字？“玉”字，大家见过吧，有方的圆的，看文中是不是玉的意思呢？在月光下，月色如水，这里的“璧”指什么？

生 月亮。

师 真的月亮吗？是月的什么？

生 月的倒影。

师 很聪明。想象一下，明月的影子沉在水里，就像一块什么？璧玉。好，下面请一位同学读第五小节第一句话。

师 刚有同学说“积淀”不懂，那分开来你就懂了。“积”什么意思？积累。“淀”呢？沉淀。

生 积累沉淀。

师 想象一下，有些东西沉到水里会不会溶化？

生 不会，像果粒橙有沉淀。

师 对了！我就想到我们小时候喝那个水不干净，会有泥土等杂物沉淀在水底。没想到这个果粒橙。那看看课文，积淀了多久？

生 十几年。

师 哦，是十几年。如果是果粒橙，那早就过期了。那文中“积淀”指的是什么？

生 情怀。

师 再说一遍，什么？

生 情怀。

【点评：根据词语本身的特点，何主任引导学生多渠道理解词语。如拆分词语，各个击破；细分字形，想象自构；同义辨识，一举两得。

理解的方法胜于理解本身，何主任深谙此理。如何将“此理”镂刻在学生心上？我以为还应加以强化。如，可以板书“静影沉璧”之“璧”，真正地让学生见形猜义；也可行书范写“摇曳”之“曳”，感受“曳”之轻盈、美好。】

师　究竟是什么情怀？就在文中。我们一起来读第三至五节。看这十多年了，什么样的情怀能积淀这么久。（师配乐，生朗读）

师　读了课文我们来想一下，积淀已久的有哪些情怀？

生　眼睛看不见的痛苦。

师　对，痛苦。

生　对生活的希望。

生　对师父的怀念。

生　思考人生道路。

生　坎坷的人生经历。

师　有坎坷，有伤心，有热爱，有向往，这就是积淀在阿炳心里的情怀。我们一起来看他心中的苦难。在第几小节？（生找，并读第三小节）

师　阿炳苦啊，苦在哪呀？注意到一些词语了吗？“师父早已离开人世”，失去了依靠……“双目失明”那是什么样的打击呀？

生　致命的打击。

师　很好，我们可以用“厄运”这个词。再看“整天……度日”那是怎样的生活？很艰辛，很孤独，很悲凉。下面我们读第1、第2两句，感受阿炳苦难的生活。（生读。师接着学生读完第三小节）

师　注意文中“又一个中秋节”，为什么用“又”？小时候跟师父中秋节去过。同样的中秋，同样的月夜，同样的阿炳，他听到了什么声音呢？下节课继续。下课。

【点评：至此，教者的教学设计框架才有所显露。他是要抓住阿炳的“情怀”做文章。】

第二课时

师　上节课我们一起读了课文，理解了一些词语的意思。重点从“积淀”这个词触摸了阿炳的内心。

师 阿炳的心里是不是只有苦的情怀？

生 还有对音乐的热爱，还有对光明的向往，还有希望。

师 我们一起读第三小节，感受一下他积淀已久的复杂情怀。（生读）

师 十多年过去了，阿炳又一次来到了二泉。刚才老师说同样的中秋夜，就像今天的太阳和昨天的太阳是同样的太阳。真的相同吗？可以说一样，也可以说不一样。读一下文中的句子。他听到了什么声音？那么你觉得这些声音奇妙吗？是真的吗？从哪个词可以看出来？

生 不是。从“似乎”可以看出来。

师 好，那请你读一下。到底是什么声音？

生 心中的声音。

师 哦，那不是泉水的声音，是心中的声音。用一个词语说，试试看。

生 心声。

师 这样坎坷的经历，这样的月夜。课文的语言，把你带入一个怎样的世界呢？我们一起读第四小节。（指名读，生把“深沉的叹息，伤心的哭泣，激愤的倾诉，倔强的呐喊”越读越高，像在叫喊）

师 想象一下，那样一个宁静的夜晚，那样的内心痛苦，我们能用高昂的声音来读吗？他是很激愤，很激昂，想呐喊，但我们能高喊吗？读出内心的力量和感受，不必用高喊。谁来读？好，你来。（生读）

【点评：何主任不止一次地大声疾呼：“要将朗读作为教学的内容。”

何主任的教学实践，给我们发出信号，更给我们拉响警报——对比很多课堂上的读书指导，我们会发现多少朗读教学误入歧途。我经历的一节公开课上，为了表现角色的凶残，学生乐此不疲地扯着嗓子练读。待指名一位学生读时，他的嗓子已经“坏”得不轻了。

读，诚如何主任所要求的那样，要“读出内心的力量”，要有想象的参与，要有情境的笼罩，只有这样，嗓音才不会如脱缰的野马，奔腾咆哮，破坏“二泉”的

宁静。】

师　好，你读出了自己的理解。让我们一起走进月夜，走进充满坎坷经历的阿炳。（生齐读）

师　现在我们出来，读书要进得去，出得来。我们读书用“读”，写作用“写”，绘画用“画”，乐曲用“谱”。阿炳这首曲子仅是他谱出的吗？找一下他与别人不同的地方。

生　吐出来的。

师　很好。（板书）那是怎样的“吐”？我们一起来读读。

师　阿炳吐出的是什么曲子呢？请默读下面的文字，把描写乐曲的句子用横线画出来，表达情怀的句子用波浪线画出来。（师巡视）有同学已经找到了，有三处。好，交流一下。哪些句子写了音乐？

生　起初琴声委婉连绵，有如山泉从幽谷中蜿蜒而来，缓缓流淌。

生　随着旋律的升腾跌宕，步步高昂，乐曲进入了高潮。

生　月光照水，水波映月，乐曲久久地在二泉池畔回响，舒缓而又起伏，恬静而又激荡。

师　很好，没有找对的同学改改，再找同学说说表现情怀的句子。也有三处。

生　这似乎是阿炳在赞叹惠山二泉的优美景色，在怀念对他恩重如山的师父，在思索自己走过的人生道路。

生　它以势不可当的力量，表达对命运的抗争，抒发了对美好未来的无限向往。

生　告诉人们，他爱那美丽富饶的家乡，他爱那惠山的清泉，他爱那照耀清泉的月光……

师　对吗？他有个字读错了，哪个？“势不可当”，第一声。齐读两遍。

师　这一段有上节课同学提出的“委婉连绵”“升腾跌宕”两个词不懂，是描写琴声的。我们用画线法来理解。“委婉连绵”怎么画？“升腾跌宕”又怎么画？谁到黑板上来画一下？你们可以在头脑中想象。

（一生画出了波浪线）

师　大概就是这个样子，再长一点，连绵啊。“升腾跌宕”呢？

（一生画成陡峭的山峰状）

（师先接着学生的线条延长出来，说，有时要宕下去。只可意会啊）

（一生举手）

师　有疑问？哦，你也要画啊。

生　我要画“舒缓而又起伏”。

师　老师差点忘了，还有“舒缓起伏”。（生画）

师　你对音乐有自己的理解，将来是个作曲家。

【点评：对于节奏，孩子们有种天然的直觉，何主任顺应了这种直觉，让学生跟着自己的感觉画一画“委婉连绵”“升腾跌宕”。一个学生欲罢不能，竟自告奋勇地要画“舒缓而又起伏”，显然，这已经不是解释词语、勾画线条，而是童心流韵。相信这些记忆会长久地留在学生心中。】

师　这一段里，阿炳还有哪些情怀呢？有没有找到？可以圈一圈。

生　有怀念、思考。

生　赞叹。

生　向往。

生　抗争。

生　热爱家乡。

师　还有爱。这就是阿炳用音乐表达的情怀。现在我们分组来读一下：这两组读描写音乐的句子，那两组读表现情怀的句子。老师读前面的部分。（师生读）

师　第一处情怀的句子较长，我提示一下，可在两个地方稍停顿，“这似乎是‖阿炳在赞叹‖惠山二泉的优美景色”，赞叹后面也可以不停，课后你们可以研究一下。

师　这段文字主要写什么？音乐，是不是？用这么美的语言来写，我们的脑中会出现一幅优美的画面。这美好的音乐、美好的语言、美好的景致，更有阿炳那美好的情怀。我们有什么理由不去欣赏呢？下面伴着音乐读两到三遍，用内心的力量读，不要用喉咙的力量。轻轻读，声音不一定要大，但要用心去欣赏。（师播放《二泉映月》，生读）

【点评：何主任确立的教学内容在我们眼前一览无余，主要内容之一，就是朗读。置身其中，我们感受着动人的音乐、美好的景致、美好的情怀，更感受着美妙的朗读。朗读的作用是巨大的，它不是机械单调的读字活动，不是见字读音的直觉过程，而是一个有着复杂的心理、生理变化的驾驭语言的过程。正因其重要而复杂，何主任不惜时间，让学生不断聆听，反复练读。应该说，这些时间都用在了刀刃上。值！】

师　怎样，感觉如何？我说说我的感觉。我读了二十几遍，虽然感觉嘴里干，但又觉得很甜。哪个同学愿意把我们带进阿炳的内心世界？带进词语的池塘？谁来？（一女生站了起来）

【点评：以前有将阅读课上成读书指导课的提法（不知为何，这样的声音日渐微弱）。特级教师于永正在这方面的研究是卓有成效的。何主任尤其欣赏于永正的语文教学，因而他看重“朗读”本身。试想，一篇课文，反复读上20遍之后，怎么会没有教的方法，怎么会缺乏读的底气？】

师　读得怎样？好。用心读了。这一段分几层？三层，我们朗读时注意停顿，再注意高低快慢的变化。（一男生读）

师　尽管不是很流畅，字音也不是很准，但他用心读了。我希望你能在老师同学的帮助下读得更好，你会把这份情表现得更好，好吗？

师　刚才我们在优美的音乐声中感受到了文字的美好、月夜的美好、音乐的美好，更体会到了那情怀的美好。我们说阿炳在谱曲，那一般人们说曲子谱出了，而文中用了“诞生”，是什么意思呢？

生　伟大的人出生了。

生　很伟大的作品。

师　为什么用“诞生”不用“产生”？

生　更能表现他对音乐的爱。

生　表现音乐的美。

师　再想想。

生　人们对音乐的喜爱。

师　再想一下，我们人出生用“诞生”，那这首曲子是阿炳怎样谱出的？

生　用自己的心写出的。

师　是的，用心、用生命写出的，是活生生的。不仅仅是用电脑用文字写的。早读课时，我们听了《二泉映月》，我看很多同学都动容了，还有个同学说听了觉得很伤感，这说明它是有生命的，不然你怎么会有这样的感觉呢？好，一起来，读最后一节。

第三课时

师　第一课时我跟同学们说，读书就像是在词语的池塘里游泳、呼吸。下面我们来看一下这些词，为什么用这些词而不用其他的词。第一节，“树木葱茏”“藤萝摇曳”能用其他词语代替吗？我们先来看“一泓清泉”。

生　可以用“一股清泉”。

师　还有“一池”“一口”“一个”等，比较一下，你觉得用“一泓清泉”有什么感觉？

生　有诗意。

生　更美。

生　更有生机。

师　有感觉了，我们来看第四节。“耳畔”为什么不用“耳旁”？“萦绕”为什么不用“环绕”呢？想过吗？用老师这样的方法找找这样的词，看谁发现的多。

如果用别的词代替就没有这种感觉，找到了吗？

生 “穷困”可以换成“贫穷”“贫困”，但不能说明阿炳生活的痛苦。

生 “盛誉”可以用“声誉”，但“盛誉”更高一层。

师 说明曲子著名。

生 “缓缓”可以用“慢慢”，但读起来不好听。

师 好，有发现。

生 “呐喊”不用“叫喊”，“呐喊”是心底发出的声音。

生 “赞叹”不用“称赞”，说明对景色称赞更深。

师 对，由心中发出的赞叹。

生 “步步高昂”不用“步步高升”，更听出音乐的旋律。

师 音乐的力量。

生 “恬静”不可换成“平静”。

生 “势不可当”不可换“不可阻挡”，显得更有力量。

生 “蜿蜒而来”更生动。

生 “怀念”可以用“想念”，但怀念更看出他与师父的感情好。

师 能感觉到就不简单了。

生 “向往”可以用“期盼”，更体现他对光明的希望很大。

生 用“优美”比“美丽”更美些。

师 好了，不说了。这些词语很多很多，有兴趣可以尝试着去比较、品味。我来说说我的看法。这篇课文的语言，我想用一个词语来表达，不知是不是准确，就是“典雅”。因为《二泉映月》是经典的音乐（司机说的），如果用一般语言就不相称，所以要用典雅的、优美的、诗意的语言。我希望你们以后读书能在词语里多发现。读到现在，你对课文有哪些理解？大胆说说。

生 阿炳虽双目失明但不气馁。

生 《二泉映月》好像是在诉说他的内心世界。

生 这曲子是他一气呵成的，因为是他的心灵之歌。

生 这曲子是他用生命写成的。

生　这曲子是他随性而发。

生　是阿炳用生命加情怀写出的。

生　这不是一般的曲子，而是有生命的。

师　很好！这曲子是他心灵的倾吐。（板书：曲子、人、故事）通过曲子、故事了解一个人。学了课文知道阿炳是一个身体残缺的人，找找他有哪些缺憾？

生　双目失明。

生　生活穷困。

生　没有亲人。

生　疾病折磨。

师　所以他的一生是没有依靠没有亲人的残缺的人生。那他靠什么来支撑活下去的呢？

生　音乐。

师　音乐及他对音乐的热爱。（板书）还有吗？

生　向往光明。（板书）

生　希望过上幸福生活。

生　爱。

师　他对音乐的爱。上学期我们一起学习了《厄运打不垮的信念》，谈迁靠什么支撑的？信念！（板书）还有很多。我们来看这个"人"字，人，就是一撇一捺支撑呀！

【点评：欣赏何主任的板书，及他对板书的生动阐释。尤其欣赏他对"支撑"一词的解释，生动形象，而又兼具广度与深度。】

师　人生总有这样那样的缺憾，我们靠什么生活？靠事业、靠家庭、靠亲人、靠信念等支撑，你们还小，现在不一定懂，但慢慢就会明白的。

师　开始的时候我讲了一个小故事，司机知道这是经典的曲子，还知道这首曲子要跪着听。今天我们不用跪，我们站着听，表达对阿炳的敬意，对饱经风霜、双

目失明的民间艺术家的敬意。老师为你们轻轻地读课文。（师配乐朗读）

师　这篇课文就和大家学到这里，以后经常听这首曲子，好吗？

【点评：最后五六分钟的配乐朗诵，何主任入情入境——乐止声停，如此巧合，实在难遇！】

踏上阅读的发现之旅

——《特殊的葬礼》课堂实录及点评

时间：2008年5月15日

学生：兴化市戴南中心小学四年级二班

教者：何伟俊

点评：姚年旺

第一课时

（课前谈话）

师　我像你们这么大时也在戴南中心小学上学，我是“老学生”，你们是小学生，今天“老学生”和小学生一起来读一篇课文。

师　今天有我的老同事——你们的老师来听我们上课，大家不要因为有老师听课分了心。我们学的是《特殊的葬礼》，这堂课我们也有点特殊。知道特殊在哪里吗？

（生沉默不语）

师　以往都是沈老师上课，今天是何老师上课，有一点点特殊。后面有老师在听课，也有点特殊。

生　是。

师　我想你们的心情也有点特殊。上课之前我们讨论了“喜不喜欢上语文课”

这个话题，有的小朋友说喜欢，有的小朋友说不喜欢，我佩服小朋友敢于说真话。说不喜欢的小朋友，没关系，有些事情总可以由不喜欢慢慢变成喜欢的。如果我们在读书的时候，有些小小的发现，就像捉迷藏一样，逮到了那个藏着的伙伴，就会很高兴。同样，读书中有了发现，有了什么想法，与小朋友们交流，自己会感到快乐，慢慢地就会喜欢语文。我希望今天和你们一起上两节课，能让你们开心、快乐。

【点评：课前教者对学生“你最喜欢上什么课？最不喜欢上什么课？”做了个调查，结果是语文课不幸被有些学生列为最不喜欢上的课。这引起了教者的深思，亦是我们广大语文教师需要深思的问题。从课前谈话中就可以看出，教者在努力地对学生进行关于语文学习的心理疏导。“发现”+“交流”=快乐的语文学习！在这里被教者渗透下去，并贯穿本次教学的始终。

“捉迷藏”的比喻可谓神来之“比”，从课堂学生的参与情况来看，不少学生还是乐于发现和交流的。】

师　我们先来读课文的题目。

生　第十八课特殊的葬礼……（读得较快，没有停顿）

师　现在我让你们来一个小小的发现。听老师读一下：第十八课/特殊的/葬礼。你们发现了什么？

生　有些停顿。

师　很好，在哪儿停了？老师为什么要停呢？有什么发现吗？

生　强调。

师　我为什么这样读，你们是听我读的，我强调的作用是什么？

生　引起我们的好奇。

师　通过停顿引起你们的思考。在停顿中有了感情，这就是语文嘛。这也是你们的发现啊，发现了就会觉得语文很有趣。

生　齐读课题。

师　谁再来读一下。

生1　第十八课/特殊的/葬礼。

师　很好。你再来读一下。

生2　第十八课/特殊的/葬礼。（学生注意了停顿）

师　好的，一学就会，读得真好。

【点评：如果说课前谈话部分是在渗透"发现+交流=快乐的语文学习"的思想，那么从课题的教学开始，教者就在引导学生实践这种思想。我认为，第一课时的教学应该把课题的教学当作一项教学内容。可以指导读课题，可以引导学生对课题发问，也可以由课题想到其他……总之，课题也是一种教学资源，不可轻易放过。】

师　下面我们开始学课文。沈老师让你们预习过课文了吗？

生　预习过了。

师　下面请同学们自己读课文。怎么读呢，是一口气把它读下来。这里面这些字可能不太认识，读不太准，或者有些句子还不能把它读顺，或者读得结结巴巴。可以把它跳过去，一口气读完，用心把课文读进去。现在开始小声读。

（生自由朗读课文。师行间巡视，有时停靠下来，耐心地倾听个别学生的读书）

【点评：学生第一遍读课文怎么读？这似乎不是什么问题。但教者在学生第一遍读课文的时候，却提出了"一口气把它读下来"的要求，这是为什么呢？当时我也纳闷，请列位看官继续往下看……】

师　刚才大家读了课文，有什么发现？有什么感受或想法？

生　我们破坏了环境，浪费了水资源，塞特凯达斯瀑布消亡了。

师　这是你的发现，很好。还有谁发现了？

生　巴西总统穿的是黑色的葬礼服。

师　你注意到了衣服的颜色，发现得真好。

生　是在巴拉那河上举行的。

师　知道了葬礼的地点，好。

生　塞特凯达斯瀑布很壮观。

师　好的，你看发现的东西越来越多了。越多了就不讲了，请你们放到心里。读书讲究的就是感觉，刚才大家都找到了感觉。光找到感受还不行，学习语文还有个途径。如果你能把课文朗读得正确，很流畅，我想你就不怕语文了，成绩也不会差到哪里去。下面我们来认真地读课文，把课文读准、读熟。

生　好。

【点评：哦，原来是这样！学生第一遍读课文时，难免会碰到很多困难，如果每碰到一个困难就停下来一次，那么学生会读得很艰苦，何来“快乐的语文学习”？自然也就不会有上面如许的发现，更不会有语文的感觉。这大概就是教学策略的优化吧。】

师　如果你在读书过程中，遇到不会的字可以看看课文后面的拼音，可以查字典，或者问问老师。你也可以把读不顺的地方或者不懂的词语、句子用笔画下来，如果你遇到不懂的问题就写在书的旁边，或者画下来，在旁边打上一个问号。下面轻声地读课文。

（生小声地朗读课文）

【点评：第二遍读课文，就开始上难度了。由于有了第一遍读时的快乐的感觉，学生就会很容易在兴趣与困难的博弈中胜出。】

师　下面我们来分自然段朗读课文，然后提出自己不懂的问题。

（七位学生分别朗读课文，边朗读老师一边纠正、指点）

师 读书不要着急，要读得很通畅，有些地方要停顿一下。（第一位学生读完第一自然段后）

师 读书的语气处理得非常好。（第三位学生读完第四自然段后）

师 你刚才有许多地方读错了，同学们帮你指出来了，你改正了，很好。你再读一遍，我相信你一定会读好的。（这是位朗读能力差的学生）

（生重读课文第八自然段）

师 进步很大，“饱含深情”读连贯了，“语调”读对了，“曾经”读对了，“赖以生存”读通顺了。你读书进步真大。老师相信你，这样坚持练下去，肯定会越读越好。

【点评：并不是所有的学生都能在这场博弈中胜出。这不，这位同学第八自然段就读得不好，教者耐心地听他读完，指导后，让他再读，并给予表扬和鼓励。一个也不落下，每个人都有收获。】

师 好，下面我们来发现问题，有哪些地方不懂？

生 人们在这从天而降的巨大水帘面前，流连忘返。为什么是“从天而降”？

生 为什么巴西总统菲格雷特穿着黑色葬礼服？

生 这雄伟的景观，为什么不辞而别呢？

生 为什么沿河两岸的森林被乱砍滥伐了，就会造成大量水土流失呢？

师 咦，问得好，你将来会成为科学家的！

生 塞特凯达斯瀑布又不是人，为什么要哀悼？

师 是，很好。你有没有在书上标出来，留下记号？这个问题很重要，我们在读书过程中慢慢理解。

生 有。

师 （点点头）读一下“哀悼”。

生 1986年9月在巴拉那河上，为什么要在巴拉那河上举行特殊的葬礼呢？

师 因为就是在这条河上的一个瀑布啊。

生　他在群山之中，为什么要无奈地低下了头？

生　菲格雷特总统为什么要用饱含深情的语调呢？

师　你们的问题越提越好了！

生　为什么几年过去了，塞特凯达斯瀑布逐渐枯竭，再也见不到昔日的壮观气势了呢？

师　你知道“昔日”的意思吗？

生　从前。

师　同学们的状态越来越好了。有些问题提出了，自己就能解决；有些问题随着我们读书，在读书中可以解决；还有些问题我们要互相讨论，把它弄清楚。好不好？

【点评：学生亲自读了两遍，又听同学读了一遍。三遍下来，让学生在发现的基础上提问题，学生的状态真是越来越好了，绝大多数的问题都很有价值。对于学生所提出来的问题，教者没有一概而论，而是区别对待。简单的、一目了然的当场解决，与课文中心有关的问题暂时存疑，留待下面讨论解决。】

师　下面我们来看看词语。

生　慕名而来。

师　慕名而来，“慕名”是什么意思呢？

生　仰慕。

师　慕名而来是什么意思呢？

生　它是世界上最大的瀑布，所以到这里来，因为它很壮观……

师　我举个例子：戴南的不锈钢非常有名，人们知道这个名声就来了，这叫什么？

生　慕名而来！

师　刚才那位不懂的同学，联系课文来说说慕名而来的意思。

生　塞特凯达斯瀑布全世界闻名，所以人们来到这里。

师　还有呢？

生　流连忘返。

师　谁来说一说？

生　看了不想回家。

师　你用自己的语言理解这个词的意思，很好。还有其他的理解吗？

生　看了舍不得回去。

师　还有哪些不懂的？

生　汛期。

师　就是发大水的时候。

师　还有吗？

生　赖以生存。

师　什么意思呢？

生　依靠它来生存。

师　你读书的水平真高啊！赖是依靠。我们靠什么来生存？

生　地球。

师　地球要是一“发火”，就不得了了，就会地震啊，洪水啊。比如四川的地震，就是地球“感冒”了。所以说地球是我们赖以生存的条件。还有什么？

【点评：地球“感冒”了，不仅是一种幽默的说法，也是现实地反映了地球的本来面目。地球本来就不好伺候，我们更不能惹它生气啊！】

生　枯竭。

师　枯竭是什么意思？

生　原来有很大的水，现在没有了，逐渐变少了。

师　应该这样说：原来的水很大，逐渐变少了，后来没有了。

生　毫无节制。

师　这是个很重要的词，懂的人举手。

生　没有一点点节约。

生　不懂得节约。

生　他想怎么用就怎么用。

师　比如说，你家里有个水龙头，刷牙、洗脸，这些都是必须要用水的。如果你不需要用水时，也把水龙头开着，水哗哗地流着，这就叫毫无节制。还有吗？

【点评：为什么“毫无节制”是个很重要的词？估计学生都没有听出此中玄机。往下看，你就会知道，原来这里是个伏笔。】

生　奄奄一息。

师　什么意思？谁来说一说？

生　他要死亡。

师　就是快要死亡了，只剩下最后一口气了。

师　我们读读书，相互讨论，弄明白了这些问题，这就是学习语文，多有意思啊。现在我们再来想一想，我们已经读了三遍课文了，又有什么感受呢？

生　我发现了塞特凯达斯瀑布是世界上流量最大的瀑布。

师　有了发现就好。

生　就是人们不爱护地球，毫无节制地浪费水资源。

师　对啊，不是所有人都爱地球，有些人还不知道去珍惜水资源，所以我们要去宣传。

生　虽然塞特凯达斯瀑布是世界上流量最大的瀑布，但是我们要去珍惜。

【点评：再次让学生说“发现”，看来教者是打算将“发现”进行到底了。】

师　是啊，人们以为滔滔不绝的水会用之不尽。刚才大家说得很不错，有了自己的发现。听了刚才七位同学的朗读，我也有了自己的发现。我发现同学们读书时都不太注意停顿。读书的时候在句号后面要停顿，一句话一句话地读，要让自己和听的人听清楚，边读边思考，边听边思考。我很想为大家朗读这篇课文。请同学们注意听，老师是怎么注意停顿，怎么一句话一句话把课文读清楚的。

（师范读课文）

【点评：课后交流才知道，教者本来没有打算在这里范读课文，可能是“发现”学生的朗读在停顿方面存在共性的问题，故而临时增加，这就耽误了下面的写字指导。这是后话了。这算是“应急性”教学内容的选择吧。】

师　听完我朗读课文后，我感到你们有了发现，说明你们思考了、有收获了。希望以后多练习朗读，读出自己的感受和发现。下面我们来学习生字。请同学们看106页，有几个带有三点水的字？

生　三个。

师　这三个字写的时候，我们要注意什么？

生　三点水要写在左边，要窄一点，右边写大一些。

生　三点不要在一条竖线上。

师　三点水你们会写了，我就不教了。（师于黑板的写字框里范写：洲）你们看“洲”字右面的三点怎么写的？有没有发现？

生　发现了！一点比一点高。

师　太棒了！我想了几天才发现的。

师　我们写字就要这样，也要发现，要把字写漂亮。噢，这里还有个“州”，这两个州有什么不同呢？

师　有三点水的“洲”，周围都是水，中间有块地方这叫“洲”。比如你们学习地理学到几大洲？

生　五大洲。

师　应该是七大洲，为什么这些洲是三点水呢？因为海洋把它们包围起来了。那么泰州是什么州？

生　第二个州。

师　为什么没有三点水呢，这个州表示一个地方。比如：扬州、苏州、常州等都是地名，以后不要用错。

师　接着我们再来学一下“旬”，谁来黑板上写一下？（生到黑板上写字）

师　我们应该注意什么？

生　要把“日”写到外面。（师示范写到生字框中）

（下课铃响了）

师　生字就先学到这儿，下课。

【点评：本来教者选教三个带三点水的字，是想教一教三点水的写法，但当他“发现”学生早已掌握时，立即转而教“洲”字右边的三点的写法。教者也要善于发现，适时地调整教学内容。又一个“应急性”教学内容选择的范例。】

第二课时

（接上节课的写字教学）

师　写“葬”和“慕”这两个字的时候我们要注意什么呢？上下笔画比较多，我们写的时候要紧凑些。再看一看，“葬”字有三横，三横一样长吗？

生　不一样长。

师　下面一横——

生　最长。

师　中间一横——

生　最短。

师　“慕”也是一样，包括“横折”，一共有五横。横的长度也不一样，我们写的时候要注意。好，看老师写这两个字。

（师一笔一画地范写“葬”和“慕”）

师　请同学们想一想，慕为什么是“心”字底呢？

生 因为是一种心里的情感活动。

师 是啊，它是“心”字的变形。以后同学们在写的时候，不要把这个点掉了。

师 请把习字册拿出来，认真写黑板上的这四个字。

（学生写字，老师巡视。发现一位同学字写得好，夸他的基本功很好）

师 写字也有发现，发现了字形的奥妙，真有意思，就能把它写好。

【点评：教者非常重视写字教学。写字教学也不忘让学生来发现。第一课时没有完成的任务，第二课时还得补上，并且不因时间紧就马虎了事，指导得还是那样的细致入微。真正的不折不扣啊！】

师 我们来研究上节课同学们提出的问题。有同学问：为什么要给瀑布举行葬礼？你们参加过葬礼吗？

生 参加过。

师 参加时你们是什么心情？

生 难受、悲伤。

生 非常痛苦。

生 久久不肯离去。

师 是的，还想多送它一会儿。

【点评：联系生活实际理解，是一种价廉物美的教学手段，我们应该优先选择使用。】

师 塞特凯达斯瀑布，在没有给它举行葬礼前它是什么样的呢？

师 你们有没有去巴拉那河看过塞特凯达斯瀑布？

生 没有。

师 我们都没有去过。但是，语言文字有一种魔力，就像你们做梦一样。虽然没有到过那个地方，虽然你不是那个时代的人，但是语言可以把你带过去，它让你好像在梦里去过那个地方一样。现在我们就来看看课文写的那个曾经的瀑布是什么样的。请一个同学来读读第三自然段，我们来一趟梦游，想象曾经的瀑布是什么样子的？

（一生读）

师　读得不错！我们好像看到了气势雄壮的大瀑布。这个瀑布给你什么感觉？刚才有个小朋友问什么叫“从天而降”？为什么“从天而降”？

生　就是看不到上面在哪里。

师　它从哪儿流下来的呢？

生　高处、悬崖。

师　这个悬崖高不高啊？飞流——

生　直下三千尺，疑是银河落九天。

师　这个瀑布什么样子？课文里有三个词，哪个小朋友能找出来？

生　“咆哮而下”“滔滔不绝”“一泻千里”。

【点评：删繁就简，直扑关键词，事半功倍。】

师　“咆哮”是什么意思啊？

生　水流大，声音响。

师　“咆哮”本来是老虎叫。这里指什么？

生　声音响。

师　你能想到哪些成语来形容这个声音？

生　雷声大作。

生　虎啸狮吼。

生　震耳欲聋。

师　你是从哪里知道这个成语的？

生　我是从书上读来的。

师　读书读来的，很好。

生　如雷贯耳。

师　哎呀，如雷贯耳，真的，太响了。

师　“滔滔不绝”是什么样子的？

生　连续不断，很快地流下。

生　水停不下来。

生　水很大，很猛。

师　“一泻千里”是什么意思？想象一下。

生　飞快地流下。

师　流下来流到多远——

生　很远。

师　很远，看不到边。

师　这里不一定是一千里，说不定没有一千里，说不定还不止一千里。

生　海拔很高。

师　你说的是“从天而降”吧？

师　它为什么能“咆哮而下”？为什么能“滔滔不绝”？为什么能“一泻千里”？看一看第一句话里有没有答案。

生　它曾经是世界上流量最大的瀑布。

师　它水太多了，流不尽，是吧？是这样的瀑布。我们一起来把这一小节读一下，想象它是什么样子的。

（生齐读第三自然段）

师　好的，想出来了吗？头脑里有没有瀑布的样子啊？

生　仰头往上看，看不到瀑布的源头。

师　好的，你想到了这一点。

生　悬崖冲破了云层。

师　是啊，高耸入云。有的人想出来了，有的人还能说出来。我这里有个画面你们想不想看？

生　想。

（学生看塞特凯达斯瀑布视频）

师　看了以后我们再来读一读，想象瀑布威猛的气势。

（生再齐读第三自然段）

师　真正去看的人是什么表现？

生　流连忘返。

师　“流连忘返”什么意思呀？我请王和平同学（注：教者资助的学生）答一下，他是我的小朋友。

王和平　就是让人看了，久久不想回去。

师　很好，你强调了“久久”。想想看，人们去看瀑布，久久不愿回去，流连什么呢？他们在干什么呢？

生　他们在观赏。

生　看瀑布的美。

师　是啊，他们在欣赏。还有呢？

生　他们在对着瀑布拍照片。

师　要把瀑布带回家。

生　要在瀑布边留个纪念。

生　在瀑布下面游泳。

师　哈哈，那里可不能游泳，大水会把人冲走。

生　把瀑布画下来。

师　你想象得很好，有画家想画瀑布。

生　还有作家在写作。

师　也可能在那个地方构思一篇文章，或者写一首诗来赞美这个瀑布。

生　还有人在捡贝壳。

师　那要到海边啊。

生　还有些人在哀悼它的消失。

师　它还没有消失呢。（众笑）有的说欣赏，有的说留影，有的说要把它画下来，有的说赞美它。现在，你就是一名站在塞特凯达斯瀑布前的游客，带着自己的感受读一读这一小节。我们一起来欣赏这雄伟壮观的瀑布，读出它的气势。

（生齐读）

【点评：教者以“语言文字有一种魔力”为引，引导学生关注描写瀑布气势的词语，在理解词语的过程中想象、体会瀑布曾经的雄伟壮观的气势，学生“发现”得多，“交流”得欢，有不少精彩的生成。但我觉得，如果再引导学生关注一下课文是如何运用语言的魔力将瀑布曾经的气势展示出来的，就更好了。比如抓一下“尤其……更……”这样的关联词，这节课的语文性就更强了。】

师　人们在瀑布前流连忘返，你体会到人们对瀑布是什么样的情感？

生　人们对瀑布的喜爱之情。

师　从“流连忘返”读出人们对瀑布的爱。（板书：爱瀑布）就是这样一个人们喜爱的瀑布，很不幸的是过了几年，招来了厄运。这又是一个什么样的情景呢？我们看课文是怎样写的。

【点评：直到这里，我们才恍然大悟。原来教者摈弃了大多数人走的老路，即在谴责人类破坏环境方面大做文章，而是引导学生探讨人与自然的关系，进而认识环保与发展之间的关系，这是站在了更高的高度对文本进行解读。这是对教学内容的一种高明的选择。】

（生读第五自然段）

师　好的，读得不错，有点让人伤心。我们来想象一下，如果你也是一名游客，你现在是慕名而来，你慕的是什么名？看到的却是什么？你是什么心情？你有什么想法？你们把自己当作游客，先自己想一想，然后再两三个人交流一下。我马上来采访你们。

（生互相交流）

师　谁愿意接受我的采访？用“我听说”开头。

生1　我听说，塞特凯达斯瀑布雄伟壮观的气势，我慕它的名而来。

师　来了以后看到什么呢？

生1　我看到它的水量根本没有听说的那么美，而是——

师　（纠正）气势那么大。

生1　就像一般的瀑布流量很小了。

师　甚至连一般的瀑布都不如了。你什么心情啊？

生1　我的心情是很悲伤。

师　直接说“我很悲伤”。

生1　悲伤、失望、失落。

师　谁来说几句连贯的话，接受我的采访。

生2　听说塞特凯达斯瀑布雄伟壮观，我就来了。可我看到塞特凯达斯瀑布已经枯竭了，没有了以前的壮观气势。我现在比较失望，还很伤心。心想：我们人类浪费水资源，对沿河两岸的森林乱砍滥伐，造成水土流失，才让塞特凯达斯瀑布枯竭的。

师　你想得这么多，看来你就像课文中讲的是个热爱大自然的人。看了这样的情景，我想每位游客心里都很难受。你们再来读一读，想象一下刚才那个气势雄伟的瀑布，再来看看现在奄奄一息的瀑布。我们再来读一读这一小节，体会一下文章里表达的这种感情。

（生齐读第五自然段）

【点评：第五自然段的教学以“采访”的形式开展，比较新颖，很能激发学生的参与热情。在方法的指导上，教者又以四个问题作指引，并提醒学生不要像回答问题似的，而是直接连起来说，注意连贯性。从结果看，亦很有效。】

师　为什么会发生这样的变化呢？课文里不是交代得很清楚吗？我们一起来把它读一读。

（生自由读第六自然段）

师　是谁用水毫无节制？是谁乱砍滥伐？

生　人类用水毫无节制。

【点评：第一课时的时候，教者就说"毫无节制"这个词重要，到这里学生才会明白：人类"毫无节制"地向自然索取是瀑布逐渐消亡的根源。】

师　还离不开人啊，瀑布是人爱的，也是人们一不小心，把它怎么样了？——谁来用个词概括一下。

生1　伤害。

生2　损坏。

师　一个字呢？

生3　伤。

师　老师想了一个词，是把它毁掉了。（板书：毁）

【点评：人类"一不小心"把瀑布给毁了？我估计不少听课者都觉得教者"一不小心"这个词用得不合适。因为我们在教这篇课文时，通常都会带领学生狠狠地批评人类的错误做法。但仔细一想，就会发现，教者绝对不是"一不小心"地说出"一不小心"这个词的，而是经过深思熟虑的。环境的毁坏，并不是人类的恶意为之，而是人类发展过程中必须经历的阵痛。为下面点出人类的两难打下伏笔。】

师　曾经气势雄伟的瀑布让人们流连忘返，就是这样的一不小心被我们毁掉了，毁掉了以后，人们的心情怎样呢？我们看看下面的一段怎么写的。

生　震惊和痛心。

师　把这两个词画下来。

师　你怎么去理解这两个词呢？要会发现。

生　震惊就是惊讶。痛心就感到心里特别的痛。

师　特别疼。

生　肝胆俱裂。

师　哎呀，太痛了。不错。

师　人们震惊了，痛心了，之后做了什么呢？课文上有个词语——

生　举行葬礼。

师　就是去干什么？哀悼。（板书：悼）看“悼”是什么旁？

生　竖心旁。

师　千万不能写成提手旁。这个字还不能读成“diào”。为什么用竖心旁？再想一想。

生　因为他心里很悲哀。

师　悼念一个人的时候心里是很悲哀的。

（生齐读dào）

【点评：“悼”字并不是生字，却是学生容易出错的字。教者从字音和字形上与“掉”区别，并非多此一举，实为有效教学。】

师　人们哀悼瀑布，并没有停下来。而我们哀悼一个人时，哀悼结束了，再思念他，但不能做什么了。哀悼瀑布以后，人们还做了什么事情呢？

生　还有要我们保护自然生态，爱护我们赖以生存的地球，使大瀑布的悲剧不再重演。

师　人们还想干什么？

生　人们还想保护环境，爱护地球。

师　请你在这里（指板书）写一个字，来理解课文。人们先是爱瀑布的，一不小心又把它毁坏了，又来哀悼它，还号召大家来保护它，是想干什么？告诉你们，现在的塞特凯达斯瀑布已经好一点了，已经起死回生了。再加一个字——

生　救。

师　太好了，跟老师想的一样。有没有不一样的？

【点评：在揭示了人与瀑布之间"爱"与"毁"的关系后，教者并没有止步，继续与哀悼人做比较，引导学生发现：人类开始"救"瀑布了，并且告诉学生，在人类的努力下，塞特凯达斯瀑布已经"起死回生"了。这实际上是在告诉学生，我们从现在开始保护环境，还为时未晚。】

生　挽留，留。

师　留瀑布，充满情感。也很好！还有吗？

生　护。

生　爱。

师　（指板书）又回到了"爱"。希望它能再回来。（在板书上画"____"）这个字我就不写了，留给同学们自己填。

【点评：在学生说了"救""留""护""爱"之后，教者都予以了肯定，但不确定哪一个词，而是留给学生自己填，这样做，可以给学生以更大的空间。不过，细细考量一下，此时的"爱"与上一个轮回的"爱"似乎已经不在一个层次上了，而是更加"爱"了，要是向学生指出这一点，就更有现实意义。】

师　课文学到这里，你有什么感受？我把老师的感受告诉你们，你们长大以后慢慢会理解。人是个很奇怪的动物，人也很难。比如我们的家乡戴南，戴南人搞不锈钢，有钱的人多一些，可惜河水都坏掉了。但是，又不能因此就不搞不锈钢了。现在开始重视环保，进行污水处理了。这篇课文写的是瀑布，其实写了人的困难。我们爱这个瀑布，但又毁了它，毁了它以后，又来哀悼它，还拯救它。其实救瀑布就是救什么？

生　救自己。

师　救瀑布就是救地球，就是救我们自己。你们想得真好，你们在读书中，有了自己的发现，学习语文不是有乐趣了吗？我们自己去想一些问题，就觉得有意思。

生　是。

【点评：拿戴南发展不锈钢产业来作喻，再次说明人类面临的两难境地，呼应前面的“一不小心”。这样的交代很有现实意义，绝不是为人类的过错辩解。】

师　下面我们来学习课文最后一个自然段。想一想，为什么这是一次特殊的葬礼？

（生朗读课文最后一个自然段）

师　你们有了什么发现？

生　因为它是为了瀑布举行的。

师　还有什么？

生　人们先是爱它，后来又毁坏它，接着又来哀悼它，保护它，所以特殊。

生　是因为巴西总统为它举行的。

师　一般都是人死以后举行葬礼，现在瀑布有没有完全死？

生　没有。

师　还没有死呢，就举行葬礼，这也有点特殊。还有吗？

生　还有来的人多，水平很高，都是些专家学者。

师　还有吗？

生　人举行葬礼后就回家。但瀑布葬礼过后，人们还要去保护地球。（下课铃响）

师　拯救瀑布，保护地球，你跟我想的是一样的。

师　下面请同学们看书后第五题。（读第五题要求）请你们也过一把总统瘾，当一回巴西总统。你模仿总统，想一想总统会说什么？写一篇演讲稿，到时别忘了寄给我。

板书：

爱

人 毁 瀑布

悼

【点评：至此，师生两节课的发现之旅结束了。从学生课堂上的表现来看，学生的快乐学习之旅才刚刚起步。回顾整个教学过程，教者先是启发学生发现问题，然后引导学生通过读书逐一解决问题，使学生接受了一次人与自然要和谐共处的精神洗礼。如果苛刻一点的话，还有两个比较有意义的问题没有落实：一是"为什么巴西总统菲格雷特穿着黑色葬礼服"，二是"菲格雷特总统为什么要用饱含深情的语调呢"。

写到这里，我突然发现，我本身不也是在进行着一次又一次的发现，进行着一次快乐的语文教研之旅吗？原来，教与学是相通的啊！】

语文可以这样教

——《金子》课堂实录及点评

时间：2008年12月2日

学生：兴化市新生中心小学三年级四班

教者：何伟俊

点评：孙万寿

第一课时

师　小朋友们好，我们开始上课了。早读时，同学们都知道了叫我何老师，我也知道你们都很喜欢语文。何老师很高兴。今天我们一起学习一篇课文——《金子》，一起读课题。

生　齐读课题“金子”——

师　你们见过金子吗？

生（齐说）　看见过。

师　在课堂上要讲真话。看见过就是看见过，没有看见过的就听别人讲。（指名回答）你在哪儿看见过金子？

生1　我在卖金子的地方看见过。

师　哦，你是在金店里看过金子。

生2　我在首饰店里见过。

生3　我在电视上见过。

生4　我在夜市上看过。

师　有没有不一样的？

生5　我在报纸上看到过。

师　报纸上看到过的（惊讶），那是金子的什么？（稍停）那是照片，彩色的。那你看到的金子是什么样的？

生　很漂亮的，黄黄的，一闪一闪的。

师　哦，如果有光照在上面，它会反光。好，你们由金子联想到什么？

生1　金项链。

生2　金元宝。

生3　金块。

生4　金耳环。

师　你们都想到用金子做成的东西。还能想到其他的吗？

【点评：及时地引导。否则学生的思维仍顺着定势往下走。这是从众心理使然。及时指导，发散学生的思维，语文学习的思考会变得多角度。】

生　金矿（生笑）。

师　哦，你的胃口真大。

生　我想到金钱、财富。

师　那，从闪光的金子，你们会不会想到“泥土”呢？我先把它写到这儿。这是何老师想到的（板书“泥土”）。课文早上已经读过好几遍了，说说你们已经知道什么，懂了什么。

生1　彼得靠自己的努力赚了很多钱。

生2　只要劳动，就会成功。

生3　只要不放弃，一定会成功的。

师　同学们认真听他说了吗？哪位同学能复述刚才这位同学说的话。

生　只要不放弃，就会成功。

师　好的。认真听同学说话是好习惯。谁继续说。

生4　勤劳，才能有收获。

生5　一分耕田，一分收获。

师　这话我们应该怎么说，谁改一下。

生6　一分耕耘，一分收获。

师　你再说一下。

生5　一分耕耘，一分收获。

师　你很聪明，一学就会。

【点评：学生读懂了两个方面。一是对课文主要内容的理解——彼得靠自己努力赚到钱，二是对课文蕴含的道理的领悟。这里我们得到启发，教学课文内容，分析概括所谓的人生哲理，往往是教师一厢情愿的事情。即便只是三年级的孩子，读几遍课文也能理解到这么多，可见在课文内容教学中，课文道理的领会和概括不应成为语文学习的主要任务。】

师　刚才同学们说的，你们已经会了，老师就不教了。下面，我们来读课文。早上，有同学讲，学习语文就是要读课文、背课文。这篇课文几个小节？（七个）我们请七个小朋友读，其他小朋友认真听。如果他们读得不好，你要帮着纠正，读得好呢？（生插话：给大拇指）要向他学习。

（生1读第一自然段）

师　这位小朋友读书的优点是什么？

生　声音响亮，没有什么感情。

师　他的优点，声音自然响亮。有什么问题？

生　缺字。

师　他改过来了。

生　他一个声音。

师　当然一个声音，他不是歌唱家。

生　他读一段就停一下，读一段就停一下。

师　与你说的正好相反。我们请这位小朋友再读一遍。

（生1再读一次）

师　这次进步太大了。读书时，逗号要稍停，句号停顿稍长，表示一句话说完了。听老师读一遍。

（老师范读第一自然段）

师　听出来了吗？老师是怎样一句一句读清楚的。大家一起读第一段。

（齐读第一自然段）

师　希望下面的小朋友一句一句把课文读清楚。

【点评：学习朗读，是学生学习语文的重要任务。指导朗读，是语文教师重要的教学任务。指导要具体，方法要多样。像这里第一自然段“读”的教学，在语文课堂上不多见。三年级学生的读书能力就应该这样扎扎实实去培养、锻炼。】

（生2读第二自然段）

师　谁来说说他读得怎么样？

生　他读得很有感情，声音很响亮。

师　我希望小朋友们不要这样说，要联系课文说。比如，可以说，我听他朗读，好像看到彼得在挖金子，挖得很认真。还有什么优点？

生　他注意了停顿，句号停长了。

师　有了停顿听起来就很清楚了。

生　彼得后面的点，他停顿了。

师　哪儿？

生　名字后面。彼得·弗雷特。

师　哦，彼得后面的点，他读出了停顿。这个小朋友听得太细了。

生　他读得很流利，听起来很舒服。

【点评：评价同学的朗读，通常所见有两个特点。一是开口就说别人读得不好。一是评价很概括，如“很好”“很有感情”“声音响亮”等。这里引导“评读”使学生避开了这两点。先引导学生找别人读的优点，再指出不足，又注意指导学生具体评价，言而有据。从引导学生倾听来看，又培养了学生仔细听别人发言的习惯。】

（生3读第三自然段）

（生4读第四自然段）

师　他读得太夸张了，有点过分了。大家有没有注意到，他有一句话读得比较困难。

生　天下起了倾盆大雨。

师　你教教他。

生　天/下起了倾盆大雨。

师　有时一句话里没有标点，也要停顿。比如，这里的“天”后面稍稍停顿，这样就会引起人的注意。你再读。

（生4再读，读出了正确的停顿。接着生5读第五自然段）

师　他这里也有一句话读得比较困难。

生（指出）　人们一定会买些花来装扮自己的客厅。

师　我要表扬他，我离他这么远，却听得这么清楚。这个句子比较长，应该在哪儿停顿？

生　“买些花”后面停。

（再请生5读第五自然段）

师（表扬）　用不了多长时间，你的朗读一定会更好。

（生6读课文第六自然段）

师　有一个字没有读准。听出来了吗？

生　娇艳。

师　不是，再请他读一遍。（生6再读）

师　现在准了。“都”不读dū，要读dōu。

（生7读最后一段）

生8　他读得太快了。

师　你读一下！（生8读第七自然段）

师（评）　像播音员一样。“五年”读得太长了。最后一段是不是有什么特别的意思，所以他读得慢一点了呢？读得真好，听得也很认真，善于向别人学习。

【点评：课堂上就要这样舍得花时间来指导三年级学生学习读书。不这样具体指导学生学习读书，“正确、流利、有感情”的读书能力怎么能形成？】

师　下面，请同学轻声地从头到尾读课文，像何老师要求的那样，学着刚才读得好的同学那样，一句一句读清楚，要比自己以前读得好。

（生读课文）

师　现在，你认为自己能读好哪一小节，你就读哪一节。（绝大多数同学举手）

（生1读第一自然段）

师　他读得怎么样？

生　还行。

师　跟他平时读书比呢？

生　好一些了。

师　第一小节里有一个词，大家有没有注意？“蜂拥而至”什么意思？不知道的可以猜一猜。

生　像蜜蜂一样涌来。

师　你怎么知道的？

生　查字典的。

生　像蜂群似的拥挤而来。

师　联系这句话想想，说明淘金者怎样？

生　很多。

（师板书“多”）

师　形容人很多的词很多，可不可以改用其他词？“蚁拥而至”行吗？

生　不行，蜂拥而至，快。如果用蚂蚁就太慢了。

（师板书“快”）

师　为什么要“快”。

生　不快的话，金子都被人家淘走了。

师　除了“多”，淘金者很多，想很“快”地挖到金子，还有什么？

生　不想让人看到。

师　怎么会看不到呢？蜜蜂在飞的时候会发出“嗡嗡”的声音。想象一下，如果你就是淘金的人，那么多人嘴里还会怎样？

生　他们还会叫。

师　叫什么？

生　我去挖金子了。

生　太好了，我要发财了。

生　哦，我的钱一定比你多。

生　我马上成为亿万富翁了（笑）。

生　我马上就会成为亿万富翁的榜首（大笑）。

【点评：想象激活思维，想象丰富文本内容，想象使形象变得触手可及，即目可视。如此想象，使教学变得厚实。学生受到一种学习情趣的感染，不仅获得学习的乐趣，还领悟到语言文字学习的方法。】

师　我们这样去想象，你就会发现，“蜂拥而至”这个词把淘金者的什么东西写出来了？

生　神情。

生　心情。

师　什么心情？

生　满头大汗。

师　那是跑的样子。

生　很急切。

师　你这个词太好了。这样想，再来读读这句话，味道就不一样了。

（两名学生读该句）

师　你很急切。可结果呢？（学生插话：扫兴离去）“扫兴”是什么意思？

生　“扫兴”就是不高兴。

师　不是这么简单吧，再想想，这可不是一般的扫兴。

生　太伤心了。他们会把铲子一扔，说——今天太倒霉了。

师　人们心情怎么样？

生　悲伤。

师　发财的梦想破灭了。我们读这两句话，应该怎么想呢？第一句急切，第二句扫兴，就像从天上掉到地下。用对比的方法读，高兴就高兴到天上了，扫兴就扫兴到地下了。

（学生练读，然后指名一生读第一自然段）

生（评）　太有感情了。

【点评：《新课标》说：联系上下文，理解词句的意思，体会课文中关键词句在表达情意方面的作用。“蜂拥而至”“扫兴离去”两个词语，教得非常精彩，学生体会深刻。想想、猜猜、读读、议议、体会体会，使学生对词语的理解越来越丰富，越来越深刻。摆脱了一般词语教学只理解“词典意思”，而不理解“文本意义”的肤浅教法。】

师　再来读读第二段，这里又有什么心情呢？

（生2读第二自然段）

生　彼得不失望，还继续挖，没有发现一丁点金子，最后他失望了。

师　彼得这么去做，你对他这个人有什么想法？我找同学再读彼得挖金子的句子。

（生读彼得挖金子的句子）

师　他这样的不死心，你对他有什么想法。

生　对自己有信心。

生　不放弃。

生　很勤劳。

师　这是说他怎么样，是一个怎样的人。从感情上你觉得他怎样，你对他怎样呢？要有你的想法。

生　我敬佩他。

师　哦，这个人了不起，别人走了，他不走。你对这种不放弃的行为表示敬佩。

生　我觉得彼得很了不起。

师　对，就这样说——我想同学们知道老师的意思了，下面读课文，会读得更好。好，下课了，先休息一下。

【点评：在语言文字中读出了彼得“不放弃”的形象，并受到这个形象的感染，心生敬佩。这样的教学，不着痕迹。远比“彼得是一个怎样的人，我们要不要向他学习”的教学高明，少了许多的匠气和刻板。】

第二课时

师　刚才读了课文，同学们进步很大。读书时，何老师提了一个要求，要一句一句读清楚，读出停顿。然后呢，要想一想句子的意思，想一下自己的感受。刚才读了第二自然段，两个小朋友说了自己的感受，一个说敬佩，一个说了不起，“敬佩”与“了不起”就是你读书的感受，有了感受，再去读，会更有味。（面对学生）你“敬佩”彼得，那我就请你读读第二自然段，读出你的感受。

（该生读第二段）

师（评） 你看，他有了自己的感觉，读出了自己的感受，我们听来就很有味。（面对第二位学生）你觉得“他了不起”，我再请你读出你的感受。

（生读第二段）

师 他们有了自己的想法，有了自己的感受，再来读课文，就不一样了。谁读课文第三段。

（生读第三段）

师 彼得失望了，他准备走了，最后他连买面包的钱都没有了。这个时候，你有什么想法。

生 他没有钱了。

师 他没有钱了，你产生什么想法？

生 我觉得彼得很可怜，值得同情。

师 你说得太好了，这才是自己的感受。再说一遍，大声点！

（生大声地重复）

师 彼得值得我们可怜。你来读一下，可怜一下。多可怜啊！第四段，你来读。你们想想会有什么感受？

（生读第四自然段）

师 这里最让他觉得惊奇的是什么？

生 彼得发现了眼前的土地跟以前不一样，坑坑洼洼的地方已经被大水冲刷平整，松软的土地上长出一层绿茸茸的小草。

师 最让他惊奇的是什么？

生 下过大雨以后，泥土跟以前的土地不一样了。松软的土地上，长出了一层绿茸茸的小草。

师 地上长了小草，彼得感到惊奇，我们可以用上什么词？

生 惊讶。

师 居然、竟然。

生　骤然。

师　“骤然”有突然的意思。

师　现在我们体会一下彼得的心情是怎样的。

生　高兴。

师　（笑）你们总喜欢用“高兴”！

生（接二连三地）　激动、兴奋、奇怪、喜出望外、兴高采烈、欣喜若狂。

师　你们是不是也为他感到激动？对，我们和彼得一样感到惊奇、兴奋、惊喜，再读一读第四自然段。

师　刚才说“欣喜若狂”的是哪位同学？你来读——

（生读第四段）

【点评：第四自然段彼得的心情是有变化的。他已经决定离开了，就在即将离去的前一个晚上，下了三天三夜的倾盆大雨。彼得困在小木屋里，心情应该坏到了极点。这里要引导学生体会。后来看到土地平整松软，长出小草，心情又变化了，会好一点。但不至于欣喜若狂。课堂上怎么及时地对学生的理解做出恰当的回应，值得关注和思考。】

师　接下来第五段，谁读？

（生读第五段）

师　彼得想到这里，他一定是什么心情？

生　一定很高兴。

生　再过几年的话，我就会发财。

师　这只是他的想法，他还没有成功，他想到这儿，有点兴奋。我再请一位同学读，把他的兴奋读出来。

（生读出兴奋的感觉）

师　彼得留下来，又会怎样呢？读下一段。

（师指名一生读第六自然段）

师　哦，看来你也为彼得感到高兴，看到娇艳的鲜花，就好像看到了金子。谁读最后一段？

（师指名一生读最后一段）

师　这里的"骄傲"是什么意思？

生　很兴奋，很快乐。

生　激动、快乐、开心、喜出望外。

师　用"喜出望外"不太准。

生　欣喜若狂、兴高采烈，很高兴。

师　你要带着这样的心情读。

（师指名一生读第七自然段）

师　这里的"真金"你以为指什么？

【点评：当问则问。"问"聚合了上述学习过程中比较发散的思维，有利于集中思维力"专治"跟课文理解相关联的理解难点。】

生　真正的金子。

师　在这篇课文里指什么呢？

生　指花。

生　泥土。

师　你这个想法很奇妙。

生　劳动的成果。

生　指他辛勤的劳动。

生　他辛勤劳动赚来的金子。

生　是指自己的努力。

师　小朋友都有自己的理解，这里的真金是指彼得劳动以后获取的财富。（稍停）一开始，我问小朋友们，你们由金子想到什么，小朋友们想到金项链、首饰。你们没有想到泥土，彼得从泥土里找到了金子。（板书"金子"，并在"泥土"与

“金子”之间，画一长长的线，打上问号）想想看，从泥土怎么会变成金子的呢？这个问题你们没有提出来吧。给你们两分钟时间，到课文里找有关语句。看谁找得快。

生1　泥土可以种花，花卖了可以得到金钱。

生2　自己辛勤培育出来的花，可以换得许多金钱。

师　也就是说，劳动可以使“泥土”变成“金子”。还有什么？

生　水，下了三天三夜的雨。到了早上，彼得走出木屋，一看，泥土不一样，坑坑坑洼洼已经被水冲刷平整，松软的土地上长出一层毛茸茸的小草。

师　你把这小节读出来了。大家一起想想，从这一小节可以看出是什么让泥土变成金子。如果不下雨，彼得会怎么样？彼得能不能实现他的梦想？

生　不能。

生（补充）　是劳动让泥土变成了金子。

师　刚才说过了，谁有不一样的理解？

生　彼得不放弃的精神，使泥土变成了金子。

师　使泥土变成金子，还能用什么词语来回答？小朋友把词语写到书上，看谁写得多。

生　汗水。

师　“汗水”也挺好，请你上黑板写。（师陆续叫几个学生到黑板上写词语。黑板上出现了“勤劳”“鲜花”“努力”“长出小草”“坚持”“不放弃”等词语）

师　很多同学将“不放弃”的“弃”，写成空气的“气”，会写的举手。

（一生到黑板上写，结果写成“奔”，师再请会写的到前面写，第二个同学写对了。）

师　好，同学们，这个里面还可以填很多的词语。下面，老师讲淘金者的故事给你们听。每个人都想发财，但发财的路不一样。彼得为什么会发财，你们写了这么多——“勤劳”“不放弃”，如果他走之前不下雨，他就不会因为种花发财，这是他的运气。美国的淘金者发财的，很多不是真正淘出金子的。比如说，我们现在很多人穿的牛仔裤，就是当时有人造出来卖给淘金者穿的，他们就发财了。为什么呢？因为淘金者每天都跪在地上淘金，裤子很容易破啊！这个牛仔裤厚啊，结实啊，需要的人很多，就赚大钱了。还有一个妇女，你知道她在淘金者中间卖什么赚了钱，猜一猜。

生　卖花。

师　淘金者哪有工夫插花啊。她卖水。淘金者蜂拥而至，人多啊，他们要喝水啊。结果，她卖水发财了。如果你在“五一”劳动节放长假的时候，到上海的南京路上卖一天冷饮，也会发财的。因为南京路上人山人海，天气开始热了，大家口渴了都要吃冷饮的。所以说发财的路是不一样的，这个问号里可以填很多。而且说不定许多的词都用上才会发财，说不定用上一个就会发财。有时“勤劳”就会发财，有时“不放弃”就会发财，有时“运气好”也会发财，有时“动一下脑筋”也会发财。懂不懂——（懂）

【点评：泥土——（？）——金子。这是问题的表达式，直观、好懂、有启发作用，引来了全体学生的思考。有的学生是形象的感悟，如“鲜花”“长出小草”“汗水”能使泥土变成金子；有的学生是理性的概括，如“不放弃”“坚持”“努力”“勤劳”能使泥土变成金子。寓人文教育于词句理解之中，是用语文的方式方法教“人文”，避免了空洞分析、抽象说教。】

师　下面我们来一个捉迷藏的游戏。你们喜欢吗？

生　喜欢。

师　当你捉到那个人的时候，就觉得怎么样——

生　开心，很爽。

师　今天，我们到课文里去捉迷藏。

生（惊讶）　啊？！

师　课文里也有迷藏啊，当你发现一个别人发现不到的问题，你会开心。这么多淘金者在萨文河畔没有找到金子，只有彼得一个人发财了。我们来“捉迷藏”，找一找藏在课文里的彼得与其他淘金者的不同之处。请同学们读读课文的第二至五自然段。

（学生读书圈画）

师 （巡视）如果这个游戏做得好，我还会给你们做第二个游戏。

师 （巡视提醒）他找到了“不甘心”，这是彼得与别人的不同。

师 （巡视提醒）他找到了“埋头苦干”。

师 下面，我们来说说藏在文字里的彼得有什么与众不同之处。

生1 绝大多数人一无所获，彼得找到了真金。

生2 彼得不甘心。

生3 他一个人在那儿默默地挖掘着。

生4 其他人找不到金子，拍马就走。彼得还在默默地挖着。

生5 他埋头苦干了几个月，几乎翻遍了整块土地。

师 这是他的什么与众不同。

生 他不放弃。

生6 他运气好。

师 哎哟，说得太好了，跟老师想的一样。他运气好，正要走的时候下雨了。如果走的时候不下雨，那就没戏了。他运气好，这是与众不同之处。

生 彼得走出小木屋，他发现眼前的土地和以前不一样了。他若有所悟，留了下来，把自己的全部精力都用在培育花苗上。

师 你已经发现了。但是彼得“发现”了小草，不能代表他会“发财”。彼得发现了小草，他就怎么样了——

生 他联想到种花，种花以后卖花，卖花以后再发财。

师 这说明彼得什么？

生 若有所悟。

师 “若有所悟”说明什么？

生 他能从小草联想到另一件事。

师 这说明他善于什么？

生　动脑筋。

师　这也是与众不同。走出小木屋，发现土地不同，说明彼得的眼睛怎样？

生　火眼金睛。

师　对啊，善于发现。再想想，书上有句话“如果真是这样的话，用不了几年我就会成功的……”这说明什么？这是“如果”，当时是不是真的？（不是）还没有长鲜花，还没有卖到钱，他就这样想了。说明什么？

生　他想象力丰富。

师　说明他敢于什么，这是很重要的。

生　他敢想敢做。

师　这个小朋友词汇很多。（稍停）小朋友们想得不错，我觉得是要敢于——

生　好谋善断。

师　要敢于冒险，他种花也不一定就能发财，但他敢于尝试。这就是彼得。还有，他本来是挖金子的，现在他种花了。这里还有什么与众不同？

生　看到没有金子，就想如果用花换取金子也可以。

师　你这里的一个关键词是“换”。他会改换自己发财的道路。这叫变化，变通一下。这条路不通，要换另一条路，这就是彼得的本领。小朋友们发现得很好。你想想，如果读课文，有这么多发现，你觉得有意思吧？

（生点头——“嗯”。）

【点评：我们常常会为文本教学缺乏整体感而伤脑筋，也常常会为教得没有语文味而费思量。这一环节的教学，匠心独运，属神来之笔，给我们诸多启发。有时“牵一发而动全身”会教出很好的整体感。抓住了一个枢纽，扣紧了语言文字，整体感便会出来，语文味便会出来。】

师　下面，我们再来捉迷藏。请大家看第六小节。先问同学们一个问题。如果老师说错了话，你们敢不敢指出来？（生：“敢！”）现在我问你们第二个问题。如果书上有问题，你们敢不敢指出来？（生：“敢！”）很好，现在我们来找书上的问题。找到了请你们汤老师指导你们写封信，寄给编书的叔叔阿姨。请你们轻声地读读第六小节。能不能发现课文中的什么错误？

生1 他没有写彼得是怎么种花的。

师 这个不是，这里是不用写他怎么种花的。同学们，注意标点符号。

生2 “都用来培育花苗”这里应该是句号。

师 了不起！他发现了，应该是句号，为什么？

生 后面说“不久”，应该要过一段时间。

师 也就是这句话意思已经说完了，应该用句号，听老师读一下。

（师读这一节，注意停顿，让学生体会用句号的感觉。）

生 “美丽”后面要有顿号。

师 这里不需要。

生 “不久”后面要有一个逗号。

师 第二个发现是你的。这是一个过程，这样读起来就更清楚了，你们可以在书上加一加。

生 “彼得留了下来”后面是句号。

师 对，应该是句号，这句话还可以怎么改，如果用逗号的话，接下去哪个字应该去掉。

生 彼得留下来，把“了”去掉。

师 这个“了”是没有问题的。这样吧，已经下课了，课后由汤老师再带着你们改，大家再商量商量，这样改是不是更好。下课！

【点评：《新课标》说：在理解语句的过程中，体会句号与逗号的不同用法，了解冒号、引号的一般用法。这里的“捉迷藏”是以“游戏”之名行“学语文”之实，岂止是学习标点符号？它“注重开发学生的创造潜能，促进学生持续发展”，它激发学生的自主性与创造力，培养学生咬文嚼字、推敲语言、感受优化表达的能力。它的启示还在于，语文课文还可以这样教、这样学。】

【总评：

一、敢于这样设计教学、敢于这样实施教学，基于两个较足的“底气”。一是教者科学的语文观和正确的语文教学观，二是对文本全面、深刻、独到的解读。“语文是实践性很强的课程”，教者千方百计“让学生更多地直接接触语文材料，在大量的语文实践中掌握运用语文的规律”。这是对语文课程的尊重，对文本的尊重，也是对学生的尊重。

二、用语文的方式方法，紧扣语言文字和人物形象，运用读书、揣摩、比较、思考、想象、体验、概括等方法，引领学生领悟文本“丰富的人文内涵”，在学生的精神领域里留下语言、留下形象、留下情感、留下思想，避免了语文工具性教学与人文性熏陶两张皮的尴尬。

三、体现文本教学的整体观。虽一段一段来读，但胸有全篇；虽一个问题一个问题来讨论交流，但紧扣文本主旨；虽一个词语一个词语来揣摩，但把词语放在文本语境和故事情境中来学习，不显零碎和肤浅。这就摆脱了文本教学“只见树木，不见森林”，零碎的、局部的教学。特别是“彼得与其他淘金者有什么不同”的讨论，“泥土何以变成金子”的思考，提领而顿，百毛皆顺。常常感叹文本教学整体把握难的老师，当从这里得到具体的启发。】

紧贴地面的行走

——《螳螂捕蝉》课堂实录及点评

时间：2009年3月26日

学生：兴化市第二实验小学六年级四班

教者：何伟俊

点评：严伯春

第一课时

师　今天咱们先来聊一聊故事这个话题。你们一定听别人讲过故事，说不定还讲过故事给别人听（生点头）。对于故事，你们有什么理解？

生　故事能给人启发。

师　你的关键词是——

生　启发。

师　哦，启发。（板书：启发）

生　我觉得故事越惊险就越让人想往下听。

师　你的关键词是惊险（板书：惊险）

生　故事给我们想象和智慧。

师　你的意思是——

生　好故事一定让人不自主地想象，在想象中我们好像就在故事里，很过瘾。

师 怎么个过瘾？

生 想象着事情的发展，替人物命运担忧。

师 是的，故事让我们想象到我们没有经历过的事情，能给我们智慧的启迪。（板书：想象、智慧）

【点评：好像是随意“聊聊”，实际上匠心独运。这段简短的对话透露着这样的信息：教学应当关注文体而进行。文章是故事，就不能将其当作抒情散文来教学。事实上，在小学语文课堂上，不顾文体的教学大量存在。一样的“正确、流利、有感情地朗读课文”，却是毫无差异的教学活动方式。即使是说明文，也追求煽情的效果。故事怎么教？这节课让我们期待。】

师 我们有了这些对故事的理解，那今天我们来读寓言故事《螳螂捕蝉》就会有更多的发现与收获。今天我们要学的故事其实是一条成语，哪条？（大半同学举手）一起说。

生（齐） 螳螂捕蝉，黄雀在后。

师 这个成语的意思懂吗？知道的请举手。

生 比喻想事情不周全，一心只想算计别人，却没有想到别人正算计着他。

师 你说出了自己的理解，没有照着成语词典说，非常好！

生 比喻只贪图眼前的利益而不顾后患。

师 你说的是标准答案。其他同学呢？（生都举手）都懂啦，那就不用讲了。好，现在就请大家把你们刚刚自己学到的第一个知识复习一下。拿出课堂作业本，写下你对成语意思的理解，请两位同学到黑板上写。

（学生练习，老师巡视）

师 都写好了，来，读一读你的板书。

生 螳螂捕蝉，黄雀在后，比喻贪图眼前利益而不顾后患。

师 答案非常标准，刚才我看了一下，有的同学是参照资料上的解释写的，但更多的是自己的思考。（指着另一个板书的学生说）这边你来读一下。

生　螳螂捕蝉，黄雀在后，形容做事顾前不顾后，比喻做事贪图眼前利益，而不顾后患。

师　她加了一个“形容”，有自己的理解，很好！为了考试，我们要写标准答案。真正学好语文，却要有自己的理解。

【点评：“你说出了自己的理解，没有照着成语词典说，非常好！”“有自己的理解，很好！”对于这样的教学，我也模仿说：很好。我们常常说要培养学生的思维能力，要培养学生的个性化表达。培养不是口号，培养应当落实于课堂的教学细节，包括上面的这些即兴评价语言。“很好”的第二个理由：一些老师往往是把“螳螂捕蝉”的寓意当作重要的教学内容，可在这里三拳两下便处理了。不是这些学生太聪明，而且是执教老师够明智：学生本来就不是一张白纸进课堂，只有了解学情，才能创造高效的课堂。】

师　请同学们看黑板，“螳螂”两个字怎么记？

生　因为螳螂是个虫子，所以先加虫字旁，两个字是形声字，右半部分表示它的读音。

师　左边虫字旁表义，右边表示读音，这是标准的形声字。能用造字法记字，真好。现在成语意思弄懂了，字也会写了，你们还想通过课文来了解什么？

生　我对吴王感兴趣，我想知道他叫什么。

师　看来你对历史感兴趣，但这个信息课本里可没有，你可以从历史书籍中了解。

生　螳螂捕蝉的故事是真的吗？

师　嗯，好的，你对故事的真假产生怀疑，会思考。记住你自己的提问。

生　故事给人什么启发？它能让吴王知道什么？

师　也请你记住你的问题，相信在后面的学习中，你能慢慢弄懂。

师　同学们，我们要养成一种思考的习惯、提问的习惯，读了课文你知道了什么？你还想知道什么？这样，带着思考、带着问题去读，你会有更多的收获！

师　预习课文时，你们都做了些什么？请那位女同学说一说。

生　先熟悉课文内容，然后有感情地朗读。

师　那你知道课文的主要内容是什么了吗？

生　讲的是吴王想攻打楚国，遭到大臣们的反对，但吴王非常固执，然后是一位侍奉吴王的少年利用螳螂捕蝉的故事告诉吴王，不能贪图眼前的利益而不顾后患。

师　非常棒，你真会概括！

师　其他同学呢，你预习时做了什么？

生　我预习时首先读好课文中的生字词，假如有不理解的，就及时查字典。

师　你查了什么？

生　我查的第一个是“螳螂捕蝉”，第二个是“诸侯”，第三个是“不堪设想”。

师　就这几个，是吧？非常好，看来你们的预习很充分。

师　下面来听听同学们的朗读，第一小节请一个同学，第二、三两个节一个同学，剩下的是对话，再请一人读。从你开始吧。

（生读完第一节，将“处死”的“处”音读错）

师　他读得基本流畅，有没有发现个别字音出了问题？chǔ死，不是chù死，有些电视播音员经常将这个字音读错。还有一个字音他也读错了，你们听出来了吗？

生　乘（chéng）虚而入，他读乘（chèng）虚而入。

师　我们齐读这个词。

生（齐）　乘（chéng）虚而入。

师　再请刚才那位同学把这句话读一读。

（生读）

师　“乘虚而入”是什么意思，你来说。

生　利用对方空缺或疏于防备而攻击。

师　你是查的字典，考试，你就用刚才的标准答案，但是要想体验学语文的乐趣就要学着用自己的话来说。有谁能联系上下文，用自己的话说说它的意思？

生　吴王攻打楚国，兵力就没有多少了。

师　哪里的兵力少？

生　城内的兵力就会少，国家就可能会灭亡。

师　你已经懂了，但说得还不够明白，有谁能说得比他更清楚点？

生　如果吴国攻打楚国，其他诸侯国就会来攻打吴国，这样吴国就很容易失败。

师　清楚一点了，虚在哪里？谁乘虚了？谁再来说？

生　吴国攻打楚国，其他诸侯国会乘着吴国城内兵力短缺的时候来进攻，这样吴国在楚国和其他诸侯国的围攻之中就很难抵挡得住。

师　嗯，意思讲差不多了，吴国攻打楚国必调用国家的主力军，城内的兵力就非常短缺，这就是“虚”。其他诸侯国趁着这个机会攻打吴国，那么吴国必败无疑。

师　词的意思照着字典说出来很容易，要把它在这个语境中的意思说明白，就有意思了，这时候你就尝到了思维的乐趣。

【点评：词语是文章的细胞，一些重点词语还常常是理解文章的关键。但现实中，词语教学——尤其是中高年级的词语教学——常常为老师所疏忽。原因在于大多数老师认为词语教学很难出彩。就词解词，生涩无趣；如何精彩，又不得要领。于是，一读了之、一查了之或者一说了之成为常态。维果斯基说过：“词语只有在获得了感性的个人含义而不是单纯作为概念存在的时候，它才能成为个体生命中一个生气勃勃的细胞。”何主任显然深谙此道，所以教学中他一再鼓励学生“联系上下文，用自己的话说”，这样才能够“体验到学语文的乐趣”。我理解，“用自己的话来说”就是引导学生赋予词语“个人含义”。如何赋予呢？联系上下文，基于语境来思考。思考，述说，于是“乘虚而入”复活了，活在文本世界里，更活在学生的生命里。】

师　下面一个词“不堪设想”。

生 结果无法想象。

师 “堪”是什么意思？猜一猜。

生 会。

师 不对，再想想。

生 能，能够。

师 好，贴切。你把课文中的这句话读一读。

（生读：如果其他诸侯国乘虚而入，后果将不堪设想）

师 一起再读一遍。

（生齐读这句）

师 联系上下文谈谈“不堪设想”的意思。

生 如果吴王攻打楚国，那么别的国家乘虚而入，后果将会非常严重。

师 会有什么严重后果？

生 吴王可能会死。

生 吴国可能会灭亡。

师 真的很严重。

生 吴国将遭受严重的打击。

师 是的，这些就是可能发生的严重后果。这样严重的后果是不能想象的，这就叫“不堪设想”。

师 继续读课文。

（指名一生读第二、三两小节）

师 “死命令”中的“死”与前面那个“处死”的“死”，意思一样吗？

生 “死命令”中的“死”指不可更改。

生 如果谁违反命令，谁将会被处死。

师 同样一个词在不同的句子中意思也会不一样，所以理解词语的意思一定要懂得联系上下文。

师 “毫不介意”读懂了吗？

生 就是一点儿也不在意。

师　这个词好理解，以前学过的，对吧？

师　战争一触即发，情况非常危险，此时的吴王非常固执，大臣们束手无策，事态会如何发展呢？我们继续读第四至十二小节，第三个同学来读。

（师指名生读第四至十二小节）

师　听了他的朗读，你们有没有要提醒他注意的？

生　他的节奏、感情都是不变的，应该有变化。

生　要抑扬顿挫。

师　再看这个词，“吴王恍然大悟”，“恍然大悟”的意思大家应该都懂吧？

生　就是一下子明白了其中的道理。

师　你也一下子明白了它的意思。那么，吴王明白了什么呢？请你说。

生　攻打楚国，自己会灭亡。

生　如果我们攻打楚国，自己的兵就要派出去，别人乘机来攻打，国家就会灭亡了。

生　吴王明白了思考问题要瞻前顾后。

师　你用的这个成语，意思很概括，我希望你能联系课文讲一讲。

生　吴王会明白：不要被眼前的利益所迷惑，如果去攻打楚国，自己的国家会被别国占领。

生　吴王会想，我为什么把这么重要的一点忘了？怪不得众爱卿都极力劝阻，我不应该如此固执，这事是我的不对。

师　看来吴王要谢谢这位少年的提醒。

生　吴王觉得自己就像那只螳螂，楚国就是那只蝉，而别的国家就像黄雀，他只想着眼前的利益，没有顾到身后的隐患。

师　你说得真透彻，把螳螂捕蝉与吴王攻打楚国的事联系起来讲了。那这一段对话怎么把它读好，怎么才能读得有趣，读得有意思，自己练练。

（生自由练习）

【点评：这个教学环节，主体是检查与指导学生朗读，但又不仅是朗读教学，还在朗读的过程中，穿插对“处死”与“死命令”的同字异义辨析，对词语“不堪设想”“毫不介意”“恍然大悟”的理解，还有关于“恍然大悟”“悟”出了什么的课文内容理解。这样的教学明显有“串”的意味：串联在一起，整合为一体。水到渠成，水乳交融。朗读中再现场景，构造语境。于是词语理解、内容理解有了语场依托。】

师　同学们的朗读、词语和课文内容的理解老师都检查过了，现在还想检查你们的生字听写。课后生字再看一看，记一记。好了，现在听写。

（听写螳螂捕蝉、乘虚而入、诸侯、不堪设想、固执、恍然大悟、毫不介意、禀报）

师　同学们对照课本自己检查一下，有错误改一改。（师巡视）

（下课）

第二课时

师　上一节课我们读了课文，理解了课文内容。这节课我们来干什么呢？课文后面有个要求：复述课文。这节课我们就来练习讲这个故事。有兴趣吗？会讲故事可不简单，文中的少年就是因为会讲故事，才使吴王更改了“死命令”，避免了一场灾难。你们认为怎样才能讲好这个故事？

生　对这个故事要熟悉，熟悉故事里的人物，熟悉事情的起因、发展与结局。

师　是的，熟悉故事，才能讲清楚故事。（板书：讲清楚）

师　但讲清楚，这只是基础。如果我们要把故事讲得让人愿意听，还必须把故事讲精彩。（板书：讲精彩）什么叫精彩？黑板上有的，你们看看！

生　故事讲得有悬念，能吸引人。

师　也就是上一节课有同学提到的那个词——

生（齐）　惊险。

【点评：课堂的开篇同样由“聊”而起。呼应了第一课时的开篇，也明确了本节课的教学任务：清楚、精彩地讲述故事。加里·鲍里奇在《有效教学方法》中提出“促进有效教学的五种关键行为”，其中第三条就是“任务导向”。对于我们语文学科来说，没有什么比教师走进课堂能明确“这节课我要教什么”更重要。所以一个有效的课堂，无论是教师，还是学生都应当有“任务导向”。当然，在课堂上，当听到教师把讲故事作为教学内容选择时，我不由得担忧起课堂的进展来。公开课上，有谁将复述课文、讲故事作为教学内容尝试？就是家常课上，即使这篇课后明确要“复述课文”，又有谁去落实？面对这些平时习惯于听讲并点缀式答问的学生，特别是面对这样60多人的大课堂里的孩子们，今天让他们“讲故事”，必须会遇到许多障碍，包括心理障碍。我不相信何主任没有考虑到这一层，但仍然如此选择，显示的就不仅仅是勇气！】

师　这篇课文大故事套着小故事，我们先来练习讲好螳螂捕蝉这个小故事如何？这个故事在第几小节？

生　第九小节。

师　这一段在文章里最长，讲好了这一段，整个故事讲起来也就小菜一碟啦。讲好当然先要读好，试着练练？

（生练习读，再练习脱文讲）

师　谁来把这个小故事讲一遍？尽可能不看课文，如果实在记不住也可以瞄一眼课文。

（生讲述，语言还不够连贯）

师　虽然有些磕磕绊绊，但第一个站起来讲，而且是不看课文讲，勇气可嘉。

（又一生讲。顺利讲下来了）

师　感觉怎样？讲清楚了吗？

生　讲清楚了。

师　讲清楚就够了吗？

生　不够，还要讲精彩。做到绘声绘色最好。

师　这要求高了，我们先来练习在讲述的语气语调上下些功夫，让人听了身临其境。提醒同学们，在这个一小节中，有些词语有着举足轻重的地位。找到了它，你也就找到了精彩。别忙举手，再读读，琢磨琢磨。注意，吴王来了兴趣，于是少年讲起了故事……

（生读）

生　“悠闲”“自由自在”。

师　为什么？

生　因为蝉只知道做自己的事，却不知道一场灾难马上就要来临了。

师　你在对比，他是悠闲的，自由自在的，可是一瞬间就会有灾难。有道理！还有吗？

生　“却不知道”。

师　值得关注，但并非至关重要的。

生　“身后”这个词要关注。

师　对，我们这个故事讲的就是要注意身后的危险。还有一个关键词。

生　“他的”。

师　这个不对，你再想想！

生　“螳螂”。

师　很好，说说你的想法。

生　蝉自由自在地喝着露水，却不知道身后有只螳螂。

师　对，引起灾难的就是螳螂，能不关注吗？而且螳螂就在身后。强调“螳螂”“身后”，其实就是讲少年在暗示吴王，暗示什么？

生　在他攻打楚国的时候，那些诸侯国就像那只螳螂在身后，随时向他发出攻击。

师　而这些都是吴王不知道的。可怕吗？惊险吗？理解了，现在就要把这种感受表现出来。

（生自由练习后，教师指名学生讲述。进一步指点学生通过“悠闲”、“自由自在”、舒展的语调表现蝉“高高在上”、看不清危机的盲目，通过“却不知道有只螳螂在它的身后”的骤然紧张的语气表现危险的降临。特别是“螳螂”一词的重音处理及“身后”的拖音处理，好似惊悚片里的恐怖音响一下子撞击了吴王漠然的心）

【点评：这一节讲故事的教学可谓有目标，有层次，有方法。程序上，先读熟（情节熟了才能讲清楚），再抓词语想象理解（理解透了就有了表现目标），最后实战练习（语气如何处理，节奏如何调控）。因为有目标，课堂线索清晰，给人以成长的期待；因为有层次，学生学习活动展开得丰富、丰满、丰实；因为有方法，轻松的课堂带给学生实实在在的收获。教学中有一个细节是令在场每一个听课者拍案叫绝的，那就是关于“螳螂”一词的精彩挖掘。谁能想到，一个普普通通的名词，背后竟藏着这么多的玄机。经过故事的“绘声”演绎，自大的螳螂很自然地与自大的吴王形象重叠起来，作为听故事的吴王怎么会不恍然有所悟呢？】

师　小故事讲得真好。“螳螂”“黄雀”的重音凸现让故事充满了惊险。其实整个大故事处处有玄机，时时有惊险。信不信？（生点头）现在请同学轻声读课文，将其中的惊险、玄机找出来。

（生自由读，与学习伙伴交流）

师　故事讲得好，就是要表现出故事惊险的气氛。故事中哪些地方让你感觉十分惊险、扣人心弦？我们来交流。

生　第一小节就十分惊险。吴王正在信心满满地准备出征，不料却遭到大臣们的强烈反对。想到如果吴王真的攻打楚国，吴国会不会遭殃。

师　想象，让阅读充满了乐趣。第二小节有惊险吗？

生　我认为这里不惊险，只体现少年的担心。

生　如果没有人劝说，吴王真的攻打楚国，那真让人担心。

师　怎么能不担心？“怎么办呢？”少年苦苦思索。危险在一天天逼近，想去劝阻，却又不能劝阻，怎么办呢？少年劝阻了，会不会被杀头？不惊险吗？不紧张吗？

生　惊险。

师　怎么办呢？办法总是有的。第三至八小节描写了少年的出场以及与吴王的对话，你如果读懂了故事里的紧张、惊险，这个故事就很好玩了。再讲起故事，自然会想着把这个效果表现出来，那故事一定是相当精彩的。

（生读，琢磨）

生　（读第三小节）“第二天清晨，他……”清晨，少年拿着弹弓在花园里转来转去，我知道他是为了引起吴王的注意。但“一连转了三个早晨”都没有成功。我能想象少年的焦急。

师　少年的焦急就是故事的紧张。如果吴王始终注意不到他，下面的戏不就没法演了吗？第四小节里的一个词缓解了这份紧张。

生　“终于”。

师　不容易啊。吴王为什么会注意到少年？你能从吴王的话语里读出原因吗？

生（读）　“你早晨跑到花园里来干什么？看你的衣裳都被露水打湿啦！”

师　第一句话她关注了什么词？

生（齐）　干什么。

师　第二句话呢？

生（齐）　打湿了。

师　第一句话她关注了“干什么”这个词，是不是十分恰切呢？你们再轻轻地读第一句话，联系下面一句话想一想，看应该关注哪个词。

生　早晨。

师　好的，再读读第二句话，连起来想一想，第一句话中，我们是不是更要关注“早晨”。

（生自由读）

生　因为只有在早晨才会有露水。

生　露水打湿衣裳才会引起吴王的注目。而且没有露水，蝉喝露水的事就无从谈起。

师　所以，第三小节说，“露水沾湿了他的衣裳和鞋子，他也毫不介意”。你想，少年会介意吗？

生　不仅不会，而且十分喜欢。他要的就是这个效果。

师　少年会不会引起吴王的注意，这个紧张解除了。故事就是这样，有紧张，接着是紧张的消除，再接着下一个紧张和紧张的解除，一环套一环，很有趣。下面还有紧张吗？

生　有，吴王不听少年讲故事怎么办？

师　是啊，我们一边读会一边担心，吴王会不会听他讲呢？

生　吴王来了兴趣，说明吴王想听他讲。

师　接下来还有紧张吗？

生　有，万一吴王识破少年的用意，怎么办？会不会处死少年？

师　是啊，真紧张！吴王看出少年的用意了吗？

生　没有，吴王还夸少年，你看得真仔细。

师　吴王夸了少年，少年接着说，读一读这一小节。

（生自由读课文）

师　最后吴王看出少年的用意了吗？

生　看出了。

师　这时，吴王看出了少年的用意，知道少年在劝他，为什么没有处死少年？

生　他觉得少年讲得有道理。

生　他从少年的故事知道了攻打楚国的后果会不堪设想。

师　是的，到了课文的最后，课文开头的紧张都化解了，故事也结束了。下面，我们就带着刚才对故事紧张的理解，读一读第三至十一小节，体会故事的紧张。

（生练习读课文）

师　刚才，我们练习读了课文，体会了故事是怎样一步一步紧张地发展的。现在要请同学们练习把故事完整地讲下来。注意讲清楚、讲精彩。

（生练习，师巡视）

师　我们做了这么多练习，现在是不是应该展示一下？

（师指名一学生到讲台前，众生惊讶：怎么选他？原来他是班上的学困生）

（师鼓励该生把故事讲下来，虽然有些磕绊，但基本讲清楚了）

师　这个同学讲得怎样？好吗？

生　一般。

师　这位同学基础不太好，他敢到前面来讲，已经不简单了！他基本把故事讲出来了，更了不起。我相信其他同学会讲得更好。来，谁来讲？

（学生纷纷举手。这时，下课铃响）

师　噢，下课了。喜欢这个故事吗？

生　喜欢。

师　喜欢就把它讲给身边的人听，做一个故事的传播者，好不好？

生　好！

（下课）

【点评：读懂"惊险"是为了故事讲述精彩，读懂"紧张"也是为了故事讲述精彩。如果说"螳螂"意味着惊险，那么"清晨"是绝对的玄机。这样的挖掘让课堂开出了思想的花。曾经担心课堂沉闷，不想课堂却如此飘逸多姿。最后学困生的故事讲述，虽然不够精彩，但比照许多事先排演好的假精彩不知要好上多少倍。而且，学困生的讲述是最有说服力的。"我也能讲述"不仅是学困生的骄傲，对于班级其他同学，更是一种激励。"他也能讲，我还有什么放不开的呢？"你看，心理障碍消除了。我猜想，这可能正是何主任选择学困生的真正原因。】

【总评：

何主任的课堂是简约的，简约中透着一种智慧；何主任的课堂是单纯的，单纯中显出一份执着；何主任的课堂是稳定的，稳定里藏着淡定与大巧。我理解，这样的教学，是紧贴地面的行走。

一、教学内容的选择是紧贴教材的行走

我们不否认一篇文章在不同老师手里可能解读出不同的教学内容，但有些内容是教材规定的。比如这篇课文的故事性就适合训练学生讲述，更重要的是文后就有“复述课文”的明确要求。但为什么这样的明确要求，教师却常常视而不见呢？是教学无趣所以回避，还是教学无法只有放弃？这些都有，但根本原因是教师放弃了自己文本解读者的地位。没有自己的解读，没有自己对教材的理解，教学自然处于一种“身世浮沉雨打萍”的摇摆状态，即使是开始选择了讲故事的教学内容，教学也可能因为生成漂移而教学走样。看看何主任在第二课时的“执行力”吧：在“螳螂捕蝉”小故事的讲述中，先是读熟，再是抓住“精彩”的词语，最后通过语气语调的恰当处理表现“精彩”。还有“第三至八小节描写了少年的出场以及与吴王的对话，你如果读懂了故事里的紧张、惊险，这个故事就很好玩了，再讲起故事，自然会想着把这个效果表现出来，那故事一定就是相当精彩的。

二、教学活动紧扣语文能力的训练而展开

解释课题成语的意思，联系语境解释词语“乘虚而入”等，听写词语，讲述课文；让学生开口读，让学生动手画，让学生思考辨析、擦亮词语，挖掘词语的深意，让学生大胆地说话，精彩地演绎故事——这些活动似乎“土”得掉渣，但我们感觉这些教学却洋溢着浓浓的语文味：围绕语言，依靠语言，训练语言，提高语言。除讲故事之外，课堂上最让我们侧目的就是联系语境，用自己的话解释词语的训练了。“乘虚而入”开始仅是词典上孤立存在，当教师要求学生“联系上下文，用自己的话来说”时，这个词语被嵌入语境，它在语境里复活了。学生理解词语的过程成了学生赋予词语“感性的个人内涵”的过程，在这个过程中，词语不再是僵化的存在，而成为血肉丰满的生命表现。

三、教学永远把学生发展当作第一考量

曾经写过一篇文章《“可观赏”与“可培养”》，批评公开课上那些作秀行为。反观何主任的这节课，朴素至极。没有光影闪耀，没有思想锋芒，没有语言风光，教师的“拙劣”倒是不时可见。比如开头让学生质疑，到课后竟没有回应；比如把“精彩讲故事作为核心教学目标”，最后竟请个学困生并不精彩地讲……说实话，正是这些“不精彩”让我看到何主任教学的精彩所在：真实地教、朴实地教、扎实地教。教学永远在了解学生的前提下进行，永远教学生成长需要的知识，学生已经会了的不教，学生自己能学会的不教。教学不是为了表现自己有多精彩，教学是为了促进学生精彩起来。教学不是只关注几个尖子生表演，更要关注一个个学困生的存在！】

让文本发出光来

——《一路花香》课堂实录及点评

时间：2009年11月27日

学生：兴化市陈堡中心小学四年级五班

教者：何伟俊

点评：赵冬俊

第一课时

一、热身从聊“故事”开始。

师　你们喜欢听故事吗？

生（齐）　喜欢。

师　既然你们都喜欢听故事，我就问问你们了。你为什么喜欢听故事呢？我这个老师喜欢问为什么，就是希望你们开动脑筋，好吧？先想一想，不要一张嘴就说话。

生　因为故事能够带给我们知识。

师　非常棒！声音非常响亮，希望你们向他学习。站起来大大方方地发言，把自己想要说的表达出来。还有谁？请你说。

【点评：教学中，仅仅给学生提出明确的要求，往往收效甚微。最可行的办法，莫过于像何主任这样——给学生树立一个现时的榜样。】

生 能给我们知道一个道理。

师 "能给我们知道一个道理"是一个病句吧？

生 听别人讲故事，我们自己知道一个道理。

师 对了！不要着急，想清楚再说。这样，你的语文水平就会提高。还有吗？

【点评："大大方方地发言"是语文教学的底线要求。在此基础上，语文课对语言本身还有一个底线要求，那就是规范。这一点，语文老师是将就不得的。或许正是老师们"心慈手软"，怕难为学生，常常"得意忘言"，以致学生犯了"张口就说"的毛病。何主任提醒学生"不要着急，想清楚再说"，意在提醒学生说之前要有语言组织的过程。】

生 能从故事中受到启发。

师 同学们讲得真好啊！接下来我们进入第二个问题。你讲过故事给别人听吗？有的举手！有一位同学啊！请你说一下，在什么时候讲过什么故事给什么人听？

生 我在放学的时候讲过故事给我爸爸听。

师 讲了什么故事？

生 讲的是《牧羊的姑娘》。

师 哦！《牧羊的姑娘》，请你把话说完整了。

生 我在放学的时候讲过《牧羊的姑娘》给爸爸听。

师 对啊！就应该这样说。有一天，放学回到家，我讲了一个故事给爸爸听，故事的题目是什么什么。

生 有一天，放学回到家，我讲了一个故事给爸爸听，故事的题目叫"牧羊的姑娘"。

师 好的。那我又要问你了，你为什么讲这个故事给爸爸听呢？

生 因为这个故事让人觉得"善有善报，恶有恶报"！

师 哦！这个故事里有一个道理，是吧？好的，刚才有三位同学回答老师的问题了。那么讲故事是有用的，是不是啊？

生（齐） 是！

师 大多数同学喜欢听别人讲故事。而这位小女生讲了一个很好的故事给她爸爸听。我们希望四年级五班的小朋友们以后也要学会讲故事给别人听。好，今天何老师要和同学们一起学习一个新的寓言故事，就是我们今天要学习的第14课，《一路花香》。

【点评：故事之于孩子，正如新闻之于成人那样，须臾不可离。何主任用聊故事的方式，缓解了与孩子初次相见的陌生感。另外，何主任提出的一个非常具体的问题——“为什么讲这个故事呢”，让每个孩子觉得原来“故事是有用的”。于是，学习这篇课文的良好的阅读期待便形成了。】

二、教学从“预习检查”开始

师 叶老师已经布置大家预习了课文，是不是啊？

生（齐） 是！

师 问一下，你们在预习的时候都做了什么事情？刚才，叶老师说了，同学们都很听话、内向。我希望在学习的时候，你们要放开一些。好，请你说。

生 我们预习的时候先读了一遍。

师 不用说我们，就说你自己，你预习的时候做了一些什么？

生 我预习的时候先把课文读了一遍，再标注上自然段序号，然后摘抄一些课后的词语，再摘抄一些精彩的语句。

师 你已经做好了吗？（生摇头）哦，没有。以后要说自己做过的事情，好，请坐下。来，你说，你做了什么？

（学生很老实，实话实说；教者很坦然，相约下次）

【点评：该生答非所问，他将预习要求说得头头是道，不过是纸上谈兵。还好，他能实言相告，尚可教也。良好的预习习惯，不是教师布置了学生就能养成

的，它需要老师持久细致地督促检查，不断强化、固化，终成习惯。】

生　我预习的时候，先把课文读一遍，然后标上自然段，再把课后的生字词在课文中找出来。

师　哦，我看你画好了吗？好的，已经画出来了。把书打开，把你自己不懂的词语用横线画出来，在后面打上问号。还有不懂的句子，用笔把它画出来，也在后面打上问号。你觉得哪些句子怎么也读不好，也在旁边打上问号。知不知道啊？

【点评：从学生的发言中，我们不难看出，学生预习的重点在生字词。从何主任的教学中，我们不难看出，他的预习要求是体现在《课程标准》中的阶段目标——“能对课文中不理解的地方提出疑问”，“用普通话正确、流利、有感情地朗读课文”。对比预习的要求，我们也就不难理解，为何学生的阅读总是浅浅的，没有疑问，没有发现，没有深度。因为学生正集中兵力、不遗余力地对付生字词，摘抄词句。对此，我们是不是应该思考——“学生正确预习课文的姿态应是什么？”“预习最为重要的任务是什么？”】

（生自由朗读课文）

师　好，下面就请同学读课文了。第一小节谁来读？胆要大一些啊！好，请你来读，其他的小朋友坐好，认真地听！

师　嗯，好的，这位同学读得怎么样？大家说说啊。

生　他“马”……（学生将“把”说成了方音“马”）

师　读书、发言要说普通话。“马”用普通话怎么读啊？

生　是……

生（齐）　把。

师　对了，要说“把”。以后发言的时候，要说普通话，要不然长大以后不会说普通话，在陈堡讲，人家听得懂，但是到上海讲，人家听得懂吗？

生（齐）　听不懂！

师　从小要说普通话，知不知道啊？

生（齐）　知道。

师　谁再读第一自然段？

（生朗读）

师　刚才我们听了几位同学的读书，我们来说说他们读得怎么样。先说说优点，希望他能继续保持，然后再说不足，这样对他是个提醒。这两边有没有小朋友举手啊？她读得怎么样啊？你读的，你也想发表意见，评价自己？好，那就请你说说看。

生　好！

师　她觉得她自己读得很好，人要有自信啊。其他小朋友，放开一些，有没有意见啊？好在哪里？你说说看啊！

生1　她读得很好。

师　好的，她的普通话很好，这是一个。还有吗？

生2　她的声音很响亮。

师　好，她的声音响亮，除了声音响亮，老师觉得她的声音很悦耳，是吧！好，刚才这位同学有三个优点：第一，她用普通话读了；第二，她的声音响亮；第三，她的声音悦耳、动听。下面老师有一个建议……有人已经知道老师的建议了，真聪明！（指名回答）

生　她要重读的词语没有重读。

师　哦！好的，请你举个例子。

生；就是"完好的水罐总能把水满满地运到主人的家"，这里的"满满地"，她没有重读。

师　"满满地"为什么要重读呢？

生　因为"满满地"是说好水罐运的水很多，而破水罐只能运一半。

师　这就是说，它们两个水罐不一样的地方，我们应该重读。非常好，我们在朗读的时候就是要读出自己的理解。请你把这句话读一读。

（生朗读）

师　好的，你重读了"满满地"和"半罐水"，这是你的理解，非常好！还有其他同学想说吗？

【点评：这位同学的语感特别好。具体表现为，对文中的对比重音能够准确把握。学生对语音的敏感，实质是对深层的语意理解到位的有力表现。何主任对该生表示了肯定。但肯定之后，何主任似乎念念不忘对前一学生朗读的评价，没能将这一高水平的朗读在全班同学面前“发扬光大”。就我的理解，这样的朗读，是他个人的理解，同时也是最接近作者表达意图的理解，应该让全班同学都能理解，哪怕是语音层面的理解。】

生　她的逗号和句号没有注意停顿。

师　哦！你来读给大家听一听。（生朗读）

师　这位同学朗读得很好，不仅知道要一句一句地读清楚，还知道要把句子中的重点词语读出来，真了不起！下面老师想向这位同学学习一下，读一读第一节，大家注意听何老师怎么向这位同学学习的，好吗？

【点评：我们常常使用这样的教学语言，“大家注意听老师是怎么读的”。何主任却说“大家注意听何老师是怎么向这位同学学习的”。何主任的高妙之处，就在于只拐了一个弯，便将一顶“高帽”戴到学生头上了。读还是这样的读，可听却是不一样的听。学生会在听中意识到，他们中间多了一位堪称“老师的老师”的朗读高手。学生会在听中比较，老师与刚才那位同学读书的味同不同？影响更为深远的是，那位受了表扬的学生，会以一股怎样的激情投入到学习之中？】

生（齐）　好！

（师范读，生边看书边听）

师　听清楚了吗？

生（齐）　听清楚了。

师　那就请你们在下面小声地练习一遍。

（学生练习）

师　觉得自己有进步的同学请举手。

（师用目光巡视，没有学生举手）

师　哦，没有感觉到自己的进步，不要紧，请大家再认真地练习读一遍。

（生练习朗读，读完有人举手）

师　好，请这位同学来读，其他同学要把书捧好，注意听。

（生朗读第一节）

师　她读得怎么样？

生（齐）　好！

师　好就给她掌声。

（生鼓掌）

师　经过练习，我们已经知道要有滋有味地读好课文。下面谁来读第二小节？

（指名读）

师　读得不错，通过刚才对第一小节的学习，你有了进步。谁接着来读第三小节？

（指名读）

师　每个句子读完，要注意停顿。你前面的句子停得很好，后面也要这样，从“于是”开始再读一遍。

（生再次朗读）

师　好的，有进步了，以后就要这样，知道吗？

（生点头）

【点评：人人都知道朗读重要，但鲜有人深谙朗读指导之道。学生都知道读，都能够读，但少有学生知道享受朗读。何主任的朗读指导没有深文大义，但其能够回到朗读的原点，颇有正本清源的意思。极端地说，学生只有享受到朗读的乐趣，他们的阅读水平才会有真正意义上的提高。】

三、理解寓言从“概括内容”开始。

师　同学们课前已经预习过课文，刚才我们又读了一遍，现在，请同学们想一想，我们今天读的这个故事是个什么故事。请用几句话说一说。想好了可以说给自己听，也可以写下重点的词语，前后左右的同学还可以讨论。

（学生思考练习，老师巡视）

师　谁来说一说，这篇课文讲了个什么故事？

（学生不敢举手）

师　说错了不要紧，说错了可以改，这就是学习。如果你什么都会，那倒不要学了。

（有学生开始举手）

师　好，请你说。

生　这篇课文主要讲了一个寓言故事。

生　讲破水罐只能运半罐水，它觉得自己没用。

师　破水罐因自己漏水而自卑，挑水工利用破水罐的裂缝来浇水，结果他收获了……

生（齐）　一路花香。

师　那这个故事告诉我们什么道理呢？知道吗？

生　告诉我们世上每一人都有存在的价值，不能自卑，也不能伤心。

师　哦，好的，请坐下。你是如何知道的？不好意思说？还有人知道吗？

生　世上每一个人每一件东西都有其存在的价值，只要恰到好处地利用自身的特点，就能充分发挥自身的作用。

师　是的，有没有自己想出来的？不是《课课通》上的，也不是其他课外辅导书上的。我想听到的是你们自己的想法，而不是你背诵的课外辅导书上的句子。刚才同学们和老师一起用两句话就把这个故事说出来了。那么，我请同学们再思考一个问题，既然这个故事用两句话就能把它写出来，道理也很明白，那么为什么这个故事里还要写破水罐说的话？还要写挑水工说的话呢？下面，请同学们来读课文第二小节，看看破水罐说了什么。我请一个同学来读一读破水罐说的话。

【点评：何主任善意的提醒是很有必要的。因为在一个复制盛行的时代，“自己的想法”实在太重要了。当学生习惯于躺在《课课通》等教辅书的大树上，哪里还能体会到“思维体操”的乐趣？长此以往，他们的思维将被冻结得硬邦邦的，融化不开。课堂是学生可以出错的地方，是学生孕育思想、生长思想的平原。为此，老师应当谨防平原的沙化。】

（生读第二小节破水罐的话）

师　我想向你道歉，这句话中的“道歉”是什么意思？

生　对不起。

师　说了一半，还没有完整地表达清楚。

生　做错了事，向别人赔礼。

师　道歉就是做错了事，心里觉得对不起别人，要向别人赔礼。破水罐为什么要向挑水工道歉呢？

生　因为挑水工挑水的时候，破水罐的裂缝渗出了一半的水，它觉得对不起挑水工。

师　那么，破水罐是怎么说的？下面，用你刚才的读书方式来读破水罐向挑水工道歉的话。你们觉得这段话应该怎么读呢？请大家思考一下，下一节课我们继续讨论这个问题。

第二课时

四、感受破水罐的心路历程从“惭愧”开始。

师　刚才我们读了《一路花香》这个故事，我们知道了故事讲的是什么。读了破水罐向挑水工道歉的话，下面我们继续来读。老师请同学们再来读一读这句话。破水罐说这句话时，是什么样的心情？谁来读？胆大一点。

（生读）

师　好，读得不错。你能体会出破水罐道歉时的心情吗？

生　自卑。

生　惭愧。

师　请你讲一讲“惭愧”这个词语的意思。

生　不好意思。

师　可以这么说，那它因为什么而不好意思？

生　因为它有条裂缝而不好意思。

师　我告诉你们理解词的办法，可以查字典，可以联系课文内容来理解。这里破水罐因为什么而感到惭愧？

生　因为挑水工的水从它的裂缝中渗出，它觉得惭愧。

师　它觉得对不起——

生　挑水工。

师　因而它心里感到惭愧。自己做了对别人不好的事情，感到对不起别人，这就是“惭愧”。现在请大家用刚才吕雅雯读书的方式来读一读破水罐对挑水工说的话。我们怎么读才能读出这种“惭愧”的心情呢？自己轻声地读一读。

（生自由轻声读）

师　谁来读一读，把你自己的理解读出来。

（生朗读）

师　好的，你能告诉同学们，你注意了那些词？

生　……

师　下面还是请吕雅雯这位小能手来说一说。

生　他“应有”读得很重。

师　“应有的回报”，是吧？也就是说挑水工应该得到的回报，可破水罐没有给他，所以破水罐觉得——

生　它觉得很没用。

师　它觉得对不起挑水工。它没用吗？它已经运了半罐的水了，也是有用的，所以不能说它没用。还有吗？我们还应该注意哪些词语？

生 “只能运半罐水”。

生 “渗出”。

生 “尽了”。

师 我们注意了这些词，就能体会到破水罐的什么心情？

生 惭愧。

师 对，惭愧的心情。我们一起来把破水罐道歉的话读一读。注意破水罐觉得对不起挑水工，要把这个意思读出来。你会觉得朗读是件很有意思的事。

（生齐读）

师 好，读得不错。请同学们想一想，破水罐认为挑水工应有的回报是什么？

生 把水满满地运到主人的家。

师 破水罐认为应有的回报是把一罐满满的水运到主人的家，而它没有让挑水工运回满满的水。因此，它感到什么？

生（齐） 惭愧。

师 好，下面我们再来读一读破水罐向挑水工道歉的话。注意是在道歉，要把这个意思读出来，注意句号的停顿。

（生齐读）

师 破水罐漏水，它就诚恳地向挑水工道歉。从这个道歉里面，你怎么看这个破水罐呢？

生 诚实。

师 是的，它很诚实。一般人如果向你道歉，你会怎么说呢？

生 没关系。

师 一般我们是接受他人的道歉或是安慰他人，那挑水工有没有接受破水罐的道歉呢？

【点评：教学中，我们更多地联系生活实际让学生理解词语，少有联系生活让学生理解文本人物行为。何主任这一问，极具引爆的力量。于是，文本世界与生活

世界的距离拉开了，文本的张力产生了。挑水工那怪怪的、神秘的面纱便薄如蝉翼了。】

生　接受了。

师　接受了吗？你从哪儿看出来的？

生　……

师　挑水工安慰破水罐了吗？

生　安慰了。

师　他安慰了，我怎么看不出来他安慰了破水罐？回答问题要从课文的语言中找理由，要想一想，不要随便说。你们自己再读一读挑水工回答的这句话，想想看。

【点评：哈哈，即将升空爆出五彩的烟花，却突然熄了火。何主任只得原路折回——这里的教学似乎走了一段弯路。学生没有细读挑水工应答的言语，他们的判断只能是粗浅的、表层的。是不是可以在抛出“挑水工有没有接受破水罐道歉”的问题，即刻让学生投入地细嚼挑水工的话？这样，教学是不是可以更顺畅？】

（生自由读课文）

师　挑水工接受破水罐的道歉了吗？

生　没有。

师　挑水工安慰破水罐了吗？

生　没有。

师　挑水工只是叫破水罐看花，没有说“没关系”，只是说了一些不相干的话。我们再来读一读这句话，这句话的“注意”后面应稍微停顿一会儿，因为这儿是提醒注意什么。

（师范读）

（生齐读）

师　挑水工没有接受它的道歉，也没有安慰它。你们觉得挑水工怎样？想一想，这位挑水工好像有点儿不平常哦！别人对你说对不起，你却让别人去看花，有意思。

生　他想让破水罐发现自己的长处。

师　那他为什么没有明确地告诉破水罐呢？——这些花儿是你自己浇灌出来的。他有没有？

生　没有。

生　挑水工的性格很直接。

师　直接吗？直接就告诉它啊。那它就高兴了。这叫直接吗？恰恰相反。

生　挑水工在循循善诱。

师　他用了一个很好的词语，挑水工在“循循善诱”。挑水工想让它明白什么呢？

生　挑水工想让它明白生活在这个世界上是有价值的。

师　你这个“挑水工”太厉害了，一说出来就是大道理。这位挑水工是不是怪怪的，这不就是很有趣吗？下面请同学来读一读。

（生读）

师　想想破水罐，它一脸的疑惑，心里满是对不起，挑水工却说了这么一句话，应该怎么读？

（生读）

师　一个是在真心地道歉，另一个却什么也不搭理，就让它看花，是不是很有趣？下面我们分角色来读一读。

【点评：何主任寥寥数语，自然地彰显了该文内蕴的意趣。这节课上，何主任不止一次地使用这样的语言——“是不是很有趣”。在我看来，这是很可爱的教学语言。这种积极的暗示加之有力的教学引导，让学生感受到的是阅读的乐趣。】

师　挑水工让破水罐注意路边的花儿，它有没有注意？

生　注意了。

师　但是到了小路的尽头，它仍然感到伤心，它为什么伤心？

生　因为它又漏掉了一半的水。

师　噢，它又漏掉了一半的水。（板书：漏）看老师写这个“漏水”的“漏”。记住怎么写的，左边三点水，房子里面下雨了，这就是漏啊！好了，还是漏水了，破水罐又向挑水工道歉了，你觉得这个破水罐怎么样？

生　破水罐很谦虚。

师　很谦虚吗？有本领才谦虚啊，它没有多大本领怎么谦虚，对不对？

生　破水罐很愧疚。

生　我觉得破水罐没明白挑水工的意思。

师　对了，它没明白挑水工的意思，它还在为漏水感到伤心，它真的是一个很诚实的人。那挑水工有没有接受它的第二次道歉？

生　接受了。

师　你从哪里看出？

师　好，我们还是先来读一读挑水工的话。请同学读，你们思考。

（生读）

师　那挑水工接受破水罐的道歉了吗？

生　接受了。

师　你从哪儿看出接受了？我看没有接受，我可以说出理由。我从一个字当中就可以看出。哪个字？你们能知道老师的心声吗？我从这句话的第一个字就可以看出，哪个字？

生　“但”。

【点评：解读文本的能力，不只表现在文章描写的生动处，还要在寓意揭示的显要处有所发现。它更多地表现为接收文本微弱信号的能力上。这个不为人所注意的“但”，被何主任接收到了。可见何主任阅读之细，解读能力之强。更为可贵的是，他没有急着将自己的解读塞给学生，而是将发现的机会一并留给了学生。】

师　“但”是什么？“但”就是转弯。破水罐再次向挑水工道歉，但挑水工……这个“但”就表示没有接受道歉，那他这次有没有安慰破水罐？你从哪里看出？请大家自由读读挑水工的话，要读出你的理解。

（生自由读）

师　想一想，他有没有安慰破水罐？我们再请一位同学读一读，你们仔细想一想。

（生读）

师　一句一句地读得很清楚，看到大家读书进步这么快，我很高兴。那挑水工有没有安慰破水罐？从哪儿看出？

生（齐）　安慰了。

生　我从最后一句“如果没有你，主人哪能欣赏到美丽的花朵呢”看出的。

师　你有什么想法呢？

生　我的想法是……

生　挑水工告诉它存在的价值——能给路旁的花朵浇水，让主人每天欣赏到美丽的花朵。

师　说得很好。实际上挑水工就是告诉破水罐什么呢？

生　它自己的作用。

师　也就是说，破水罐的漏水是有作用的，故事中漏水的作用是什么？

生　浇花。

师　这也是挑水工为什么不接受破水罐道歉的原因。在挑水工看来，破水罐要不要给他道歉呢？

生　不要。

师　破水罐第一次道歉时说：“你尽了自己的全力，却没有得到应有的回报。”在挑水工看来，他有没有得到回报？

生　得到了。

师　什么？

生　挑水工得到的回报是鲜花。

师　如果用我们的课题来说，挑水工得到的回报是……

生　一路花香。

师　下面我们请一位同学来把这句话说一说。

生　挑水工得到的回报是一路花香。

【点评：课题本身富有诗意，解说起来并非易事。何主任将这一教学内容置于此，显得水到渠成，有举重若轻之感。】

五、真正的理解从"书写全新的自我"开始。

师　因此，他认为破水罐不需要向他道歉。我们想一想，破水罐从感到惭愧开始，道歉又道歉，而且感到伤心。后来听了挑水工说的这句话以后，你想一想，破水罐的心情会怎么样？它会对挑水工说什么？下面请你拿出本子写几句话。写一写听了挑水工的话以后，破水罐心情怎样？它又会对挑水工说什么？

（生写话）

师　哪位同学愿意把自己写的话读给大家听？

生　听了挑水工的话，破水罐不再惭愧了，它对挑水工说："谢谢你，让我明白了自身存在的作用。虽然每次只能运半罐水，但我能让主人欣赏到美丽的花朵。"

生　听了挑水工的话，破水罐变得开朗起来了，它高兴地对挑水工说："谢谢你让我明白了我在世界上的作用。我一定会尽我最大的全力来报答你。"

师　她用了"开朗"这个词，与众不同。

生　听了挑水工的话，破水罐十分高兴，它对挑水工说："谢谢你，如果没有你，我就不知道自己的作用，完好的水罐根本瞧不起我，在它面前我抬不起头来。"

生　听了挑水工的话，破水罐内心感到很自豪，它对挑水工说："谢谢你，是你让我找回了自信，我以后不会惭愧了，我会尽心尽力地给花浇水。"

【点评：对于寓言的学习，关键是能够在读中有所感触。对于四年级学生而言，要在学习中有所感触，最好提供他们感于内而发于外的机会。小练笔无疑是不错的选择。学生在写的过程中，加深了寓意的理解，且这种理解是个性化的，而不是统一的标准答案式的寓意。】

师　破水罐一开始因为漏水感到很惭愧，也很伤心，是挑水工让它知道自己的作用，那挑水工说的话里面哪一个词语是关键？

生　利用。

师　你能把这句话读一读吗？

（生读："那是因为我早知道你的裂缝，并且利用了它。"）

师　对啊。挑水工是怎么利用破水罐的漏水的？

（生读："我在你这一边撒下了花种，于是我们每天从小溪边回来的时候，你就浇灌了它们。"）

师　挑水工的高明之处就在于他利用了破水罐本来感到惭愧的缺陷，这叫"学会利用"，不管什么东西都有其特点，甚至有一定的缺陷，但是你把它利用好了，就会产生"一路花香"。这就是故事告诉我们的主要道理。

（下课）

【总评：

去陈堡中心小学听何主任执教《一路花香》那天，一路雾浓。课始，坐进教室，脚底冷得发颤。学生的情感与思维似乎也冻结了，一个问题抛出来，哪怕是简单的，举手应答的也寥若晨星。第二节课时，忽地，一缕阳光穿透浓雾，来到教室。室内顿时暖融融，亮堂堂。学生们在何主任亲切的引导鼓励下，童心阳光般地跃动起来。于是，我在听课本上写下这样的感受——语文老师应是一缕穿透迷雾的阳光。

一、犀利地穿透文本

寓言是说理的，很多时候，我们不怎么重视引导学生感受形象，只是把感受形象功利化地当作揭示寓意的手段。何主任在课上提出“既然这个故事用两句话就能把它写出来，道理也很明白，那么为什么这个故事里还要写破水罐说的话？还要写挑水工说的话呢”，这表明了他寓言教学的一种姿态，即课堂教学只为一“理”而来，不免充满说教，习之无味。寓言的寓意与寓言中生动的形象是不可分的，只有当学生具体而完整地感受了形象，才能真正领会它的寓意。

多年来，何主任一直追求语文教学要在学生精神世界里留下形象。那么，何主任对《一路花香》中的形象，有怎样的解读呢？一般我们会读出“破水罐”的心理变化，从“惭愧”“道歉”“一丝快乐”到最后“自信”。而何主任读出的是破水罐“因惭愧而道歉”，挑水工莫名其妙地“不搭理”，破水罐再次“道歉”，挑水工再次“拒收”。他将文本的中心重新锁定为挑水工。一个“但”字，一个普普通通、不可能惹人注目的转折连词，何主任读出了童话中惯用的反复结构（只是在寓言中这一结构不会像童话中那样肆意铺陈）。于是，在反复中，寓言里浓浓的趣味被“炖”出来了，挑水工不露声色、润物无声地给予破水罐的人文关怀被发现了，同时，他藏而不露的形象也因此染上了几分神秘的色彩。

若解读不出这些，学生学习阅读的趣味也就无存，让学生感受阅读乐趣的目标也就落空。

二、温暖地照亮课堂

班主任介绍说，这个班属于“内向”型的。言外之意，即这个班不适合上公开课吧。第一课时，我认同这一说法，但至第二课时，感觉完全不一样了。学生不再“内向”，都跃跃欲试了。

何主任的教学语言，始终是贴心的、聊天式的。哪怕是学生的回答出了错，他也不理直气壮，越俎代庖，而是以一种商量的口吻点化学生。如学生说“故事能给我们知道一个道理”，明显一个病句，何主任轻描淡写地说：“‘能给我们知道一个道理’是一个病句吧！”可别小看一个语气词“吧”，这是一份耐心，这是一种期待，相信学生能自行更正的期待。事实如此，学生更正后，何主任再次鼓励——“对了！不要着急，想清楚再说。这样，你的语文水平就会提高。”何主任温暖的教学用语，让童心舒展，让童言绽放如花。

何主任课堂的温暖还表现为，他自始至终，甘居后台，不断地将学生推上台前，扬其所长。为鼓励更多孩子朗读课文，他不断地褒扬学生。一次普通的朗读，他竟发现了三个优点："第一，她用普通话读了；第二，她的声音响亮；第三：她的声音悦耳、动听。"

是的，只要有阳光，冰雪终会融化；只要心中有阳光，所有朗读的缺陷都将被矫正；只要有阅读的欲望、自由言说的欲望，任何语文的问题都不会成为问题。】

让学生成为阅读者

——《天鹅的故事》课堂实录及点评

时间：2010年5月11日

学生：兴化市安丰中心小学四年级五班

教者：何伟俊

点评：吴小健

第一课时

一、课前何伟俊主任与学生亲切地交流

师　上午我已经和安丰小学四（5）班的同学们熟悉了，我们是朋友。我是你们的大朋友，你们是我的小朋友……在这个大教室上课和在你们班上与陈老师一起上课是一样的，你们平时怎么上课，今天还怎么上课，好吗？（学生很快消除了拘谨，进入了状态）

二、教学流程

（一）了解学情，以“故事”为话题，引入阅读。

师（面带微笑）　知道了我们今天要学的课文是《天鹅的故事》，上午我也了解了同学们平时学习时是要预习的，我想问问你们预习的时候都做了什么？

生　第一，标上小节号；第二，把生字标上拼音；第三，把课文大声读三遍；第四，把生字大声朗读两遍。

师　她说话有一个优点，是什么？听出来了吗？学语文要学会听。

生　有序。

师　这是学语文很重要的方法，要学会有条理地表达。因为我们说话的目的是什么呀？

生　让别人听得懂。

师　对，平时说话要让别人听得懂，像这样有序地说一、二、三、四，别人听了非常清楚。还有跟她这四点不一样的吗？

（学生没有不同意见）

师（微笑）　课文读过一遍的请举手……两个；两遍的请举手……没有；三遍的请举手……哟很多！也就是说，我们绝大多数的同学课文读了至少三遍，是吧？

（生点头）

师　你们有没有听过别人讲故事？

生（大声）　听过。

师　你们在哪里听过谁给你们讲过什么故事？

生1　我听过周敏在学校给我讲过故事。

师　地点好像不太清楚，在哪里？是在路上，还是在教室里，还是在操场上？

生1　在教室里面。

师　讲的什么故事？

生1　讲的是——（答不上来）

师（微笑）　记不太清楚了？（生不好意思地点头）没关系，请坐。我们来听其他小朋友说。

生2　我听过妈妈在家给我讲《白雪公主》的故事。

师　说得很清楚。

（何主任又亲切地点了几名学生交流，重点鼓励学生讲真话，并指导学生把话讲清楚）

师（小结）　刚才问大家有没有听过故事，大家都举手了，我又问大家喜欢听的都是什么故事，大家有点答不上来。说明故事还没有真正地听到心里面去，是不是呀？我还要问大家一个问题，我这个人就是喜欢问问题。（众笑）你们喜不喜欢听故事？

生2　喜欢。

师　你为什么喜欢听故事呢？找个小朋友说说，故事好玩在哪里呢？

生2　因为故事很奇妙，跟现实生活不一样。

师　非常好，他讲了一个关键的字。（板书：奇）故事把你带进了另外一个世界。还有吗？

生3　故事很有趣。

生4　故事很美好。

师　今天我们学习的是《天鹅的故事》，学完以后我们也要想一下它奇妙在哪里，有趣在哪里，美好在哪里。下面让我们走进这个故事。

师　请一位同学读课文，其他小朋友要注意听。听，是学语文的重要方法。（板书：听）

师　我要隆重地把这个词介绍给大家，其实学语文不仅是读，更要学会听，在别人读书的时候，在别人说话的时候，你都要注意听。听什么？第一，听他说得好的地方要学习，比如刚才那位同学说话就有条理，你要学习，懂吗？（生点头）

师　第二，如果这个同学身上有毛病，你下次说话的时候要防止这个毛病在你身上发生。第三，你也要默默地读，在心里读，边听读边走进故事里去，去想这篇课文里的意思，这样你就会觉得故事有趣了，知道吗？

（二）指导朗读，读正确，读通顺，读出理解（这篇故事特有的结构：语意的转折）。

师　请一位小朋友读第一小节，其他小朋友要认真听，读完后你来评价评价，如果让你来读，你会怎么读？好不好？（“开火车”读第一至三小节）

（生1读课文时将“转悠”读成“忽悠”）

师（微笑着打断）　等等，是“忽悠”吗？我看啊，你是在“忽悠”我们喽。（众人笑）

师　同学们听得都非常认真，她有什么优点？（无人举手）

师（微笑） 我觉得她大大方方的，虽然有些字读错，但不怪她，（亲切地看向该生）你本来会的，因为换了地方上课，所以才读错了。那我们再帮她把毛病找出来改正。

生2 有错别字。

师 说清楚点，哪一个字？

生2 她把“转悠”读错了。

生3 她读书的声音很小。

师 你希望她读得响亮一点，是吧？主要没拿话筒，这不怪她。

生4：不流畅。

生5 没读出感情。

生6 读得比较快。

师 老师觉得她课后只要再多读几遍，一定会越读越好！

师 刚才有这样一个词，湖畔的“畔”，她是怎么读的？请你再读一次。

（生1重读句子）

师 非常好！你看，只要认真地读，就能读得很好。这个词是什么意思呢？先跟我来读两遍。（领读）

生1 湖边。

生2 湖边。

（何主任接着连续点了几名同学回答“湖畔”的意思，强化了学生对该词的理解）

师 刚才这位小朋友读书时没有注意停顿，这是我们要改正的。（板书：停顿）停顿，就是读完一句话要稍微停一下，一句话一句话地读清楚，什么叫一句话？一句话后面应该用什么标点符号？

生（齐） 句号。

师 每一句话读完要停顿一下，每个自然段之间也要停顿一下。如果你不停下来，自己不能去想文字的意思，别人也听不清楚。下面听老师读，听老师在哪些地方停顿的。

（师范读第一至三节。读时，何主任不时停下来，提醒学生注意段中的停顿）

师（微笑） 老师怎么读的？

生1 很有感情！

师（笑） 没那么夸张，要说出你听了以后真实的感受。

生2 老师有的地方读得快，有的地方慢。

师（点头） 她听得很认真。

生3 老师读得很清楚。

师 谢谢，请坐。

生4 老师注意了停顿。

生5 老师读得很通顺、很连贯。

生6 音调有高有低。

生7 老师读得很认真。

师 这个评价非常中肯。虽然老师读得还不太好，但老师读得很认真。

师 你们知道老师读了多少遍吗？30遍，所以老师才能读得比她稍微好一点。请大家再轻轻地读一遍第一至三小节，要注意停顿，把它读清楚、读通顺。

（生自由朗读课文）

师 找个小朋友来读读第一至三小节，其他同学注意听，在心里读。

（生读比较快）

师（打断） 停下来，你读得有点快了，要注意停顿。

（生继续读，将“您老喜欢打猎？”停顿错误）

师（笑着打断） 这句话应该怎么读？你再读读。

（生再次读错）

师（微笑） 按照他的朗读，这句话什么意思？

生1 您经常打猎。

师 停顿不一样，意思是不同的。

师 你知不知道应该怎么读呢？

（生又一次读错）

师（微笑） 你还是不知道这句话的意思。好，老师请个小朋友教教你。

（生2读，也读错。生3读对）

师 “您老”什么意思？表示尊敬。这里的“您老”指的是谁呀？

生 斯杰潘。

（读错的学生接着往下读，该处停顿读正确了，接着读第二至三小节，但天鹅的叫声“克噜——克哩！”读得不够到位）

师 读得非常认真，这里面有一处天鹅的叫声读得不是很清楚，应该怎么读呢？同桌来读一下。

（生读该句，读得不到位）

师（微笑） 有趣，这里的“克”应读第几声？再请个同学读。

（生读，读得比较轻）

师 这是一只小天鹅。

（生读，将“克噜”拉长了）

师 你为什么将这个词拉长了读呢？因为这个声音是从哪里传来的？

生（齐） 远处。

师 对，所以我们要延长，这个声音是什么样的？

生 清脆的。

师 所以它后面是感叹号，同学们再把这句话练一练。

（生自由练读。接着何主任带领学生逐一推敲“克噜”“克哩”这两个词应该怎样朗读，联系“远处”一词耐心地指导学生朗读天鹅的叫声）

师 斯杰潘老人很会听，他听出了声音是从远处传来的，他还听出了天鹅的声音是清脆的。因为这个老人很会听，所以他讲的故事很好。我想，他的语文水平一定也很高，因为他会听！这个老人不简单呀，一起来把这句话读一下，想象一下从远处传来的清脆的啼叫声是什么样的。

（师示范读，生齐读）

师 请小朋友们想一想，老人看到了什么？

生（答） 一大群天鹅。（板书）

师　读这句话时，哪一个词要重读？

生1　一大群。

生2　抬头。

生3　天鹅。

生4　大。

生5　一。

师（笑）　他很喜欢数学。（众笑）

师　一个句子，你有不同的理解，就会有不同的停顿，或者有不同的着重点。我们一起想想，老人是背着猎枪来打猎的，在湖边什么也没有看到，什么也没有听到，突然看到一大群天鹅，这时，他是种什么样的心情？

生　兴奋。

师　其实，读书时并不总是美丽的词要重读，而要看看这个词要表达的是什么意思。我认为要强调“天鹅”，因为此时最吸引老人眼球的是什么？

生　天鹅。

师　这里面还有一个地方我要提醒大家一下，请大家看这句话“那年的春天来得特别早……湖面又上冻了”。

师　请同学们读第二句话，我们来研究一下，你觉得这里哪些词语要重读？

生1　寒潮降临、北风呼啸。

生2　没和又。

生3　突然。

生4　可是。

师　我要提醒你们，可是、突然这些词一般不要重读，前面一句话告诉我们什么？

生2　天气变暖了。

师　后面一句话告诉我们什么？

生2　寒潮突然降临了。

师　这两句话之间有个变化，由暖到冷，所以应注意哪个词？（板书“转”）

这个故事妙就妙在它有一个转，本来它是暖和的，现在转成了冷，因此我们朗读时要注意哪些词？

生　谁也没有想到。

师　下面一起来把这句话读一下，读出“转”的感觉。

（师范读，强调“谁也没有想到”。生齐读，不太到位。师再次示范朗读。生齐读，很到位）

师　同学们辛苦了，下课休息一下。

第二课时

（上课伊始，老师让同学们稍微站了会儿，缓解一下下午连续上两节语文课的疲劳）

（一）继续指导朗读，理解语意的转折。

师　上一节课我们读了三个小节，同学们心情有些紧张，但学得很认真，也有了收获。学语文就要先慢后快，掌握里面的奥妙，将来学习就快了，下面我们继续上课。

师　刚才我们读了第一至三小节，下面请小朋友们读第四小节。

（生纷纷举手，师将话筒交给一生，生读第四小节。读到“它们为什么没有飞走呢？”师示意停一下，请其他学生评价后，让他再接着读。生读完了第四小节）

师　刚才这位小朋友基本上注意了停顿，是吧？哪儿的节奏还可以再长些？

生　在“想看个究竟”后面，可以再停顿长些，因为这儿是个句号。

师　“究竟是怎么回事呢？”要想一想，所以停顿要稍微长一些。你有了感受，还有哪儿也要停一下？好，你来说。

生　“它们为什么没有走呢？”应该停一下。

师　嗯，对了，“好像在讨论：”后面是什么符号？

生　冒号。

师　这后面要不要停一下？

生　要。

师　为什么要停一下，请你说。

生　因为它们在讨论说的话。

师　好像在讨论，究竟在讨论什么内容呢？引起我们的思考，要停顿。好的，请坐。注意我们在读书的时候，不仅要把字读出来，还要把意思读出来。意思读出来，很关键的，是要靠停顿。我们来看一下，这一小节的“转”在哪里？刚才老师讲了一个字，叫“转”。找找看，看谁的眼睛是火眼金睛。

生　“我在湖边转悠了半天。”这儿有个“转”。

师　这个小节里面有个意思的转折在哪里？有没有找到，看看谁最聪明，你说。

生　“天鹅群刚好落在离我不远的地方”

师　这里面有“转”的意思吗？大声说，怎么“转”的？

生　因为离它近，但没有走。

师　好，你已经找到了，但没有想清楚，大家一起来想，它们为什么没有走呢？

师　读到这一句话的时候，可以想到前面的哪句话，可以连起来想？大家快速浏览一下课文，是第三小节中的哪句话？

生　“我抬头一看，原来是一大群天鹅”

师　不是这句话，它们为什么没有走呢？好，你说。

生　“那年春天来得特别早，一些候鸟从南方飞来”。

师　很接近了，但还不对，还在下面。阅读的过程就是发现的过程，你发现了什么？你读一下。

生　“有些刚飞来的候鸟只好飞走，再找暖和的地方。”

师　“天鹅群刚好落在离我不远的地方。它们为什么没有走呢？”这就是意思的“转”，因此这句话里面哪个词要重读，要突出出来？

生　“只好”要突出来。

师　这里面没有“只好”，是哪个词？你说。

生　我觉得是“天鹅群”。

师　不对，比较比较，其他鸟飞来，它们没有走……听听这句话的意思，你说。

（一生在下面小声说，老师鼓励他大胆地说出来）

生　“它们”要重读。

师　为什么是“它们”？给大家讲一讲。

生　因为其他鸟飞走了，只有“它们”没有走。

师　我们要关注它们，它们与其他的鸟是不同的！好的词语，如“春光明媚”等不一定要重读，“它们”却要重读。这是和其他鸟的比较，这里有个“转”，所以要这样读。

（师示范读）

师　我找同学再读一读第四小节，注意停顿，注意里面的“转”。故事里没有“转”，就像白开水一样，没有意思了。

（生读时没有突出“它们”，师提示“转”没有读出来，然后请他继续读）

（师指名一男生读，突出了“它们”，师表示肯定，读出了感觉。接着又找了一名男生读，还是没有突出“它们”，后面的一名女生读得较好，师提示“它们”后面可以停顿一下）

师　下面，我们来读第五小节。（“开火车”读）想想第五小节的“转”在哪里？

（一生读，读得响亮，但有些结巴）

师　这里面的“转”你们有没有找到？“转”在哪里，找到的请举手。

生　“突然，一只个儿特别大的老天鹅腾空而起，可是它并没有飞走”。

师　你说一下，这儿的“转”的意思是什么？

生　天鹅群没有吃的，可它们还是没有走。

师　噢，飞起来了，但是没有飞走，这儿有个“转”，对吧？这故事讲到这里就有了一个变化啦，是不是？那老天鹅在干什么呢？它用自己的身体在做什么动作？找一找，你说。

生　在“扑打”。

师　对，这儿是“扑”，不是“拍”，表示很大的力，这老天鹅的力气很大。

师　下面我们请一位小朋友读第六小节。

（生读，读到“举动惊呆了”读断了，师让他不要紧张，范读了一遍。生接着读到“嚓——嚓——”时没有延长，师示意学生暂时停下）

师　有人指导你了，这儿有个破折号。

（生听懂了要求，接着读完了第六小节）

师　基本上读得不错。大家想，天鹅的劳动号子该怎么读？轻声地练一下。

（生练读，师又请一生读，读出了声音的延长）

师　劳动号子该怎样读？谁来读读劳动号子，像这样读行不行？“一、二、三，加油！”劳动号子读的时候要有节奏，就像你们唱歌，我们再练一下怎么读。

（生再次练读）

（指名读，“克噜——克哩——克哩！”）

（师再次范读后，请学生读）

师　有点意思了。要想到它们是在为自己加油，再找一位同学读一下，其他同学要学习呀！

（生读）

师　后面的还可以，第一个太短了点，应加点力气再加油呀！

（生再次读）

师　还是有一点儿软，男孩子的声音应该比女孩子的声音响亮呀！

（师范读。生齐读，想象为自己加油的情景）

师　好的，我们再来读第七小节，按顺序该轮到谁了？

（生读“小小的冰窟窿……捕食着鱼虾……”学生读得不错，声音清脆）

师　读得不错，胜利了，很高兴。现在我们来读第七小节的第一句话，这里有没有“转”？

（生读，思考）

生　我认为是“终于”。

师 讲具体些，什么转成什么啦？

生 “小小的冰窟窿终于变成了一片很大的水面”。

师 你们平时在读这样的句子时，一般会重读哪个词？“终于”这样的词不要强调。我们在读这一句时应该注意哪两个词？从“转”进行比较，你说。

生 小的、大的。

师 对呀，“小小的冰窟窿变成了一片很大的水面”。那么，是不是重读的词应该读得很响呢？“小小的”应轻轻地，也表示强调。

（生齐读，读出这儿的“转”）

师 最后一节到哪个同学啦？

（生读，师纠正“三十四米”应是“三四十米”）

师 可惜多了一个“了”，这儿没有“了”。小朋友读得不错，有老人说话的味道。小朋友们，这儿的“转”在哪里？有没有发现？发现的请举手。

生 “我当时……可是……悄悄地离开了湖岸”。

师 你说说“转”在哪里？

生 当时斯杰潘老人拿着上了子弹的猎枪，但他没有开枪而是悄悄地离开了。

师 你读出来了，如果用这句话中的两个关键词，是从哪个动作转到了下一个动作？

生 从“端”到“挂”。

师 转到了“离开”，我们在读故事的时候，一定要发现里面的“转”。有没有其他同学发现这里面还有其他的“转”吗？我们这节课时间太短了，如果有很长的时间，老师可以和你们慢慢地找里面的“转”，这是非常有趣的。

师 “老人说到这里停住了，然后深情地说‘多么可爱的鸟儿啊！’”这儿有没有“转”？一开始，斯杰潘老人看到的是什么？

生 一大群天鹅。

师 现在天鹅在他的心中还是一大群天鹅吗？

生 不是，是“可爱的鸟儿”。

师 这就是什么？

生　转。

师　为什么会有这个“转”呢？讲到这里，斯杰潘老人是深情地说的，那么一开始，对天鹅有没有动感情呀？

生　没有。

师　经历了这段故事后，他有没有动感情呀？

生　动了。

师　所以说阅读就是发现的过程，也是一个感动的过程，因为感动了以后才会深情地讲这个故事。

（师板书：发现、感动）

（二）理解作为“阅读者”的斯杰潘老人。

师　他被谁感动了呢？

生　他被天鹅感动了。

师　他是怎么被天鹅感动的呢？下面，我们用另外一种方法来读这个故事。我问大家一个问题：读书的人，用一个词叫什么？

（板书：读）

师　后面加一个字，叫读——？

（生思考，但难以回答，师多次引导）

生　读者。

师　那现在我是大读者，你们都是小读者。斯杰潘老人也是一位很好的读者，他读的是课本吗？

生　不是。

师　他读的是故事吗？

生　不是。

师　他读的是童话吗？

生　不是。

师　他读的是诗歌吗？

生　不是。

师　请问，他读的对象是什么？

生　是天鹅。

师　非常聪明，好。我们来看看斯杰潘老人是怎样读懂天鹅的，读出了味道，读出了自己的感动，读出了一片深情。我们先来看第一个地方，斯杰潘老人第一次读天鹅是在哪一句话？看看第四小节，找找斯杰潘老人谈天鹅的句子。找到了吗？

（读“只见天鹅……冰封湖面，没有吃的，怎么办？”）

师　好的，大家想象一下，湖面上都是冰，一片冰封，一大群天鹅在那里轻轻地叫着，一个老人在旁边看着，也是在读着，他读到了什么？想一想。

（默想，师给予他们充足的时间）

生　天鹅们在想办法。

师　第一次斯杰潘老人读出了什么？想一想，“只见……怎么办？”有没有读懂？

（师引导学生说）

师　讨论是老人想出来的，他读到了什么呢？天鹅有没有走呀？

生　没有。

师　它们留下来干什么呢？在讨论，也就是在——

生　在想办法。

师　我们想一想，第一次斯杰潘老人读出了天鹅的什么？

（生思考）

（师板书：想主意）

师　在想主意，那么天鹅为什么引起了老人的注意？我们还是从前面来想，别的鸟都飞走了，而天鹅面对困难的时候，选择了什么——

生　选择了留下来。

师　接下来斯杰潘老人读的对象是谁？

生　老天鹅。

师　对，是老天鹅，那他从老天鹅的身上读出了什么？自己轻轻地，很快地把第五小节读一读。

（生自由读第五小节）

师　下面我们请大家来读一下，想象一下老天鹅的行动，用动作来感觉一下。

（师举起拳头，相当于老天鹅腾空而起，要求学生一起这样快速地落下来，打到桌面上。学生高举起小拳头扑打桌面，可用力不够，声音太小。老师要求再来一次，感受老天鹅的动作，学生接着扑打了两下）

师　什么感受？

生　很疼。

师　你们扑打了几次？

生　三次。

师　老天鹅扑打了几次呢？

生　无数次。

（师要求学生再次扑打一下。生用力扑打桌面，师发现有的学生动作不对，及时指出、示范，让学生能有真切的感受）

师　你们想一想，老天鹅腾空而起，你们的拳头离桌面只有三四十厘米，就有了疼痛的感觉。现在我们请一位小朋友来读一读第五小节的最后两句话，你们再体会一下，第二次，第三次，该怎么读？这次应该读出老天鹅的感受了吧。

（一生读“经过……第三次……”）

师　大家想一想，“第三次”该读出什么感觉？你们刚才不是砸过了？

生　应该读出“疼”的感觉。

师　两种感觉：天鹅从高空扑下来是疼，斯杰潘老人看在眼里心中疼，我们也想一下这个场面，我们心里是不是也感到心疼呀？

生　是的。

师　好，谁来读出心疼的感觉？你来读一读，应该怎么读？第二次，第三次……

（生轻声练读最后两句话，多次练读）

师　谁来读，看看有没有找到这种感觉？

（一生读）

师　有一点心疼的感觉了，谁再读？

（一生再读）

师　你感觉疼了，就是声音小了点，好，我要找一位男同学读一下。

（一男生读）

师　你很平静呀，谁再读？

（一生读）

师　你的感觉找得很准，是吧？第三次，多舍不得它呀，是不是？天鹅是三次吗？四次吗？

生　不是，是无数次。

师　在这无数次的撞击中，你们想一想，这一次一次该是怎样的撞击？这是什么样的扑打？

生　这是沉重的撞击。

师　有不一样的吗？

生　是很疼痛的撞击。

生　心疼的撞击。

师　你感受到了心疼，好！

生　这是猛烈的撞击。

师　是的，一定要撞开它。

生　勇猛的撞击。

师　好的，我们要把撞击的场面想出来。现在我们回过头来想，斯杰潘老人从这无数次的撞击里面读到了天鹅的什么？

生　读到了天鹅的勇敢。

师　有不一样的吗？

生　读到了天鹅的坚强。

师　好的，不错。

生　读到了天鹅心中的痛苦。

师　好的，不一样，你再说。

生 读到了天鹅的无私奉献。

师 不要说套话，要说自己真实的想法。

生 读到了临危不惧。

师 想得真好！

生 读到了坚持不懈。

师 对呀！

生 读到了顽强的意志。

师 对，老天鹅一直没有停止。那么课文中有一个词很明显地告诉我们，老人已经读懂了老天鹅了，是哪个词？下面一个小节中，找到了吗？

（生读书寻找，师启发引导）

生 破冰勇士。

师 对，此时它已经是——

生 破冰勇士。

师 什么样的人才能称得上是勇士？

生 勇敢的人。

师 不怕死，对吧。我们一起来看，刚才老人看到的是一群天鹅，现在变成了——

生 勇士。

师 老人眼中的天鹅有什么变化？

（此时生难以回答，师引导）

师 老人对天鹅的感情怎么样？

生 变了。

师 对呀，原来他眼中的天鹅就是天鹅，现在天鹅是什么？

生 勇士。

师 也就是跟我们人一样啦，而且不是一般的人，是个怎样的人？

生 是勇敢的人。

师 一大群天鹅来帮忙了，老人又读出了什么？

生　读到了一大群天鹅的团结。

师　好的，用文中的词语说，就是——

生　齐心协力。

师　对呀，齐心协力。

（师板书：齐心）

师　大家想一想，“齐心”这个词是用来形容人的，老人把天鹅已经当成什么呢？

生　当成了人。

师　对，他已经把天鹅当成了自己的朋友，当成了自己的同类，他听到了天鹅在像人一样说话：“兄弟们哪，加油干哪！”老人的感情有没有转变呀？

生　转变了。

师　因为老人被天鹅感动了，所以感情才有了转变。最后老人转变的是自己的感情，老人还转变了什么？

（师引导学生注意“老人深情地说”这一句话）

师　他原来是什么人？

生　猎人。

师　后来呢？他是不是猎人啦？

生　不是。

师　他不是猎人了，他自己的行为也有了转变。我们来读一读，老人的转变最终变成了一种深情，我们要把这种“转”读出来，请一位小朋友来读一读。

（生读斯杰潘老人最后说的一段话：“多么可爱的鸟儿呀……离开了湖岸……”）

师　读得不错，可是我们还得想一下，这个老人是怎么说这句话的？

生　是深情地说的。

师　这是老人对谁的感情呀？

生　对天鹅。

师　老人也是在表达他自己的感情，我们再来想一想，他的猎枪放在哪里了？

当时端在手上，后面挂在哪里呢？

生　挂在了墙上。

师　他放在墙上，就表示他以后——

生　不打猎了。

师　这里有个疑惑了，老人不打猎了，他可以把这枪放到柜子里，他为什么要把枪挂到客厅的墙上呢？这是为什么呢？

生　他决定不再打猎了。

生　让斯杰潘老人回忆起天鹅。

师　好的，还有想法吗？四年级的小朋友能想到这些，很不错了。

生　纪念那群天鹅。

师　是的，记住天鹅，记住那群天鹅的——

生　记住天鹅感人的故事。

师　老人把枪放到肩头，离开了湖岸，他还离开了什么？

生　天鹅。

师　当然离开了天鹅，从此以后，他还离开了什么？

生　离开了自己原来的打猎工作。

师　还有吗？

生　猎枪。

师　其实就是离开了打猎，不打猎就说明他的变化是什么？

（生纷纷举手，要回答）

师　不打猎，其实就是说他变成了什么样的人呢？

生　变成了善良的人。

师　是呀，他就是一个怎样的人呢？

生　一个保护动物的人。

师　我们再来探讨一个问题，老人把猎枪挂到了墙上，你想一想，他把什么也挂到了自己的心上？

师　这里有很多问题的，你们有兴趣的话，可以自己提几个研究。谁来读？这个女同学好像没说过，就请你来说。

生　天鹅的团结。

师　说完整些，他把什么挂在了身上？大胆些，说呀！

生　他把天鹅群的团结挂在了自己的心上。

师　还有吗？这个同学说说看。

生　他把天鹅的壮举挂在了心上。

师　好的，还有吗？

生　老人把天鹅的勇敢挂在了心上。

师　还有很多，你们可以自己想。老人作为一个“读者”，他“读”天鹅，说天鹅的故事，原来在他眼中的是天鹅，后来变成了勇士，最后变成了可爱的鸟儿。下课以后，你们有兴趣的话，再从有没有读懂斯杰潘老人的角度想一想，你们读懂老人了吗？你读懂了老人的什么呢？我们在读书的时候，就是要通过读书，读到文字表面没有写出来的东西，这是很有趣，很好玩的。读书要达到什么状态呢？就像上体育课，喜欢打球，喜欢跑步，才会玩得很尽兴，很开心，满头大汗。读书也是要流汗的，读书的时候用力了，脑子里也会“流汗”。读出自己的想法、自己的发现，你读书就有了收获，你就是一个快乐的读者。下课！

【点评：理想的语文课堂中，学生是这样一个阅读者：他手执铅笔，回应着文本的召唤，在书的边缘记录下自己的感悟、评价和思考的一鳞半爪；他在语言的丛林里穿越一条条交叉的小径，这些小径编织成无限的可能。于是，阅读也成了不断迷思、不断发现、不断惊喜的过程。可是，我们的学生需要经过怎样的砥砺，才能成长为一个阅读者呢？何主任执教的《天鹅的故事》，无疑给了我们一个很好的启示。

一、选择进入文本的角度

每一个文本，都可以从不同角度进入其中，因而呈现出课堂教学的复杂多变。问题是，这么多的选择中，哪一个最适合我和我的学生？我想，首要任务应该是细读文本，烙下个人思考的印记，“有所得”，才能“有所教”。

《天鹅的故事》以一个老猎人对“我”的讲述展开，有悬念，有细节，充满言说的力量。作者为何选择这样一个独特的叙事角度？我们回到何主任的这节课。他说：“我们来看看斯杰潘老人是怎样读懂天鹅的，他是一个好读者，他读出了味道，读出了自己的感动，读出了一片深情。”从故事的讲述者斯杰潘老人的视角进入文本，具有强烈的现场感，学生能很快置身其中，关注的焦点一下回到了“30年前的那个寒潮突降的初春”。其中“读者”的提法异常高明。不是吗？斯杰潘背着猎枪，在湖边转悠半天，一无所获。此时，一群天鹅飞落下来，本应抓住眼前这稍纵即逝的机会及时射杀，他却在好奇心的驱使下，角色发生了戏剧性的转变，成了一个读者，“它们为什么没有走呢？我瞪着眼睛，想看个究竟”。这绝非浮光掠影般的一瞥，而真的是调动了全部感官去“读”。也因为这片刻的留驻，斯杰潘才有机会走进天鹅们的真实世界：它们有强烈的求生本能，且饱含智慧，一次又一次用身体撞击坚硬的冰面，不休不止；它们有情有义，从“一只”领头到“整群”合作，欢快的啼叫声汇成激动人心的劳动号子。最终，他恍然悟到，从前毙命于自己枪下的猎物原来也曾像天鹅一样是有血有肉的生灵。

那么，如何去体味“读者”斯杰潘这种内心情感的流转？何主任的引导非常巧妙：“老人眼中的天鹅有什么变化？”于是，学生迅速地找到了一条进入其内心的路径，从“天鹅”到“破冰勇士”再到“可爱的鸟儿”，三种称谓的转变过程，便是这位“读者”读懂天鹅的过程。

追寻着斯杰潘的目光，学生在读书的过程中努力还原当初的场景。

二、把握文本的整体结构

何主任引领学生揣摩如何朗读课文，从而达到对文本整体结构的把握。上课伊始，他结合学生的回答，首先设计了一个指向整体问题的问题：“今天我们学习的是《天鹅的故事》，学完以后，我们也要想一下它奇妙在哪里？有趣在哪里？美好在哪里？下面就让我们走进这个故事。”这一问笼罩全文，也笼罩全文的教学，而对此问的解答，又必须细化到每一个部分的精确分析，在对每一个部分精确分析的基础上，最后回到这个问题，达成一个整体解答，也就是经历了一个“浪漫（依据感受在心里试答此题，但不够充分）——精确（在各部分中寻找解答此问题的线索）——综合（综合所得，达成对此问题的解答）的完整过程”（干国祥）。

在这个学习的“浪漫”阶段，何主任的朗读指导可谓细致入微，真正实践了自己“将朗读课文作为一个重要的教学内容”的理念。比如天鹅第一次到来时发出的鸣叫是什么样的？何主任联系“远处”以及句中的感叹号，带领学生逐一推敲“克噜”“克哩”这两个词的读法，并启发学生展开想象。通过一次次入情入境的朗读，我们耳畔似乎也回响起天鹅们那声声清脆婉转、由远而近的鸣叫。课堂上因此形成了一个气场，学生沉浸其中。他们在真正地读，真正地思。

最能体现何主任朗读教学艺术的，莫过于他对文本中“转”的发现。这里的“转”是指推动故事情节曲折向前发展的力量，没有了“转”，文章则显得平淡寡味。《天鹅的故事》是一个“否定式”的结构，既有整个故事情节大开大阖的“转”，比如猎人的情感转变是课文独特之处，从斯杰潘开始“端”着枪，到最后却把枪“挂”在肩头，悄悄离开湖岸；又有多个意义层面上的小“转”，如寒潮降临，众鸟都已飞走，突然“从远处传来一阵清脆的啼叫声”。

课堂上，学生通过朗读不断揣摩这种“转”的过程，便是对文本整体结构的把握过程。虽然四年级学生还不能一下适应这种教法，但长此以往可以培养他们的“文本自觉”，提高阅读文本的能力。

三、探究文本的关键细节

关注整体，并不意味着要忽略细节。阅读教学中，对文本细节的探究，包括描述细节所运用的话语的分析不可忽视。特别是那些关键的细节，是构成人物性格的重要部分。记住文中一个生动的细节胜过记住十个空洞的道理。

《天鹅的故事》不乏令人印象深刻的细节，比如老天鹅破冰的场面，作者就用白描的手法，写得惊心动魄。老天鹅只是重复了两个动作，腾空而起接着快速下落，利用冲力重重扑打冰面，但这起落之间，一个鲜明的形象得以充分呈现。在进行这部分的教学时，何主任引领学生对关键词语的准确把握，令人回味。

老师举起拳头，模拟老天鹅腾空而起，要求学生一起这样快速地落下来，打到桌面上。学生高举起小拳头扑打桌面，可用力不够，声音太小，老师要求再来一次，感受老天鹅的动作，学生接着用力扑打了两下，有明显的疼痛感。师接着问：

你们想一想，老天鹅腾空而起，你们的拳头离桌面只有三四十厘米的距离，重重拍打下去就有了疼痛的感觉，那么高空快速落下的老天鹅的感受呢？这是一次次怎样的撞击，怎样的扑打啊？

要触摸到文字的灵魂，就得靠近他，与他对话，听他倾诉："这儿是我最用力之处，寓意深着呢，要重点敲打，溅出耀眼的火花，照亮学生的心灵！"何主任敏锐地捕捉到"扑打"这个重点词语，对其蕴含的深厚意蕴做出正确的"丰沛的阐释"，"扑打"一词顿时有了重量，有了气质。学生从"扑打"的背后读到了老天鹅的智慧、坚韧以及强烈的求生本能。因此，这段的朗读学生表现得很是出色。

当然，教学永远是门遗憾的艺术。综观全课，其中也有值得商讨之处。比如朗读指导中，何主任过于纠缠于小"转"，对有些关键的句子似乎用力还不够，个别地方还出现了过度诠释。但瑕不掩瑜，整节课呈现出来的教学思想，值得我们回味，真诚的课堂永远富有魅力！】

追寻文本发生的踪迹

——《天游峰的扫路人》课堂实录及点评

时间：2010年5月20日

学生：兴化市文正实验学校六年级

教者：何伟俊

点评：季霄凌

第一课时

一、交流自学情况，提出初读的发现和问题。

师　同学们自己学习的能力很强。90%以上的同学在课本上写下了一些文字，有词语解释，有自己对课文的理解。还有同学向我提出了问题，这些都是很好的学习习惯。

今天我们做的第一件事就是交流收获。同学们，阅读是一个发现的过程，是一个感动的过程，发现后就要学会与别人分享。（板书：发现、分享）

【点评：简单的一句话，其实播下的是一颗学会阅读的种子。】

下面我们就来交流，读了这篇课文，你有哪些发现？你已经有了哪些理解？你学到了什么？同学在发言的时候，你要注意听，这样你就能学到更多的东西。

生　从这篇课文中，我认识了一个开朗乐观的老人。

师　大胆地说，不要怕说错。

生　作者善于发现。

师　“作者善于发现”，被你发现了，你真不简单。

【点评：看来，课堂伊始播下的种子已催生了学生“发现”的花朵。】

生　我认识了一个好客热情的老人。

师　不要吝啬，好东西要与大家分享。还有谁说？

生　这位老人对自己的生活，很充足。

师　改一个字，“满足”。

【点评：教师在课堂上及时推敲用词，讲求遣词造句的准确性，让学生领会用最佳的语词表情达意。】

生　老人的生活很朴实。

生　老人的生活很辛苦。

生　老人生活很快乐。

师　两个人的想法完全不同，你们辩论一下看看。

生　天游峰，上山九百多级，下山九百多级。那层层叠叠的石阶，常常使游客们气喘吁吁，大汗淋漓，半途而返。可是这位老人，每天都要一级一级扫上去，再一级一级扫下来……老人每天都这样，很是辛苦。

生　老人说：“不累，不累，我每天早晨扫上山，傍晚扫下山，扫一程，歇一程，再把好山好水看一程……”可见老人并不辛苦。

师（小结）　大家关注的是老人。老人到底是辛苦还是快乐，留待下面读课文时讨论。

第二件事：在阅读课文中，你有什么问题？

生　我认为这个“银丝”，应该加引号。

师　你读得很细，可以加引号，也可以不加。这个银丝，指得很明确。指什么？

生　指石阶。

生　老人为什么说30年后再相遇？

生　为什么说没攀登过天游峰的人不能算到过武夷山？

师　这个问题很简单，谁来帮他一下？

生　天游峰是武夷山的标志性景观。

师　就像现在到中国来旅游，不到——

生　世博会。

师　就不算到过中国。

【点评：顺手拈来，皆成文章；巧妙生成，水到渠成。】

生　老人为什么引我进屋？

生　为什么用“您”？

师　为了表示尊敬。

生　第三小节用的是“精瘦”，最后用的是“瘦削”，是避免重复吗？

师　这位同学作文一定很棒，他对语言的感觉非常敏锐。

生　第十小节，课文说“悠然”，我觉得应该是感慨地说。

师　你读给大家听听，这又是一个很好的问题。说说自己的理由。

生　悠然，应该是悠闲的，我觉得跟这儿的情境不太符合，我觉得老人是留恋。老人舍不得离开这里。

师　张老师的学生很厉害，不时有新的想法蹦出来。

师　你可以想想，是谁让老人留在这里？

生　为什么紧紧地抓住他的双手？

生　30年后，老人已经100多岁了，还可能相遇吗？

师　有的问题，我们学习课文时共同讨论；有的问题，可以自己去思考、琢磨；有的问题，提出来了，就是一种学习，不一定要有答案。大家提了这么多的问题，老师非常开心。

【点评：如何让我们的学生在课堂上有问题意识，这是许多语文老师苦苦寻觅的课题。从何老师不经意的提问中，我们分明在接受一种拷问：怎样让学生敢于提问题？当问题出来后，我们教师怎么接招？】

二、朗读课文，相机指导，理解课文。

师　下面检查同学们的读书情况。听是学语文的重要方法，别人读的时候，要注意听。其实，别人读的时候，你也在读，在哪儿读？

生　心里读。

师　读文章的题目。

生1　天游峰的扫路人。（生未停顿就连着读正文了）

师　题目读好了，要停一停，让你自己和听的人有思考的时间。

（师指名读第二小节，相机指导读好句子“仿佛风一吹就能断掉似的”）

师　“我”登上峰顶为什么好不得意？有同学提出这个问题。

生　登山需要毅力，还要有勇气。“我”拥有了这两种品质，登上了峰顶，肯定会好不得意。

生　……甚至会望而却步。

师　你能联系后文来理解，非常好。

（师指名读第三小节）

师　作者下山的时候，听到了一种有节奏的声音：“哗哗——”自己练练，读出声音的节奏。

用手指敲敲，体会节奏，谁来读一读，在一片静寂中传来“哗哗——”的声音，读出节奏来。

（指名学生读）

师　她的节奏出来了吗？谁再来试试？

（再指名读）

师　前面还有一个字“颇”什么意思？

生　相当地，十分地。

师　用了“颇”字，文章的文气就上来了。

师　“哗哗——”不仅是有节奏的，还是从远处传来的。谁再来读？

（指名读）

师　节奏出来了，由远而近的感觉还不明显。谁再来读。

（指名读）

师　请你到前面读。为什么呢？因为他在朗读的时候，是若有所思的。听着他的朗读，我们仿佛进入了那个情境。

（该生到讲台前朗读）

师　像这位同学那样，一起读读，想想当时的情境。

（生齐读）

【点评：教师在解读文本时，敏锐地发现把象声词读好不易，特别是根据课文内容读出“由远而近”。这不仅是在指导学生读书，更是在培养学生语感，准确理解课文内容。】

（师指名读第四至六小节）

师　谁再来读？读出老人的悠闲。

（再指名读第四至六小节）

师　你读得不错，但是不要过分地拿着腔调读。老人是轻松地说出来的，是自然地说出来的。下面请一个同学来与我对话。用说话的语气。

（指名与老师分角色读。同桌分角色读）

（师指名读第七小节）

师　差点加一个“凉气”。说说自己对“倒抽了一口气”的理解。

生　作者很惊讶。

生　佩服老人。

师　是的。朗读时，要把作者的感受表现出来。大家看最后一句，“可是这位老人……”大家读读看，要突出哪个词？可不可以重读“这位”？为什么？

生　可以的，把这位老人与其他老人作比较。

师　很好！我们一起读一读，感受这位不一样的老人。

（生齐读）

（下课）

第二课时

师　同学们，辛苦了，连续上两节课。就像天游峰的扫路人一样，我们读一程歇一程，再来读一程，课文还没有完全读下来，谁接着来读？

（继续指导朗读课文第八至十二节）

师　“您老有60岁了吧？”他是不是打听老人多大了？为什么不说老人有65岁？“紧紧抓住老人的手？”为什么要紧紧抓住？

生　作者情绪非常激动。

师　他激动什么呢？

生　作者对老人非常佩服。

师　（板书：敬佩）30年后，老人可能还健在，可能已经离开了人世，这句话在这里表达的是什么意思？

生　作者希望老人能健康长寿。

师　（板书：祝福）“三十年后，我照样请您喝茶”表达什么意思？

生　老人对生活充满了信心。

生　我读出了老人的开朗和乐观。

师　（指课题）课文主写的是谁？在你的脑海中，浮现出一个什么样的老人？

生　自信乐观、热爱自然的老人。

生　豁达开朗的老人。

生　老人很有责任心，人生的价值在于工作的快乐。

生　身体健康的老人。

生　一个无忧无虑的老人。

生　我觉得他是一个很喜欢挑战的老人。

生　老人懂得享受。

师　享受生活、享受工作。

生　他是一个简朴的老人。

生　磨炼自己意志的老人。

师　他上山困难吗？老人需要磨炼自己的意志吗？从课本中找依据。我理解同学们，都希望把老人说得十分高大。可是，这是一个普通的老人，一个普通的扫路人。

【点评：对人物形象的把握，一般教师总喜欢抽象化，即用一两个词语进行提炼，有时不免有些牵强，甚至附加许多光环。其实真正留在学生头脑里的不应该只是些词语，而应该是有血有肉的丰满的实实在在的人。】

师　除了老人，还有一个人，值得我们去关注、去发现。

生　作者善于观察。

生　尊敬老人。

生　很有情趣。

师　作者游天游峰可以写的人很多，为什么写一个扫路的老人？假设我是一名游客，我可能对这声音没有感觉，走过去了；听到这“哗哗”的声音的可能不止章武一个人，即使关注了扫地声，我可以不必循声找到发出声音的人；遇到了发出“哗哗”扫地声的人了，我可以交臂而过，不予搭理；就算与老人见了面，我可以礼貌地招呼一下，可能我不会进他的小屋与他深入地交谈；喝了茶我也可能立即离开，也就不会有下面的故事了。

师 作者是怎样一步步地走近老人的？作者的心是怎样一步步与老人的心贴近的？作者刚开始怎样认识这位老人的？

生 扫地声。

师 大家把这个词画下来。

师 （板书：循声迎上）老人出场，被作者发现了，从有节奏的声音中，作者听出了什么？

生 他听出了老人是一个很有情趣的人。

生 老人扫地很娴熟。

生 老人扫地很用心。

生 沉稳有耐心的。

师 静心的、从容的。（板书：有节奏）普通的扫地工作，作者听出了声音的节奏、美感，可以看出作者是个什么样的人？

生 善于观察。

生 灵敏。

（师板书：敏感）

师 这是我们写文章的基础，我们需要有一颗敏感的心。这是作者认识老人的第一步。

师 作者写他的外貌与服饰，是因为什么？

（生齐读外貌的句子）

师 可以不写老人的外貌吗？

师 作者仅仅是在写老人的穿着吗？表达的是什么？

生 对老人的关注。

师 “我”进了老人的小屋后，只问了老人一句话。我们一起来读一读。

（生朗读）

师 仅仅是问他累不累吗？（板书：关心）作者听老人说了一番话后，为什么又看天游峰，写下了那么多的文字呢？

生　年轻的游客都望而却步……

生　作者不相信老人的话，感觉不可思议。

师　作者惊讶的是老人的什么？

生　老人的体力。

师　（板书：体力好）刚才是“循声迎上”，现在是仔细“打量”。仔细打量后，作者对老人又有什么感觉？一起读一读作者的问话：“您老有60岁了吧？”仅仅是问他的年龄吗？

生　关心。

【点评：何老师在课堂上多处使用“仅仅是在……吗？”句式，告诉学生读书要入目，还要“入木”，读出文字背后的东西，读出藏在字里行间的内容。这样的深度解读和课堂上的深度发问不正回应了当下“浅尝辄止”的语文教学现象吗？】

师　一个普通的老人，千千万万的人从他面前过去了，都没有关注他，更没有去写他。而作者章武关注了他，并且用文字记录了他。一起读读最后一节，你读出了什么情感？

生　不舍。

生　留恋。

师　他敬佩老人什么？留恋什么？

生　体力和精神。

生　工作的责任心。

师　他们在身体上走近了，更重要的是他们的心贴近了，所以才有这篇文章的产生。所以，作者写他的外貌，表现的是对他的尊重。

（板书：尊重）

师　我们不仅关注了老人，还关注了作者，他是一个敏感的人，一个懂得尊重普通人、关心普通人的人。

希望同学们在今后的生活中，能关注身边的普通人，走近身边的普通人，学会表现身边的普通人，你一定会有新的发现！

附：板书设计

天游峰的扫路人

循声迎上	注意	有节奏的扫地声	敏感	心灵上的贴近
仔细打量	惊讶	老人体力好、精神好	尊重	
紧紧抓住	敬佩	老人心态好	体贴	
	祝福	老人长寿		
	留恋	老人的笑声		

【总评：一、视角独特，另辟蹊径。扫路人的形象一般成为本课教学始终抓住的一条主线，学生读过几遍课文后，也容易概括出诸如“爽朗、乐观”等特征。教者却发现了文中一个常常被遗忘的人物，那就是作者。作者的三次发话往往成为我们发掘扫路人形象的跳板，而教者在咀嚼文本时，没有疏漏任何一个人物，让背后的作者站到了前台，其用意很明显，“意在画山却画云”，告诉我们：作者只有对扫路人充满了感情，产生了写作的情趣和欲望，才有可能把人物塑造好。“情动辞发”，这不是直接教给学生的，而是让学生在实实在在的语文实践中感悟出来的。

二、感受普通，追求本真。教者在让学生感受扫路人的豪爽和乐观的同时，更注重引导学生去发现他普通的一面。在教者的引领下，学生脑海中的扫路人不再是呆板的公式化的，而是鲜活的有生命意义的，这样的形象烙在学生心里，会潜移默化地影响着他们去“关注身边的普通人，走近身边的普通人”。】

爱国自有别样情：发现“钱学森式”的爱国

——《钱学森》课堂实录及点评

时间：2010年12月15日

学生：兴化市临城中心小学六年级一班

教者：何伟俊

点评：冷玉斌

第一课时

师　上课。临城中心校六年级一班的小朋友们，早上好！

生　何老师好！

师　好，请坐！今天，老师和六年级一班的同学一起学习一篇课文，第19课《钱学森》（板书：钱学森）。现在你们上六年级，在小学里面属于大学生了。今天，这篇课文主要由同学们自己学，然后我和大家一起讨论着学，不要光听老师讲。好吗？

生　好！

师　学习首先是自己的事情，自学（板书：自学）。早读课的时候，我向同学们了解过，在陈老师的带领下，绝大多数同学都喜欢学语文。还有少数同学学习有些困难，我已经建议他们多向陈老师请教，把语文成绩提高一点。学语文，何老师以为，要学会从课文里发现。希望同学们把这个词写到自己的课本上。（板书：

发现）发现什么呢？发现文章里面的秘密，发现文章里面藏着的，需要你动脑筋去想的那个意思。同学们想想怎样才能发现啊？前面加个词。（教师手指板书“发现”）

生 动脑！（异口同声）

师 对，要动脑子啊！（板书：动脑）学习语文还是一个感受的过程。（板书：感受）有时候还是一个感动的过程。让自己有所感受，让自己感动起来。对课文里面的人、事情、情感等有所感动。那么，怎样才能使自己感动，有所感受呢？大家想想，要用什么呢？

生 用心。

师 非常好！了不起！（板书：用心）用心去感受，这样我们学语文就觉得很有趣，就有收获。今天，我们就一起用自己的脑子去发现，用自己的心去感受。比一比，谁发现得多，谁感受得多。我曾经把学习比作是“赚钱”的过程，今天来比一比谁“赚的钱”多一点。你们到学校里来就是来“赚钱”的，你“赚”到“钱”了，就会变成“富翁”。这儿的“钱”是指什么？

生 知识。

师 你们每天到学校里面来，“赚”到“钱”了，就会成为知识的富翁，智慧的富翁。下面的15分钟时间让同学们自学，自己读书，自己去动脑思考，自己去用心感受。根据各人的情况，有的人课前已经把课文读得很熟了，你就去动脑思考，用心感受，看看你发现了什么，感受到了什么。还有的同学呢，课文还读得磕磕碰碰的，那么你就认认真真地把课文多读几遍，把课文读熟读通，不添字少字。还有一些不懂的词语，你就自己想办法解决。你还有什么问题呢，可以写下来或在书上画下来打一个问号。自己学，自己去发现，自己去感受。好了，现在开始吧。

（学生读书、思考、做批注，教师巡视指导，大约用时18分钟）

师 好了，今天自学的时间先暂告一段落。学习是一个无止境的过程，会学习的人无时无刻不在学习。刚才何老师讲了学语文或者阅读是一个发现的过程，是一个感受的过程。何老师告诉你们，学语文还是一个分享的过程。（板书：分享）分享是什么意思呢？谁知道？说一说。

生　我认为“分享”就是和别人一起享受自己的体验与快乐。

师　好的！我们每个人都应该学会分享，无论是物质的，还是精神的。我们阅读的发现和感受如何来与别人分享呢？那就需要交流。（板书：交流）下面我们就来交流。刚才你自己学习有哪些发现？在哪里有什么样的发现？在哪里有什么样的感受？来和同学们分享，和老师分享，好不好？分享了，收获会更多。刚才很多同学都学得非常好，有的同学在关注朗读，在书上标注了停顿和重音，更多的是把自己阅读的发现和感受写在了书的旁边。下面我们一起来分享。这位男同学，请你先说一说。

生　“钱学森1934年毕业于上海交通大学，随后赴美留学，师从美国著名空气动力学教授冯·卡门，成为冯·卡门教授最得意的学生和最得意的助手。”我从这一句可以看出钱学森是一个很有智慧的人。因为他竟然能成为美国著名教授冯·卡门最得意的助手。

师　嗯，你发现了钱学森是一个非常有智慧的人。你觉得他很聪明。好的，请坐。其他同学呢？好，最后的那位女同学来说说。

生　“当时，钱学森享受着优厚的待遇，有富裕的生活和优越的工作条件。可是，他一刻也没有忘记自己的祖国。他说：‘我是中国人。我现在所做的一切，都是在做准备，为的是回到祖国后能为人民多做点事。’”我从这句话中可以体会到钱学森的爱国情怀。因为，钱学森在美国有那么富裕的生活，还念念不忘为祖国、为人民多做点事。

师　你看，说得有理有据，不简单哦。你这句话里面的关键词是什么？他刚才的关键词是“智慧”，你呢？

生　爱国。

师　爱国，好的。还有吗？把自己的发现说出来就是一种快乐和幸福。请你说。

生　读了这篇课文，我知道钱学森是一位爱国的杰出的科学家。

师　一句话，言简意赅，你的关键词也是“爱国”，还有一个是“杰出”。

生　“钱学森诚恳地说：‘我们日夜盼望着的，就是祖国能够从黑暗走向光明，这一天终于来到了。祖国现在是很穷，但需要我们大家——祖国的儿女们共同去创造。我们是应当回去的。’”我从钱学森说的这句话感受到了他的爱国情怀，因为即使祖国再穷，设备再差，钱学森依然决定回国，为祖国建设服务。

师　嗯，你从钱学森的语言中有了自己的发现。你的关键词是？提炼一下。

生（思考）　爱国。

师　还有一个很重要的词，你自己说的，你能不能发现？

生　……

师　爱国对于钱学森来说是一种情怀，爱国情怀。好的，请坐。还有吗？请你说。

生　“钱学森诚恳地说：‘我们日夜盼望着的，就是祖国能够从黑暗走向光明，这一天终于来到了。祖国现在是很穷，但需要我们大家——祖国的儿女们共同去创造。我们是应当回去的。’”从这句话中可以看出，钱学森毫不嫌弃祖国贫穷，依然要回去改变祖国的面貌。从“终于”一词，我可以看出钱学森等这一天已经很久了，能感受到他梦想成真后的喜悦。

师　梦想成真后的喜悦，好。这位女同学的发言跟前面的同学比较一下，她有了不一样的地方。她注意了什么？她不仅仅注意了一段话，还注意了一段话中的……

生　一个词。

师　对，一个关键的词“终于”，她有了自己的发现。非常好，请坐。请你说。

生　“钱学森无论到哪里，都抵得上五个师，绝不能让他离开美国！”我看出了钱学森在当时是非常杰出的一个人，因为连美国的高级将领都说他一个人就抵得上五个师。

师　好的。你知道五个师有多少人吗？

生　不太清楚。

师　不太清楚，有没有清楚的？有没有爱好军事的同学呢？

生　……

师 都不知道哇，可以想象一下。还有其他的发现，请举手。请你说。

生 “钱学森无论到哪里，都抵得上五个师，绝不能让他离开美国！”从这句话我可以看出钱学森对美国是无比重要的，也反映出钱学森才华横溢。

师 用了一个词“才华横溢”。非常好，还有吗？

生 “钱学森无论到哪里，都抵得上五个师，绝不能让他离开美国！”从这句话我可以看出钱学森的能力大，很有才干。如果让他回到中国，会对美国的军事构成威胁。

生 “他说：‘我是中国人。我现在所做的一切，都是在做准备，为的是回到祖国后能为人民多做点事。’”我从钱学森的发言中感受到钱学森永不忘国的思想感情。

师 你的关键词是什么？

生（声音较弱） 永不忘国。

师 声音响一点。

生（略响） 永不忘国。

师 永不忘国。记住自己的祖国，跟前面的同学一样，是“爱国”。好的，请你来说，边上的那位女同学。

生 “然而，钱学森回国的决心一刻也没有动摇过。”我从这一句看出了钱学森回国的意志非常坚定，没有什么可以阻挡他。

师 好，你的关键词是什么？

生 意志坚定。

师 意志，爱国的意志、决心。很好，请坐。请你来说。

生 “此刻，钱学森埋藏心底很久的愿望越发强烈起来：早日回到祖国去，用自己的专长为祖国建设服务。”我看出钱学森的爱国之心非常强烈。因为他一想到自己的祖国，就越想回去，帮助自己的祖国。

师 你的关键词是什么？

生 爱国之心非常强烈。

师 爱国强烈，好的，请坐。你说。

生　“然而，钱学森回国的决心一刻也没有动摇过。”从这一句话我看出钱学森有一颗浓浓的爱国心。因为，钱学森在五年的漫长岁月里回国的心一刻也没有动摇过。

师　很好。你的关键词是什么？

生　爱国。

师　也是爱国。这位同学你说。

生　“他说：‘我是中国人。我现在所做的一切，都是在做准备，为的是回到祖国后能为人民多做点事。’”从这句话可以看出钱学森的忧国忧民。

师　你的关键词是？

生　忧国忧民。

师　好，忧国忧民，关心国家，爱国家。好的，请坐。我们交流了自己的发现和感受？还有什么问题吗？

生　……

师　好像都没有什么问题哦，可能这篇课文里面没有什么引起我们关注的问题。那我们把它先放在一边。我们交流，分享，大家发表了很好的意见，大家主要关注了钱学森的什么？

生　爱国。

师　钱学森的爱国从哪里看出来呢？你们主要关注钱学森的——

生　说的话。

师　说的话，就是人物的语言。那我要提一个问题，你们是中国人？

生（齐）　是。

师　那我请你们也说一句话“我是中国人”，一起说。

生（齐）　我是中国人！

师　好，你们说这句话的时候，是不是说明你是一个非常爱国的人呢？我来提一个问题，钱学森的爱国和我们一般人的爱国有什么不一样？你们想过吗？我们每个人不都爱自己的国家吗？但钱学森的爱国就能写成一篇课文让我们大家来读，这是为什么？下节课，何老师就要和你们讨论这个问题。听了大家对课文的发现和理解之后，我请几位同学来朗读课文。小学生能够把课文朗读好了，他的语文也就没什么问题了，所以你们要重视朗读。我来请一个小组，“开火车”朗读。哟，太积极了。那就请最边上的这一小组吧。我们也别闲着，一个同学站起来读，其他同学捧着书在心里面默默地读，自己走进课文里面，继续去发现，继续去感受。顺便也可以思考何老师刚才提出的问题——钱学森的爱国与一般人的爱国有什么不一样。好，请你读。

（生读完第一小节）

师　请坐，他读得怎样？评价一下。

生　有点不熟练，要多多练习。

师　呵，不熟练。先发现他的优点。

（40分钟时间到，准时下课）

第二课时

师　刚才这位同学读了第一小节，两个优点值得大家学习：第一，停顿恰到好处，不短也不长，该停顿的地方停顿；第二，他读出了自己的感受。我们读书，有时候感受是说不出的，但是能够听出来。你有了自己的感受去读课文，我们就能听出你是带着感受读的。他的朗读，可以听出他是有感受的。下面我们请同学接着读第二小节。其他同学把书捧好，在心里读，走进课文里面，走进语言文字里面去听。请你读第二小节。

（生读第二小节）

师　你读得很流畅。她应该向第一位同学学什么？

生　……

师　你要向他学习哦，读出自己的感受。这里有个词应该是连在一起，她读分开来了——

生（齐）　师从。

师　大家一起把它读两遍。

师　（领读两遍“师从”）你知道它是什么意思吗？知道它的意思你就不会把它读分开来了。想出来了吗？

生2　……

师　那你把这句话再读一遍。

生2　……师从美国著名空气动力学教授冯·卡门……

师　你想出来了吗？从这句话想这个词的意思。

（学生在下面小声议论）

师　还没想好吗？这句话讲钱学森跟在谁后面学习？

生（齐）　冯·卡门。

师　那么“师从”是什么意思呢？

生　跟、拜……

师　就是跟在某一位老师后面——

生（齐）　学习。

师　那你们学语文师从谁呢？

生（齐）　陈老师。

师　师从陈志峰老师，我们兴化著名的语文教师。把这个词念好了，前面的字念翘舌音，后面的字念平舌音。再念两遍。

生（齐读两遍）　师从。

师　好的。你来读第三小节。

（生读第三小节，把“兴奋”一词念成“xīng”，学生齐声纠正“xìng”）

师　“兴奋”这个词念错了，但是他读得很有感觉，大家听出来没有？他是用心在读，这就是朗读。好的，继续。

（生读第四小节）

师　好的，不错哦。读出了自己的感受。你来接下去读。

（生读第五小节，读得不太流利）

师　注意要把语气读出来，“绝不能让他离开美国”，读出感受。接着来。

（生读第六小节）

师　嗯，很好。虽然只有两句话，他读得很到位。有一点你们陈老师读书的味道。你来读最后一小节。

（生读第七小节，不流畅，把“运载”的“载”念成“zǎi”）

师　好的。这里有个词——

生（齐）　运载。

师　注意这个词的读音，你再读一遍。

（生再读第七小节，仍然不流畅）

师　好了，这句话比较长，难读一些，在“发射”后面稍微停一下。

（生7再读第七小节。比较流利，停顿较好）

师　上节课主要是同学们自己来学习，这节课何老师和同学们一起来研究。就围绕老师提出的一个问题来研究。钱学森的爱国和我们一般人的爱国有什么不一样？关键词大家都找到了——爱国。（板书：爱国）作者用什么方法来表现他爱国的？你们讨论的时候，主要讨论了他说的话。那我们来找一找，第一处写他说话是在第几小节呀？

生（齐）　第二小节。

师　我们把他说的话画下来。想一想，如果仅仅写钱学森说的这句话，那么我们能不能体会到他的爱国？能不能？能的。那你们再想一想，除了写他说的话，前面还写了什么呢？读一读，请谁来读？除了写钱学森说的话，前面还写了什么？

生　“钱学森1934年毕业于上海交通大学，随后赴美留学，师从美国著名空气动力学教授冯·卡门，成为冯·卡门教授最得意的学生和最得力的助手。当时，钱学森享受着优厚的待遇，有富裕的生活和优越的工作条件。可是，他一刻也没有忘记自己的祖国。”

师　好的。请同学们想一想，钱学森是在什么情况之下说“我是中国人。我现在所做的一切，都是在做准备，为的是回到祖国后能为人民多做点事”这句话的？

生　钱学森在享受着优厚的待遇，有富裕的生活和优越的工作条件的情况下说的。

师　在这种情况下说这样的话，我们会发现什么呢？想一想。

生　……

师　我们要来挑战自己了。钱学森爱国，大家都知道了，我们要发现他不一样的地方。与众不同在哪里？还是请一个同学再读一遍，大家一边听一边想。他在什么情况下说的那一段话？请你读。

（生读第二小节）

师　如果他从美国回到中国，富裕的生活条件还有吗？

生　没有。

师　优越的工作条件还有吗？

生　没有。

师　优厚的待遇还有吗？

生　没有。

师　他留在美国，这些有没有呢？

生　有。

师　他离开美国，这些就会——

生　消失。

师　所以说，钱学森说自己是中国人，他有没有计较自己的得与失？

生　没有。

师　用一个词来形容钱学森是怎样的爱国？

生　钱学森爱国是不图回报的。

师　不图回报，好的。她有了自己的理解。再想想，还有什么？

生　不在乎失与得。

师　还有什么不一样的词？再想。

生　在他的心中国家是最重的，名利是最轻的。

师　你已经用到了后人对他的评价。

生　钱学森没有贪慕虚荣。

师　没有贪慕虚荣和享受。大家有了自己的理解。那么，有了这样的理解后，再来读这一段，哪几个词要突出来的？

生 “最”和“优厚”。

生 “富裕”“优越”。

师 这些词和下面的哪些词形成了对比？

生 “一刻”也没有忘记自己的祖国。

师 这样读了之后就能感受到什么？

生 钱学森的爱国情怀。

师 不仅是爱国，是与众不同的，是不计较——

生 失与得。

师 归纳成一个词，就是不计得失。（板书：不计得失）不计得失的爱呀，这种爱是不一样的。读这一小节，感受钱学森对祖国不一样的爱，不计得失的爱，注意这些词语，注意钱学森说的话。

（生齐读第二小节）

师 这个时候你的体会，与第一节课时的体会一样吗？钱学森是在什么情况下说的，给你什么样的感受？感受是不一样的，是吧？他不图名利，不计得失。现在我再用中国古代一位教育家的名言来理解钱学森的爱国。古代伟大的教育家孟子，听说过孟子吗？有谁知道孟子的名言？说一说。

生 ……

师 想不出来，老师告诉你们。钱学森在美国享受富裕的生活、优厚的待遇。他得到了人生的富贵。（板书：富贵）在享受富贵的时候，有没有扰乱他对祖国赤诚的爱？

生 没有。

师 这就是——富贵不能淫。（板书：富贵不能淫）有没有听说过这句话？“淫”就是扰乱的意思。我们理解了钱学森第一次说的话，现在我们来看第二次，钱学森在什么情况下说的什么样的话？他爱祖国又有什么不一样的地方？现在我们来读一读钱学森第二次说的话。

（生读钱学森的第二句话）

师　好的。钱学森在什么情况下说这一段话的？

生　祖国刚解放的情况下说的。

师　祖国刚解放，这是一个大的背景。具体地讲，在一个中秋节的夜晚，在什么情况下说的呢？你说。

生　他在祖国要钱没钱，要设备没有设备的情况下说这句话的。

师　是的。他是在留学生劝他不要回国的情况下说的。留学生是怎么劝的？来读一读？留学生中有人劝道——

生（齐）　祖国刚解放，要钱没钱，要设备没有设备，现在回去搞科学研究，只怕有困难。

师　钱学森要回国，其他留学生愿意回来吗？没有。但我们也不能说他们不爱国，他们也爱国，也想回来，从哪里可以看出来？课本里面写得很清楚，找到了吗？

生　他们一边赏月，一边倾诉思乡情怀。年年中秋，今又中秋，在这新中国诞生后的第一个中秋节，他们谈论着祖国的美好前景，感到格外兴奋。

师　他们谈论着祖国的美好前景，感到格外兴奋，说明他们爱自己的祖国。但是他们的爱是有条件的，他们没有回来，为什么不回来？

生（齐）　祖国要钱没钱，要设备没有设备。

师　在这样的情况下，他们虽然爱国但他们没有回来。而钱学森跟他们一样不一样？

生　不一样。

师　不一样在哪里？钱学森回国有没有讲条件？等你富裕了，有钱了，我再回来？等父母有钱了我再孝敬我的父母？有没有讲条件？

生　没有。

师　所以说钱学森的爱国是不讲条件的爱。（板书：不讲条件）不讲条件，还可以从哪个词看出来？他说的那句话中的一个词。

生　应当。

师　我们把这句话读一读。

生（齐） 我们是应当回去的。

师 从“应当”里面我们可以看出钱学森的爱国是不讲条件的。还能体会到什么呢？“应当回去”就是说爱国是天经地义的事，理所当然的事情。所以他的爱国是不一样的。我们来读一读“钱学森诚恳地说”那一段话。老师读他在什么情况下说的那几句话，你们读钱学森说的话。有了那个情况，再加上钱学森说的话，就更能表现钱学森这种不讲条件的爱、与众不同的爱。

师（引读） “此刻，钱学森埋藏心底很久的愿望越发强烈起来：早日回到祖国去，用自己的专长为祖国建设服务。他向留学生们袒露了心迹。留学生中有人劝道：“祖国刚解放，要钱没钱，要设备没有设备，现在回去搞科学研究，只怕有困难。”钱学森诚恳地说……

生（接着齐读） 我们日夜盼望着的，就是祖国能够从黑暗走向光明，这一天终于来到了。祖国现在是很穷，但需要我们大家——祖国的儿女们共同去创造。我们是应当回去的。

师 从钱学森的话里面我们是否听出了他那颗与众不同的爱国心？钱学森面对祖国的贫穷有没有改变他的爱国心呢？

生 没有。

师 这就是孟子讲的“贫贱不能移”（板书：贫贱不能移）这才是真正的爱国，爱得无怨无悔，爱得不讲条件。接着再来看，钱学森的爱国还有什么与众不同的地方？当钱学森准备回国的时候，美国的一位高级将领说了这样的一句话：“钱学森无论到哪里，都抵得上五个师，决不能让他离开美国！”一个师一般有多少人？一两万人。五个师就是五万到十万人。一个人抵得上这么多人，他太了不起了。五个师除了五万到十万人，还有其他东西吗？美国的高级将领讲钱学森抵得上五个师绝不仅仅指人，部队里面除了人，还有武器，火炮、机枪、装甲车等，由此可见钱学森厉害不？非常厉害不？

生 非常厉害。

师 在这样的情况下，美国政府设置了重重障碍，阻挠钱学森归国。我们来看一个材料，钱学森克服了什么样的困难才得以回国的。

（师读PPT补充材料）

师 钱学森回国容易吗？

生 不容易。

师 在受到美国政府迫害的情况下，他是怎么做的呢？我们读一读课文。

（生读第六小节）

师 在美国政府阻挠他回国的时候，钱学森有没有想到他会安全地从美国回到中国？他有没有完全的把握？

生 没有。

师 美国政府想尽了办法要把他留在美国，而他就是要回国。这件事可能给钱学森造成生命危险，会造成比较严重的后果。在这种情况下钱学森依然要回到祖国，这就是一种不计后果的爱。（板书：不计后果）他没想过后果，面对阻挠，面对威吓、恐吓，甚至是折磨，钱学森有没有屈服？

生 没有。

师 这就是孟子讲的——有谁知道吗？我写出来，大家就知道了。（板书：威武不能屈）钱学森义无反顾地爱着祖国，我们是怎么读出来的？一是读他的语言，他说的话告诉我们的。再就是，他的话是在什么情况下说出来的，让我们发现了他的这种爱，强烈的爱，与众不同的爱。写一个人说的话，还要写他是在什么情况下说的，这样我们就能更好地体会人物的内心世界。这是一种写作方法。一起来把孟子的这三句话读一读。

生（齐） 富贵不能淫，贫贱不能移，威武不能屈。

师 这三句话后还有几个字，知道吗？老师写出来。（板书：此谓之大丈夫也）钱学森能担起“大丈夫”这个称号吗？

生 能。

师 我们把这个称号送给钱学森。（板书：大丈夫）我们连起来读这几句话。

生（齐） 富贵不能淫，贫贱不能移，威武不能屈。此谓之大丈夫也。

师 大丈夫，读得多好啊。就像个顶天立地的大丈夫一样。做人就要做大丈夫。钱学森回国后，取得了卓越的成就。在2007年，他被评为感动中国人物。在给他的颁奖词里面，现代人是这样评价他的——

（生自读PPT颁奖词）

师　谁来读一下？带着你对钱学森的敬佩之心来读。

生　在他心里，国为重，家为轻，科学最重，名利最轻。5年归国路，10年两弹成。开创祖国航天，他是先行人，披荆斩棘，把智慧锻造成阶梯，留给后来的攀登者。他是知识的宝藏，是科学的旗帜，是中华民族知识分子的典范。

师　颁奖词最后把钱学森评价为中华民族知识分子的典范。“典范”懂不懂啊？

生　就是榜样。

师　为什么不说榜样？说典范呢？说明比榜样更高。（板书：典范）这是我们现代人对钱学森的评价。刚才我们用孟子的话评价他是大丈夫。最后我还要介绍一位宋代的思想家的两句话，里面也有一个词可以用来评价钱学森。这句话就是——（板书：富贵不淫贫贱乐，男儿到此是豪雄。程颢）从宋朝的思想家程颢的诗里找一个关键词，评价钱学森，是哪个词？

生　豪雄。

师　就是豪雄。（板书：豪雄）钱学森，我们这么景仰他。不仅因为他是中国导弹之父，更因为他是中华民族的——（生：大丈夫），他是男儿中的豪雄，他是中华知识分子的——（生：典范）。这一节课在第一节课的基础上感受到了钱学森的爱国是与众不同的，是义无反顾的。读课文就是要读出这篇课文与其他课文不一样的地方。下节课，我们用10多分钟的时间来一次小练笔。

第三课时（25分钟）

（学生读第一小节）

师　你觉得这一段写得怎样？有什么感受？从写作的角度来看，你觉得写得好不好？（板书：特写）

师　这个特写就像放电影一样，最后进入我们眼帘的，是谁的形象？

生　钱学森。

师　后面的背景是为了写这个人。我们要思考了，为什么要写这广阔无垠的太平洋？它跟我们要写的这个人有关系吗？

生　有。

师　什么关系？广阔无垠给人什么感觉？

生　气势磅礴。

师　很开阔。那他是否象征着钱学森的胸怀？形象高大的人物出来，都有一个大的背景。不会写从一个小巷子里走出一个钱学森。

（生笑）

师　我们再来看一看、读一读写钱学森表现的句子。一艘巨轮是怎么驶往香港的？

生　劈波斩浪。

师　“劈波斩浪”本来的意思是什么？知道吗？就是写船在前进的时候推开了波浪。这个词还有一个比喻的意思，查字典了吗？比喻什么？

生　我认为是指克服重重困难。

师　非常好。比喻克服、排除前进中的困难和阻碍。钱学森回国克服重重困难，美国人不让他回来，他是下定决心坚决要回来。他回来就像这艘巨轮在海上劈波斩浪。表面上是写轮船，实际与人物是有关系的。课文是怎么写这个人的呢？一位四十来岁的中年人——读。

生（齐）　一位四十来岁的中年人，迈着稳健的步伐踏上甲板。阵阵海风不时掠过他那宽大的前额。眺望着水天一色的远方，他屈指一算，已经在海上航行15天了。想到前方就是自己魂牵梦绕的祖国，他多么希望脚下不是轮船的甲板，而是火箭的舱壁啊！他，就是世界著名的科学家钱学森。

师　这段文字重点是在这个背景下写人物的形象。第一句话写他踏上甲板，是动作，是行动，什么样的步伐？

生　稳健。

师　前额是宽大的。智慧啊！“眺望着”还是写他的行动。“屈指一算”暗示心理活动。“想到”还是心理活动。“他多么希望脚下不是轮船的甲板，而是火箭的舱壁啊！”有人在第一节课的时候，已经在这句话的下面写上了自己的发现。现在我们分享一下，因为这句话，还有一些同学不太理解。这句话表现了什么？

生　这句话表现了钱学森想念祖国、归心似箭的心情。

师　归心似箭。好像除了归心似箭，还有别的什么吗？他归心似箭，回来干什么？

生　报效祖国。

师　具体做什么事情？用什么报效祖国？报效祖国不是一句空话。

生　用自己的专长为祖国建设服务。

师　做什么事情？

生　为我国运载火箭、导弹的研制和发射做出了卓越的贡献。

师　他回来主要做什么事情？

生　研制导弹。

师　对，研制火箭和导弹。他站在甲板上，人还没回到祖国，心里面就想着造火箭、导弹，为祖国做事情。最后一句话跟我们平时的写法有什么不一样？一个很细微的地方。“他，就是世界著名的科学家钱学森。”哪儿不一样？

生　逗号。

师　对呀，平时你写这样的话要用逗号吗？对，不要。可是这里为什么要用呢？

生　……

师　再读一读。

（生自由读）

师　他，就是世界著名的科学家钱学森。为什么用了一个逗号？我们应善于想比较难的问题。

生1　为了突出钱学森的重要性。

生2　这是对钱学森的郑重介绍。

师　目的是隆重地把这个人推到我们的眼前。这就是我刚才讲的“特写”，给你一个很大的视觉冲击。一起来读这一段。想象一个大的背景——广阔的太平洋，一艘巨轮，这样一个画面，一个特写，目的就是要把钱学森这位“大丈夫”隆重地推出来。请你在心里面把钱学森隆重地推出来。

（生齐读第一小节）

师　注意停顿。他，就是世界著名的科学家钱学森。在“科学家”后面也要稍微停顿一下。再来一次。

生　他，就是世界著名的科学家钱学森。

师　第一小节里面还有许多值得我们去发现的地方，有兴趣的同学课后可以想一想。因为阅读是一个发现的过程，一个无止境的过程。好书不厌百回读。好的书要经常读，就像好朋友一样天天在一起，感情不断加深。下面我请同学们来做小练笔。我有四道题目供大家选择。你愿意写哪一道就写哪一道，用10分钟的时间写一段话，100字左右。第一道题目，就是学写特写。（板书：特写）如果你把这个本领学会的话，将来你可以做导演。回忆一下，在你脑子里面有没有这样一个镜头值得你把它写出来？第二道题目，学习写人说的一段话，但是这段话是在某一种情况下讲出来的。（板书：情况+语言）回忆一下这个人在什么情况之下说了一段什么话。这样写更能体现这个人的某一种情感或者某一种思想。第三道题目，阅读就是发现的过程，今天你读了这篇课文后，你认为最得意的发现是什么？就写“我的发现”。（板书：我的发现）最后一道题目，我们来上学就是来“赚钱”的，最后成为知识的富翁。这两节课你有什么收获？就写“我的收获”。（板书：我的收获）四道题目你任选一道，现在开始。

（生动笔练习）

师　今天就暂不交流、分享了。留着，由陈老师和大家一起交流。最后，我还想给大家留一个题目，感兴趣的话，也可以写一段话。注意看一下钱学森的名字，“森”是很有趣的一个字，木，林，森，独木不成林，两个木是“林”，三个木是“森”，森林的范围肯定比树林的范围大得多。想一想，钱学森为什么叫“学森”？然后再想一想自己的名字。中国的汉字非常有趣，中国的父母也非常有趣，总希望用一个名字来表达一个意思。钱学森还说过一句话，他说，我姓钱，但我不爱钱。就钱学森的名字而言，就能写一篇很好的文章哦！这节课就到这儿，你们的表现非常棒，何老师谢谢你们！

【点评：真实学习·未知旅程·智慧阅读·完整语文

《钱学森》，苏教小语六上人物单元之一篇，课文以钱学森回国航行海上之特写切入，以钱先生在美学习和生活为主线，简述了一段百折不挠自美回国的传奇故事，书写了其在特殊时期毅然回国的爱国情怀。课文中点睛之语乃先后两段对话，直抒胸臆，爱国之心，溢于纸上。

爱国是个大话题，因此对于这篇课文的教学，教者往往失之于大，见“国”不见“人”——也就是在爱国主义主流话语的遮蔽下，忽略了对钱学森人格人品的咀嚼。而这节课，何老师恰着眼此点，不落俗套，独辟蹊径，入乎其人，出乎其人，巧妙引导，由宏大叙事转入人物细节，由对爱国主义的宣扬讲授转至对钱学森人格力量的感受领悟。课堂上，教师展现教学智慧，学生挥洒阅读智慧，为听课者呈现了一节非常精彩的研究课。

接下来，从四个方面讲述我聆听此完整教学后的不成熟的想法。

一、进行真实学习

来看上课伊始的一句话：

“今天，这篇课文主要由同学们自己学，然后我和大家一起讨论着学，不要光听老师讲。好吗？”

这是何老师一上课就讲的一句话，这句话就已概括了这一堂完整语文课的所有“教法”：“自学”与“讨论”。课堂是有稳定性的，因为稳定才安全，最初我们怎么想（讲），后来我们怎么做——如果想（讲）与做之间构成一定的稳定性，那么学生会体验到一种自如，在自如的安全的环境下学习，这种学习是安全的。因为安全，那么学生的学习一定会呈现出来自生命本原的真实性。

这句话后，何老师至少又讲了四段话，主要是对自学方法的指点，黑板上留给学生的是两个关键思路，“动脑发现”“用心感受”。这一环节让我深深感受到这种课堂的真实，为什么呢？在如今教师多讲就几乎不是一节好课的情况下，何老师近乎长篇大论的学法指导完全可以看成“铤而走险”，干吗要讲这么多？略为点拨，把八个字写下不就成了？看起来这种学法指导既不讨喜更不出彩，岂非多此一举？错！真正的学习需要重复，真正的学习需要“灌输”（关键是怎么灌输），从学“课文”到学“阅读”，理念转变且不论，肯定要有学习内容的变化，就是要面向阅读方法的学习，还千万不能以为学法一点就通——市面上那种这法那法“一点通”是最滑稽的吹牛，没有方法可以点通，只有智慧可以点通。方法需要操练，方法需要重复，方法之为方法，正在于教师经常指点，学生经常实践，而不能是蜻蜓点水浅尝辄止。所以就何老师此处五六分钟与学生的学法交流，我敢说就是给了学生真实的学习，不浅薄、不虚伪。这不是一节戏剧化的公开课，这就是一节真实教学真实学习的家常化的研究课。

二、踏上发现旅程

近几年，台湾小学语文教育学会会长赵镜中先生在大陆多次发言，他的核心观点就是“从教‘课文’到教‘阅读’”。从何老师这篇课文的教学，大抵可看到从教课文转向教阅读的影子，教方法前有所谈，还有就是阅读方式的变化。赵镜中先生认为课文教学的阅读方式“强调逐字的阅读、朗读和美读，在乎文本的意义，充分挖掘、掌握作者在这篇文章中主要阐述的观点和意义”。而在阅读教学上，“通常以默读为主，采取多种方式，采取探究的态度阅读，重视个人对阅读的理解，重视文与文、书与书、书与人之间的联结”。

来看本课后习题3：“……体会这些话表达了他怎样的思想感情”，几乎可以说，这样的习题设置就是“在乎文本的意义”，同时也提示教师这儿的“思想感情”正是“作者所要阐述的观点和意义”，毫无疑问，这是典型的课文教学。如果教学仅到达这里，或者教学就围绕着这一点，那么这节课就将是一节课文教学，但是，我们都看到了，这节课在对作者所要阐述的观点和意义进行了自由分享后，何老师领着学生踏向了发现旅程，“钱学森的爱国和我们一般人的爱国有什么不一样”就是踏上旅程的机票，由“感受爱国”到“品评人物”，学生的学习“飞了起来”。

来看实录中的片段：

师　这个时候你的体会，与第一节课时的体会一样吗？钱学森是在什么情况下说的，给你什么样的感受？感受是不一样的，是吧？他不图名利，不计得失。现在我再用中国古代一位教育家的名言来理解钱学森的爱国。古代伟大的教育家孟子，听说过孟子吗？有谁知道孟子的名言？说一说。

生　……

师　想不出来，老师教你们。钱学森在美国享受富裕的生活、优厚的待遇。他得到了人生的富贵。（板书：富贵）在享受富贵的时候，有没有扰乱他对祖国赤诚的爱？

生　没有。

师　这就是——富贵不能淫。（板书：富贵不能淫）

什么是未知旅程？这就是未知旅程。学生以为读到了，因为他们知道钱学森“爱国”，可“爱国”其实是一个多么模糊的字眼，“张爱国”“徐爱国”“李爱国”，是人都说“爱国”，为什么爱且先不论，都是同一层次同一形式的“爱”吗？这一点正是学生所不知的，从“爱国”情怀到人格魅力，这就是领着学生深入文本，“重视个人对阅读的理解，重视文与文、书与书、书与人之间的联结”。本来，一切的阅读读到最后都是读人读自己，如果这篇课文学生仅仅读到“爱国”那是远远不够的，何老师这样的思路，值得品评鉴赏。从课堂现场，孟子的话都是学生不知道的，但他们在教师引领下已经自然感受到意义，然后教师自然生发以之作结，准确而精当。这等阅读收获，才真正触动人心！

三、开启智慧阅读

整体上，何老师的思路就已经是相当智慧的阅读，由一般性的情感，深入人物的内心，引入孟子对大丈夫的赞辞，这就是阅读智慧与教学智慧。我注意到，学生在第二节课时，都不约而同在朗诵程颢的话，“富贵不淫贫贱乐，男儿到此是豪雄”，也就是说，这处阅读是成功的。当课结束了，学生心里留下的钱学森不是因为空洞的“爱国”的说法，而是因为他实实在在是位“丈夫”与“豪雄”。

智慧还体现在对表达形式或说写作方法的关注。钱的“爱国”与别人有什么不一样，何老师请学生关注的是钱学森说的话，请看教者原话：

师 我们把他说的话画下来。想一想，如果仅仅写钱学森说的这句话，那么我们能不能体会到他的爱国？能不能？能的。那你们再想一想，除了写他说的话，前面还写了什么呢？读一读，请谁来读？除了写钱学森说的话，前面还写了什么？

“前面还写了什么”，其实这根本就是话语背后的东西，所谓情境正在于此，那么对话语的品味就必须回到语语的情境中，这正是阅读智慧。当这一处教学结束时，教师果断总结，其实就是以教师的示范来给学生一个印象，写作方法就藏在阅读之中。

四、享受完整语文

完整语文，有以下所指：一是较之常见的公开教学，教者往往一节课完事，不管第一课时或第二课时，40分钟的师生关系，一下课就结束，何老师教了近三节课，完完整整上了一篇课文，对学生而言，这是“完整语文”；二是对教者，设计中有读有写，这是完整的，第三课时的小练笔，虽则小道，却是一堂课所以完整的最后一块拼图，尤其这点在教学中着力甚多，先精读第一节，学习书写一个镜头；三是对学生，他们的学习同样是有读有写，形式上也是完整的；四是，对今天课堂上的所有学生来说，他们头脑里留下的钱学森是一个完整的爱国者形象，而不是概念化脸谱化的人，这一个完整，其实是最重要的。而所有这一切完整，都是以语文的名义，在一堂课中呈现的，如果可以长期如此完整训练，学生对语文的理解，对阅读的掌握，对表达的熟稔，必然愈走愈远，越来越深，这样的语文学习，才是真正的语文学习。

同时，完整的学习也是学生心理安全的前提。信息时代，电子垃圾铺天盖地，而电子垃圾的最大表现就是一切都碎片化。我们的教学也深受其扰，碎片化的课文太多，碎片化的课堂太多，这样的碎片化对学生构成的伤害是无穷无尽的，他们的阅读能力、理解能力、思维能力，都不能整体性得到涵养与提升。如果真正有完整的语文课堂养护着他们，善莫大焉，功莫大焉。】

从感受语言到享受阅读

——《望月》课堂实录及点评

时间：2013年5月29日

学生：兴化市张郭中心校五年级一班

教者：何伟俊

点评：朱廷梅

课前谈话：

师　今天辛苦同学们了，要上两节课。现在我先跟大家讨论两个问题，一个问题是：平时你们是怎么学语文的？

生　预习课文，自己查字典弄懂不理解的词，然后老师讲课文。

生　老师会用白板给我们放视频。

生　老师会给我们分析每个自然段的意思。

生　有时候老师会帮助我们了解作者。

师　好的，下面我们讨论第二个问题：你自己打算怎样学语文？有没有想过这个问题？

生（茫然）　没有想过。

师（微笑）　那现在想一想，你打算怎么学语文？思考一下，给你自由了，不跟着老师学，你自己怎么学？可以讨论讨论。

生　我的想法是，先把课文预习一遍，再把课文读熟，了解主要内容，每个自然段的意思，最后再细读课文，做做课后习题。

师　你是要了解课文的内容。（板书两个关键词：内容、习题）其他同学的意见呢？要学会自己做主。

生　我觉得还要跟同学分享、交流自己的感想。你会的别人不会，别人会的你不会，一交流，大家都会了。这样就两全其美了。

师　非常好，这个小朋友说得多好！她说了两个关键词：分享、感想（板书）。我们读文章就应当有自己的感想，有了感想还要与别人交流、分享。像这样，就是有自己的想法，有自己的想法会学得更好，韩老师也会更喜欢你们的。

【点评：看似简单的课前谈话不仅了解了学生的学习习惯、方法，更是引导学生应该怎么去学语文，而且让学生明确了这节课的学习任务、学习方法。】

第一课时

师（对听课老师）　我们兴化市小语工作室有个课题：“在习作教学中培养学生的心灵感受力”。现在，张郭小语工作室也申报了个课题：“在阅读教学中培养学生的心灵感受力”。今天我以这篇课文为例，和小朋友们一起学习，请老师听的时候围绕这个问题来做一些思考：孩子们的感受力到底如何？我们老师可以有些什么作为？

【点评：我们几乎没有听到过执教者对听课老师说什么的，可是，何主任对老师们说：“孩子们的感受力到底如何？我们老师可以有些什么作为？”这是带着研究的问题上课，是真正有意义的实践，是真正有意义的研究。】

师（对学生）　小朋友们好，刚才我已经和你们交流了，知道我姓什么了吗？

生　何。

师　知道我是哪里人吗？猜一下，我的口音和你们差不多。我是戴南人，和你们是邻居。今天来和你们一起学习一篇课文，欢迎我吗？

生　欢迎。（掌声）

师　刚才我跟大家做了一个交流：两个女孩子说了自己的想法，一个是班长周雨婷，另一个是李欣桐。周雨婷同学说学语文要有自己的感想，说得非常好（板书：感想），我们给感想找个同义词，也就是——

生　感受。

师　非常棒！［在“感想”旁边板书“（受）”］读书就要读出自己的感受，要用心去感受，把心放到课文里，就会有感受。（板书：用心）今天我就和同学们一起来用心感受。每个人都有自己的感受，然后我们来分享，这也是刚才周雨婷同学讲的。这样，读书、学习就是一件愉快的事情，好不好？

生　好。

师　我先请同学们自己来读，这一遍怎么读呢？我们先不要管还有哪些字我不认识，这个字我读得不太准，这个词我还不太懂，这些事情你先不忙管，你先一口气读下来，跳到课文里面去，就像跳到水里一样，让课文的语言文字把你包围起来。用心地，一口气地把它读下来，各人自己读自己的，从头到尾读一遍。好，开始！

【点评：特别喜欢这样的初读方式“一口气读下来，跳到课文里面去，就像跳到水里一样，让课文的语言文字把你包围起来”。我们也许不懂水，但在水里能感受到水的浸润；我们也没有必要一下子明白语言，先跳进去，也照样能感受到语言传达的气息。】

（生自由读课文，师巡视，并适时指导）

师　好，第一遍我们已经读好了，注意是我们自己读的。刚才班长说了，读书要有自己的感想。下面呢，把笔拿出来，把你第一遍读了之后，懵懵懂懂的，但是，是你直接的一个感想、感受写出来。也就是，一下子蹦到你脑子里的那个词，或者那几个字，你把它写下来，写到课文题目《望月》的旁边。

（生思考，动笔写）

师巡视　这个小朋友写了“诗意”。你写的什么？哦，你写的是一句话。

【点评：孩子对语言的直接感受也许是模糊的，还会是飘忽的，用语言清晰起来，固定下来，很有必要。】

师　暂时没写出来的，不要紧。我们在读书的时候要有第一感觉，以后可以慢慢练习。下面我们开始读第二遍。第二遍读的时候，我们就来把课文读读正确，读读通畅，遇到不懂的字词，查字典，看看书后面的拼音，问问同学、老师都可以，这是第一；第二，不懂的词句在下面画一条横线，打上问号；第三，有什么不懂的问题，有什么问题想问的，写到书的旁边，好不好？这是我们第二遍读书要做的，现在开始自己读。

（生自读课文第二遍，师巡视）

师　好，下面我们请几个同学来读课文，其他同学一边听别人读课文，一边自己在心里读，好不好？

我请六位同学来读课文。第一、二小节，请一个同学来读。你们听的时候心里默默地读，知道吗？

（生读书）

师　声音响点啊！

（生继续读）

师　嗯，好的，她读了两段，基本上通畅、准确，她的声音很好听，跟“望月”的感觉差不多，是吧？好，这两个小节里有不懂的吗？举手！好，你说。

生　“黑色剪影”。

师　有懂的吗？（生未举手）好，我们先来理解“剪影”的意思，有人懂吗？

生　是人或物体的那个轮廓。

师　轮廓的、外表的……

生　外表的那个……

师　样子是吧，那请你到黑板上画一个山的剪影。

（生画山的剪影）

师　她画的这座山很简单，像个和尚的头。

（生笑）

师　意思她懂了。剪影，就是一个东西外表的样子，但它应该是个整体，懂不懂？夜晚的时候虽然有月亮，但光线不是很好啊，你看那山，能看清楚它细部的地方吗？

生　不能。

师　你只能看到它整个的什么？

生　外部。

师　哎，这个样子就是什么？

生（齐）　剪影。

师　那黑色剪影呢？外面是黑的，只有月亮，有淡淡的月光，是吧？树林的剪影是怎样的呢？（师做手势）有高有低，是吧？芦荡知道吧？芦荡就是那个浅浅的河里面长着什么？

生　芦苇。

师　它要比树林矮点，是吧？芦苇，然后是树林，比树林更高的呢？

生　是山峰。

师　这样有高有低。还有不懂的问题，请举手！

生　江轮。

师（听课者一愣）　江轮知道吗？哪个知道的告诉她。

生　就是在江上开的轮船。

师　大不大？你想一下可能有多大？

生　……

师　你用教室来比方一下，有几个教室大？

生　四个。

师　四个，是吧？可能还要大一点。甲板在江轮的哪里？有没有人知道，想象一下。

生　甲板是江轮的内部里面的木板。

师　内部里面的木板，你说的木板可能是对的，但不在内部。甲板就是大船前面、周围那平的，上面可以站人、走人的那个部分，就叫什么？

生（齐）　甲板。

师　好的，第一、二节还有没有不懂的？

生　江天交界处。

师　“江天交界处”，这个应该懂，你再读一遍。

生　再读“江天交界处”。

师　那请你现在说说这个词的意思，江天交界处在哪里？

生　……

师　其他同学来说说。

生　江和天交接的地方。

师　向远处看，是吧！江和天交接的地方，像我们向远处看也有，天地交界处，你能不能看到？

生（齐）　能。

师　还有什么不懂的或者有什么问题？好，现在没有也不要紧，有问题随时可以提出来。下面请你读第三、四两个小节。（生起立读，师亲切地帮学生把书拿正）声音响一点，不要着急。

（学生读得很小心，最后一句节奏有点慢。师听学生读，并微笑着观察学生表情）

师　你小心翼翼啊。（笑）再把最后一句话读一下。（学生读，流畅多了）很好嘛，不要紧张啊，你太紧张了。请坐。

师　这两小节有没有不懂的地方？（师作带头举手状，很快，有学生举手）来，你说。

生 我说的是第四自然段，为什么小外甥说“是月亮把我叫醒了”？

师 好的，这个问题蛮好的，我们先想一想啊，马上来讨论。我们接着读书，（“开火车”读，示意一生起立）从“我们来背诗好吗”一直到“清幽旷远的气氛中”。

（生读，将“平羌”的“羌”读成“江”音。有同学私下小声纠正）

师（欣喜地） 嗯，这个小女孩比前面两个同学好一些了，胆子大起来了，声音响起来了。刚才有同学帮你纠正一个音，你有没有听见？把这句诗再读一遍。（生读，又读错）别着急，看清楚注音。（生再读，还读错，很多同学着急大声纠正，生再读，读对）（师包容地笑）哎，因为这两个音差不多，又连在一起，读错了也不怪你。一起来把这两句诗读一遍（生齐读），再读一遍，这样就不会错了。（师与生一起读）

师 好的，（“开火车”读，示意一生起立）你读到“小外甥几乎不假思索地回答”。

（生读）

师 好的，毕竟是男子汉啊，读得有精神。这两个地方有没有什么不懂的问题，提出来。

生 “瞳仁”不懂。

师 “瞳仁”不懂，（面向其余同学）你能懂吗？瞳仁就在你自己的眼睛里。好，找一个小朋友解释一下。

生 瞳仁就是我们的黑眼球。

师 对，瞳仁就是我们的黑眼珠啊。（弯腰看着提问女生的瞳仁，笑问）现在你知道了吗？你把你的瞳仁指给我看一下。还有吗？

生 不假思索。

师 “不假思索”，猜一下，这个意思应该能想出来。

师 哪个同学说“不假思索”的。你来把这句话读一下。（学生读“小外甥几乎不假思索地回答”）

师 你来猜一下。“思索”懂吗？

生　思考。

师　很棒啊。那"不假思索"是什么意思？

生　不需要思考。

师　很好，你看，脱口而出。不是想出来了嘛。自己读书想出来就很快活，对不对？还有吗？（师又灵机一动）这个字啊，我们马上要放假了，就读jià，其他的时候都读什么？（学生齐答：jiǎ）真的假的，不假思索。我们在二年级学过一个词，里面有个假字，什么词啊？（生齐答"狐假虎威"）对，"狐假虎威"，狐狸借着老虎的威风，这里的"假"是什么意思啊？（生私语：假装）是假装吗？跟"不假思索"的"假"一样的意思，想想看，是什么意思？（生思考议论）是凭借的意思，借用的意思，对不对啊？还有什么问题吗？

生　为什么小外甥把月亮比作"天的眼睛"？

师　哦，是的。这个问题我们要重点来讨论它。已经有了两个很棒的问题。还有吗？没有我们就继续来读课文。这个小男孩来读，从"他的比喻"到"童话故事"。好，书捧起来，声音响一点啊。

（生读，结结巴巴，师相机纠正，安慰鼓励，并请他重读了一遍）

师　听得出来，很吃力，但还不错。你把最后一句话再重读一遍。（生读）非常好，进步不小。好，这部分有什么疑问？

生　为什么月亮每个月都要睁大一次眼睛？

师　你们想想，一般情况之下，月亮在初一的时候是什么形状的？

生　月牙形。

师　在西边，初一看不见，初二是一条线，初三、初四是鹅毛月，像鹅毛，慢慢、慢慢像月牙了，是吧？然后到十五的时候，它就渐渐怎么样啊？（生：渐渐变圆）对，你把眼睛闭起来，再慢慢慢慢睁开（生做动作）是什么感觉？是不是有点这个意思在里边？（学生发出会心的笑）你想象一下，我们要学会想象，不懂的时候要想象一下。还有问题吗？

生　第十八小节的，为什么"他的比喻使我惊讶"？

师　哦，又是一个好问题。这是课文后面的问题啊，你有没有看课文后面啊？

小帅哥！

生　没有。

师　人家课文后面也设计了这个问题。你跟编写课文的老师水平一样啦，真了不起。还有问题吗？暂时没有？最后，再找一个同学读课文。

（刚才那个提“不假思索”的同学高高举手，师请其读，生读得认真投入）

师　好的，读得不错，很有感觉。但这里有个字读得不太准，你们知道吗？

（众生在座位上答“呵欠”，师请该生重读，读对）

师（笑问）　你们会打“呵欠”吗？

（众生一边笑一边打呵欠，老师也笑着附和）

师　呵欠就是累了，嘴张开。我们张郭打呵欠叫“打哈哦”。（听课老师笑）刚才，我们又读了一遍课文，六个同学读的，其他同学在心里读了一遍。慢慢慢慢感觉就出来了啊，是不是？

【点评：请六个同学认认真真读书，其他同学也在心里认认真真地读。何止是读书？习惯的培养、方法的指导、词语的理解都融在读书里。】

师　下面我们来读课文的第二节。第二小节里边，有一个地方我觉得应该改成句号。你们把第二小节再读一读，思考一下。有谁找到了？

生　“月亮出来了”。

师　“月亮出来了”，你觉得这个地方要改句号。这里不能改，意思没说完，下面接着写了月亮出来怎么样。

生　“月光为它们镀上了一层银色的花边……”

师　这句话后面是省略号，很好啊，下面还有啊，让你去想象回味。

生　“月光洒落在长江里，江面被照亮了。”

师　你觉得“照亮了”这个地方要用句号，对吧，你们觉得呢？

生　也是这儿。

师　我觉得也是这儿。“月光洒落在长江里，江面被照亮了。”意思说完了。

下面说的是"江水"，说的是另外一个意思。这里可以改成句号，你们可以跟编书的老师商量一下。

师　下面，大家把语文本拿出来，我们来听写第二小节。老师一句一句地读。每句话读三遍。第一遍不要写，听清楚，记住了。第二遍边听边写，过会儿我读第三遍，你们对照修改。把标点符号尽量地点准。另外，字的大小要均匀，不要太松散，也不要挤在一块儿。

（师开始分句读句子给学生听写）

师　开头空两格。老师读第一遍，不要写，注意听。"月亮出来了，安详地吐洒着它的清辉。"下面，一边听一边写。"月亮出来了，安详地吐洒着它的清辉。"不会写的字不要紧，空在那儿。"月亮出来了，安详地吐洒着它的清辉。"第二句："月光洒落在长江里，江面被照亮了。"（师读了三遍）第三句："流动的江水中，有千点万点晶莹闪烁的光斑在跳动。"这句比较长，是个挑战。（再读了两遍）第四句，这句比较长，我分两次来读。"江两岸，芦荡、树林和山峰的黑色剪影，"（读三遍）"在江天交界处隐隐约约地伸展着，起伏着。"（读三遍）这句比较长，我再连起来读一遍："江两岸，芦荡、树林和山峰的黑色剪影，在江天交界处隐隐约约地伸展着，起伏着。"最后一句："月光为它们镀上了一层银色的花边……"（读三遍）

师　写好的举手。这样有意思吧，这叫挑战自我！写的时候思想要高度集中呢！现在把自己听写的与课本对照，把写错的改过来，丢掉的加上去。

（学生对照修改）

【点评：几乎是第一次看到公开课的教学中让学生听写，打心底里佩服何主任！何主任教听的方法，记的方法，教写的格式。这些都是实实在在的能力，是孩子以后所需要的能力，而这些基本能力的训练被淹没在当下各种时髦的花样中，只有深谙语文之道的老师才坚持这样做，只有坚守语文教学本质的老师才敢在公开课上这样做！】

师　下课。

第二课时

师　刚才一节课我们读了几遍课文？

生（齐）　三遍！

师　三遍啊，听写了第二段！第二段是写了江上月夜的——

生　景色。

师　现在请大家把课本打开，把第一段和第二段自己读一读，这一节课我们主要就跟着我们周班长一起来学习感受，（在黑板“感”和“受”下画圈）来分享我们的感受。（板书：分享）“分享”这个词是谁说出来的啊？

生（纷纷）　周雨婷。

师　哎，这可不是我说的啊，是你们的班长说的。这就是这一节课我们的任务。现在你们自己来读一读第一段、第二段，想一想江上月夜景象给你什么样的感受？好，自己读！

（生自由读书）

师　江上月夜给你什么感受？把你的心动一下，把你脸上的表情动一下。来说一说你的感受。有感受，说出来与大家分享。没有感受，你听同学讲了，就可能产生感受。好的，举手的同学很多啊，最后那位女同学请你说！

生　我觉得江上月夜的景色特别迷人。

师　好，这是她的感受！

生　江上月夜带给我的感受是宁静优美！

师（点头）　嗯，好的。

师（走向第一组一男生）　这位同学你说一下，刚才这位女同学说的感受你听到了吗？没有听到啊？没有？要注意听啊！（让该生坐下）其他听到的请举手！（对那位男生的同桌女生）你听到的请你说，她说的感受是什么？

生 宁静优美！

师（对那位没听讲的男生） 很好，你要向她学习，她离得比你远，还听到了，你要注意听啊，懂不懂？自己没有感受不要紧，要听别人说，好不好？

师 好了！两个感受了！还有吗？

生 江上月夜令人陶醉！（该生吐字不清）

师（俯下身） 令人什么？

生 令人憔悴！

（其他生笑：憔悴！）

师（笑） 憔悴啊！

（听课者都笑了）

师（走近该生，微笑） 不要紧，再说一遍。

生 江上月夜令人陶醉！

师 哎呀，最后两个字是关键词哎，你怎么能够不说清楚呢！关键就是这两个字啊，再说一遍！

生 陶醉！

师 陶醉啊，很好！（拍拍该生肩膀）陶醉！还有吗？

好，大家都有自己的感受，现在我——（发现又有学生举手）好，你再说，班长啊，班长最后说。

班长 我感觉这个作者很享受。

师 我正准备下一步请你们来说作者的感受，你现在提出来了，作者很享受。那你对江上月夜有没有感受啊？

班长 江上月夜的风景很美。

师 风景很美，好的。现在请大家带着自己的感受，把第一段和第二段连起来再读一遍，自己读自己的。

（生自由读书）

师 好，刚才说宁静优美的是谁？请你读一读。

（生读第一、二段）

师　她有没有把自己的感觉读出来啊？

生　读出来了。

师　读出来了，非常棒，给她点掌声！刚才大家在班长的带领下，感受得非常好。刚才班长的问题就是老师的问题，这个江上月夜你真的看到了吗？你有没有站在甲板上？没有，是不是？你没有真正看到。看到江上月夜的是那个作者，写文章的那个人，叫什么名字啊？

生　赵丽宏！

师　是赵丽宏先生写的，是他心中的那个月夜，对不对？是他眼中的江上月夜。那你对这个作者有什么感受？

（板书：作者）

师　刚才班长说了，作者很享受，请问，还有跟班长不一样的吗？对作者你有什么感受？轻轻地读一读第二段。

（生读书）

师　注意啊，对作者你有什么感受，请你说一说。

生　作者用心聆听月夜的宁静。

师　好，非常棒！小伙子很有诗意啊！

生　作者已经沉浸在如诗如画的境界里了。

师　好，下面我们请班长带着享受来读一读第一段和第二段，我们和她一起享受。

（班长周雨婷读第一、二段）

师　嗯，你们听得出来，班长是在享受吗？

生　享受。

师　现在我们一起来读一读，一起来跟作者享受享受，好不好？想象我们看到了江上月夜，来享受了。

师（引读）　夜深人静，我悄悄地走到江轮甲板上坐下来。读——

（生齐读第二段）

师　从你们的声音里，我有点听出来你们在享受。但是，我现在正看你们的脸，看你们的瞳仁，你们的眼睛，我发现你们还不够享受。想不想用你们的表情告诉我，你们在享受？想不想啊？

生　想。

师　再读一遍，这次我要从你们的脸上、你们的眼睛里看出你们的享受。每个人把自己的心动一下，把自己的脸调整一下。

（生笑）

师　呵呵，我们来享受啊，再读一遍啊，我们全身都来享受，我要听你们的声音，看你们的表情，看你们的小眼睛，跟你们一起享受！

师（轻轻地引读）　夜深人静，我悄悄地走到江轮甲板上坐下来。好，读——

师　你们享受在读书中，哈，我在享受你们快乐地学语文，这多好！好的，江上月夜的美景，在你们脑子里有这个印象吗？有没有印象啊？

生　有。

师　那你这个印象是不是看到一幅画？（用手描述示意画）是不是看到电子白板，我有没有放视频给你们看啊？没有！那你们脑子里的这个江上月夜是怎么想象出来的？是靠什么想象出来的？

生　文字！

师　靠语言文字，对啊，靠语言——靠——

生（齐）　文字！

师　对啊，太聪明啦！

（板书：语言、文字）靠语言，靠文字，是不是？

今天我们就细细地读，慢慢地读，想象美好的画面，享受美好的语言。我们再来读一读第一段和第二段，感受一下语言。对这两段的语言，你们有什么感受？好，轻轻地读！自己读自己的。

（生自由读）

师　语言就是这么奇妙，你没有到过的地方，但是通过语言就仿佛到了那个地方，多么有趣。好，对这两段的语言文字你有什么感受？

生　我感受到语言文字写得特别美，给了我们宁静！

生　作者很有文采。

师　班长，不愧是班长！你说的话超过了老师的水平！很有文采啊，对！

生　这段文字很优美，表现出了作者对这一月夜的喜爱！

师　美，表现了喜爱，表现出作者的情感！文字是用来表现情感的，是吧？

好，刚才我们从江上月夜到作者的享受，到语言文字，我们有了感受，对吧？景色很美，语言呢？

生　也很美！

师　作者也带着这样一颗欣赏美的心，去看这个——

生　月光！

师　看这个月夜！我们读着读着也感到写得——

生　特别好。

师　特别美！现在我们再来读一读第一段、第二段。这么美的文字，刚才我们听写了，现在把它背出来是很好玩的事情啊。我们来挑战一下自己啊！读两遍，看看我们能不能把它背出来。好，开始！

（生读书）

师　同桌互相背一背。

（生同桌背书）

师　有没有人敢展示？（等待）没有。（等待）好，有一个！背书，其实也是考你的感受！你真感受了，很容易就背上了。真的，我不骗你，像我啊，有50岁了，肯定没有你们记忆力好，但是我读了四遍就已经背上了，我告诉你们，你们肯定背得更快！（对着举手的生）好，你尝试一下！

生（背第二段）　月亮出……

师　好的，她敢于挑战自己，敢于表现自己，你们要不要给她鼓励一下？（生鼓掌）

【点评：要想让学生读了文字有感受是何其难，看得出这是一个缓慢的艰辛的过程，但何主任做到了，一步步引导、激发，做得真是清晰漂亮！何主任还把难以表达的感受化为"心动"，化为"表情"，化为"朗读"，化为"背诵"。这不是一般的老师，甚至不是一般的名师所能达到的境界。】

师　你们要向她学习啊。第一段学到这儿，江上月夜学到这儿，接下来课文除了写江上月夜还写了什么？

生　"我"和小外甥背诗。

师　另外一个人出场了，和你们一样大的人出场了。下面就写"我"和小外甥看月亮，除了看月还干吗？

生　背诗。

师　除了写看月，还写了什么？

生　幻想。

师（板书）　月夜背诗。

师　还有吗？他们谈什么话题？

生　月亮。

师　谈话，谈月亮都行。他们一起说话了，合起来叫什么？有人，有事，有江上景象这就叫场景。（师板书：场景）

师　场就是一个地方，像现在的教室就是我们上课的场。这个地方有人在说话，有事情，这就是景。今天我和同学们一起读《望月》，这么多老师看我们学习，我们在这个地方做这个事叫什么？

生　场景。

师　整个课文都是写一个场景，场景里有人，谁？

生（齐）　"我"和小外甥。

师　有人。（板书：人）

师　这个场景，这个人，作者用语言写出来。这里有人的语言，小外甥的语言。（板书：语言）

师　下面我又要请同学们自己读书、自己学习了。默读课文，从第三段到课文最后都是写场景。场景里有人，人会说话，本身这些场景也是用语言表达出来的。

请你谈谈对其中某一个方面，或者你对某场景有什么感受，或者你对人有什么感受，或者你对里面的语言，可以是里面人的语言，比如小外甥说的话，也可以是课本里描写的语言，你有什么感受？就像我们刚才用心感受江上月夜，把有感受的地方画出来。有感受的地方用一两句话写在课文旁边。给大家10分钟，抓住一两个重点就行了，自己看书，一边看，一边感受。

（生阅读，批注。师巡视指导）

师　下面我们一起来分享各自的感受。（指名一举手学生）你想交流哪个方面？

生　语言方面。

生（读课文）　“是月亮把我叫醒了。”“像眼睛，天的眼睛。”“这是明亮的眼睛。它很喜欢看我们的大地，所以每一次闭上了，又忍不住偷偷睁开，每个月都要圆圆地睁大一次……”“月亮困了，睁不开眼睛了。”

师　你是对小外甥说的话有感受？说说你的感受。

生　我感觉小外甥语言有趣、独特，富有童真童趣。

师　这样说老师还不放过你，“是月亮把我叫醒了”，你觉得童真童趣在哪里呢？

生　一般小孩子说话都有天真在里面。

师　“是月亮把我叫醒了”，一般我们会不会这样说？一般我们会怎么说？

生　我醒了，睡不着。

师　你觉得这样说有什么意思在里面？

生　我觉得这样说，他睡不着，想和作者一起看月亮。

师　这跟作者没关系，是月亮把他叫醒了。

生　因为他很喜欢月亮。

师　说到一点了，他喜欢月亮，所以觉得月亮跟他像什么？

生　有某种联系。

师　说话水平多高，他跟月亮像什么一样？

生　朋友。

师　对呀，像朋友，像小伙伴。是朋友才叫醒他出来欣赏啊。

师　对小外甥的语言有感受的举手！

生　我感受到小外甥善于想象，有自己的语言。

师　请你再说得具体一点。

生　一般人会把月亮比喻成盘子什么的。小外甥把它比喻成眼睛，这是一个超乎寻常的比喻。

师　那你说他超乎在哪里？一般都会把月亮比喻成盘子或小船，他比成眼睛，想想区别在哪里？这些盘子、小船只是一些不会动的什么？

生　物体。

师　而眼睛呢？

生　会动，会眨。

师　连到你的心，眼睛有什么？你们每个人是不是都是活泼泼的？眼睛跟什么有关？

生　跟人有关。

师　跟人的生命有关，比成眼睛了，月亮就有了情感，有了生命，可展开无穷的想象。有句话“眼睛是……”。

生　眼睛是心灵的窗户。

师　我一说你们都懂了，阅读就是要想。接着交流。

生　“我们来背诗好吗？写月亮的，你一句，我一句。”从这里我看出小外甥很喜欢月亮，所以，他才提出背关于月亮的诗。

生　从小外甥与作者的对话中，我感受到小外甥很好学、聪明。

师　下面谁来说说场景。

生　诗和月光一起，沐浴着我们，使我们沉醉在清幽旷远的气氛中。

师　嗯，这句话写出了一个场景。大家有没有看到这句话？

生　看到了。

师　他找到了，很不简单，请他再读一遍。

（生再读一遍）

师　说说你的感受。

生　这幽静美好的环境，把“我”和小外甥都给感染了。

师　他用了自己的一个词“感染”来表达自己的感受。其他人还有感受吗？

生　我感觉这场景很宁静。我也在这宁静的场景里，沉醉了。

师　哦，你也觉得沉醉了。那你们再感觉一下，你觉得抓哪一个词感受这个宁静、优美的场景？

生　清幽旷远。

生　沐浴。

师　沐浴本来是什么意思？

生　就是洗澡。

师　那“诗”能不能给人洗澡？

生　不能。

师　那你觉得用在这里，是不是有点问题？能这样使用吗？

生　能。

师　说说你的理由？想不出来，慢慢想。人洗澡的时候，泡在哪里？

生　泡在水里。

师　那诗给人洗澡，人泡在哪里呢？

生　泡在诗里。

师　诗，你看不见啊。想想看，诗的什么东西给你洗澡了？

师　诗给你洗澡，是不是给你身体洗澡？

生　不是。

师　那给你什么洗澡？

生　心。

师　是啊，给你的心，给你的情感。你读了诗以后，感到很舒服。这就是诗“沐浴”着我们。

（下课）

【点评：渐渐地，学生的感受越来越丰富、深入；渐渐地，学生的感受从内容到情感，到语言表达。真好！】

第三课时

师（笑着说）　跟小朋友们感情深呢，上午说了上两节课的，下午又来了，我们打起精神来再上一节课，好不好？好，上课。

生　起立。（师生问好）

师　刚才我看了几个小朋友上午听写的第二段，错了自己改了，还有小的地方没有改出来。学习是个细活，一定要仔细一点，比如说最后应该是省略号，好几个同学写成了句号。这个不一样哦，自己再好好想一想，可以请教你们的韩老师。好，上午第一节课我们认真读了课文，课文读得不错。第二节课呢我们用心感受，有的感受深一点，有的感受浅一点。同学们在分享中享受了学习语文的乐趣，还有一些同学们没来得及说自己的感受，这节课我们继续。

师　上午我们说到月亮是“天的眼睛”，把月亮比作眼睛，我们就感觉这个月亮是怎样？

生　动的，活动的。

师　我们感觉它好像活了，也像我们小朋友一样，有感情了，是吧？活蹦乱跳的，是不是？好，我们打开课本，看一看小外甥是怎么说的？我找个小朋友来读读，其他小朋友听。找找课文里面哪些词能看出来月亮是活了。（老师的手势扭了扭，表示活）谁来读？

（生举手示意）

师　上午这一小组读了，读得不错。这边有没有哪个小朋友愿意读的？（师走到一边去）其他小朋友听哦。

（一生起立读书：这是明亮的眼睛……）

师　你们把笔拿出来，在里面找一找，这个里面哪些词让你感受到月亮活了。

（生拿出笔默读思考，师等待）

师　好，请你说。

生　我感觉是“忍不住偷偷睁开”。

师　“忍不住偷偷睁开”，很好。就像调皮的（生接着说“小孩子”）小孩子一样的。

师　好，还有，你说。

生　从“看、比、睁”这三个字我感受到那个月亮是活的。

师　你还有话要说吗？好的，她找了三个动的词，“看、比、睁”。她感受不错，感受到这些词是动的。其他还有吗？好，请你说。

生　还有“睁大眼睛”。

师　不仅睁，还要睁得怎样啊？（生说“睁大了”）你们都把眼睛睁大一点，睁睁看看，睁大了就不一样了，是不是？还有吗？还有，再细细读读看。我说读书是个细活，不要着急。好，你说。

生　喜欢看。

师（指了指王蓉蓉）　她找到了“看”，你找了前面的一个词，“喜欢看”，说说你的想法，你的感受。

生　我感受到月亮很喜欢看我们的大地。

师　它喜欢看我们的大地，小朋友想想：月亮会不会喜欢啊？（生回答“不会”）其实它会不会喜欢？不会。为什么说月亮喜欢大地呢？其实是谁喜欢谁？（生回答“小外甥喜欢月亮”）对了，其实是小外甥喜欢月亮，他就想象出月亮也喜欢我们的什么（生答“大地”）。多么有趣啊！

师　嗯，刚才还有谁想说的？

生　还有“闭上”。因为月亮是个不会动的物体，“闭上”是人的一种动作，所以用“闭上”就把月亮写活了。

师　对的，写活了。刚才他说了。这里面其实也有月亮本身的变化在里面。月亮，我上面跟同学们讲了，它初一的时候是看不见的，初二一条线，初三呢？（生答“鹅毛月”）从鹅毛月，慢慢眼睛越睁越大，（生附和“大”）其实就是它越变越——

生 大、圆。

师 圆。十五十六的时候就是那个“眼睛”睁得大大的圆圆的月亮。十五往后，越变越小，就像“眼睛”慢慢闭起来。我们一起来把小外甥的话读一读。感受一下，这样的一个一般人想不到的比喻。

（师引读，生齐读小外甥的话）

【点评：“一般人是想不到的”，只有把自己的身心融在自然之中，尊重热爱周围的事物，才会感觉到月亮像眼睛，才会有这样鲜活的比喻。何主任教的是比喻，是写作，更是教生活，教情趣，教智慧。用课文中的一个词就是“叫醒”，他“叫醒”学生的心灵和头脑，去感受，去表达。这就是教师的作为。】

师 好的。这是上午我们说的感受语言，还有这个同学说的感受场景。（指着那个学生）好，你再把这句话读一读。

生读：诗，和月光一起，沐浴着我们，使我们沉醉在清幽旷远的气氛中。

师 好，上午的时候我请同学们说，这个场景中对哪一个词更有感觉呢？（生说“沐浴”）还有一个同学说的“清幽旷远”，我不知道谁说的。你们觉得场景描写里哪个词语有感受？来说一说。

（学生思考）

生 沐浴。

师 好的，你说沐浴，好，说说你的感受，跟大家分享。

生 因为他借用我们生活中一个常用的词语来告诉我们：月光能给人很多遐想的空间，让人联想到许多诗句。意思就是说诗和月亮结合在一起就能使我们杂乱的心变得（生思考了一下）安静。

师 安静下来，是吧？人疲劳了，洗澡时泡在浴缸里面，有一种享受有一种安静。同样的，清幽的月光和富有诗意的诗句，也能让我们有这样的一种（生说“感受”）感受一种享受。她这个感受不错啊。

师　我们继续感受沐浴这个词。请问大家，沐浴这个词，一般和什么词搭配起来说话？

生　沐浴阳光。

师　嗯，好的。还有呢？沐浴阳光跟沐浴月光应该是差不多的一个意思，对吧？最常说的是沐浴什么？想想看，沐浴都是三点水。沐是洗什么？（生说“洗澡”）沐是洗头，浴是洗身体。（一生说“与水有关”）现在我们这句话中除了沐浴身体，沐浴月光，又加了个沐浴什么？（生回答“诗”）沐浴诗，对不对？那诗跟沐浴搭配在一起，你以前见到过吗？

生　没有。

师　有没有见到过？（生答“没有”）没有，对吧？你没有见过的就是好东西，就是需要我们特别感受的地方，懂不懂？（生点头）诗怎么能沐浴我们呢？我们来想一想，有没有道理？作者有没有说错呢？刚才那位同学发表了意见，（指了指发言的同学）我还想听听其他同学的意见，你觉得诗怎么沐浴你的？你有什么感受？我还想请其他同学说说看，哦，班长要说。

班长　诗和水一样，但是水是沐浴我们的身体，诗是沐浴我们的心灵。诗里表达什么，只有我们心里能够感受得到。

师　我们感受到诗里面表达的东西，就好像我们身体感受到水的温度一样，是不是啊？它可以像东西。嗯，好的。那我们现在就来读一读小外甥和我对的诗句让诗像月光一样，像水一样来沐浴我们的身心。我读小外甥的，你们读作者的。

（师生对诗）

师　反过来我们再来，你们读小外甥的，我来读作者的。我们要读出被诗沐浴的感觉。

（小插曲。一生说：你读错了，第一句应该我们读）

师　哦，我读了小外甥的呀，你们读。被诗意、被月光沐浴着应该是什么感觉，我们来读一读。

生读：小时不识月，呼作白玉盘。

师　再拿出一点感觉。

生再读一遍：小时不识月，呼作白玉盘。

（师生对诗）

师　第一、二组读小外甥的，第三、四组读他的舅舅的。我这一次要看你们的表情，要听你们的声音，我要感受到你们是被诗沐浴了，好不好？我们来试一试，再来被诗沐浴一次。

（两大组分角色对诗）

师　好，有兴趣的，下课之后两个人一组，一个人做小外甥，一个人做舅舅来对一对。对诗，不是来卖弄才华的，我对这些诗很熟悉了。对诗就是要沐浴，要像洗澡一样，有温暖的感觉。下面请把家庭作业本拿出来，跟老师一起抄写这句话。你们在作业本上写，照着书本写，我在黑板上写。

（师生抄写。师写两遍，生写一遍。师写的第二句，省掉了句中的两个逗号）

师　写好了吗？

生　写好了。

师　好，看黑板。“诗”的后面，为什么要逗号？读读第一句。

（生练读）

生1　停顿的感觉不一样。

师　是的，“诗”这里停顿一下，“一起”这也停顿一下。觉得这样读起来有什么感觉？

生2　更有诗意。

师　请两个同学读一读这两句话，比较一下，看看有什么感觉。

（两生读）

师　这样的停顿与表现清幽旷远的气氛是不是比较相合？是不是跟当时的情境相符？这样一个夜晚，天上有月亮，其他人都睡了，一大一小两个人在看月亮，还在对诗。所以，同样的句子因为标点的位置不一样，读出来的感觉怎么样？

生（深有感触地回应）　也不一样！

师　我们在用心感受时，还可以感受到标点和停顿的不一样。就像刚才读诗一样，有了停顿读起来就好听嘛。这第一句读起来就好听，很有感觉；第二句只是在告诉你一件事情，不像第一句的停顿那么有节奏，有种被诗沐浴的感觉。下面跟老师再来读一读，感受这样写的好处和妙处！

（师领读，生跟读）

师　以后我们在读书、写文章的时候注意一下标点。这是整体写江上月夜场景，接下来写我和小外甥对诗、对话的场景。

（师生分角色读。生推荐一人读舅舅，其他人读小外甥，师旁白）

师　舅舅是大文学家，“严肃了一点”。

（生会意，轻松一笑）

师　刚才的情景发生在江轮甲板上。早上我们读第二小节时，有同学说写得非常好，语言很美，景也很美。现在我们回过来读一读，像吃饭一样，再细细地嚼一嚼，回味回味。

【点评：怎样让学生沐浴在文字构建的诗意中？何主任凭着自己对语言敏锐的感觉和对事物独特的体验在点化，过程和结果我们都看得见。正如学生所说：“诗，和月亮一起，沐浴着我们，使我们沉醉在清幽旷远的气氛中。”我们也一起沉醉。】

师　早上，周班长说这一段有文采，请大家思考：哪些词语显得有文采？

（指名读，大家边听边思考）

师　（一生举手）先不要着急举手，仔细思考一下，等会儿请你回答。

（生圈画关键词）

师　找到它，画个圈。先抓住它。然后我们来分享，谁来说？暂时没有感受，不要紧，听别人说，那也是一种幸福，一种享受。

班长　“安详”“吐洒清辉”和“晶莹闪烁”——

师　一下子说这么多，最好一个一个地说。

班长　我感觉这几个词体现了作者的文采。

师　细细说来——先说“安详”。

班长　因为我们看到月亮的时候，不会把它联想成一个人，而只有人才会很“安详”。

师　你是感觉到把它当作人来写了，静静地挂在天上。那个样子像人一样是安详的。还有吗？

班长　……

师　好，再想想，听听别人的想法。哎呀，你还没说过呢，请你——

生1　我觉得是“镀上”。因为一般我们写作文时，不用“镀上”，而用“嵌上”。

师（皱眉思索）　“嵌上”跟“镀上”不一样呀。你说说“镀上”好在哪里？

生　因为“镀上”不常用。

师　还有其他小朋友有发现吗？

生　……

师（板书“嵌”）　刚才这位小朋友将“镀”和“嵌”作了比较。这个动词好不好，是个准不准的问题。“嵌”，是必须有个凹下去的地方，在上面装一个东西，叫“嵌”，比如说，你这个镜片，就是嵌上去的。那这个“镀”呢，是在它的表面上（师动作模拟），你们张郭的不锈钢器材的表面，上面就用“镀”。还有其他感受吗？

生2　“吐洒”“洒落”，我感觉很有文采。我们写月亮的时候，都写“照亮”什么的。

师　我们写都用“照耀”“照亮”，是吧？作者用“吐洒”，就让你感觉到，月亮的光亮在向外吐洒，很细腻。

生3　我觉得“清辉”很有文采。因为月亮发出来的光，是有一点儿淡的，像水一样清澈。一般我们描写月亮这种光，都会使用“光辉”。

师　喔，它是淡淡的，清清的，像水一样清澈。“月光如水”，很好。还有吗？你呢？

生4：被她说掉了。

（生笑）

生5 我感觉“吐洒”很有文采。一般月亮不会吐，也不会洒，但作者这么写，就像月亮把光吐在长江里。

师 嗯，给你想象的空间。这个光是不断流动的，“洒”也是流动的呀，就像看到光的流动一样，要是用“照”的话，它是不动的。还有吗？

生6 我感觉“安详”很有文采。因为作者这样写，更能够感觉到月亮的柔和以及江上的安静。

师 你觉得此时的月亮就像一位安详的老人，就像一位温柔的女子，很安静。还有吗？你说——

生7 还有“光斑”。一般我们写的时候，会直接用“光”，不会说“光斑”。

师 “光斑”能想象出来吗？

生7 就像很小很小的光，一点点的。

生8 我感觉“黑色剪影”“隐隐约约”很有文采。那种感觉，朦朦胧胧的，很美。

师（微笑） 你想象出了朦胧美。这么一说，我们好像比上午的感觉又进一步了，这就像吃东西似的，慢慢地吃，慢慢地嚼，细细地品味，更有味道。现在我们来读一读，把刚才我们嚼出来的滋味，通过朗读表现出来。其实，“月亮出来了”，也很有感觉的啊，就像一位美女出来了一样。

（生齐读第二段）

【评：用“文采”来指导学生品词析句，妙，且大胆。很多场合或文章不敢提“文采”，觉得这是拔高要求。现在的风气似乎都是往所谓的“生活化”去，一味地就学生的基础、口味，以为这样就是尊重学生，就是以人为本，就是儿童本位，以致造成教师语言、学生语言的粗鄙化。其实，语文教学应该教学生使用书面语，教学生优雅地使用语言。】

师 我觉得现在背这一段也很容易了。以后背书，不要死记硬背，有了感受，你背得就很轻松。最后，还有几分钟，我们来讨论一个问题，大家来注意第一小节中：“夜深人静，我悄悄地走到江轮甲板上坐下来。”请问，江轮的甲板上有多少人？是不是就我一个人？

生　不是。

师　夜深人静，我悄悄地走到江轮甲板上坐下来，有没有第二个人和他一起坐到甲板上看月亮啊？

生　没有，睡觉去了。

师　后来还有一个小孩，就是他的小外甥。其实就两个人。看月亮有什么意思呢？他们看这个月亮，有了自己的感受，还把看月亮的事情写下来，我们花了三节课的时间在读这个。我们就要来好好地思考一下，看月亮的意义在哪里？小朋友们，你们有没有什么想法？

生1　我觉得那时作者睡不着，走到甲板上，碰巧看到月亮出来了，他就觉得月亮和他有一种情投意合的联系。他发现月亮很美，然后，小外甥和他一起看月亮，一起对诗。

师　你的意思是说，他不是在看月亮，是在看——美？是呀，人都爱美的。

班长　我感觉作者爱月夜，月亮给人一种感受、一种向往。关于月亮的东西很多，他想去了解。

师　刚才那个小朋友说作者在看“美”，你是说作者在看“爱”。所以，我们除了吃饭、睡觉，还需要美，还需要爱。

师（小结）　时间已经不多了，今天很感谢小朋友，花了三节课，和我一起欣赏了这篇文章。今后呢，希望你们能够从语文学习当中感受到快乐。就像作者在江上看月亮一样，看出味道来，看出享受来，就像你们班长说的，学语文，是在享受语文。好了，下课了，谢谢小朋友们！

【点评：蒋勋先生说：“美最大的敌人是‘忙’，忙其实是心灵死亡，对周遭没有感觉。‘闲’，就是在家门口忽然看见月亮。周遭所有最微小的、最微不足道的事情，可能是我们最大的拯救。”我相信，通过这篇课文的学习，学生从此会有了“望月”的姿态与情怀。】

【总评：虽只是看教学实录，但还是有很多感受。

1. 研究：教者是多年的语文教研员，他是带着研究的课题上课的，研究的内容是语文教学的难点，是真问题。他用课堂呈现自己的思考，使研究落在实处。

2. 实在：实实在在地教读书、理解、表达，还有听写、抄写、背诵，方法蕴含其中。

3. 感受：让学生浸泡在语言文字里，学生感受到月夜的美好，品味语言的种种美妙。

4. 诗意：学生被诗意沐浴，身心、语言都清朗起来。

5. 享受：有自我的享受，读书、思考、想象、被诗意，被净化；还有分享，学着用准确的语言，用朗读分享给大家。

6. 底蕴：教者对语文教学的思考，对教材的解读，对课堂的把控，对学生的引导、呵护，还有那份生活的诗意与情怀，我们都能感受到。好的教师绝不仅仅是在教语文，教研工作者的意义也在于此。】

学习是自己事

——《少年王冕》课堂实录及点评

时间：2014年11月25日

学生：兴化市垛田中心小学五年级二班

教者：何伟俊

点评：李　静

第一课时

师　今天我们一起来学习一篇课文，请看老师写课题。注意，老师写到“王冕”的“冕”的时候，你发现了什么？会学习的小朋友，眼睛要怎么样？（生“要看准了”）用你们垛田的话讲，眼睛要尖。

（师板书课题，学生跟着书空）

师　好，看哪个小朋友眼睛尖，“王冕”的“冕”，你发现了什么？

生1　“王冕”的“冕”上面第二横不要封口。

生2　“王冕”的“冕”，上面的“曰”（学生发音为yuē）中间两横不靠边。

师　听出来没有，他说上面是个“曰”，大家想一想，上面是不是“曰”啊？

生　（摇头）不是。

师　“曰”怎么写啊？（师写“曰”）跟上面一样吗？

生　不一样。

师　老师告诉你们，上面这个不是“曰”，那你猜一下它读什么呢？没想出来吗？我画一幅画给你们想一想。

（师画出“帽”的古文字演变图）

师　（指“冕”上面部分）这个字本来就读mào，就是你们戴的帽子的“帽”。古人戴帽很简单，用一块布，就往头上这么一搭，这就是“帽”。后来，在下面加了眼睛（师边说边画）。加了双眼睛，表示帽子戴在哪里啊？（眼睛上面）能不能把眼睛遮起来啊？眼睛遮住叫不叫帽子啦？那就是遮羞布，全部遮起来了，是不是啊？“冒出来”的“冒”本来就是我们“帽子”的“帽”，后来加一个“巾”，就是现在的“帽”。你们有兴趣呢，找到我们古人发明的这些字看看，非常好玩。以后遇到“冕”这个字不会写错吧？请大家把家庭作业本拿出来，把“王冕”这个词写一遍，没有本子的写到书上，写到题目的旁边。

（师行间巡视）

师　中间的两横不要靠边，表示两边的带子把帽子系住，否则帽子就会被风吹掉。

【点评：小学到了高年段，阅读与习作成了教学重点，但识字任务也不能放弃，识字写字是阅读和写作的基础，识字问题解决得好，不仅可以推动语文各项基本功进行扎实的训练，还提高了教学的效率。何主任对“冕”字的教学，就提供了一个好的范本：巧用字形演变，当堂识记，用较少的时间达到较高的识字效率。】

师　好，我们一起来读一下题目。

（生齐读课题，有拖音，师让生再读一遍，仍然没有多大改进，师示范朗读）

师　读题目要读得清清楚楚，知道它写的是什么。

（生经过指导，再读课题，这一次读得清楚、干净）

师　昨天我跟同学们进行过交流，小朋友们知道在老师和你们一起学一篇课文之前，自己先要把课文学一下，非常棒！下面就请大家汇报，你预习已经学会了什么，你学会的，那老师就不和你一起学了。你学会的，来跟大家一起分享，这样你就学得更牢了，学得更好了。每个人只说一点。比如：你学会了哪一个字，哪个字你不会的，后来你查字典会了。你弄懂了一个词，你理解了一句话的意思，你有一点小小的感受，你有一个不懂的问题。每个人只说一点，为什么？因为我们班有47位同学，都让你一个人说的话，那么其他同学就不能说了，是不是啊？

生　我知道了“耽误”这个词的意思，意思是因拖延错过时机而误事。

师　好的，你是把字典的意思查出来了，是吧？那么你能不能联系课文里面的那句话说说它的意思呢？把那句话读一下，同学们一起看“耽误”所在的这句话。

生　“孩子呀，不是我要耽误你。这几年年成不好，只靠我做些针线活儿挣的这点钱，实在供不起你读书。如今只好让你到隔壁人家去放牛。”“耽误”就是指母亲怕延误了王冕上学。

师　嗯，好的，请坐！她说了一点，有自己的理解，很棒！还有谁来说，你预习已经学会了什么？今天何老师要送你们两句话，第一句就是：学习是自己的事。（受老师启发，有学生举手）

生　我学到了“阴凉”这个词的意思，“阴凉”的意思是太阳照不到的地方而凉爽。联系上下文就是王冕他坐在七泖湖旁，湖边的草地上有几十棵合抱粗的垂杨柳，那地方是太阳照不到的，而那里又有微风吹过，非常凉爽。

师　哎哟，你还加入了自己的感想，特别棒，很好！

生　我知道“闷热”的意思。天气很热，气压低，湿度大，使人感觉到呼吸不畅快。我知道天气十分热，而王冕却依然在学习，体现了他对知识的渴望，也表示他十分喜欢学习。

师　哎哟，你知道这么多呀，真了不起！还有吗？我们继续，有小朋友知道“镶”的意思吗？（学生没有举手的，好像有些困难的样子）

生　我觉得“镶”是指把一个东西嵌入另一个东西，或在外围加边。

师　嗯，那你来把这句话读一下。（生读“一阵大雨过后，天空中黑云边上镶着白云”）

生　我联系课文知道了，黑压压的一片乌云边上有一片白云。

师　就是在黑云的边上镶着一些什么？

生　白云。

师　举个例子，譬如我们的这块黑板，中间一块是什么颜色？

（生说“黑色”，后来改口“绿色”）

师　你们再看它的边上什么颜色啊？这是咖啡色，一圈，这就把它给镶起来。或者说呢，嵌进去，比如说，刚才我们说的帽子，下面的眼珠，眼珠的眼眶中间有瞳仁，这就叫嵌进去。这也可以叫“镶”，“镶嵌”也是一个词。

师　好了，上面我们谈了一些词。下面说说你读了课文的感受，或者提出你的疑问。

生1　读了课文，我知道了我们做事，只要坚持，就一定会成功。

生2　为什么王冕他不用树枝在地上画荷花，而是用钱去买颜料？我认为用树枝画荷花还可以省点钱。

师　这就很奇怪了，何老师真的没办法解释。这样，你们学校大概有美术老师，我想，课后是不是请刘老师帮你请美术老师来解决，好不好？因为画画方面我也不懂，对不起了。

生3　王冕为什么能把荷花画得如此逼真？因为王冕在画荷花的时候，十分地坚持，他花了三个月的时间才把荷花画得栩栩如生。所以，我们大家做什么事情都要坚持，做到一半，遇到困难的时候不能轻言放弃，而要坚持下去，这样，我们会变得更加厉害。

师　你真厉害！（面向其他学生）他提出了问题，还回答了问题，这就让人太佩服了。好，刚才大家汇报了预习的情况，我想呢，以后你们要经常展示自己学习的情况。记住何老师的话，以后预习课文，一定要提出问题，好不好？下一次来，我要看你们书上有没有问号。读书是要有问号的，脑子里是要有问号的，你看看你两个耳朵像不像问号啊？问了你才会学习，学问学问，要学会问。好，课文预习的汇报到这里就结束了。下面我们来学读课文，你自己每个星期是不是要写作文啊？刘老师要不要你们写日记啊？你写作文的时候是不是有时候觉得头疼啊？你每天是不是都读课文啊？那文章是怎么出来的呢？你有没有想过你天天做的这件事情？当我们想一个问题想不出来的时候，还得从身边的小事想起。我们吃饭是怎么吃的？

你们知道吗？

生　一口一口地吃。

师　对，一口一口地吃，能不能一下子把一碗饭吃下去啊？

生　不能。

师　那走路是怎么走的呢？

生　一步一步地走。

师　对呀，一步一步地走啊。那么文章是怎么出来的？再联系昨天何老师让你们标的句子就知道了。

生　一句一句地写出来的。

师　好，给他掌声。

（生鼓掌）

师　文章是一句一句地说出来，写出来，读出来的。当你学会一句一句地读，一句一句地说的时候，写文章就是很简单的事情了。像何老师在这里一句一句地说，不是一件很简单的事情吗？我们今天主要就学两个东西：一，学习一句一句地读书；二，学习一句一句地说话。昨天，我请刘老师帮我把这篇课文分成了47句话，这篇文章有900字左右，但是当我们把它变成一句一句的时候，只剩下了几句啊？

生　47句。

师　所以别怕写作文，叫你写一篇400字的作文，其实也就是要你写20几句话，这个容易吗？知道了一句一句地读，一句一句地说，这样写文章就不难了。下面我们来个合作，每个人读一句话，把你读的这句话读好，最后就合成了这样一篇文章。先从这位同学开始（师走向听课教师右前方的一位同学）。47句都知道吧？我们按照S型的方式来读，老师读题目，因为题目最重要，它虽然字最少，只有四个字，但是题目不可以忘掉。

（师读题目——《少年王冕》）

（生“击鼓传花”式地朗读课文，每人读一句）

师　他这句话自己纠正了自己的错误——前面多了一个“了”，非常好，这就叫自己学习。

一句话里有小的停顿要注意到，“母亲一早|便同王冕|来到隔壁秦家”，听到何老师读了吗？中间要有小小的停顿，请你再读一读。这样就好了，很自然。

两个逗号，节奏出来了，就像我们的呼吸一样，要有节奏，不能连着，连着气就接不上来了。

有一个词要注意一下，你再读一遍。（学生又把“替”读成了“帮”，其他学生帮助改正后又重读了一遍）当然，你读成“帮”，意思也是对的，但是课文写的是“替”。

不错，他把自己的感受带到课文里面去了，这叫“人在画图中”。

这两句后面是什么号？问号，其实我们一、二年级都已经学过了，表示疑问。这时候，王冕在哪里问啊？他向你、我问吗？他其实是在心里问，要读得轻轻的，一起把这两句话读一下。

师　“载”这个字大家有没有查字典啊？没人查字典啊，那现在拿出来查一下，用刚才教你们的方法，知道了怎么读，就用音序查字法。

生　用交通工具装。

师　这就说明了王冕的母亲坐在什么里面啊？

生　车里。

师　以后遇到不懂的字词，一定要查字典。有的小朋友很好，还有大词典（《现代汉语词典》）。有条件的同学可以自己买一本，请学校每个班配一本，大家共用。

师　刚才我们一句句地把课文读了一遍，大家觉得好玩吗？逗号略微顿一下，句号停顿要长一会儿。一句话讲一个意思，一个意思讲好了，接下来再讲一个意思。几句话，有时候就是一篇小小的文章，几十句话就是一篇大文章，对不对？好的，下面请同学们用刚才的方法，一句一句地轻松地把课文从头到尾自读一遍，如果你能读出自己的感受就更好了。刚才我们有几个小朋友读得很棒的，你们要向他们学习。什么是学习？不仅仅是跟老师学，还要跟你的伙伴学，人家有优点，你要向他们学。现在你们自己读课文，注意停顿，一句一句清清楚楚地读，轻声地读，只要你的耳朵能听见自己的声音就行了。

（生读，师行间指导）

师　刚才我们读了课文，今后我希望小朋友们就这样一句一句地、清清楚楚地把课文多读几遍，就像一口一口吃饭一样。读熟了，这篇课文就是你自己的了。就像你吃饭吃下去了一样，你看着饭不吃，怎么能长肉呢？刚才我说了，文章是一句一句地写出来的，那么句子是怎么写出来的呢？我们古人讲，叫"集字成句"，一个字一个字地凑起来就是一句。现在呢，是"集词成句"，我们来读课本后面的这些词。

（大屏幕出示三行词语：隔壁　贴补
晶莹　孝敬　高手
牵挂　明媚　耽误

（学生站到讲台前读词语）

师　读得准不准啊？（准）但是他的声音有没有读出自己的感觉啊？（没有）

（另一名女生上台读）

师　她读得怎么样啊？（好）好在哪里？

生1　她读得很慢，又有感情。

生2　我觉得她读出了词语的意思。

师　你说得真好，把何老师要说的说出来了，将感受到的词语的意思表达出来了，太好了！我们读一个词，一定要用心读，这些词就像你的爸爸妈妈，就像你的同学，就像你的亲戚，懂不懂啊？它们不是和你没有关系的。还有，她读的节奏比较好，现在请这位女同学再带大家读一读。

（女生上讲台前领读，她读一行，其他学生跟着读一行，读完后其他学生鼓掌）

师　刚才那位同学讲得很好，我要向他学习，有些词语我们读的时候要想出它的意思，比如"隔壁"，我们五年级二班隔壁的教室是几班啊？［五年级三班］你家隔壁邻居姓什么呀？（赵、张、王、李……）"贴"意思懂吗？"贴补"谁知道什么意思？

生　从经济上帮助别人。

师　"贴补"就是帮助，他家里面钱不够用了，王冕挣了点钱帮助母亲用于家用。"晶莹"是什么样子的呀？

生　光亮透明。

师　闪闪发光的。读“晶莹”这个词我们是要想象出它的样子的。“孝敬”是一种什么感觉？

生　对老人的尊敬。

师　“高手”是在干什么？

生　夸一个人。

师　比如说我们张星辰同学就是我们班的高手。“牵挂”什么感觉啊？（思念）看到“明媚”，你什么感觉？（很高兴）“耽误”了事情，你心里感觉怎么样？（很难受）（老师手指最后一行词语）这些词我们在读的时候就要体会它们的感情；（老师手指第二行词语）这些词我们读的时候就要想象它的样子；（老师手指第一行词语）这些词我们读的时候就要想它的意思。这样读词语就好玩了。我们再来读一遍。读这两个词（第一行）时我们就要想它们的意思，读这些词（第二行）就要想象它们的样子，读这些词语（第三行）要体会它们的感情，有的很开心，有的有点遗憾，有的表示尊敬，有的表示赞美。好，开始。

（生齐读词语，比较有感觉）

师　刚才朗读课文，我们已经注意到了“载”这个多音字，给“载”（zài）组一个词。

生　满载而归。

师　有没有两个字的？

生　载货。

师　“载”的意思就是装，“装”的意思就是载，所以可以组一个词叫“装载”。好，把这个词写到课后第三题旁边，我找一个同学到黑板上写一写。

（一生上黑板写，师强调“装”右上角是“士”，上横长，下横短，“载”里面的“车”先写一竖，再写提，这样写下面的斜钩就很顺了）

师　请大家在课文后面第三题的八个词语后加上“装载”这个词，自己看一看，你觉得这里面哪几个字容易写错，把它记住了，马上我们来听写。1分钟的时间让你们自己看，用手比画比画。找到你不会出错的字，比如“高手”这个词根本就不需要你看了，你肯定不会写错。把你觉得还没有把握写正确的字自己看看，想一想，记到脑子里面。

（学生自己看词语，约1分钟后，学生拿出家庭作业本，老师关掉投影，解释：“关掉投影不是不信任你们，而是为了节约用电。”听写词语：耽误、晶莹、贴补、明媚、孝敬、牵挂、隔壁、装载）

师　写好的自己看一遍，人容易犯错误，但人最大的优点是可以改正错误。当局者迷，看好了同桌之间互相看看，改一下。（走到一个单独坐的同学跟前）来，我帮你看。你该写的都写对了，还有不会写的自己把书翻开来写一下。（面向全班同学）改好的同学把写错的字认真地写两遍。

（学生认真订正）

师　两遍写好的同学，自己再大声地读三遍。

（学生大声读词语）

（下课）

【点评：何主任的课堂看似家常、简单，实则一言一行都体现着最重要的语文教育要义，最真诚的语文教育情怀。他耐心十足地与学生交流、分享预习所得，让学生认识到预习的重要性；他循循善诱，引导学生提问，表扬学生提问，让学生明白学问是要拆分成学和问的；他留给学生充分的朗读时间，扎扎实实地朗读词语、句子，提高学生的审美情趣；他课堂上留出时间，指导学生记忆字词、听写字词。】

第二课时

师　上一节课我们主要学了什么？我找一位同学说说看。

生　《少年王冕》是怎么一句一句地写成的。

师　这一节课我们主要学习怎样一句一句地说话。刚才韩兴祥同学听写的时候只写对了一个词，但是我问他是不是不会写，他没有点头也没有摇头。后来，我说这样，我让你看三秒钟，你看你能不能写出来。结果我先让他写了“高手”，这个词他没有要看就写出来了。然后我让他看了“晶莹”，他看了三秒钟，我看见他写出来了，又看了“耽误”，又写出来了。其实，学习不是难的事情，只要花三秒钟就可以写出一个词语来。记住，何老师今天要跟你们一起说的第一句话：学习是自己的事情。（师在黑板上写下这句话）把这句话写到你的书上。刚才的一节课，你们自己预习了，跟大家一起分享了，是不是你们自己学的呀？后来我们一起读课文，也是你们自己读出来的吧？你看，自己学了，自然而然就会了，以后要自己学习。王冕是个苦孩子，我了解了一下，我们班也有很多的同学，父母亲不在身边。我和小朋友们交流了，我说，你们想不想父母啊，有的说不想，回来了，自己反而难受了；还有的小朋友说想，我问他想怎么办呢，他说可以打电话啊；也有的说，我也不想，因为他们经常回来。王冕比你们苦多了，老师说第一句话，“王冕是个苦孩子”，请你们接下去说第二句话。

生1　他的父亲在他七岁的时候就去世了。

师　很好！七岁的时候父亲就去世了，当然苦了。谁再说第三句话？

生2　十岁的时候他就替人放牛了。

师　他说的意思跟前面很连贯，第三句话还有没有不一样的了？

生3　只靠他的母亲做些针线活把他养大。

师　这可以加在第二句后面。

生4　靠母亲做些针线活供他读书。

师　刚才别人已经说过了，那请你把刚才三位同学的话连起来，说几句连贯的话。以“王冕是个苦孩子”开头。

（经老师引导，生4把以上三位同学说的话连起来说了一段完整的话）

师　请一位同学把王冕放牛原因的句子读一读。

（生读“这几年年成不好，只靠我做些针线活挣的这点钱，实在供不起你读书，如今只好让你到隔壁人家去放牛”）

师　刚才我们要求一句一句地读，你做到了。也就是说，母亲的话把王冕放牛的原因都说出来了。现在我们一起来读一读，要一句一句地读。

（生齐读母亲的话）

师　这里有个词叫“年成”，什么意思呢？不搞懂的话，心里总有个疙瘩。查字典的同学肯定已经知道了，谁来说？

生　一年的收成。

师　比如说垛田种的大葱好吃，如果产量高，这就叫年成好；种水稻的话，稻子收得多，这也叫年成好。请同学们默读母亲的这几句话，你感受到母亲心里怎么样？用笔在旁边写一写，以“我感受到母亲……”开头，写一个词或几句话。想不出来就多读几遍。

（师巡视、指导）

师　我们再一起来把母亲的话读一读，想一想：王冕很小的时候父亲就去世了，母子俩相依为命。现在你们爸爸妈妈出去打工了，都能赚钱，有的钱挣得多还能买好房、好车，王冕母亲却只能干针线活。我们一起用心地读母亲的话。

师　有感受的、很想读母亲这句话的小朋友举手。

（一学生读母亲说的话）

师　老师已经感受到了母亲那颗心了。还有谁想读？

（又请三位学生再读母亲的话）

师　我们就这样一句句来“吃”，一句句来“嚼”，有没有嚼出点味道来呢？慢慢读，就像我们吃东西一样，牙齿要动起来，现在我们读这个句子要把什么动起来啊？把你的心动起来，把你的大脑动起来，下面我们来说说感受。

生1　我感受到母亲很伤心，因为她只能做针线活，而且年成不好，不能供王冕上学。我还从“只好”一词读到母亲很不情愿让王冕去放牛。

师　她读出了伤心，读出了不情愿，多好！

生2　我感受到母亲很舍不得王冕到隔壁家放牛，想让王冕一直留在她身边。

师　他读出了舍不得。

生3　母亲不想让自己的孩子到别人家放牛，但也没有办法，只好把他送到隔壁家去放牛。

师　他读出了无奈。他在听别人说的时候有自己的想法，这就叫学习。

生4　我感受到了母亲很希望孩子能去读书，只是年成不好，实在供不起他读书。所以我感受到母亲很为难，很不情愿，只好送他去隔壁家放牛。

师　他用到了几个词：为难、不情愿。当我们在读书的时候用了心，就会发现无穷的感受，词语会从你的脑中蹦出来。假如说你今天没有坐在这个课堂，没有跟老师一起来读这篇课文，你能不能想到刚才那些词语啊？再看看这几句话，母亲说话的时候有没有什么华丽的词语、成语、形容词啊？（没有）就是说的真心话，所以你们以后写作文也要写真心话。这里面有几个词我们可以感受到母亲的情感，（“只好”“实在”）圈出来。你看你们多聪明啊，自己就学出来了，不用老师教。你关注这些词了，以后就知道怎么说话。母亲要表示无奈，表示伤心，当然要这样说了——儿子啊，我不想耽误你啊，实在是没有办法。好，我们再一起把母亲的话读一遍，好好感受母亲的内心，好好学习母亲是怎样说的。

（学生齐读）

师　母亲这句话是对几岁的王冕说的？（十岁）十岁的小王冕啊，你们今年多少岁啊？（十一岁）你们比王冕都大一岁了啊，十岁的王冕听到母亲的话后是怎样回答的呢？

（一学生读王冕的话，把“贴补”读成了“补贴”，其他学生纠正）

师　他一句一句读得很清楚，这就是学习，这就是进步。我们想一想，从王冕的话里面，你又感受到什么呢？像刚才一样拿出笔来写，以“我感受到王冕……”开头写，想不出来就再读。

（学生边默读边写，老师主要指导上次没有写出来的四位男生写感受）

师　自己想出来了是一种快乐，与别人分享又是一种快乐，所以说，学习是一件快乐的事。（老师在黑板上写下“学习是一件快乐的事”几个字）这是老师今天送给你们的第二句话。记住老师的这两句话后，你的一生就是快乐和幸福的。

生1　我感受到了王冕说这些话是为了安慰母亲，他不想让母亲伤心，自己也想把攒下来的钱用来孝敬母亲。

（其他学生鼓掌，老师让发言的同学在黑板上写下“安慰”两个字）

生2　我感受到王冕很懂事，也很孝顺，为了不让母亲左右为难，答应了母亲。他其实还是很想读书的，不然他不会说要带几本书去读。

师　说得多好，说得多清楚！还用了一个词，“左右为难”。这个母亲真的是不容易啊，真的是左右为难啊。什么是“左右为难”啊？向左是上学，向右是放牛，放牛又舍不得，上学又不大可能，这就叫左右为难。这个词语用得多好！

生3　我感受到王冕虽然嘴上是这样说的，但心里不是这样想的，这样可以看出王冕是很热爱学习的。

师　是的，他嘴里和心里的不一样。

生3　我感受到王冕不想让母亲为自己读书昼夜不息地干活，想用放牛挣的一点钱替母亲分担一些买生活用品的钱，让母亲减少一点负担。

生4　我觉得王冕并不是不想读书，而是拿母亲的血汗钱去读书，自己十分惭愧，但说出来又怕母亲伤心。从这里，我感觉到王冕是一个十分孝敬母亲的人。

师　大家说得多好啊！我们一起来感受一下王冕的这一段心里话，一起读。

（学生齐读）

师　同学们有了自己的发现和感受之后再读这段，是不是读出点味道来啦？如果说，老师逼着你读一遍，再读一遍，你会觉得好难受。但是当你感受到语言的意思的时候，你的读书就会很有趣、很有味道。现在我们一起来读一读王冕和母亲的对话，女生读母亲的话，男生读王冕的话。把自己的心放进去，读出自己的感受。

（男女生分角色读）

师　这里面有一个词何老师要写下来（板书：耽误），你们想一想，王冕到底有没有被耽误了呢？（没有）说出自己的理由。

生1　因为他自己带几本书去读了。

生2　王冕每次放牛都要带书去读，而且把一两个月攒下的钱拿去买旧书，再来读。

生3　不知不觉三年过去了，王冕读了不少书，也明白了许多道理。

师　你心里有什么想法？用自己的话说一说。

生3　王冕虽然去放牛了，但他也看书了，所以他没有因为放牛而耽误读书。

生4　他不但没有耽误自己，而且还学会了画荷花，也学会了许多道理。

师　后来还学会了挣钱养家糊口，自立了，所以他没有被耽误。你可以这样说。

生5　他靠自学成才，虽然没去学堂，但他每天出去放牛的时候都认真学画，最后把荷花画得栩栩如生，而且还卖了很多钱。

师　后面还少了一句话，所以——

生5　所以王冕没有因为不上学而被耽误。

生6　王冕并没有被耽误。因为王冕靠自己的努力完成了学业，他把省下来的钱都用来买书看，后来他发现自己画荷花画得很好，就卖画卖了许多钱。他靠自己的努力撑起了整个家，再也不需要母亲来养他了。

师　大家注意了，他说话就非常好，首先就把自己的观点亮出来，然后再说出理由，我们要向他学习。

母亲怕耽误他，可是王冕却没有被耽误，王冕就是知道“学习是自己的事情”的人。从这里面我们能不能想出什么道理？别人能不能耽误你？（不能）我们有的小孩父母亲不在身边，有的放任自流，有的玩得胡混，你能说这是父母亲耽误了你吗？（不能）所以说，耽误只能是自己耽误自己。今天老师送你们的第三句话就是“君子求诸己”，自己的事情就靠自己把它做好。从这里我们可以看出王冕是个什么样的人？

生1　王冕是个热爱学习的人，在学习上有什么困难他都坚持下去，永不退缩。

师　说一个词语。

生2　刻苦好学。

生3　勤奋好学。

生4　坚持不懈。

师　课文后面有个题目，问我们王冕是一个什么样的人，你想一想，这个问题我们怎么回答呢？第一句话我们应该说什么？我们一起看大屏幕。

（大屏幕显示：王冕是个孝敬母亲的人。王冕的孝心堪称一流。王冕是个勤奋好学的人。我喜欢王冕的勤奋好学。我喜欢王冕自强不息。王冕有一颗感恩的心。王冕，你真了不起。我佩服王冕……）

师　你可以选择大屏幕上的一句话，如果你觉得老师写得不够好，也可以自己改一改。以这句话为开头，接下去想三句话。当然，多几句更好。

（生思考）

师　我们分小组来讨论，怎么讨论呢？一位同学说，其他三位同学认真听，听好了之后对说的这位同学进行修改和补充。

（学生分小组说话，老师行间聆听与指导）

师　现在的社会，你们一出来就要与别人交往了，要学会说话。说一句话下来，要学会接下去说两句话、三句话，慢慢地要说一段话。谁到前面来说说？

生1　王冕是个热爱学习的人。他在学习上遇到困难绝不退缩，而是坚持走下去。就算家里没有钱让他去读书，让他去上学，也无法阻止他对学习的渴望和向往。他对学习非常执着，非常喜爱。

师　给他掌声！他讲了道理，我们还可以讲王冕的事情。

（第二个学生上台，老师提醒他要从容、镇定，不要慌张，看着大家说，其他人看着台上的同学）

生2　王冕的孝心堪称一流，因为王冕看见腌鱼腊肉并没有马上吃掉。他的孝心屹立在心中，控制着他，让他拒绝美食的诱惑。他还把每天的点心钱拿回去孝敬母亲。由此可见，王冕的孝心真是堪称独一无二啊！

师　他前面说了个"堪称一流"，后面加了个"独一无二"，这就叫"首尾呼应"。大家给他掌声。（学生鼓掌）

师　还有谁想说？（没有学生举手）今天这么多老师欣赏你们，要勇敢。

生3　王冕是个坚持不懈的人。起初画荷花的失败并不能打垮他对画荷花的信心，他的坚持令我从心底里佩服。我以后要学会在逆境中生存，在困难中挺立起来，不会再退缩。

师　小张同学学了王冕，把自己也放进去了。学了这么长时间，我舍不得你们啊，就像王冕的母亲一样。有时间请刘老师多给你们机会到前面来，面对大家说。跟大家说，就是分享，就是学习。这就是何老师今天要送给你们的第四句话。（板书：三人行，必有我师，择其善者而从之，其不善者而改之）你们知道这句话是谁说的？

生　孔子。

师　孔子是我的老师，也是我们全中国人的老师，你们可以去查一查。（师在旁边写出“孔子”二字）一起来读孔子的话。

（学生齐读孔子的话）

师　这就是学语文。我们今天学王冕，何老师还送给了你们几句话，希望你们能记住，如果你们长大以后还记得的话，那我就感到非常开心了。

（下课）

【总评：语文阅读教学应该就是对话教学，新课程下的阅读教学必须走出以知识为核心的对文本的肢解式剖析，走向语言和生命的对话。何主任的课堂带领着学生走向文本，又交给学生充分的话语权，平等，充满鼓励和启发，只是在不经意间轻轻点拨。

何主任的课堂语言有一个独特之处：接地气。面对农村的孩子，一个以学生为本的教师不卖弄高深、不故作高雅，反而蹲下身子，甚至贴地行走，自动自觉地调整自己的课堂语言，用学生熟悉的语言、事物、氛围来和学生对话，这样的教育情怀令人肃然起敬。叶老（叶圣陶）说过：“要求语感的敏锐，不能单从语言文字上揣摩，而要把生活经验联系到语言文字上去。”何主任这种接地气的践行，既拉近了文本与学生的距离，同时也拉近了老师和学生的距离，课堂师生的交流对话自然轻松活泼、和谐默契，智慧的火花在课堂上闪现。何主任的课堂就是教师、学生和文本之间的一种精神相遇。

《少年王冕》是苏教版国标本第九册的“走进名著”单元中的一篇课文，如果课堂上能适当向学生介绍《儒林外史》就更好了，不但可以推荐名著，也能在介绍中帮助学生加深了解王冕的真君子形象。

作为一篇小说，文体特点应给予更多的关注。比如课文一波三折的情节，让学生在体会“转折”过程中慢慢地学会写故事。】

『说』语文：还文本以生命

海德格尔说，语言是存在的家。这个“存在”不是物而是人，是人的思想、人的情感、人的生命。语言就像桥梁、渡船一样把你“渡”过去，让你和不在场的作者对话。当你用心去感受，语言就“苏醒”了。静态的语言就会“站起来”和你“说话”，像王子皮革马利翁看“美女雕塑”，看着看着把她看活了，成了活生生的大美人。经由语言，我们来到自己的“精神之家”，感受别人的感受，感动别人的感动，彼此的心灵、精神相遇、相契。这是语言的神奇，也是生命的神奇。

语文教学给学生留下什么

——兼评于永正老师执教的《我的伯父鲁迅先生》

研究教育，最关键的问题之一，就是教育通过什么来培养学生。作为一门具体的学科——小学语文教学，就要研究通过语文教学在学生大脑中应该留下什么，才能达到小学语文教学的目的。

长期以来，小学语文走了一条以“文章分析为重点”（包括思想内容和语文知识），以“师生问答”为主要方式，以知识评价为主要内容的语文教学的路子。这样的课堂教学学生得到些什么呢？概念化的词语解释，机械的分段、段落大意，统一的主要内容、中心思想，应付考试用的各种知识——总分、转折等构段方法，人物、环境等描写的方法，比喻、夸张、拟人等修辞方法，如此等等。扪心自问，当年，我们也在教师的要求下，学习甚至背诵了这些知识，但它们对理解领悟文章，对提高表达能力究竟有多少作用呢？

过去，我们研究语文教学注重的是怎么教，研究这个法，那个法。至于教什么，学生得到什么最重要、最有用却被忽略了。就像厨师做菜，我们过分强调菜的花样，讲究色、香、味、形，至于菜对人体的营养被忽视了。因此，学生尽管吃了许多精致的“食品”，却仍然“发育不良”。

那么，语文究竟应该给学生留下些什么呢？根据修订版“语文教学大纲”的精神，我认为，语文教学应构建以读为轴心，融读、说、写、听、思于一体的学生自主语文实践的方式，通过语文教学给学生留下形象、留下情感、留下语言。形象是理解、运用语言的重要背景，情感是理解运用语言的动力，语言是语文学习的归宿。形象、情感、语言三位一体，相互作用，共同作用于学生语文能力的提高、语感素养的形成、人文精神的养成，从而体现修订版“大纲”把促进学生发展作为语文教学根本指导思想的精神。下面以于永正老师执教《我的伯父鲁迅先生》为例，做具体阐述。

于老师执教《我的伯父鲁迅先生》是以朗读、感悟为主的，辅之以表演、小练笔。通过两个课时的教学，鲁迅先生的形象在学生心中留下较为鲜明的印象，课文作者对伯父深切的怀念之情留在了学生心中，表达作者内心情感的语言也深深地印在了学生的脑海里。

一、以第一自然段中表达作者悲痛感情的一句话（我呆呆地望着来来往往吊唁的人，想到我就要永远见不到伯父的面了，听不到他的声音了，也得不到他的爱抚了，泪珠就一滴一滴地掉下来。）为枢纽，不断丰富鲁迅先生的形象，不断加深对作者情感的体会。

学习了“谈《水浒传》”这件事后，于老师引导学生再读第一段的这句话。师：伯父去世了，我再也见不到伯父的面了，再也得不到伯父的爱抚了。同学们再读这句话，感受会不一样的。

学习了“谈‘碰壁’”这件事后，于老师又引导学生读第一段的这句话。师：伯父谈话多有趣呀，可是伯父不在了，我再也听不到他的声音了，再也见不到他的面了。再读这句话，你们的感受又会不一样。

学习了“帮助车夫”这件事后，于老师再次引导学生读第一段的这句话。师：就是这样一位伯父，他现在永远离开了我。再读这句话，你们还会有更深的感受。

学生的四次朗读一次比一次动情，就在这反复的朗读中，鲁迅先生的形象在学生心中渐渐丰满起来，学生对文章情感的体会逐步深化，对语言内涵的理解、领悟也不断加深，那饱含情感的语言深深地留在了学生的心底。

二、模拟课文情景，通过建立形象帮助学生理解语言、体会情感。

学习“谈《水浒传》”和“谈‘碰壁’”两个小故事，于老师扮演伯父，学生扮演侄女，通过对话、动作、表情，再现课文情境。在轻松、有趣的气氛中，学生认识了风趣、幽默的鲁迅先生。由于有了鲜明的形象，学生对“哈哈！还是我的记忆好。”“你想，四周黑洞洞的，还不容易碰壁吗？”等句子，既有了具体的理解，又有了较为真切的体会。

三、品味语言，学习语言，留下语言。

学习“谈‘碰壁’”时，于老师在进行了表演后，指导学生反复朗读，并告诉学生，读好了这段对话，揣摩这段对话，记住这段对话，就不难写好对话。学习“帮助车夫时”，于老师让学生找出描写人物动作的词，引导学生反复读，并告诉学生，读好这段话，你的作文就会写得具体。这些表达方法，于老师不是讲给学生听，抄到黑板上让学生背，而是通过读让学生感悟、内化，体现了修订版“大纲”中“领悟作者的一些表达方法”的要求，也是力图在学生头脑中留下语言。

四、设计读写训练点，融形象思维、语言理解和表达、情感体验于一体。

于老师“饱经风霜”一词的教学堪称一绝。于老师没有就词解词，没有下定义，而是精心设计了一个小练笔。（师：我们已经把课文读得很熟了，对课文中这位冒严寒、顶酷暑，一年到头在马路上奔跑的车夫有了了解，他“饱经风霜”的脸会是一张什么样的脸呢？如果他才三十几岁，如果他才四十几岁……请你展开想象，把他的脸刻画出来。）

下面是一位学生的当堂描写：

这位车夫才四十多岁，可看上去却像五十多岁的人。他满脸的皱纹，像刀刻一般。两只眼睛深陷下去，眼里布满血丝。他的头发白了，乱蓬蓬的。他拉着一辆车，吃力地走着、走着。

这仅仅是词语解释吗？这是绝妙的综合训练。学生对词语的理解运用建立在鲜明的形象上，并渗进了学生的情感体验。

于老师引导学生通过多种形式的语言实践（以读为主）帮助学生建立了丰满的形象，体悟了真切的情感，理解、积累、运用了语言。以读为主的扎实的语言训练是于永正老师语文教学表象的体现，而在学生心中留下形象、情感和语言才是他语文教学深层的、本质的所在。鲜明的形象、真挚的情感、丰富的语言在学生心中积淀下来，成为语文能力的基础，成为文化底蕴的养料，成为人格形成的萌芽。在今后的人生道路上，特殊的时空、境遇，可以借过去留在心里的形象、情感得到一种慰藉、一种动力、一种激励，成为人生的一种资本。语文教学涵泳、浸润的功能，文化传承的功能，帮助人终身发展的功能就可以发挥出来。

2001年第3期《小学语文教学》

为语文教育打开明亮的窗扉

【苏氏格言】[①]

当儿童开始了学校生活以后，从最初几天起，读和写对他来说就成为一件那么艰难的、费劲的、毫无兴趣的事，他在通往知识的崎岖道路上竟要遭遇到那么多的挫折。我看到，在课堂上，儿童是怎样竭尽全力地去辨别字母，而那些字母在他眼前跳动着，交织成了无法辨认的花纹。可是同时我也看到，当这项作业带有某种兴趣、跟游戏相结合的时候，特别是当没有人向儿童提出硬性的要求（“你一定要记住，如果记不住，那就对你不客气！”）的时候，儿童是能够那么容易地记住字母和把字母拼成词。

【我的解读】

俄罗斯的文字是拼音文字，可他们的孩子刚开始学习时遇到的困难却和我们一样。我们有个传统的看法，认为拼音文字好学，而我们的象形文字难学。从苏霍姆林斯基的话中不难看出，其实，拼音文字的学习对他们的小孩子来说也是困难的。小孩子初学文字总不是那么容易的，关键看怎么教、怎么学。所以，我们的识字教学出现问题，不要动辄把账算到老祖宗头上去，老是怪汉字难学，而是要找到科学有效的教学方法。

针对儿童初学读写遇到的困难，苏霍姆林斯基提出的建议对我们很有启发。他说：“儿童应该生活在美、游戏、童话、音乐、图画、幻想、创造的世界里。当我

---

① 苏霍姆林斯基.给教师的建议［M］.北京：教育科学出版社，1984.

们想教会他们读和写的时候，仍然应当使他们置身于这个世界里。”“只有当识字对儿童来说变成一种鲜明的、激动人心的生活情景，里面充满了活生生的形象、声音、旋律的时候，读写教学的过程才能比较轻松。要让儿童牢记的东西，首先必须是有趣的东西。识字教学应当跟图画紧密结合起来。”对拼音文字，苏霍姆林斯基都要求在教学中通过感受形象的美去帮助学生识字，那我们的汉字教学更应该这样做，也更有条件这样做，因为正如印度一位伟大的哲人所说：“每一个汉字都是一幅画！”苏教版教材中拼音教学、识字教学的设计应该说就较好地体现了苏霍姆林斯基的思想：情境图、语境歌，看图识字、词串识字、韵文识字，不就是把拼音、识字变成一种鲜明的、激动人心的生活情景吗？不就是让儿童在“活生生的形象、声音、旋律”中，“比较轻松”地学习拼音和汉字吗？

【案例与点评】

一年级下册《识字1》（人教版课标实验教材）课堂教学实录（深圳市南山区后海小学闫溧）。

识字1

春回大地　万物复苏

柳绿花红　莺歌燕舞

冰雪融化　泉水丁冬

百花齐放　百鸟争鸣

师　春天马上就要到了，喜欢春天吗？今天老师和同学们走进春天，欣赏一下春天的美丽景色好吗？

生　好！

师　前两天布置了一个作业，画出你眼中的春天，并写上一个关于春天的词语，或句子，或儿歌，带来了吗？

（投影展示部分学生作业，师描述）

师　其他同学把画举起来给后面的老师看一看。（学生都自豪地举起画）

师　给同桌看一看，把词语、句子读给同桌听。（学生互相读）

师　老师把大家喜欢的词语收集在一起了，咱们一起去学习喜欢的词语好吗？

（投影出示本课生词）

师　这些字你认识吗？知道哪个读哪个。（学生纷纷起来读自己会认的字）

师　还没学呢，你怎么认识的？

生　妈妈教的。

生　自己预习的。

师　这也是很好的方法，你很会学习。

师　在课堂上还有这么多字不认识，怎么办？

生　借助拼音。

生　问老师。

生　问同学。

师　在小组里读读生字，会读的读给小伙伴听，不会的互相帮助。

（学生在小组互相读生字）

师　请4个小朋友合作读。

师　指名当小老师领读。

师　谁愿意单独站起来读？（学生读）

师　我仿佛看见小黄莺唱起歌了，小燕子跳起舞了。大家学着她的样子读，可以做动作。

师　谁敢挑战她？（指名读）

（让学生闭上眼睛。师描述：森林里，吸一口气，多么清新，小鸟扑在鸟妈妈身边睡着了。小朋友来了，小鸟醒了。谁能学一学林中小鸟叫的声音？）

（指名学各种鸟叫，大家各自学自己喜欢的鸟叫）

师　小燕子叫了，小黄莺叫了，小百灵唱起来了……所有的小鸟都在叫，这就叫百鸟争鸣。

师　谁觉得比她俩读的还好，请起来读。

（指名读书，老师和其他学生打拍子，表演）

师　小朋友们，生活中的春天最美了，老师领着你们到大自然里去看看春天。

（师出示一幅春天的图，把学过的词语卡片发给学生：柳绿花红、冰雪融化、百花齐放、泉水丁冬、百鸟争鸣。学生讨论图上哪个地方表现的是这个词语）

（师请学生上来领读并贴在图上相应的位置）

师　大家认真欣赏这幅画，老师指哪个词语，就读哪个词语。

师　小朋友识字能力真强，音读得准，诗歌读得美。字写得怎样呢？

（教写万、白、丁三个字）

这节识字课，老师在课前让小朋友们画春天、写出春天的词句，就是让儿童用图画去创造自己认识的春天。在学习过程中，通过表演引发学生想象百鸟争鸣的画面；通过看图，再现柳绿花红、冰雪融化、百花齐放、泉水丁冬的形象。这些美的形象和画面呈现于学生的眼前，浮现于学生的大脑，再加上做动作、用手打拍子，读字词、认字词这样简单、重复的活动就有了“活生生的形象、声音、旋律”的参与。学生的学习过程也就变得轻松有趣而有效。

【苏氏格言】

你要把生动的、使人心情激动的词装进儿童的意识。在装进去以后，还得操心，不要使它成为一枝干枯的花朵，而要像一只离巢飞出的歌鸟，尽情地欣赏周围世界的美。

借助词去认识周围世界的事物和现象，并且与此联系地认识词本身的极其细腻的感情色彩。让词在儿童的意识里活起来，欢蹦乱跳，使词成为儿童借助它去掌握知识的工具，这是多么重要啊。

【我的解读】

这段话中，我最感兴趣的是“让词在儿童的意识里活起来，欢蹦乱跳”。因为我想到了我们现在的语文教学，老师们通常最关注的是如何让学生掌握词的意思——

或借助工具书解决，或借助上下文解决，或死记硬背课本上的解释。但，我们发现，虽然孩子通过这样的方式当时知道了词的意思，却常常不会运用；而且过不了多久，就会遗忘。何以如此？原因很简单：我们没有“让词在儿童的意识里活起来”！那么，苏霍姆林斯基在教学中是怎么做的呢？“我开始带领孩子们到‘词的源泉’那儿去‘旅行’：我让孩子们观察世界的美，同时我也努力把‘词的音乐’引进儿童的心田。我努力做到，使一个词对儿童来说，不仅仅是一种东西、对象或现象的标志，而且使它带有情感的色彩——带有它的芬芳的香气和丰富多彩的色调。重要的是，要使儿童像倾听美妙的旋律一样倾听词，使词的美和这个词所反映的那一部分世界的美，能够激起儿童对于表达人类语言的乐声的那些小图画——即字母的兴趣。”

你看，这样的教学，词在儿童的心灵里还会是死的吗？

【案例及点评】

一年级《落叶》教学片断（窦桂梅）

师　落叶无处不在，落在哪儿，哪儿就是它的家。就这样，一片，一片，一片地落下来了。咦，谁来了，谁发现落叶在等候着它们呢？快读书，读完再告诉大家。

生　小虫爬过来，躲在里面，把它当作屋子。

师　我明白了，小虫是爬过来，躲在里面。（师贴“爬”和“躲”）

生　小蚂蚁爬过来，坐在当中，把它当作船。

师　我明白了，小蚂蚁是坐在当中。（师贴“坐”）

生　小鱼游过来，藏在底下，把它当作伞。（师贴“游”和“藏”）

生　燕子飞来看见了，低声说：电报来了，催我们赶快到南方去呢。（师贴“飞”）

师　这些小动物，有的爬，有的游，有的飞，有的坐，有的躲，现在你们就是这群可爱的小动物。你是谁？（生答“小虫”）你是谁？（生答“小蚂蚁”）……

师　我好喜欢你们这群可爱的小动物。注意了，一片叶子落下来，有的爬来——（自称“小虫”的学生爬起来）动作真美啊，爬呀爬呀！

师　有的游来——（自称“小鱼”的学生模拟游的动作）

师　小燕子飞下来了——（生飞）蚂蚁坐上去，坐在叶子上——（生坐）

师　刚才我们是慢动作，现在快一些，游、飞、坐、爬、游、飞、坐、躲……

（生兴致勃勃地做着不同的动作）

师　我看见了，我看见了，我去抓你……哈哈，听好了，藏——

（学生一愣，不知怎么办，因为再钻到桌子底下就和“躲”重复了。可是一会儿，他们又钻到桌子底下了）

师　快出来吧，最后一个动作：坐！（学生回到座位上坐好）你们这些小动物可太了不起了，刚才一个“躲”，一个“藏”，从你们的动作可以知道这两个词的意思有时候是一样的，因此我们可以把这两个字放在一起，叫——“躲藏”。

师　现在我把“藏”换个字——躲开。（生做“躲开”的动作）

师　还想演吗？我们挑几个小朋友扮演小动物，你可要用心体会，你就是它。

师　爬——游——飞——躲——躲开的躲——躲藏的躲——（生模拟表演）

师　开心吗？快乐吗？幸福吗？就把这些感受送到句子里边，用你的声音表达出来。

窦老师的这一教学片断充满了情趣。在趣味盎然的角色扮演、动作模拟中，小朋友们生动地体验了词语的情感。这样的教学，就是“把生动的、使人心情激动的词装进儿童的意识”，就是引导学生辨别词语的细腻的感情色彩。这样的教学，因为伴随着强烈的情感体验，词语自然活泼地“在儿童的意识里活起来，欢蹦乱跳”。在此基础上，窦老师再让孩子们读书，阅读效果可想而知。

【苏氏格言】

与在儿童的记忆里留下的每一个表象和概念联系在一起的，不仅有思想，而且有情感和内心感受。

由于视觉、听觉、感受和思维是同时进行的，在儿童的意识里就形成一种在心理学上称为情绪记忆的东西。如果不形成发达的、丰富的情绪记忆，就谈不上童年时期的完满的智力发展。

【我的解读】

我们都有这样的体验：触动心灵、引起强烈情感反应的文章、讲话、场景等，往往在记忆中保存的时间较长，甚至终生难忘。有鉴于此，在日常教学中，我们应该帮助学生把枯燥的记忆转化为意义记忆或情境记忆、情绪记忆。希望老师们在更多的时间、更多的领域、更多的学生身上采用意义记忆、情绪记忆、情感记忆，尽可能减少机械记忆，防止死记硬背，在理解、感悟、体验的基础上加强积累。

【案例及点评】

《草》教学片断（于永正）

在基本完成了教学之后——

师　小朋友，放学回家谁愿意背给妈妈听？（请一小朋友到讲台前）现在，我当你妈妈，你背给我听听好吗？想想，到了家里该怎么说？

生　妈妈，我今天学了一首古诗，背给你听听好吗？（生背）

师　我女儿真聪明，老师刚教完就会背了。（众笑）

师　谁愿意回家背给哥哥听？（指一名学生到前边来）现在我当你哥哥，你该怎么说？

生　哥哥，今天我学了一首古诗，我背给你听听好吗？

师　哪一首？

生　《草》。

师　哦，这首诗我也学过，它是唐朝大诗人李白写的。

生　哥哥，你记错了，是白居易写的！

师　反正都有个“白”字！（众笑）我先背给你听听：离离原上草，一岁——

生　一岁一枯荣！

师　野火烧不尽，春……春……哎，最后一句是什么来着？

生　春风吹又生！

师　还是弟弟的记性好！（众笑）

师　谁愿意背给奶奶听？（指一名学生到前面来）现在，我当你奶奶。你奶奶没有文化，耳朵有点聋，请你注意。

生　奶奶，我背首古诗给你听听好吗？

师　好！背什么古诗？什么时候学的？

生　背《草》，今天上午刚学的。

师　那么多的花不写，干吗写草哇？

生　（一愣）嗯，因为……因为草很顽强，野火把它的叶子烧光了，可第二年又长出了新芽。（师点头微笑，生背）

师　“离离原上草”是什么意思？我怎么听不懂啊？

生　这句诗是说，草原上的草长得很茂盛。

师　还有什么“一岁一窟窿”？（众笑）

生　不是“一岁一窟窿”，是“一岁一枯荣”。枯，就是干枯；荣，就是茂盛。春天和夏天，草长得茂盛；到了冬天，就干枯了。

师　后面两句我听懂了。你看俺孙女多有能耐！小小年纪就会背古诗！奶奶像你这么大的时候，哪有钱上学啊！（众大笑）好，今天的课就上到这，小朋友，放学回家后请把《草》这首古诗背给家里人听。

古诗背诵本来是个简单的教学环节，一般说，就是让学生多读几遍，再请学生个别背诵，错了纠正，再背诵，没什么讲究。可是，到了于老师手里，这样简单的背诵也能演绎得有声有色。于老师的独特之处在于：一是设计了符合学生心理的、充满着浓郁生活气息的具体情境，小孩子喜欢在大人面前表现自己，要他把刚学到的本领展示出来，那积极的情绪一下子就被调动起来了。在积极情绪推动下的记忆就是一种主动的记忆。二是于老师风趣幽默的语言，使学生的情绪体验得到了强化。他的故意出错和反问，他的及时的鼓励，既是精心设计，又合情合理。

【苏氏格言】

在每一个年轻的心灵里，都存放着求知好学、渴望知识的火药，只有教师的思想才有可能去点燃它。

只有教师才有可能向儿童揭示出：思考，这是多么美好、诱人而富有趣味的事。只有当教师给学生带来思考，在思考中表现自己，用思考来指挥学生，用思考来使学生折服和钦佩的时候，他才能成为年轻心灵的征服者、教育者和指导者。我们依靠思考，也只有依靠思考，才能驾驭年轻的心灵。

【我的解读】

很多的语文课堂缺乏智力挑战，学生的思维在低层面徘徊甚至“休眠”。学生没有享受到“思考，这是多么美好、诱人而富有趣味的事”。要让脑力劳动成为学生喜爱的事情，教师必须做一个思考者，把自己对教育的思考、教学的思考、学生的思考，对自然、社会、人生的思考，融入到对教材的独特思考、感受、领悟之中，转化为引导学生思考的教学资源。思想产生思想，思考者培养思考者。依靠标准答案、统一结论，照搬别人的思想，是不可能“使学生折服和钦佩，成为年轻心灵的征服者、教育者和指导者”的。

【案例及点评】

《九色鹿》教学片断（张康桥）

师　同学们说得不错，我还要问的是你善良吗？（学生都点头）你英明过吗？（有的点头，有的大声说，当然英明过）你任性过吗？（学生的声音轻了许多，都说自己任性过）你说话不算话过吗？（一些学生不语，一些学生不好意思地说自己曾经说话不算话。）

师　由此，你还读出什么呢？（有同学举手）不忙，先读几句话，再说。

课件呈现——

人，一半是天使，一半是魔鬼。

——西方哲学谚语

人的身上往往有两种天性，一种是鼓励我们行善，而另一种则鼓励我们去作恶。

——［法国］蒙田

择其善者而从之，其不善者而改之。

——［中国］孔子

（学生读完后，小声讨论了一会儿）

生　人是复杂的，有的时候好，有的时候坏。

生　如果说九色鹿是人天使的一面，而调达则更像是人魔鬼的一面。

生　我觉得，我们要不断斥责、改正坏的一面，赞扬好的一面并且要做得更好。

生　尤其是国王更要惩恶扬善，要公正。

师　对，这就是走向高尚的过程，人要不断地问自己，我该怎么做？现在我来问问你，如果调达再掉进河里，假如你是九色鹿，你救还是不救？

（学生几乎异口同声，都说救。师没有问为什么，而是引入了《农夫与蛇》《东郭先生和狼》，让学生先读一读。学生读完后——）

师　你还救不救调达？

生　不救。因为调达和蛇、狼差不多，都会出卖自己的恩人。

生　不救。因为他会害人。

（一连几个学生都说“不救”。也有学生说，自己也不知道救还是不救，要到时候才清楚自己怎么做）

师　还有没有同学要救调达的？（只有三位同学举手）

生　我还是要救，因为调达毕竟与这两个故事中的“蛇”和“狼”是有区别的，再说总不能眼睁睁地看着他淹死吧，而且这次救他后，他也许会感动，说不定就改好了。

生　我还是会救的，但是救起来后，我会远离这儿，不让他再找到我。

生　我也是会救的，但是救起来后，我要教育教育他，让他的灵魂干净一点。

师　我尊重你们每个人的观点，但是我更赞同这位同学的说法，要救，更要拯救灵魂。（打开课件：拯救灵魂！——读鲁迅《呐喊》有感。教师引领学生齐读，学生读得热血沸腾）

师　正如我们刚才所说，人性是复杂的，多样的，同样，读文章也可以从不同的角度去思考，你会有不同的收获。现在我们思考的是假如，有这种的假如也会有另外许多种假如，因此也就会有许多种答案。你自己究竟还能读出些什么呢？可以做更多的思考。

张康桥老师用自己的独立思考打开了学生思索的空间。他把小学生对人通常的“好人、坏人”的二元判断标准，提升到了“人性善恶”的层面，冲击了学生原有的思维方式；随后又从“人性非善即恶”单向思维的层面，提升到“人性可善可恶”的多向思维层面，再次冲击学生惯有的非此即彼的思维方式；最后，张老师又从“人性复杂”提升到“拯救灵魂”的高度。学生的思考在冲突中不断激荡，不断拓宽，从中真切感受到了“思考，这是多么美好、诱人而富有趣味的事”。

而这一切，都来源于张老师的独立思考，正因为课前他对文章进行了认真细致的研读，构建了属于自己的理解，学生的独立思考才有了可能和基础。

【苏氏格言】

学校里应当有一种高度的言语素养，有一种对词的高度敏感的气氛：一个说错或者写错的词，不仅教师，而且学生听起来都会感到它不谐调，就好像一个具有高度音乐听觉的人，听到一个错误的音符时感到那么不入耳一样。

应当向小学各年级的教师提个建议：你们要培养儿童对词的感情色彩的敏感性，你们要使学生像对待音乐那样对待词的音响！形象地说，学生应当成为“词的音乐家”，珍视词的正确、纯洁和优美。

你可以把孩子们带领到大自然中去，把各种花朵、声音、动作的极其细腻的色调指给他们看，把人们的劳动作为一种创造活动展示在他们面前，并且让这一切都通过词、通过色彩细腻的言语反映出来。

【我的解读】

汉语言富有音乐性，古人作文写诗讲究音韵，徐志摩倡导现代诗的音乐性，苏霍姆林斯基要学生成为“词的音乐家”。对我们的阅读教学，特别是古诗文教学是不是有启发呢？“珍视词的正确、纯洁和优美”，苏霍姆林斯基对母语的深情和热爱是不是也值得我们敬佩和学习呢？到大自然中去、到生活的源头中去感知语言、感受语言，运用语言，对我们的习作教学是不是也有启发呢？

【案例及点评】

《萤火虫》教学片断（李吉林）

（想象画画，理解课文）

1. 启发：如果你是一个画家，要你根据这篇课文画一幅图画，画上应该画些什么呢？

2. 指导：现在老师先帮助你们一下，课文一开始说“萤火虫在夏夜的草地上低飞”，老师读着这一句，就好像看见了一幅画，你们有没有看到？看见萤火虫在哪儿飞？画上要画什么？

（“萤火虫在草地上低飞”，画上小草，表示草地）

（1）“萤火虫在草地上低飞”，萤火虫是画在上面，还是下面？

（在草丛中画萤火虫，表示“低飞”）

（2）萤火虫在夏夜的草地上低飞，是“夏夜的”，那么要画上什么呢？

（画上许多星星，表示夏夜繁星密布）

3. 指点：这就是“萤火虫在夏夜的草地上低飞”一句在我眼前出现的画面。现在你们就学着李老师的办法读读想想，在这幅画上，还要添上些什么呢？

（学生自学课文，讨论）

4. 检查自学效果。

△有没有看懂，是“花草世界”还要在画上添上什么？

△画一朵花行吗？

（“花草的世界”到处是花草，要画许多花）

△是一种花吗？

（出示句子：“萤火虫飞舞在万花丛中”）

△“万花”是指各种各样的许许多多的花，那才是花草的世界。

（以上引导学生边说边画，将课文内容用画面呈现在学生眼前，并结合理解词语）

5．萤火虫在万花丛中，飞的样子你们觉得怎么样？

比较读：

△萤火虫，飞在万花丛中。

△萤火虫，飞舞在万花丛中。

指点：“飞舞”一词告诉我们萤火虫飞的样子很好看，就好像在跳舞。

再读：△飞舞在万花丛中。

△飞舞在花草的世界里。

……

李吉林老师的情境教学与“培养儿童对词的感情色彩的敏感性”其实是相通的。在教学中，学生读着课文想象画面，把抽象的文字符号用具体形象的画面呈现在儿童的眼前，那就是夏夜萤火虫在草地上飞来飞去小心地照着花草世界的情景。在这个过程中，李老师紧扣课文的语言“夏夜”“草地”“万花”“花草的世界”“低飞”，通过想象画图和扮演，使课文中生动的词语饱含着形象与情感的色彩进入了儿童的意识。在这样的情境教学中，李老师同时“培养儿童对词的感情色彩的敏感性”。萤火虫的“飞”是“低飞”，李老师引导学生在草丛中画萤火虫，表示“低飞”，使学生形象地分辨了“飞”和“低飞”的差别。对低年级小朋友而言，如果老师不去留心这样的区分，他们是不会注意的。也正是在这样的分辨中，孩子对语言的敏感培养起来了。萤火虫的“飞”是“飞舞”。李老师告诉孩子，“飞舞”写出了“萤火虫飞的样子很好看，就好像在跳舞”。这就让学生体会到了语言的感情色彩和细腻的色调。对“夏夜”“草地”“万花”“花草的世界”这些词，李老师同样用形象的手段，带着孩子去比较、理解、分辨。李老师“高度的言语素养，对词的高度敏感”，令人折服。她就像“一个具有高度音乐听觉的人一样，引导着学生成为‘词的音乐家’”，感受“词的正确、纯洁和优美”。

2008年第10期《小学语文教师》（有删减）

在词语的池塘里游泳

——谈《二泉映月》的词语解读及教学

作家李锐说：“作家就是在词语的池塘里游泳的人。”苏霍姆林斯基说：“儿童在知识的梯子上攀登时，使他迈出最初的，在我看来也是最宽阔的步伐的，就是通过词来认识世界。让词在儿童的意识里活跃起来，欢蹦乱跳，使词成为儿童借助它去掌握知识的工具，这是多么重要啊！”从作家的创作体验和教育家对词语教学重要性的认识，不难看出对词的感受、理解和欣赏在培养学生语感、增强学生阅读能力上的重要作用。苏教版教材中的很多课文，都有丰富、生动、富有表现力的词语，是阅读教学的重要资源。如何发挥这些课文中丰富的词语资源优势，是每个语文教师教学时值得研究的课题。下面就《二泉映月》这篇课文的词语做一些解读并谈谈自己的教学体会。

1．课文用词典雅、节奏感强，富有表现力，与课文所描写的情境以及《二泉映月》这首二胡曲优美的旋律、复杂的情绪和丰富的情感相吻合，容易引起学生的美感。“有一年中秋之夜”“十多年过去了”“又是一个中秋夜”，时间的流逝有如音乐的旋律缓缓推进。文章的开头“无锡的惠山，树木葱茏，藤萝摇曳。山脚下有一泓清泉，人称‘天下第二泉’”。句式错落，节奏舒缓，仿佛《二泉映月》乐曲的首句，轻柔、舒缓惹动人的情丝。“月光照水，水波映月，乐曲久久地在二泉池畔回响，舒缓而又起伏，恬静而又激荡。”长短句的搭配，相同句式的运用，对句的运用，和音乐本身的回旋往复、舒缓而又起伏、恬静而又激荡的旋律相一致。音乐和语言本身达到了完美的统一。课文运用了许多典雅的书面语和高雅的《二泉映月》乐曲相匹配，给人以高雅之美感。如：一泓清泉，而不是一池清泉；藤萝摇曳，而不是藤萝摇荡；萦绕在他的耳畔，而不是围绕在他的耳边；恬静，而不是安静、宁静；等等。这些词，给人的听觉和引起的内心感觉是优美的、高雅的。为了让学生感受这样高雅优美的语言，在初读课文时，我说了这样一段话，以激起学生的阅读期待。我说：“一位作家说，作家就是在词语的池塘里游泳的人。那我们读书更是在词语的池塘里游泳、呼吸。让我们提醒自己进入读书的状态，钻到课文的词语里去游泳、呼吸。”在结束课文学习前，我通过换词的方式，让学生体会课文用词的典雅。我说：“第一课时我跟同学们说，读书就像是在词语的池塘里游泳、呼吸。下面我们来比一比、想一想，为什么用这些词而不用其他的。第一节，“树木葱茏”“藤萝摇曳”“一泓清泉”能用其他词语代替吗？为什要这样用？”让学生通过对比朗读，在“词语的池塘里游泳”，感受词语的典雅优美，“呼吸”词语中包蕴的情思。

2. 人物刻画视角独特，人物形象鲜明、感人。文章用第三人称揣摩的方式描摹人物的内心世界。读者就和作者一起去与人物对话，走进人物的内心世界。阿炳后来双目失明，只能通过听觉感受外面的世界。文章中没有人物语言的描写，没有写人物看到的世界，而是从听觉去刻画人物。小时候，阿炳只听到淙淙的流水声。师父告诉他，等他长大了，就会从二泉的流水中听到许多奇妙的声音。他望着师父饱经风霜的脸，懂事地点了点头。“望着”“点头”，一个聪慧少年的形象跃然纸上。“懂事”一词，充满张力。十多年过去了，阿炳什么也看不见了，却从二泉的流水声中听到了“深沉的叹息，伤心的哭泣，激愤的倾诉，倔强的呐喊”。这些声音真是从泉水中发出来的吗？当然不是，它们发自阿炳的心底，是阿炳的心声。阿炳不仅会听泉声，更会听自己的心声。听到自己的心声可也是一种能力啊。他为什么会这么伤心呢？因为师父早已离开，让他失去了唯一的依靠；双目失明，更是人生毁灭性的打击；整天戴着墨镜，操着胡琴，卖艺度日，充满着艰辛。这一切的坎坷怎能不令阿炳伤心呢？这样的伤心令人凄然。不幸中的幸运是，这样的伤心遇到了一个不屈的灵魂和一位天才的音乐家，因而化成了动人心魄的旋律和音乐上永久的丰碑。这旋律穿越时空，成为人们心灵栖息的港湾，成为人们心中永远的朝圣地。是《二泉映月》的旋律让阿炳的形象成为永恒。

3. 课文有些词，要在语言环境中理解其恰当意义，辨别其感情色彩。倾听、倾诉、倾吐，这三个词就需要联系课文语境理解其恰当意义并辨别其感情色彩，并透过这三个词去感受人物的内心世界。这三个词在词典上的解释是——倾听：细心地听取。倾诉：完全说出（心里的话）。倾吐：倾诉。学生仅仅知道词典上的解释就够了吗？词语的生命在运用中。在语言环境中理解这里的倾听，就不仅仅是细心地听取的意思。而且，透过倾听，还能感受到人物的内心世界。“水面月光如银，师父静静地倾听着泉声。”师父仅仅在细心听取吗？师父是在用心听，师父还若有所思，似乎想从泉声中听出什么。从下面师父和小阿炳的对话中不难看出，师父是在用心听，而且听出了泉声中“奇妙”的声音。这样去理解倾听，就不仅仅是听声音的行为，更是去理解听声音的这个人和这个人的内心世界。他不仅仅在听泉声，他还在把自己的情思寄托在美好月色下的淙淙流水。“他似乎听到了深沉的叹息，伤心的哭泣，激愤的倾诉，倔强的呐喊……”这里的倾诉仅仅是把“心里的话完全说出来”吗？这里的倾诉中，有激动，有悲愤，诉说出的是饱含情感的话语。“他要通过琴声把积淀已久的情怀，倾吐给这茫茫月夜。”这儿的倾吐，是阿炳憋了十多年积淀在心中的情怀啊。这是怎样的倾吐啊：从起初的委婉连绵、缓缓流淌，到后来的势不可当、汹涌而来，汪洋肆意，蔚为壮观。

4. 课文中还有些词，需要联系上下文和自己的积累，推想其意思，体会其表达效果。“他禁不住拿起二胡，他要通过琴声把积淀已久的情怀，倾吐给这茫茫月夜。”“积淀已久”的“情怀”，这情怀积淀了多久？是一些什么样的情怀？联系上下文看，这情怀已积淀了十多年之久。联系上下文看，这情怀，有伤心、有凄凉、有激愤，更有对音乐的热爱、对光明的向往、对师父的怀念、对二泉月色的赞叹，等等。这情怀是丰富的，是复杂的，是感人的。教学时我从学生的生活积累入手，引导学生思考：为什么用积淀已久，而不说积累已久。让学生回忆自己知道的积淀的事物。学生说，果粒橙有沉淀。我告诉学生，沉淀物是化不掉的。积淀在阿炳心中的情怀也是化不掉的，是深深地印在阿炳的心上的。事物的积淀也许千年万年，人的情感积淀久了以后，总要通过一定的渠道和方式释放出来。在一个中秋夜，在二泉美好的月色和淙淙的泉声中，阿炳通过二胡的琴声把自己积淀已久的情怀释放了出来。没有积淀已久的情怀，就不会有这倾情的一吐，就不会有动人心弦的《二泉映月》。“积淀已久”的“情怀”，既是阿炳苦难一生的写照，又是阿炳丰富、复杂的精神世界的体现，更是诞生《二泉映月》乐曲的源泉。

2009年第1期《小学教学参考·语文版》

唤醒与对话

——刍议“阅读教学应引导学生钻研文本”

《义务教育语文课程标准（2011年版）》的“教学建议”中“关于阅读教学”较“实验稿”增加了“阅读教学应引导学生钻研文本”的建议。这一建议应如何理解和落实呢？

首先，提出这一建议为落实“学生是学习的主体”“积极倡导自主、合作、探究的学习方式”的课程基本理念提供了途径。以往的阅读教学，强调教师“应创造性地理解和使用教材”，对学生钻研文本没有提出要求。教学实践中，往往是教师深度解读教材（钻研文本），把自己的理解教给学生；学生则缺乏与文本真正的对话，没有自主品味、琢磨文本的机会。现在提出“引导学生钻研文本”，就是要把与文本对话的机会更多地留给学生，培养他们自主阅读的能力。当然，学生的钻研文本，是在教师的引导之下，逐步地形成“独立阅读”的能力。

其次，提出“引导学生钻研文本”，才能更好地达成阅读教学的目标——“发展感受和理解的能力”“注重培养学生感受、理解、欣赏和评价的能力”。因为，学生只有在自主钻研文本的实践过程中，“感受、理解、欣赏和评价的能力”才能发展起来。

再次，怎样引导学生钻研文本。一是把握好钻研的度。钻研，是精细地、深入地、认真地考虑、推敲、探求。这对小学生而言，要求是颇高的。教学过程中，教师要从学生实际出发，逐步提高钻研文本的要求。防止过于艰深，学生失去钻研文本的信心；过于肤浅，丧失钻研文本的兴趣。二是随着年级的升高，把握“引导学生钻研文本"的侧重点。低年级起步，培养兴趣、养成习惯，重在重点词句的感受和理解；中年级，重在体会重点词句表情达意的作用，感受到品味语言的乐趣；高年级，重在理解文章的表达顺序和表达方法，提升钻研文本的层次和水平，感悟"文章之道"。三是讲究引导的方法。《课程标准》指出："教师应加强对学生阅读的指导、引领和点拨。""指导、引领、点拨"就是常用的、基本的引导学生钻研文本的方法。指导，就是指给学生一个思路、一个方向；引领，就是在学生感受、理解不到位时，给予提升；点拨，就是在学生困惑时、愤悱时，巧妙地给力。四是引导学生钻研文本，最根本的是引导学生关注语言、咀嚼语言、品味语言，沉浸于语言之中，品尝出语言的味道。任何文本都是语言的文本，作者的一切情思都凭借语言表达。海德格尔说，语言是存在的家。这个存在不是桌子，不是电脑，不是任何物体。这个存在就是我们，就是人，是人的思想，人的情感，人的生命。语言就像桥梁一样，像渡船一样把你渡过去。作者表达的思想情感，读者通过他的语言文字，跟他沟通。当静态的语言进入具体的文本，它就会"站起来"和你"说话"。当然你要用心去唤醒它，它是一个"沉睡的美人"。就像王子皮革马利翁看"美女雕塑"，看着看着把她看活了，成了活生生的大美人。钻研文本、和文本对话，就是和"语言"对话。通过语言，我们感受别人的感受，感动别人的感动，彼此的心灵、精神就相遇了、相契了。这是语言的神奇，也是生命的神奇，也是"引导学生钻研文本"应该追求的境界。

2013年第9期《语文教学通讯》（小学版）

教材解读的问题与对策

解读文本、理解教材是阅读教学的基础和关键。只有准确解读文本、正确理解教材，才能制定符合《课程标准》和学生实际的教学目标，选择恰当的教学内容，找到合适的教学路径和策略。本文把文本解读和教材理解合起来阐述。因为，文本是教材的有机组成部分，文本的解读不是孤立的，必须和编者意图、课程目标结合起来。教材解读本身包含了文本解读。有效的阅读教学以有效的教材解读为前提，已经成为越来越多的语文教育研究者和语文教师的共识。文本解读研究正在推动语文教学进入一个新的境界。“文章不是无情物”，每一个文本都有自身的生命，都是作者生命在文本中的映射。正像世界上没有同一片树叶一样，每一个文本的生命色彩也是各不相同、富有个性的。解读文本，就是感受一个个多姿多彩的生命个体，就是与一个个不同的生命对话，就是把一个个鲜活而富有个性的生命在读者的心灵世界里还原、复活。然而，当前的阅读教学实际中，解读文本重教参、重现成答案，轻独立思考，重共性、重概念化，轻个性的现象比较严重。

教材解读存在的一般问题

一、不辨文体、忽视个性

由于新课程下的语文教材大多以“主题”为单元来编排，教师解读文本更多关注的是文本的“主题”，忽视了不同文体文本的表达个性。在实际教学过程中，面对任何“文体”的文本都采用统一的模式来组织教学，那就是“创设情境—整体感知—语言品味—主题探究—拓展延伸”。应该说，对不同文体文本的阅读，的确存在着类似的共同规律。正是由于出现了这种重视共性而忽视个性的阅读教学现象，我们对不同题材、不同体裁的文章用相同的方法解读，所有文本的解读都用“写了什么、为什么写、怎么写的”这样的理解公式去套，忽略了文体的文体个性。然而我们知道，每一种文体都有着自己内在的特性和规律。其实，文体是一种独特的文化现象，指独立成篇的文本题材、体裁，是文本构成的规格和模式，是某种历史内容长期积淀的产物，反映了文本从内容到形式的整体特点。因此，面对不同文体的文本，我们除了关注那些共性的阅读规律，理所当然地应该将视点集中在文体本身的突出特点上，比如，诗歌教学我们首先应该关注“意象”，散文我们首先应该关注“作者个性的情感”，等等。

忽视文本内涵的个性，表现为阅读中的“套板效应”（朱光潜语），即人们思考问题时，往往会自然而然、情不自禁、不约而同地滑向同一的模式或已有的套路。用概念化的语言概括不同的文本。如，教学写景的文章都是热爱自然、热爱祖国大好河山；教表现母爱的文章，都是伟大的母爱。这样的结果是，不能探究阅读、创造性阅读，不能多角度、有创意地阅读。

忽视个性，还表现在对文本所用的个性化的语言缺乏敏锐的感觉，停留在“写得好”“精彩”“生动形象”等概括性、抽象性的理解上，表现为对“语言陌生化”的漠视。“陌生化”原本是一个著名的文学理论，它由俄国形式主义评论家什克洛夫斯基提出。“语言的陌生化”主要是从读者的阅读效果来说的，指文学语言组织的新奇或反常特性。语言的陌生化并不只是为着新奇，而是通过新奇使人从生活的漠然或麻木状态中惊醒起来，感奋起来，“恢复对生活的感觉”。所以，语言的“陌生化”是为了使读者产生新鲜的体验。

二、价值丢失、情趣缺失

不顾文本自身的价值，抛开作者所要表达的意图和文本的核心价值，随意发挥；不顾文本的整体思路，从一点出发，把学生引到与文本本身价值毫不相干的问题上。价值丢失源于对作者和文本尊重不够。价值丢失还源于对“多元解读”的误解和误读：以为多元解读就是为所欲为，任意发挥，不受任何约束。

情趣缺失表现为只教给学生抽象的道理，理性有余，感性不足。这样的教学不能体现“感受阅读的乐趣”（《语文课程标准》语）的课程要求。造成情感缺失的原因，一是教学传统的影响。过去的阅读教学，学习一篇课文总要总结出一个中心思想，给学生一个统一的道理。二是为了应付考试，阅读教学停留在教给学生知识和结论上。三是对情趣与语文学习的关系认识不足。其实，情趣本身就是语文教学的目标之一，情趣还有助于学生更好地学习语言，提高学习语文的效率。

三、本位错移、目中无人

教学时，只重表达的内容，忽视表达内容的语言。在处理教材时，不少的课堂教学，关注点都放在了理解文本的内容上，语言只成了理解内容的凭借，“得意”而“忘言”了。其实，语文教学，学生学习的对象是语言本身，而不能停留在语言所表达的内容上。内容反而应该成为学习语言的凭借。

忽视读者（学生）心理特点和需要，不能体现“阅读教学是学生、教师、文本之间对话的过程”（《语文课程标准》语）。学生是语文学习的主体，教师主导作用的发挥，就是要根据学生的心理特点和学习需要，调动学生学习的积极性。在处理教材时，不能只用成人的眼光看待教材，更多地要从学生的视角去处理。教师的解读，是为了对学生的解读加以引导、适当地提升，而不是以教师的理解代替学生的理解。

教材解读的基本策略

一、善于个性化地解读文本

个性是文本的生命。每一篇文章，都有特定的内容，表现作者特定的思想、情感、态度和价值观。这样的表现，有的是细腻的，有的是粗犷的；有的是深层的，有的是悠远的。文本解读是一个创造性的阅读过程。要把握文章的个性，必须在文本的阅读上下功夫，精心探究作者的写作意图。我们常关注教什么和怎么教，而忽视作者写什么和怎么写。其实，解读出文章写什么只是上好语文课的基础。文质兼美的课文，尤其是经典之作，必有丰厚的内涵，必有作者独特的不同于常人的见解。如果阅读停留在浮光掠影、浅尝辄止，就难以领悟文章的独特内涵，把握文本的个性，获得个性化的理解。

1. 走出"套板效应"，关注文本语言，获得个性化解读

正如在问题与诊断中指出的，我们的阅读常常陷入"套板效应"，用惯常的思维解读丰富多样的个性化的文本。"科学是我们，文学是我"，应该说，每一篇文本都是与众不同的"这一个"。如何解读出"这一个"？最基本的方法就是从文本的语言出发，带着对语言的高度敏感，解读出语言背后作者所表达的真正的意思；而不是浅尝辄止地用大而化之、普遍通行的理解替代文本真正的内涵。

比如：《小松树和大松树》（苏教版一年级下）。很多的课堂教学在处理教材时，往往忽视课文的语言和情趣，机械地把小松树解读为"不懂礼貌""骄傲"。这样的教学从小松树说："喂，朋友，你看我长得多高哇！我能看到很远很远的地方，你呢？"得出小松树不懂礼貌、骄傲的结论。这就是处理教材的"套版效应"。这样的解读学生太熟悉，无须教师去教，无须去细细品味文本的语言，学生闭着眼睛，随口就能说出这样的答案。这样的教学，学生不会"在主动积极的思维和情感活动中，加深理解和体验，有所感悟和思考，受到情感熏陶，获得思想启迪，享受审美乐趣"。学生更不会获得"独特的感受、体验和理解"。

其实，"喂"，并不表示小松树没礼貌。因为，小松树在山上离山下的大松树远，所以，他要大声地招呼一下。接下来的"朋友"，更说明小松树并非不懂礼貌。"你看我长得多高哇"，正因为小松树小，天真幼稚，他不懂得是因为山自己才高的，他自己说出了自己真实的情况，怎么能说他骄傲呢？在处理这段教材时，可以引导学生想象，如果小松树和大松树站在一起，谁高呢？小松树站到了山上就比大松树高了，这不是很有趣吗？这样小松树"小"的个性更加突出，也与小学

生的“童心”更贴近。小松树是因为不知道“自己站在山顶上才比山下的大松树高”这个道理才“惭愧地低下了头”。其实，小松树不仅不是个应该被批评的“不懂礼貌”“骄傲”的孩子，而是个可爱的孩子。他站在山上觉得自己高，他为自己的高，为自己能看得远而高兴，于是就兴奋地告诉大松树；当他明白了道理后，就不好意思起来。多么真实、可爱的小松树！如果这样真实、可爱的小松树要受到否定、批评，那“童心”何在呢？

因此，对语文教师而言，阅读文本需要全神贯注，使自己的思维处于高度兴奋的状态，让躺在纸上的无生命的文字站立起来和你对话。解读文本就是和语言文字交朋友，和作品交朋友，和作家交朋友。在对话和交朋友的过程中，获得对文本个性化的理解，享受阅读发现和创造的快乐。

2. 多视角审视，获得个性化解读

《语文课程标准》指出：“语文课程丰富的人文内涵对学生精神领域的影响是深广的，学生对语文材料的感受和理解又往往是多元的。”学生反应的多元，来自文本自身内涵的丰富和叙述视角的多元。在解读文本的过程中，我们应克服单一、习惯的思维方式，从文本的整体考虑，从文本提供的多个视角探寻，力求多角度地吸收文本的信息，达到多文本多元的解读。多元的解读，才会为个性的解读提供广阔的空间和可能。

比如薛法根老师用儿童的眼光教学《雪儿》。在教学中，他从不同视角提出了几个问题：雪儿究竟是怎样一只鸟？它是在什么情况下来到了“我”的身边、进入“我”的生活中的？在与“我”朝夕相处的日子里，“我”是怎样对待它的？雪儿又给“我”原本寂寞、忧伤的生活带来了怎样的变化？是否每个人的生活中来了这样一只雪儿，都会有这样一段美好的生活？带着这几个问题，学生通过阅读思考，在作者、文本、读者之间展开对话，获得了对文本的个性化理解和感受，体会到作者和雪儿之间深邃的情感。

薛法根老师认为：“语文课的教学价值就是使学生获得言语的智慧——简单地说就是获得表达的方法与艺术。”语文应该以组织学生学习语言为基本线索，学生在经历感知、感受、感悟具体语言材料的过程中，积累丰富多样的语言材料，感悟语言的智慧，学习语言运用的技巧；在学习语言的过程中，情感、品质、价值观、品位、审美情趣等蕴含在具体语言中的价值，都会同时影响学生的精神世界，最终形成学生的语文素养。

3．注意发掘文本表现意蕴、情感的多样性，获得个性化解读

文字的内涵是多样的，用文字构成的文本又把文字内涵的多样性放大了无数倍。汉语的语言文字历来有“言约意丰”“言有尽而意无穷”“言外之意”等表现力。有人把文章比成一个“球体”，有人说，文章是个多面的立体。球体是丰满的，立体是多面的。阅读文本，就要理解文本多样、丰富的内蕴，而不能停留在简单、肤浅的层面。

二、准确把握教材的文体特征

1．不同题材的课文

重视分辨清楚特定文本的文体，其主要目的在于以“文体”为着眼点更好地解读文本，确定该文本的教学内容。小说、诗歌、戏剧、散文等不同体裁的课文，它们的表达方式和效果是不一样的；历史的内容、环境的内容、科技的内容等不同题材，它们的表达方式和效果也是不尽相同的。对于不同体裁的文本，我们应该了解阅读它们的基本的常识。比如，对散文的阅读，王荣生教授就有这样的建议：“散文是真人真事的抒写，不联系到被写的人与事，就谈不上对散文的理解；散文是作者真情实感的流露，离开了写的这个人，也谈不上对散文的理解。于是，就有了时间和空间。散文是即情即事的产物，脱离了具体的时间、空间，就只能把作品当作言辞的技巧，犹如我们许多语文课所做的那样。于是，我们的目光再次留驻文章，留心它的言辞、它的表述。它何以说这些，它何以这么说，在具体的时间和空间，由这样的人说着这样的人与事？而言辞与表述有两种把握的途径。一种是文内的，在上下文语境中；一种文外的，在具体的时间、空间语境中，联系着写的人和被写的人与事。”（《语文学习》2007年第3期）

《天鹅的故事》，从文字的多少，从表面看好像是写天鹅。如果从体裁的角度

看，这篇课文是一个故事中的故事。作者讲了一个老人和天鹅的故事，老人讲了自己和天鹅的故事。课文的标题是“天鹅的故事”，其实不仅仅是“天鹅”。天鹅的故事是人看到的天鹅的故事，是人讲的天鹅的故事。这样一解读，人就成了课文的主角和解读文本的线索。天鹅是斯杰潘老人眼中的天鹅，天鹅的故事是斯杰潘老人心中的天鹅的故事。从斯杰潘老人的眼中、心里出发，从斯杰潘老人看到天鹅的行动后情绪、情感的变化出发，我们就会有新的发现。原来，这是一个对生命理解的故事，一个被生命感动的故事。天鹅出于求生的本能，不顾一切破冰觅食，这样的求生欲望打动了斯杰潘老人的心。天鹅的“齐心协力”创造了生命的奇迹，这样的生存智慧感动了老人的心。老人不由得发出感叹：“多么可爱的鸟儿啊！”促使斯杰潘老人“把抢挂到肩头”，最终“一直挂在墙上”的，不是“爱护鸟儿、爱护环境”的口号式的宣传，而是老人对生命的理解，老人发自内心的感动。

2. 不同体裁的课文

文本阅读因体裁而异，我们应该自觉地根据不同体裁来解读文本。因为不同类型的体裁，尤其是表达型体裁，其主题呈现方式各不相同。阅读文本时，就应根据不同的体裁来运用相应的方法。“体裁的概念提供了‘指导读者同文本遭遇时的标准或期望’。写在书籍封面上的‘小说’‘诗歌’‘悲剧’这些标明体裁的词，把我们对它的阅读‘纳入规划’，减少了它的复杂性，或确切地说，给它以可知的形式，使我们严格地按照它的原意来‘阅读’。”可见体裁对解读的先导作用。有了体裁意识，我们在教学寓言时，就不会为下列问题所纠缠：《鹬蚌相争》中，蚌开口讲话了，怎么还能死死地夹住鹬呢？《揠苗助长》中，农夫怎么会傻到拔自己的禾苗呢？

如愚公，本来是面对困难不妥协的民族精神的象征，由于不辨体裁，愚公这位老人受到了前所未有的质疑。当一位老师在课堂上让学生谈谈对愚公的看法时，有的同学说，我认为愚公其实很愚，把家搬了不就行了吗？或者可以打隧道。还有同学说，他这样挖山不止，不是在破坏生态环境吗？俗话说，靠山吃山，靠水吃水，要是我，就把家搬到山上，开荒种地……再如南郭先生，有的学生在解读时，欣赏其“急流勇退”；有的说，他善于抓住时机，有生存的智慧。这样的理解，已经离开了文本，置其毫无真本领于不顾，更是离开了对寓言这种独特文体阅读的阈限。对学生这样的解读，老师没有理解体裁“是某种历史内容长期积淀的产物”，没有从寓言体裁的角度引导学生理解寓言所要表达的真正意义。

3. 不同语言风格的课文

重视文本语言的个性化，就是要从“陌生化”的视角出发，对不同文本的语言进行个性化的理解，思考作者何以用这样的语言表达这样的内容。特定的内容必定以独特的语言形式来表现，如《安塞腰鼓》。作者是第一次看到安塞腰鼓的表演，听到安塞腰鼓惊天动地的声响。为了表现自己的独特感受，作者使用了大量陌生化的语言，给读者以视觉、听觉的冲击。“一捶起来就发狠了，忘情了，没命了！”“这腰鼓，使冰冷的空气立即变得燥热了，使恬静的阳光立即变得飞溅了，使困倦的世界立即变得亢奋了。”“好一个痛快了山河、蓬勃了想象力的安塞腰鼓！”这样的一些用词或搭配，都给人新奇之感。只有这样的语言才能表达安塞腰鼓给人的独特感受。再如，《青海高原一株柳》。这是“我”见到的高原上唯一的一株柳，在苍凉的塞外却有着南国常见的柳树，这就是“陌生”。同样是柳树，是不是也用正常的描写柳树的词——柔柳、婀娜多姿——来描写呢？作者写柳树树干和树枝的色泽用的词是“生铁铁锭”。写到柳树的颜色，作者说，“自然使人感到高寒和缺水对生命颜色的独特锻铸”。作者用表示金属的词来描写我们通常印象中的柔柳，造成强烈的“陌生感”，把青海高原上的这株柳的神奇和令人望而生畏表达出来了。

文本语言的个性化，还体现在不同的语言风格。不同的作家有不同的语言风格，所谓“韩潮苏海”；不同的流派有不同的语言风格，所谓“婉约”与“豪放”；不同的文体、不同的内容都有不同的语言风格，诗歌的语言绝不同于散文、小说的语言。比如，《陶校长的演讲》是一篇演讲，语言平实、明白，条理清楚，让人听得清楚。《望月》是抒情散文，语言充满诗情画意。《二泉映月》写的是《二泉映月》这首经典乐曲的故事，语言优美典雅。《厄运打不垮的信念》写的是明末清初的历史学家谈迁撰写《国榷》的故事，语言精练、古朴，有一定的文言色彩。在解读文本时，我们把握了文本的语言特色，才能引导学生去感受语言的魅力，培养学生的语感。

三、正确理解“多元解读”，尊重文本自身的价值

新课程改革后的语文教学，为了克服长期以来漠视学生的主体性和个性差异，过于标准化、统一化的教学，将学生个性化的发展放到了突出的地位，强调注重个体差异，允许学生从不同的角度来认识问题，采用不同的方式来表达自己的想法，用不同的知识与方法来解决问题，鼓励解决问题策略的多样化，以实现多元化、个性化的学习。《语文课程标准》中曾多次提到多元的问题，如“阅读是学生的个性化行为，不应以教师的分析来代替学生的阅读实践”，“学生对语文材料的感受和理解又往往是多元的，因此，应重视语文的熏陶感染作用，注意课程内容的价值取向，同时也应尊重学生在学习过程中的独特体验”。“提倡多角度、有创意的阅读，利用阅读期待、阅读反思和批判等环节，拓展思维空间，提高阅读质量。”那么，“多元解读”究竟是怎么回事呢？从西方美学、文学批评看，多元解读源自波兰现象学美学家英伽登提出的著名的“填充（具体化）”理论。按照朱立元先生的概括，这个理论的内涵是：作品本身还只是一个图式化的结构，存在着无数的“未定点”和“空白”，就像事物的骨架，要使它生气灌注、血肉丰满，就需要读者的想象来填充（具体化），读者也就参与了作品的创造。而读者具有相当大的个体随意性，审美具体化和再创造是因人而异的。这就是多元的由来，一千个读者就会有一千个哈姆雷特。后来的解释学、接受美学，都关注、重视、强调读者的再创造。这是问题的一个方面。另一个方面，无论是英伽登还是姚斯（接受美学理论的创立者），都指出了文本对读者接受的制约。英伽登反复强调：作品的图式化结构既为阅读提供了想象的自由，又为阅读提供了基本的限制。接受美学在强调读者接受的同时，同样强调尊重作者、尊重文本。就我国古典文论而言，多元解读表现为“诗无达诂”“见仁见智”“书不尽言，言不尽意”“言有尽而意无穷”“意在言外”等，同时，也强调“言以足志”“言为心声”“以意逆志”等。总之，“多元”与“有界”是统一的。作为

阅读客体的文本虽然存在着“空白”和“不确定性”，但必然会有许多显性的、鲜明的“规定性”，总会有个“作品视界”范围。“多元解读”也只能在这个范围内进行。“一千个读者有一千个哈姆雷特”，然而总还是莎士比亚所描写的哈姆雷特的反映，彼此在某些细节上难免会有些差别，而在基本性格上还是那个哈姆雷特，而不可能成为堂吉诃德。正如童庆炳在《文学理论教程》中指出的，阅读接受，一方面是多元的，无限的，存在着审美差异性；另一方面是有阈限的，有范围的，存在着社会的共通性。因此，“多元解读”并不意味着可以随心所欲、漫无边际地乱解乱读，并不意味着可以有绝对的“弹性”，而必须有一定的“规范”，必须有一定的价值取向和解读范围的引导。

鲁迅先生在多篇文章中反复说过，文学因读者的体验不同，各人推见、设想的作品的人物是不尽相同的，读者心目中的林黛玉不会是一个样，但“那性格、言动，一定有些类似，大致不差，恰如将法文翻成了俄文一样。要不然，文学这东西便没有普遍性了”。比如《落花生》的作者许地山，是个笃实本分的学者、作家，具有强烈的宗教情怀。许地山的父亲许南英是清末民初台湾著名爱国诗人，而他的号为“留发头陀”和“毗舍耶客”，说明许地山的父亲是一个对佛教具有浓厚兴趣的人。他的家教，就是教育孩子实实在在，做一个有用的人。《落花生》是许地山回忆父亲教育他们子女的回忆文章。也许，有的家长会教育孩子做“苹果”，那也无可厚非。但，你得尊重许地山的表达意图，尊重许地山的选择。就是现代这样一个讲竞争的社会，也不是人人都要去做“苹果”。其实，你可以不去做“落花生”一样默默无闻而实在的人。但，你要知道，这也是做人之一种。这种人也是社会需要的，同样是值得尊重的。

因此，解读文本，教师要有尊重作者和文本的意识。在解读教材时，要研究作者的人生观、价值观，研究作者的写作意图。既要解读出文本的丰富内蕴，重视“多元”，又不可借“多元”随意发挥，多元无边，导致任意解读、低水平解读甚至误读。在准确解读文本自身价值的同时，要根据《语文课程标准》的要求和学生的需要，提出有效的问题，把文本价值转化为教学价值。“通过一篇篇凝聚着作家灵感、激情和思想——代表人类创造的精神财富的文字，潜移默化地影响一个人的情感、情趣和情操，影响一个人对世界的感受、思考及表达方式，并最终积淀成为他精神世界中最深层最基本的东西——价值观和人生观。”[①]

2008年6月

① 王丽.我的教育梦［M］//王丽.中国语文教育忧思录.北京：教育科学出版社，1998：2.

文本解读，必须关注人

《语文课程标准》指出：“阅读教学是学生、教师、教科书编者、文本之间对话的过程。”在学生、教师、文本这三者中，教师显然是个中间环节。教师先有了自己和文本对话的心得和收获，才能和学生一起、带着学生和文本对话，给学生与文本的对话提供必要的帮助。（当然，在具体的课堂教学情境中，学生也会有自己和文本对话的独特理解，这样的理解也会给教师以启发。这就是所谓的教学相长。）但是，不可否认，教师与文本的对话，教师对文本的独特理解，是阅读教学的前提。这也是目前阅读教学重视文本解读的缘由。比较深入、准确的文本解读是阅读教学成功的关键，这已经被窦桂梅、王崧舟、于永正等特级教师的课堂教学实践所证明。当前，语文教师在备课时，也把更多的时间、精力用在了文本解读上。在对这样的文本进行解读时，不少教师只关注了文本的内容和语言，而忽视了文本中的人和创作文本的人，导致了对文本解读的偏差甚至错误。下面就文本解读必须关注人，结合一些课文的解读，谈谈自己的体会。

1．爱需要用心去感受。爱是文学的母题，也是人类永恒的情感。在教学中，我们往往停留在给学生一个概念或结论：这是父爱，这是母爱，这是自然之爱，如此等等。其实，每一种爱都是具体的，都是需要用心去感受的。比如，教学《爱如茉莉》，我们往往只注重了赞美父母之间质朴而深厚的爱，而忽略了作者——他们的女儿这个人，她对这种爱的感受和理解。当她问母亲真爱像什么时，母亲回答说“就像茉莉吧”，当时，她没有理解，而是不屑地说，“这也叫爱？”后来在病房里看到父母相互关爱的一幕，她的心被触动了、感动了，她感到“一切都是那么静谧美好，一切都浸润在生命的芬芳与光泽里”。最后，她由衷地感叹，“哦，爱如茉莉，爱如茉莉！”爱常在，对爱的理解和感受，往往被我们忽视。尤其是现在的孩子，身在爱中不知爱。如果，我们在解读文本时注意了作者这个人，这个人对爱如茉莉的从不屑到感动再到感叹，在教学中引导学生去理解她的情感变化的过程，学生就会从中得到启发，学会去理解和感受爱。

2. 关注人物语言，解读作者的丰富情感。《语文课程标准》指出：“语文课程丰富的人文内涵对学生精神领域的影响是深广的，学生对语文材料的感受和反应又往往是多元的。”作者在一篇文章中，往往会表达丰富的感受和多元的信息。而在一般的阅读教学中，我们往往是单一地理解文本，教给学生一些简单的显而易见的结论。比如，一位教师在教学《天游峰的扫路人》时，提出了一个问题让学生阅读思考：课文中哪些地方表现了作者对扫路人深深的敬意？在教学过程中，教师反复强调指点学生注意，扫路的老人工作很辛苦，并不轻松，所以作者才对老人充满深深的敬意。

这篇课文，我们可以理解为老人工作辛苦，老人工作敬业，老人工作负责，老人精神崇高。这样的理解无疑是不错的。但，这是阅读上的一种“套版效应”，这样的解读学生太熟悉，无须教师去教，无须去细细品味文本的语言，学生闭着眼睛，随口就能说出这样的答案。这样的教学，学生不会“在主动积极的思维和情感活动中，加深理解和体验，有所感悟和思考，受到情感熏陶，获得思想启迪，享受审美乐趣”。学生更不会获得“独特的感受、体验和理解”。

课文是写到了老人“每天都要一级一级扫上去，再一级一级扫下来”的艰难，因为作者“抬头望了望在暮色中顶天立地的天游峰”，“不禁倒抽了一口气”。但，课文里又明明白白地写着，老人说“不累，不累……”老人“说得轻轻松松，自在悠闲”。“悠然地说”“朗声大笑”，哪里看出老人“辛苦，不轻松”呢？这样看上去的矛盾之处，正是要求我们引导学生去思考和感受的。我们可以引导学生思考：在游人眼中“望而却步”的天游峰，老人为什么一天一个来回还说“不累，不累”？而且“说得轻轻松松，自在悠闲”？要解读老人的“轻轻松松，自在悠闲”，就要联系他这个具体的人，而不仅仅是把他当作一个“工作敬业、负责”的“劳模”去理解。游人“大汗淋漓，气喘吁吁”，平时不锻炼，没练功，老人已经在这儿扫了一辈子了，天天登山，习以为常；游人急于登山，老人气定神闲，“扫一程歇一程，再把好山好水看一程”；游人有功利目的，要征服山峰，老人的登山扫路是生活的享受。作者眼中的老人，游人眼中的老人也许是辛苦的，读者（学生、老师）眼中的老人也许也是辛苦的。但，老人自己没觉得辛苦，即使身体上劳累一些，他心里一定是不苦的，而是快乐的，悠然的。这种享受工作的生活态度，对浮躁、功利的现代人不是富有启发意义吗?

我们再来看看写文章的这个人。他的心思、意图更是我们容易忽略的。从作者的语言、感受来看，“30年后，我再来看您”，“这充满自信、豁达开朗的笑声，一直伴随我回到住地”——老人的生活态度、老人的心态引起了久居喧嚣城市的作者的羡慕和思考。由此，我们可以想到，最有意义的工作是能从中获得快乐的工作。享受工作、享受生活是每个普通人都能做到的，是每一项普通的工作都能做到的，并不是富人才能享受生活，并不是白领才能享受工作。如果，学生通过关注老人的语言、内心，关注作者的语言、感受，对上面的一些问题有了一点自己的思考，而不是停留在简单的“学习老人热爱工作、自强不息的精神和豁达、开朗的生活态度”，那么就能真正感受到阅读的乐趣、思考的乐趣、发现的乐趣。

3. 因人解言，解读个性化的语言。言为心声。任何语言都是人的表达，都是人心的表露；不管这种表露是直白的，曲折的，还是隐晦的。所以，研究教材又归结到研究语言。由语言而人心再到语言，由语言到形象再到语言，由语言到情思再到语言，等等。《最大的麦穗》写的是古希腊哲学家苏格拉底教育他的弟子的故事。很多的课堂教学，都是围绕着归纳出人生的哲理“必须善于抓住眼前机遇，不能东张西望、错失良机”而教，而忽略了苏格拉底这个人，这个人的智慧。我认为，这篇课文的解读，不仅仅要知道上述的人生启示，更要感受苏格拉底哲人的形象和智慧。而且，那个人生道理的得出，也需要从苏格拉底的个性化的语言中体会出来。

苏格拉底是智者，又是出色的教师。他著名的教育方法是众所周知的“产婆术”（或称“助产术”）。《最大的麦穗》就是“产婆术”的一次成功运用。“产婆术”与孔子的启发式异曲同工，就是借助特定的情境，让学生自己领悟道理，而不是由老师直接告诉。《最大的麦穗》就是这样的情境，在这个情境中，苏格拉底说的话，可以说是最重要的“催产素”。苏格拉底把弟子们带到成熟的麦地边，地里满是沉甸甸的麦穗。他对弟子们说：“你们去麦地里摘一个最大的麦穗，只许进不许退，我在麦地的尽头等你们。”苏格拉底其实提供了一个选择的困境。这个困境难在两点：一是地里的麦穗都是沉甸甸的，而不是大大小小很分明的；二是只许进不许退，没有反悔重新选择的余地。他为什么要用这样的困境“考”弟子们呢？因为人生其实就是一个选择的过程。他要让弟子们学会选择。从这样的角度去理解苏格拉底的话，我们就会体会到他的高明之处。那么多沉甸甸的麦穗，他只让弟子们摘“一个”。如果，他让弟子们摘一百斤，那就毫无意义，那只是机械的劳动。而众多的差不多大的麦穗里摘一个，就需要“选”。“选”，就有了对你的判断力、智慧的考验。“只许进不许退”，意味着人生没有回头路。正如米兰·昆德拉所说，人生是不待你修改而发表的文稿。只有从苏格拉底这个人独特的教育方法出发，我们才能解读他的富有个性的语言。

解读文本，我们关注了人，关注了人心，由此去理解、感受语言，这样的理解和感受就是具体而富有情感的，这样理解、感受的语言就是有生命的活生生的语言。学生这样去学习语言，就能全面地吸收语言的营养，形成良好的语感并受到精神的滋养和思维的历练。

2008年第10期《江苏教育》

花香来自何方

——《一路花香》解读

《一路花香》是苏教版四年级上册的一篇课文。这篇课文是一篇寓言，假托印度的一位挑水工和一个破水罐的故事来讲道理，以引人思考，给人启迪。寓言的故事在现实生活中是不存在的，故事是假的，但道理是真的。因此，寓言中的道理是“寓”于“言”中的，应该从文本的语言文字中去探寻，而不能先入为主，或陷入“套板效应”，因循惯性思维。

关于这篇寓言的寓意，苏教版教学参考书是这样表述的：世上每一件东西、每一个人都有自身存在的价值，我们既不能骄傲自大，也不要妄自菲薄，只要恰到好处地利用自身的特点，就能充分发挥作用。这样的寓意不能说与文本完全无关，但是失之于空泛和概念化，与寓言故事本身提供的信息的相关性不高。无疑，文本具有丰富性和多样性，一篇寓言的寓意也许不止一个，但是，主要核心的寓意却是可以从文本自身提炼出来的。让我们从文本出发，从语言出发，探寻这篇寓言的寓意，感受“一路花香”究竟来自何方。

一、故事的主角是谁

叙事学告诉我们，一个故事的叙述者和叙述的视角决定这个故事的表达内容。这个寓言故事有一个外在的叙述者，也就是有一个站在局外讲这个故事的“人”。故事开头就说：“印度有个挑水工……他有两只水罐……”从叙述者的角度和语气看，这个故事的主角是挑水工。后面的故事主要讲破水罐和挑水工的两次对话，破水罐两次向挑水工道歉，挑水工作了回答。第二次的回答是长长的一段话，占全文篇幅的四分之一。但是，令人不解的是，从挑水工的回答我们可以看出，他并未接受破水罐的道歉，而是答非所问。这个问题下面再讨论。从这样的文章结构看，挑水工无疑是故事的第一主角。既然挑水工是故事的主角，那么理解故事的寓意就必须关注这个主角。在这个故事里，没有写主角挑水工的行为、心理等，而是重点写了他对破水罐的两次答话，尤其是第二次答话。不妨对挑水工的第二次答话做一解读。挑水工说："难道你没有注意吗？刚才那些美丽的花儿只长在你这一边。那是因为我早知道你的裂缝，并且利用了它。我在你这一边撒下了花种，于是每天我们从小溪边回来的时候，你就浇灌了它们。两年中，我常摘下这些美丽的花，插在我主人的花瓶里。如果没有你，主人哪能每天欣赏到美丽的花朵呢？"挑水工的这段话说了三层意思。第一，挑水工告诉破水罐，小路旁美丽的花儿是它浇灌的。第二，是挑水工在利用破水罐的裂缝，利用破水罐裂缝漏出的水浇灌了花儿。第三，浇灌出来的花儿是有用的，有价值的。这些花儿，能供人欣赏，给人带来快乐，破水罐漏出的水不再是无用的，而是有价值的。正因为如此，这个破水罐的存在也就有了价值。正如挑水工说的："两年中，我常摘下这些美丽的花，插在我主人的花瓶里。如果没有你，主人哪能每天欣赏到美丽的花朵呢？"从这段话中我们不难获得这样的信息，破水罐在特定的情况下也是有价值的，而这个价值要有人去发现，有人去利用。这应该是我们思考这个寓言故事寓意的出发点。

而上述教参上的寓意没有考虑叙事的视角和故事的主角。"世上每一件东西、每个人都有自身存在的价值"，这是不针对任何主体和具体情境的泛泛而谈。"我们既不能骄傲自大，也不要妄自菲薄，只要恰到好处地利用自身的特点，就能充分发挥作用。"这个结论是从完好的水罐和破水罐两者出发得出的，而完好的水罐在这个故事中，充其量是个"跑龙套"的，恐怕连配角也算不上，由此得出的结论当然是偏颇的。"只要恰到好处地利用自身的特点，就能充分发挥作用"，这样的结论根本就无视文本的存在。故事里明明白白告诉我们，破水罐根本不知道自己漏出的水浇了花，更不知道自己存在的价值。它为漏水第一次向挑水工道歉后，挑水工提醒它注意它这一边路旁的鲜花；可是它没有明白路旁的鲜花与自己的关系，更不知自己发挥了作用，而是"再一次向挑水工道歉"。之前，解读的挑水工的第二次答话中，明明白白告诉我们，是挑水工"早知道你的裂缝，并且利用了它"。因此，"只要恰到好处地利用自身的特点"，这样的结论是没有着落的，缺乏文本依据的。

尽管文本可以多元解读，但是，文本说了什么，告诉我们什么，应该从文本本身出发。离开文本，只能是不着边际，任意解读，主观臆断。接受美学提出阅读接受的"视界融合"，即文本解读是文本视界与读者视界的融合。接受美学是从读者的视角关注阅读接受的，但还没有忘记阅读接受的文本边界。当解读没有了文本边界，阅读将走向何方？

二、挑水工为什么不接受破水罐的道歉

在上文中说到，破水罐两次向挑水工道歉，可挑水工并没有接受它的道歉。这是怎么回事呢？其中，又透露出什么信息呢？让我们再回到文本中来。挑水工第一次道歉的话是："过去两年中，在你到主人家的路上，水从我的裂缝中渗出，我只能运半罐水。你尽了自己的全力，却没有得到应有的回报。"破水罐是真诚的，充满深深内疚的。它知道自己的缺陷，它感到对不起挑水工。挑水工是怎么回答的呢？挑水工说："在我们回主人家的路上，我希望你注意小路旁那些美丽的花儿。"挑水工没有接着破水罐道歉的话来回答，也就是说，他没有接受破水罐的道歉。同样，当破水罐第二次向挑水工道歉时，挑水工仍然没有接受它的道歉，而是说了跟破水罐道歉毫无关系的一大段话（上文已引用）。这是不符惯例的，这就是文本的"裂缝"。理解文本，解读文本就应该关注这样的"裂缝"。放过了这样的"裂缝"，就不能真正读懂文本、理解文本。

挑水工为什么不接受破水罐的道歉呢？破水罐说的是事实，破水罐的道歉也是真诚的。按常理，挑水工应该接受它的道歉，并接着安慰它。挑水工可以这样回答："没关系，裂缝不是你的错；你已经尽了力，你还能装半罐水呢。"可是，挑

水工没有这样说，而是让破水罐看路边的花儿。这真是莫名其妙。这莫名其妙中到底要表达什么呢？那就要从挑水工身上来理解。

三、挑水工别样的视角

破水罐之所以向挑水工道歉，是因为自己漏了水，使挑水工“没有得到应有的回报”，而觉得对不起挑水工。挑水工为什么不接受破水罐的道歉呢？因为，挑水工认为自己得到了回报，这个回报不是“半罐水”，而是“一路花香”。这就是看问题、看事物的角度不同。不同的思路决定不同的出路，不同的角度看到不同的风景。完好的水罐也好，破水罐也好，它们看到的只是自己原本的价值，即装水、运水的价值；而挑水工在看到它们原本价值的同时，还看到了破水罐可能产生的其他价值——浇花。世界上没有废品，只有放错地方的物品。当一个事物偏离了常规的价值，可能会产生其他的价值，但是，这个价值需要有人去发现去利用。挑水工就是这样一个善于发现、善于利用的人。从另外一个角度看，挑水工还是一个具有教育艺术的“教育家”。他试图让破水罐自己去发现自身的价值，而不是直接告诉。当他发现破水罐实在不能领会他的暗示，无法看到自己的价值时，他才在第二次的答话中告诉了破水罐。挑水工本来并不想挑明是自己利用了破水罐的漏水浇灌了花儿，而是想让破水罐自己发现路旁的花儿是破水罐自己浇灌的。可惜，破水罐并没有理解挑水工的用心和善意。这不能不说是个遗憾。这也是教育中常常遇到的遗憾和寂寞。

四、花香来自何方

至此，藏在这个寓言故事里的道理慢慢明晰了。破水罐之所以感到十分惭愧并向挑水工道歉，是因为它只知道水罐的作用是装水，没有装好水，漏了水，就是缺陷，就对不起挑水工；而挑水工却看到了破水罐漏出来的水的别样价值——浇花。这就把一个缺陷变成了优势，挑水工真是有一双慧眼，挑水工的做法真是神来之笔，颇具点石成金、化腐朽为神奇的功力。是挑水工赋予了有缺陷的水罐以新的价值。善于利用"缺陷"，就能开出"一路花香"！这样看来，这篇寓言故事主要是讲挑水工利用破水罐漏出来的水浇花的故事。它给人们的启发是，善于利用"缺陷"，缺陷就不再是缺陷，而能创造出别样的、新的价值。

"一路花香"来自发现，来自利用"缺陷"，来自创新的思维方式。这就是我理解的这篇寓言的寓意。

五、根据以上的文本解读，以下几点可以作为这篇寓言的主要教学内容：

1. 对挑水工这个人物形象的理解。在这个短短的故事里，挑水工的形象是多面的、丰满的。他从事的是简单的劳动，却是一个富有生活情趣懂得审美的人。他一边挑水，一边利用水罐漏出的水种花，自己一路欣赏鲜花，还经常用鲜花装点主人的房间。他是一个善于发现的人，具有独特的眼光和思维。他还是一个希望别人能自己发现自己价值的人。把这样一个丰富生动的人物形象种在学生的心里，比记住这篇寓言的寓意更有价值，更具有启迪意义。

2. 对挑水工第二次答话的理解。这次答话蕴含了这个寓言要告诉我们的道理。同时，从这段话中，也能充分感受挑水工丰富的形象。

3. 比较挑水工和破水罐看问题角度的不同，领悟寓言的寓意。

2012年第12期《语文教学通讯》（小学版）

在语言的丛林中追思

引子：关注语文教学研究的时代转向

从课程的角度讲，教什么比怎么教更重要。王荣生先生从课程论的视角，将现代语文教学的研究由传统的主要关注教学方法的研究，转向重视教学内容的研究。20世纪80年代以来，研究语文教学绕不开三老（叶圣陶、吕叔湘、张志公），绕不开斯霞、袁瑢、霍懋珍，绕不开魏书生、钱梦龙、于漪。现在的语文教学研究当然还要继承这些传统，但更多的应该是发展和改造。现在的语文教学研究绕不开王荣生和他的《语文科课程论基础》。这是研究视域的转变，从教学方法的领域到课程的领域；这是思维方式的重要转变，从思考怎么教到思考教什么；这是话语系统的转换，从讲究技术性的话语系统转向探求语文教学本体的话语系统。

当我们在弄不清楚教学内容甚至弄错教学内容的情况下，教学方法的研究必然是徒劳的、毫无价值的，就像我们花费心思烹饪出花样漂亮的菜肴却毫无营养一样。

过去，我们的阅读教学都教给学生什么了呢？阅读课侧重于教内容——什么人，什么事，什么景，什么物；教概念——词语解释，段落大意，中心思想，写作方法；教道理——什么道理，什么精神，什么思想。事实证明，教这些内容对学生语文能力的提高、语文素养的形成是没有什么作用的。诸位想一想，你现在具有的语文素养与这些内容有没有关系？

那么，阅读教学教什么呢？希望大家关注这个问题，共同研究这个问题。在这里，我谈一些自己的想法，希望能引起大家的思考。我认为，阅读课应该教语言而不是内容，教形象而不是概念，教情感而不是道理和结论。学生只有经历了感知、感受、感悟具体语言材料的过程，只有积累了丰富多样的语言材料，阅读能力才能形成，语文素养才能提高。道德、情感、品质、价值观、品位、审美情趣等都蕴含在具体的语言之中，都是从语言这个根上长出来的。没有对语言的感受、理解、感悟、品味，这一切都只能是无源之水、镜中之花、水中之月。

这里所说的语言不是语言学概念中所指的语言，不是抽象的语言知识、语言规则，也不是游离于学生生命之外的机械的语言材料；而是活生生的、富有生命的，与学生生活经验契合的语言材料，是有形象支撑、饱含情感的语言。这些富有表现力的值得品味的字词句段等语言材料，和文章表达方法等语言因素是与整篇文章的生命联系在一起的。

阅读教学中体现工具性与人文性的统一，就必须在学生的精神世界里留下语言、留下形象、留下情感。形象是感悟、运用语言的背景，情感与感悟、运用语言相依伴，语言是语文学习的归宿。“形象大于思想”，留下形象、情感比只留下道理、结论更具有开放性、生成性和创造性。当情感感动心灵，当情感变成信念，才会产生巨大的精神力量和道德力量。语言、形象、情感三位一体、相互作用，共同作用于学生语文素养的形成、人文精神的养成，体现语文课程的多重功能，体现语文课程在促进学生全面发展、终身发展方面的作用。

一、语言的魅力——给学生一个由语言创造的语文世界

任何一门学科都有一个独特的世界。数学是数字、符号、定理、公式组成的世界；音乐是音符、旋律组成的世界；美术是线条、光影组成的世界。语文则是语言创造的世界。《台湾的蝴蝶谷》创造了一个蝴蝶一样灵动且充满活力的世界，《番茄太阳》创造了一个太阳一样温暖人心的世界，《爱如茉莉》创造了一个茉莉一样芬芳淡雅的世界，《给家乡孩子的信》创造了一个清泉一样真诚纯净的内心世界。

阅读教学就是要通过对语言的感受、理解、感悟，引领学生进入这样的世界。

二、语言的理解——引导学生感受语言的生命

《语文课程标准》“教学建议”中关于“阅读教学”指出：“阅读教学应注重培养学生感受、理解、欣赏和评价的能力。”这里谈谈如何正确认识“理解语言”。

很多时候我们认为理解是一劳永逸的，希望毕其功于一役，似乎是对学生的终生负责。

其实，理解是一个不断生成，永无止境的过程。比如，最简单的“一”，我们理解了吗？道生一，一生二，二生三，三生万物。一撇，一捺，一个简单的人字，我们理解了吗？人是什么？人从哪里来？人到哪里去？几千年过去了，我们理解了吗？苏格拉底对人们说，认识你自己。两千多年过去了，我们理解了吗？我们找到答案了吗？其实，对语言的理解，伴随我们一生，伴随整个生命历程。我们怎么能用课堂上一时一刻的理解，去替代一生的领悟呢？老师要做的大概只能给学生一个理解的基点，给学生一个开放的面向未来的无限空间，而非一个理解的终结。

我们的理解往往定于一尊，一成不变。我们的语文教学，很多时候都是给学生一个标准的、统一的答案。

我们的理解更多注重文章内容和思想、道德教育意义，忽视对语言本身的理解，对语言自身魅力的感受。

我们的理解往往是从概念到概念定义式的理解，缺少形象的支撑和情感的参与。其实，一个抽象的词只是具有了语言的形式和外壳。抽象的词只有和具体的事物，具体的现象，具体人的思想、情感等结合起来，它才会被赋予生命。维特根斯坦说，语言只有在运用中才能表现它的意思。“所以”是一个抽象的关联词，本来没有什么具体的意义。但当作家把这个词和一个人的命运联系起来，和一个人生的故事联系起来，这个词就具有了丰富的意蕴，就有了生命。作家池莉用“所以”做书名，创作了一部长篇小说。通过作家的点化和演绎，我们从“所以”这样一个抽象的司空见惯的词里读出了无奈，读出了辛酸，感悟人生丰富的哲理。同时，我们也感受到了作家的语言智慧。池莉对语言有了这样生动的理解，才产生了对语言的独特创造。

学生的理解更多的是教师的搬运、牵引和告诉，缺少学生主体的独立思考。比如《天游峰的扫路人》，不少老师教学时，总是引导学生理解老人工作劳累、辛苦，然后体会老人这种认真工作、为游人服务的精神值得我们学习。我们为什么不让学生读读课文，让学生根据自己对语言的理解，说说自己的想法呢?

语言的理解必须准确，才能正确理解意思。比如学而优则仕，仕而优则学。很多人把"优"理解成优秀，就完全误解了孔子的意思。这儿的优是"有余裕"的意思，就是有空闲的意思。明察秋毫的"毫"，不能仅仅理解成细毛，这里的毫是动物秋天新长的细毛。明察秋毫的意思不仅是说观察入微，还有"目光敏锐，发现新出现的细微的事物"的意思。

语言的理解，还要注意语言的情味意蕴。如：望穿秋水，怎么不是春水、夏水？秋水的深远、澄澈，还有凄清和寒意，与悠远的思念而又思之未得的心境切合。其中包含了多少引人遐思的意蕴？语言的理解还与民族心理和文化传统分不开。这些都需要我们在理解语言时加以关注。

三、语言的追思——让语言开出"心灵之花"

一个文本，一篇文章，只要不是抄袭、照搬的，都是作者的一种创造，是作者思绪、思索、思考、思想的流露。我们阅读就是去"追"作者的这些思。而这些思都是用语言表现出来的。因此，要循着语言去追。在2007年《读书》第2期的一篇文章《朱子学与现代学术研究》中读到这样一段话，对我们解读文本也许有启发——朱子主张"熟读精思"就是把阅读与思考紧密联系起来的最好说明；"熟"与"精"二字，即表示对"读"与"思"的重视与讲求。"熟"是熟悉，熟悉不是背诵的意思，而是对文本十分深入地掌握，可以了解文本最为精微的意思与道理。怎么能做到呢？一定要用思考，要尽量进入作者书写这一段文字时的心理过程，要尽量设法把作者的思考重演一次。所以，如果只是像鹦鹉学人语一样，复诵书中文句，一定不是朱熹所说"熟读"的原意。王荣生在2007年第3期《语文学习》上发表了《〈世间最美的坟墓〉课例评议》一文。其中关于散文的理解，他说："散文是真人真事的抒写，不联系到被写的人与事，就谈不上散文的理解；散文是作者真情实感的流露，离开了写的这个人，也谈不上散文的理解。于是，就有了时间和空间。散文是即情即事的产物，脱离了具体的时间和空间，就只能把作品当作言辞的技巧，犹如我们许多语文课所做的那样。于是，我们的目光再次留驻文章，留心它的言辞、它的表述。它何以说这些，它何以这么说，在具体的时间和空间，由这样的人说着这样的人与事？而言辞与表述有两种把握的途径：一种是文内的，在上下文语境中；一种文外的，在具体的时间和空间语境中，联系着写的人和被写的人与事。”

看到这样的文字，我感觉太亲切了。因为，在和老师们一起备课、研究教材时，我常常说这样一句话：研究教材就是研究人，研究人就要研究人的心。言为心声，这个人心是通过语言表露出来的。任何语言都是人的表达，都是人心的表露。不管这种表露是直白的，曲折的，还是隐晦的。就是我们所说的应用文也是这样。书信不用说是人的心意的表达。留言条是通过语言留下的人的意思。即便最适用的广告，也是人要传达的意思，而且还要通过这种传达去打动人的心。所以，研究教材又归结到研究语言。由语言到人心再到语言，由语言到形象再到语言，由语言到情思再到语言，等等。我们说要关注的“这个人”有文章中写到的人，还有写文章的那个人。然而，这个写文章的人却是我们容易忽略的。他的心思、意图更是我们容易忽略的。因此，文本解读，就是在语言的丛林里追思、发现，就是一个由语言追思人、追思人心，又由人、人心追思语言的过程。海德格尔说，语言是存在的家。叶秀山在《思·史·诗》这本书里说，人真正的归宿，真正的家，不是砖砌、泥堆的，而是“字”建起来的。这也就告诉我们，语言是人的精神家园。因此，我们研究语言，怎能不研究人，不研究人的心灵世界呢？

《爱如茉莉》《番茄太阳》《给家乡孩子的信》都是写爱。抽象地说，都是一样的爱。但，具体的爱是各不相同的。《爱如茉莉》是淡雅温馨的，这种爱是从潺潺小溪般清新雅致的语言感受到的。《番茄太阳》中的爱，却伴随着艰辛。这种爱是会相互感染的，好心人帮小姑娘，小姑娘也要做好心人去帮助别人。快乐也是相互感染的，“我”灰暗的心就是被明明一家人感染而快乐了。这种爱，是我们从作者真诚细腻的语言感受到的。《给家乡孩子的信》则表现了一位老人的赤子之心，爱是老人袒露的心迹。“今天回顾过去，说不上失败，也谈不到成功”，这样的语言就不是谦虚所能概括的。它是一个人老来心迹的自然流露。

当我们从文章的独特视角去探寻语言，就会对语言和文章的内涵有真切的感悟，让祖国的语言在学生的心灵中开出美丽的花朵，结出丰满的果实。

2007年兴化市小语年会上的发言

默默奉献的“落花生”

——《落花生》解读

可爱的花生果

花生瑟缩地长在地上，默默地把根埋在地里，地上黄蝶般的花儿落了，为悄然于泥土里萌发的荚果送去营养。哦，这就是“落花”生，这默默奉献的可爱的花。

而“这小小的豆”也“不像那好看的苹果、桃子、石榴，把它们的果实悬在枝上，鲜红嫩绿的颜色，令人一望而发生羡慕之心”，“它只把果子埋在地底，等到成熟，人们才把它挖出来”。它不挑剔生存之处，哪怕只是“半亩隙地”，不论南疆还是北国；它不生半点张扬之态，静静地于地里等待，只等你从泥土里将它捧出；它不存骄傲之心，只需贱价，便可品到它的香醇、甘甜。哦，这就是“落花生”，这默默奉献的可爱的果。

花生一样的人

它就是现代作家许地山笔下的“落花生”。他在《落花生》一文中记叙了一件普通的事，讲述了一家人过花生收获节的经过。文中的“落花生”外表平凡、价钱低廉、味道鲜美，它生于泥土、长于泥土、用于民间。这篇借物喻理的短文，托以小物，言以大志，借平凡的落花生，揭示了花生不图虚名、默默奉献的品格，表现出了深刻的哲理：做人也要像落花生那样，“要做有用的人，不要做伟大、好看的人”。（这里所说的“伟大、好看的人”，是指虚有其表的人。）

这不正是作家的人生观和执着的人生追求吗？不做只讲体面而对别人没有好

处的人，不争名利，只求有益于社会。许地山先生童年时受父亲的训蒙，喜爱上花生，希望自己也成为一个具有花生一样品格的人。他说：我要做花生一样淳朴的人、有用的人，我要为中华而付出，为中华而奉献。他是这样说的，也是这样做的。他一生埋头苦干，默默奉献，成了著名的教授和作家，爱国主义和平民主义是贯穿他一生的一条红线。在抗日战争时期，他为抗日奔走劳累。抗战后，他在香港积极投身救亡运动，无声无息地工作，最终因积劳过甚，猝然病故，逝世时才47岁。说到这里，我们便不难理解，作家为什么要以“落华生”为笔名了。他以他短短的一生完成了对“花生”人生的诠释和圆满。

花生一样的语言

《落花生》文笔也像花生一样朴实，不见华丽的辞藻、奇幻的比喻，语言充满童真，体现了质朴美。场景一：种植花生。以写母亲为主，用叙述的方式，说“买种的买种，动土的动土，灌园的灌园”，把儿童为了早点吃上自己心爱的食物，积极投入的劳动热情写得简练而又生动。“过不了几个月，居然收获了！”“居然”二字把孩子们的惊奇、欢喜的心情写得活脱、真切。场景二：收获节。“我们都争着答应：‘爱！’”一个“争”字表现出了孩子们急于在父亲面前表现的那种童真，符合儿童的心理，贴切、自然。在这个普通的收获节上，大家纷纷发言指出花生的好处。在与父亲的对话中，在父亲的启发下，我领悟到“人要做有用的人，不要做伟大的、体面的人”这一真理。看，深刻的哲理就在平淡的小事中孕育而生。

《落花生》一文在写作方法上使用了对比的手法。将苹果、桃子、石榴与花生作比：前者“把它们的果实悬在枝上，鲜红嫩绿的颜色，令人一望而发生羡慕之心”，而后者“只把果实埋在地底，等到成熟，人们才把它挖出来”。它“瑟缩地长在地上，不能立刻辨出它有没有果实，非得等到你接触它才能知道”。这样写对比强烈，旨意鲜明，托物言志，表达出作者的心志——做人，一定要做一个对社会、对他人有用的人，而不是做表面鲜亮浮华的人。

花生故事的人情美

文章短小，内涵却丰实。在一件小事里把一家人都写到了，字里行间透出一家人和睦相处、彼此相知的人情美。母亲那么善解人意，知道孩子们爱吃花生，就领着他们种花生。母亲的心思是多么的细腻。文章虽然只是几笔概述，但是，我们可以想象那一片花生园给孩子们带来的童年快乐。花生收获了，母亲提议过一个收获节。是收获节，不是花生节。母亲让孩子们明白，劳动了，就有收获；有了收获，就能享受收获的快乐！这又是一个多么温馨的创意。生活可以很平常，一个小小的创意，就会让生活增添情趣，就会让家庭充满快乐。父亲在外面很忙，可母亲却适时地请父亲回来过收获节，让父亲分享他们收获的快乐。一家人的聚会，一个不少，其乐融融。这样的伦理美、人情美，令人向往。这样充满人情美的家庭，就是对孩子最好的教育啊。父亲回来过收获节了，这时母亲却退到“后台”，当起了配角。父亲跟孩子们对话，又说了长长的一番话。母亲却一言不发，只是“点点头”。多么了不起的母亲！

是啊。优秀的母亲，是平凡的；但是，她又何尝不是一位伟大的教育家！

花生的哲理美

花生是很多人喜欢吃的食品，却很少有人注意花生长得怎样。正如父亲所说，“花生瑟缩地长在地上”。它的藤叶，它的花儿，都不惹人注意；它的果实，更是埋在泥土里，不能让人看见。这样的特点，自然让人联想到默默无闻、不事张扬却又为社会做出贡献的人。当然，苹果、桃子、石榴，也有果实，还体面。但是，当我们只有体面而没有“果实”的时候，就要追求“做有用的人，不要做伟大、体面的人”。

这就是花生给我们的启示。

对话·建构·生成

——《琵琶行》解读

对话：未见其人，先闻其声；“听”也是一种“说”

浔阳江边，“枫叶荻花秋瑟瑟”的夜晚，“醉不成欢惨将别”的时刻。“忽闻水上琵琶声”，这声音别人听在耳里也就过去了，它只是那么在空中响着。白居易却听在心里，留在了心里。他不禁在心里说，这是谁弹出的声音，此乃何人之声？为什么是这种声音，此何声也？虽未见面，白居易已经和这声音、这人在对话。“声”虽未发，对话已经在进行。白居易对琵琶声、对人的建构开始了。于是，有了下面的弹、说、再弹、忆、写，千古绝唱遂由此生成。

建构：月下琴声惹思绪，声声入耳皆是情

白居易对水上悠悠传来的琵琶声有了初步建构，此声在他心里乃非常之音。故，“移船相近邀相见”，唤出弹者重操弦。东船西舫都在听，白居易是怎么听的呢？他又听出了怎样独特的意味呢？“未成曲调先有情”，转轴拨弦时他已听出情来——弹者是用“心”在弹。“掩抑声”中，他听出了琵琶女的“不得志”。“信手续弹”里，他听出了琵琶女“心中无限事”。如雨如珠、如滑如涩的琴声中，他听出了琵琶女心中的“幽愁暗恨”。作为“听者”的他，心中何尝不是“先有情”呢？没情，他就不会邀她相见听琴，他是用心在听；他何尝不也在“不得志”；他心中何尝不是心有“无限事”；他的“幽愁暗恨”又有多少人知道。白居易就是这样听的，在心里和弹琴者进行着无声的也是深层的对话。这种对话在看不见的“心河”间奔涌和对流。他的情思和语言就在这对话中建构生成了。

生成：琴音话语相交融，天涯同心共感应

琴音引出了话语，琵琶女叙说了自己由荣到枯的身世；话语引出话语，白居易叙说了（可能说出来了，也可能在心里说）自己谪居僻地的苦独（“苦竹”“独倾”）。这是心与心的对话，情与情的交融。遂生成千古绝唱——“同是天涯沦落人，相逢何必曾相识？”感天动地，震撼人心！建构在不断扩展、深化、丰满。至此，此声为何声，此人为何人，白居易的心里有了自己的理解。现在听到的琵琶声已经不同于刚开始的“忽闻”“水上琵琶声”。

心灵的对话往往是双向的，经历的建构也是双重的。白居易的一番话，让琵琶女感同身受，情不自禁地拨弦重弹。在白居易对琵琶声、琵琶女建构的过程中，最终生成了琵琶女对白居易的主动建构，对话升为一种多向的交流，建构更为丰富，生成更为深层。琵琶女从“诉己平生”到“感我此言”，逐渐对这个听者生成了自己的建构。于是，“莫辞更坐弹一曲”。此曲是为己弹，亦为白居易弹，为眼前的知己弹，亦为天下所有“沦落人”弹。于是，意蕴更深，“凄凄不似向前声”。此时，对琵琶声的建构者已不是白居易一人，也不是琵琶女一人，是所有在座的人，他们的建构是一个生成的过程——从“东船西舫悄无言”到“满座重闻皆掩泣”。而建构之最深者乃江州司马——“座中泣下谁最多，江州司马青衫湿”。这泪，来自心田，情思无限；这心泪绵延千古，永世不绝！“此时无声胜有声”，这“有声”与“无声”在对话、建构、生成中，让人感慨万千，让情思绵绵不尽！

人类心灵永远的“村居”

——《清平乐·村居》解读

茅檐低小，溪上青青草。醉里吴音相媚好，白发谁家翁媪。大儿锄豆溪东，中儿正织鸡笼。最喜小儿无赖，溪头卧剥莲蓬。

怡人的村居图景。作者短短46个字的描摹，我们眼前浮现出一幅清新怡人的村居图。“茅檐”“溪上”“青草”“锄豆”“鸡笼”“莲蓬”，告诉我们这里是乡村，而且是原生态的乡村。一种自然的美感浮上我们的心头。“翁媪”“大儿”“中儿”“小儿”，告诉我们这乡村居住着一家人。自然美好的乡村有了一家人居住和活动，这美好之上又多了生命的气息。从这生气里，我们读出了快乐。作者感受到了村居一家人的快乐：老两口的“相媚好”之乐，大中儿的“劳作”之乐，小儿的“玩耍”之乐。作者看着一家人的快乐，自己也乐了：词人的“看之乐”。作者从村“居”中感受到了一家人的快乐，自己也获得了一种快乐。由此，我们可以说，快乐的感觉不必与豪华的物质相关。茅檐低小可以快乐，简单的劳动中可以快乐。

作者心灵的向往。这首词是作者晚年遭受议和派排挤和打击，报国不能，归隐上饶地区居住乡村时所写。词中描写的乡村景象在一般人看来司空见惯，却激起了作者心中隐秘的情愫。所以，别人看景也就看过了，辛弃疾看就看出了意味，就兴发感动。因此，一首美好的词就诞生了。他看出了简单中的快乐，看出了宁静中的意味。在一般人看来，富贵才快乐。而辛弃疾却说“富贵是危机”（辛弃疾《最高楼》）。辛弃疾在这首小词里寄托了他心灵的向往。他奋斗一生，几经沉浮。到了晚年，他需要的不是富贵，而是低小茅檐下“村居”的宁静和怡然。你看，平常的乡村老两口，平常的生活场景，在辛弃疾眼里却是那么“媚好”，比小两口恋爱还亲热呢。“白发谁家翁媪”，“谁家”——这一问，辛弃疾的羡慕之情跃然纸上啊：那一家的老头老太这么好啊！这真是乡野灿烂的“夕阳红”。

现代人心灵的居所。现在，我们读这首清新质朴的小词，除了感受它美好的情境，还能得到什么启示呢？从古至今，随着社会的发展，更多的人离开乡村走进了城市。现代人更是向往繁华的大都市。很多人长大了会离开乡村，乡村的安宁和快乐永远留在了人们的记忆里。当人们在喧嚣的都市打拼得疲惫的时候，就会想到去乡村歇一歇、喘口气。可是，现实中宁静美好的乡村也越来越少了。文学是可以抚慰心灵的。正如儿童文学家梅子涵所说：“文学是抚慰所有人的灵魂的，如果真有一种‘灵魂’的东西的话。文学是这样的一盏灯，只要你亲近过它，那么不管你是在怎样的境遇里，从事怎样的职业和操持，它都会无声无息地照亮你。”当我们的心浮躁不安的时候，那曾经的“村居”会让我们在心灵的一隅找到一份远逝的但却让人怀念的宁静。这样，我们的心会平静一点，获得一丝慰藉，得到片刻休憩。这就是我们，包括我们的学生读这样的看似“无用”的诗词的价值。古老的文学能给现代人一个心灵宁静的“村居”。

与天地和心灵对话

——《江雪》解读

今天是12月30日，冬至后的第九天，早晨-3℃，白天5℃。下午4点左右走到实验小学北面的海池河边，看到右前方河的拐角处一位50岁左右的人在垂钓。这么冷的天，钓鱼的人不怕冷吗？这么冷的天，他为什么出来钓鱼？他真的想钓到鱼吗？由这位寒冷中的垂钓者，不由得想到柳宗元的诗《江雪》，不由得想到柳宗元其人。

寒冷，会使自然界的一些活动暂时“绝”“灭”；人类社会的“寒冷”，同样会使人的一些活动“绝”“灭”。但，一颗思想的心，却不会因为封冻而沉寂。柳宗元在“千山鸟飞绝，万径人踪灭”的时候出来“独钓寒江雪”，是要证明自己的存在。他钓的不是“江雪”，更不是“鱼儿”，他钓的是他“自己”。他并不是要钓到什么具体的东西。“独钓寒江雪”展示的是一种生命的存在方式，一种理想，一种顽强、执着的生存方式。

现代不是有行为艺术吗？“独钓寒江雪”就是柳宗元人生最美、最伟大的“行为艺术”。这行为在向天地诉说，千山可以鸟飞绝，心中理想的飞鸟却永远在振翅；万径可以人踪灭，人的灵魂却与天地同在。虽只有一舟一蓑一笠，一翁却可以独立于天地之间。

这行为向自己的心灵诉说，理想可以不能实现、可以破灭，但理想不可以不存留于心中。尽管什么也钓不到，尽管万里山河没有一个人在钓，我还要钓，我还在钓。柳宗元的理想是“己欲达而达人”的“民本思想”。他认为“官吏是人民的奴仆，并非人民是官吏的奴仆”。他们革新时“打击官商，抑制宦官、藩镇”。柳宗元的理想在当时可谓是真正遥不可及的“理想”。柳宗元在积极参与的“永贞革新”失败后，被贬为永州司马。在被逐出朝廷后，政敌们仍造谣诽谤，对他进行人身攻击，把他丑化成“怪民”。刚到永州，他连住处都没有，生活相当艰苦。可是，政敌的漫骂，生活的艰辛，并没有动摇他的政治理想。他在给朋友的信中说：“虽万受摈弃，不更乎其内。”后来，他又被贬到更边远的柳州。在柳州，条件更加艰苦，柳宗元还是竭力为老百姓办实事。他兴医办学，打井取水，开荒植树，释放奴婢。

这行为还表现出伟大的悲观主义者和清醒的现实主义者的统一。很显然，“独钓寒江雪”是没有什么实际结果的，是悲观的；但“独钓”本身又是现实的，清醒的。一个清醒的、求真务实的现实主义者内心必定是悲观的，一个伟大的悲观主义者又必定是一个真正的现实主义者。因为，理想与现实总是有差距的，有矛盾的，有时甚至是天壤之别、水火不容。说悲观主义者伟大，就在于他不停留于悲观，他心中存留着理想，他在现实中努力，点滴地实现着理想。说现实主义者的悲观情怀，是说他不是一味陶醉于理想，而是对现实中的困难、坎坷有清醒的认识，对理想与现实的差距有清醒的认识。

这行为展示出“冰火相容”的大美。“千山鸟飞绝，万径人踪灭”，这冰天雪地无疑是一座巨大的冰山；“孤舟蓑笠翁，独钓寒江雪”，柳宗元的内心，则是一座蕴藏着理想、信念巨能的“火山”。

这行为表现出唐人孤独的大美。“独钓寒江雪”，“独坐敬亭山”，“念天地之悠悠，独怆然而涕下”，唐人的孤独是天地之孤独，是一种大胸怀的孤独，是“不孤独”之“孤独”。到宋朝，只余下众人之后的“灯火阑珊处”的孤独。而如今，“独自流泪到天明”，是孤独耶？非孤独耶？从柳宗元的经历中，我们不难读懂这颗孤独，却任天寒地冻浇不冷的火热的心。这颗伟大的心释放的热能温暖着古今多少孤独的心，使孤独的心孤独着，使孤独的心不仅仅独孤。

“孤舟蓑笠翁，独钓寒江雪”这一“艺术行为”，成为中国历史文化人格中的一座高峰傲然矗立！

诗意中的教育理趣

——几首古诗的教育解读

一、教学艺术又一境——画到生时是熟时

题画诗

郑板桥

四十年来画竹枝，日间挥写夜间思。

冗繁削尽留清瘦，画到生时是熟时。

郑板桥以诗书画三绝著称于世，尤以画竹为佳。“四十年来”告诉我们板桥画竹是付出了一生心血的，画竹成了他展示生命的一种方式。任何一项技术或艺术都值得人去追求一生。也只有把一项技术或艺术作为一生的追求，才可能达到精纯的状态；这项技术或艺术也才能成为自己生命的一部分。“画竹枝”似乎不是一项高深的技艺，但板桥却用一生的思想情感倾心于它。因此，他才对画竹有了自己独特的体验，画出了独具一格的竹子。技艺的精进，不仅在于生命的投入，还在于生命投入的方式。做和思就是生命投入的方式。“日间挥写夜间思”就是板桥画竹的生命投入方式。有了日间的“挥写”，加上夜间的“沉思”，板桥才感悟到了画竹的真谛，才画出了竹子的神韵。

我们的教学也可以用一生的生命来投入，进入“日间教来夜间思”的生命状态。

从冗繁到清瘦，可以看出板桥对画竹领悟的过程。可以想象，刚开始画竹，他是把竹枝的一枝一叶都要画出来的，所谓“一枝一叶总关情”。但这样的表现只是对自然的忠实的复制和描摹，最高境界只是逼真而已，并不能表现竹子的精神，表现自己对竹子意义的独特理解，从而达到艺术化的境界。我们的教学也一样，关注了“枝枝叶叶”，精雕细琢，像目前的一些公开课那样左右逢源、天衣无缝。这样的教学，也只是高度程序化、技术化的样品展示而已。

“清瘦”可以说是板桥对竹子意义特有的发现，对这种发现的表现就成了一种艺术风格。这种风格既有属于竹子的天然素质，又倾注了作者的情思。也许清瘦的竹子不那么像自然界的竹子，画着画着，对过去的纯描摹而言似乎是“生”了，但这却是一个更高的创新的“熟”的境界。可不可以这样说，艺术的创造只有当我们在一个阶段以后感觉到了“生”，才能进入另一个“熟”的天地。生，其实是对当前自我的否定，由生到熟，再由熟到生，不断否定自己，不断上升，以臻完美。教学艺术也是这样，只有摆脱了技术的层面，带着思想和情感，形成了属于自己的独特风格，教学才能成为一门艺术，融进教师本人和学生的生命之中。这大概是教学的一种理想境界吧。

二、教育不要与儿童的天性作对——画眉林间自在啼

画眉鸟

欧阳修

百啭千声随意移，山花红紫树高低。

始知锁向金笼听，不及林间自在啼。

画眉在山林间自由跳跃，随意鸣啭。它的生命是本真的，它展示生命的方式是自在的，是丰富多彩的。它和山林融为一体，高高低低的树木、红红紫紫的野花，这些仿佛就是它生命的一部分，它的生命在这里完全敞开，随心所欲，婉转啼鸣，丰富多彩。

画眉在金笼里，行动限制，啼鸣单一。它的生命受到束缚，离开了给予它生命的那个环境，它的生命也就失去了本真。"金笼"，在外人看来，也许是优越的环境，优厚的条件，在这样的环境里应该感到幸福才是。把画眉捉来（或买来）的人，让它住在金笼里，也许会认为它是幸福的、幸运的。可在作者看来，恰恰相反。他看到画眉鸟被锁在金笼里，听着它不自在地啼叫，心里也不自在起来。再想想曾经的画眉，在林间上下飞跳，百啭千声，曲尽其妙，不由感慨系之。一个"始"字，写出了诗人若有所思、若有所悟，我们读到这里不禁也心有所感。

一个人从小到大、从幼到长，是不是也可能不断被锁进金笼呢？这金笼也许是金钱、名誉、地位，也许是外在的各种欲望，也许是各种规矩、限制。这些使人失去了生命的本真，人在"金笼"里迷失了自我。尼采看到，在现代工业化社会里，个人失去了自己的个性，自我迷失了。他呼吁："成为你自己！你应当成为你之为你者。有一件东西是不可缺少的，那就是：人应当做到自己满意。"尼采指出，由于科学的严格分工，教育者只有极专门、极狭窄的知识，学校只能是高级保姆，遇到天性完善的学生就无能为力了。尼采认为现代教育工厂化了，在那里，固定的教材施于一切人，学生完全没有主动权，把生命耗费于死的学问。

我们什么时候才会像欧阳修那样猛然醒悟："始知锁向金笼听，不及林间自在啼。"我们什么时候才能找到教育的本真，放飞学生的心灵，还学生生命的本真，还学生"自在啼"的"山林"。

杜威曾说：教育不能和儿童的天性作对。但愿我们的教育多一点"山花红紫"，少一点"锁向金笼"；多一点"百啭千声"，少一点"不自在之啼"。

三、教育的信念——不信东风唤不回

送　春

王　令

三月残花落更开，小檐日日燕飞来。

子规夜半犹啼血，不信东风唤不回。

之所以常常想起这首诗，是从中读出了信念两个字。二三月间，子规白天啼叫，夜半犹啼，听着，听着，人们听出了执着，听出了信念——“不信东风唤不回”。原来，它啼唤的是心中的春天。这啼唤非一般的啼叫，而是“啼血”。这一“血”字，悲壮、凄美的情绪弥散出来了。这执着、信念中就灌注了心血，让人体会到了一种生命的追求、一种理想的情怀。

当我思考一些教育问题、一些语文教学问题时，当我感动于一些教师耐心地、反复地教育、等待一些特殊学生时，当我敬佩于一些教育者超越功利和现实矢志于教育理想时，我便想起夜半啼血的子规。人们常说教育是事业，是科学，是艺术。我想，除此之外，教育还是信仰。尽管，教育不是万能的，尽管教育不能立竿见影，但教育者应该相信教育的力量，即对教育的信仰。教育者要有一点“只管播种耕耘，不管收获或暂时不管收获”的气魄和勇气。

由信念来理解“子规夜半犹啼血”，第一句的“残花”和“小檐”就不是作者信手拈来、随意点染的景物了。残花落了，似乎令人伤春感怀。“更开”，似乎令人感到一种不懈、执着。于是，“小檐日日燕飞来”就不仅仅是“自去自来堂上燕”的景观。檐虽小，那是燕子的家。这家，它是要日日飞回来的。这里是不是也有执着、依恋，也有信念？

这样想来，花开花落、燕子飞来、子规啼叫，这些景语就都有了情思。执着、信念、追求等这些“虚”的情思就化为了“实”的景物。审美的境界、有意味的形式就创造出来了。“落更开”“燕飞来”“夜半犹”“不信不”也因为作者胸中的情思而具有了生命。

当我们的反复教育暂时不见效果的时候，当我们将要对一个学生轻言放弃的时候，当我们为教育的无奈沮丧不已的时候，让我们想起杜鹃，想起这句让你一读就忘不了的诗：“子规夜半犹啼血，不信东风唤不回。”

四、教育之花何时发——不必现在相遇

寻隐者不遇

贾　岛

松下问童子，言师采药去。

只在此山中，云深不知处。

“寻”还是“访”？有些资料甚至教材上的题目是“访隐者不遇”。查了手头的两本书，题目都是“寻隐者不遇”，一本是上海古籍出版社的《唐诗一百首》，一本是黄山书社的《唐诗三百首》。由于有不同的说法，便引起了我的思考。寻是寻找的意思，即目标并不清楚、不明白，而去寻找、发现；访，一般是有目的的探望，是事先约定的。当然，访也有寻访、探访的意思。从题目看，贾岛未遇隐者，显然是事先没有约定。他大概知道，某个地方有位隐者，便去寻找。寻，更能体现贾岛对隐者的向往。

“在”还是“不在”？贾岛没有寻到隐者，隐者“不在场”；只在此山中，隐者又是“在”的。我们是不是可以这样想，贾岛寻到了隐者，只是没有遇到隐者，隐者已经“在”贾岛的心里。也许，这样寻到的隐者才更是“隐者”。贾岛感悟到了这样的“寻隐者不遇”的意味，于是吟出这样看似浅显如话又意味深长的小诗。

“遇”还是“不遇”？贾岛寻隐者不遇，有淡淡的遗憾。但他“寻了”，来到了隐者生活的地方，就像魏晋时期的名士王子猷雪夜访友，到了朋友门前，并不进去，原路返回，乘兴而来，乘兴而归。贾岛一心寻隐者，到了隐者生活的地方，却没有见到隐者，可谓是“不遇”。但贾岛在心里似乎又“遇到”了隐者。隐者与山、松为友，同云、雾相伴，以采药为乐。这才是真正的隐者。隐者的不出场“成就”了真正的隐者，给人丰富的想象空间，更符合隐者的身份。与其说贾岛寻隐者“不遇”，不如说贾岛在心里与隐者“神遇”了。

人生在于创造、探寻，没有现成的人生等你去访问。有的人和事你遇到了，却无动于衷；有的人和事你从来没有遇到过，或者曾经遇到过后来再也没有遇过，但

他们会在你的梦境里、游思里、心底里，不经意地悄然而至、不期而遇。教育就是对学生心灵的探寻和相遇吧。也许你的教育，学生当场心领神会了，有了美好的心灵相遇；也许你的教育似乎“对牛弹琴”，“云深不知处”了，那就让美好相遇在一个迟到的春天里吧。

五、教育的另一种美——把秘密藏在心里

池　上

白居易

小娃撑小艇，偷采白莲回。

不解藏踪迹，浮萍一道开。

一首小诗，一件小事，一个小人。流传至今，魅力何在？

小人的“偷采乐”。小娃偷采白莲，此“偷”非偷窃之偷。小娃偷采白莲是一种好奇，是一种冒险，是一种背着大人做成一件只有大人才能做的事的乐趣。小孩子的天性，一是喜欢学着大人做事，戴大人的帽子，穿大人的衣物，在嘴唇上画胡子扮大人样，等等。这个小娃或者跟着大人采过白莲或者在岸边看到过大人采白莲，这样的经历，让他小小的心里产生了羡慕，产生了冒险的冲动，小小的阴谋在他心里酝酿，趁着大人不在家，瞒着大人也过一把采莲的瘾。二是喜欢偷偷地做大人不允许做的事。小孩子天生逆反好奇，越是大人不允许做的事，越想偷偷地去做。很显然，大人是不会允许小娃一个人去采莲的，小娃只能瞒着大人偷着去采。“小娃撑小艇，偷采白莲回”，两个小字，透露出轻快、可爱，从中不难想象出小娃偷采白莲成功后的得意、兴奋和快乐。

大人的“偷看乐”。小娃偷采白莲，以为天衣无缝，神不知，鬼不觉。他哪里知道，他的一切举动都被一个大人（白居易）偷偷看了个够。他看到了小娃的偷采，心里想着，真是个小机灵鬼；又看到了“浮萍一道开”，便想到，尽管小娃是偷着采莲的，是不想让人发现的，但小娃就是小娃，他不知道把“浮萍一道开”的

“踪迹”藏起来。这就是小孩子，天真、幼稚。当这位大人看到小娃既想偷瞒着大人采莲，又想到他不知道掩藏踪迹时，我们可以想象，这位大人笑了，可能还是掩着嘴窃笑。但是，他不想让小娃发现自己在偷看，不想破坏小娃“偷”来的乐趣。“不解藏踪迹，浮萍一道开”，表面看是写景，其实是写人。这个人就是作者，写他看到的“浮萍一道开”，写他想到的“不解藏踪迹”，写他“偷看”到后的快乐。

小娃偷采白莲，不想让人发现，也以为没有人发现，他不知道他的偷、他的乐被一个大人看到了，而且，看得津津有味，看出了一首诗；白居易偷偷看到了，他没有让小娃知道他偷看到了，他成全了小娃的快乐，同时也得到了自己的快乐。一个小娃，一个大人；一个偷采，一个偷看。两个人都在场，两个人却没有见面。小娃不懂得“藏”，白居易却懂得“藏”。这一大一小的快乐是“偷”来的，也是“藏”来的。

当我们发现学生的某个“偷着乐”的秘密，当我们和学生有一个默契的约定，当学生似乎明白了我们的某一句话语……让我们不要说出来，和学生一起把这份美好相互藏在心里。曹文轩说，最聪明的朗读就是倾听；也可以说，最智慧的告诉就是无言。

漫话语文教师的专业发展

——做一个有思想的读书人

今天我想把自己最近读书思考的一些心得以及长期以来对语文教学的一些想法向高港的各位老师、各位朋友汇报，希望得到你们的批评指正，也希望能够对你们的专业发展有一些启发。我发言的题目是“漫话语文教师的专业发展”。

所谓漫话，不是那么有条理，不是那么有逻辑，就是来讲我的一些体会。语文教师的专业发展与我们的有效教学是什么关系呢？我觉得这两点是合二为一的。因为如果教师的专业发展水平提高了，那么有效教学就不成为一个问题了。

我发言的副标题是“做一个有思想的读书人”。教师应该是个读书人，特别是我们的语文老师，一定要读书学习。根据我自己的体会，语文老师的专业发展主要是三个方面，我把它们归纳成三“者”：读者、思者、行者。

一、所谓读者，就是要不断地读书学习，拓宽视野、丰富知识

我们的生存方式、教育理念和教学观念，决定于眼界的宽窄、境界的高低，决定于看世界、看人生、看教育的思维方式。有了一定的眼界和境界，有了思维方式的变化，有些问题就不再是问题，有些问题就能被正确地对待，很多问题就能自己化解、自己解决。那么，眼界怎么拓宽？境界怎么提升？思维方式怎么改善、优化？读书是必不可少的修炼途径。新课程改革以来，语文学科出现这样一个现象，不重视语文知识甚至忽视语文知识。《语文课程标准》中不要求系统地讲语法知

识，这使老师们产生了一个误解，认为语文知识不重要。我认为对小学生而言，语文知识是不那么重要，或者我们不需要给学生过多的知识，但是作为成年人，作为一个领域或者一门学科的从业者，你要不断地提升自己的专业水平，那么不断地更新知识就非常重要。现在我们语文老师经常感慨：语文改革比较混乱，今天这个方法，明天那个方法，让我们无从下手。我们为什么不知道怎么教呢？就是因为我们缺少知识。现在的基础教育，更多的老师是面对知识的恐慌或者说新知识的缺失。过去我们学的那些所谓的关于语音、文字、词汇、语法、修辞的知识都已经太陈旧了，那是一张“旧船票”已不能登上现在的“新客船”。一般，我们拿到一篇课文，如果不借助于任何参考资料，要读出自己对教材的理解，我估计很多老师会感到困难。为什么困难呢？就是因为缺乏相关的专业知识。

下面我说的一些知识，比如说接受美学、形式主义、结构主义等等，都是我们必须了解的。没有知识的更新，一个人无法不断地拓展思维。

举例来说，初中教材中《背影》这篇课文曾经引起过很大的争议，这篇课文是保留在教材里还是去掉呢？为什么会引起这样的争论呢？是因为在教学的过程中有学生质疑：在这篇课文里，朱自清的父亲从月台的栅栏上翻过去了，他违反了交通规则，而且他穿一件破棉袄，躬着一个腰翻过去，这样的姿势也很不美，我们不愿意学这样的课文。后来编者搞调查，大多数学生都认为不应该要这篇课文，但是许多成年人认为这样经典的课文，让学生感受父爱的课文，能拿掉吗？不能。

为什么中学生在课堂上提出这样的问题，老师不能应对呢？就是因为我们没有这方面的专业知识。这其实是一个美学的问题，什么美学问题呢？是实用价值和审美价值的问题。朱自清的父亲很艰难地越过栅栏买橘子是为了儿子，你从实用价值来看没意思，为什么呢？朱自清自己去买不是更快吗？何必让老态龙钟的父亲翻过去买呢？从栅栏上翻过去还可能发生危险。正因为这样一个老父亲，正因为他不顾自己的危险，正因为他亲自去给儿子买水果，这才反映出父亲对儿子的爱。从审美的角度看就不成问题，有了这个知识你就能从容应对。现在有很多的问题学生提出来了，老师要么说好好好，要么说你的也对，他的也对，敷衍过去。你没有相应的知识去解释，最后只好任其自然，不置可否。

再比如《鹬蚌相争》，一个小孩提出问题，蚌怎么会讲话？蚌嘴一张鹬不就跑掉了吗？学生提出这样的问题，老师就夸这个学生想象力丰富，这其实是大错特错。因为它是寓言故事，寓言是一种文体，文体是我们表达思想的一种固定样式。寓言寓言，寓是住的意思，它的语言里“住”着一个意思，“住”着一个思想一个道理。故事是真的还是假的？假的，道理是真的。这是一个知识的问题。

我举的这些教学中的例子说明了知识的重要，我们再来看看，知识是怎样帮助人去不断认识世界的。小时候妈妈把我们抱在怀里，或者搀着我们走路的时候，你看到天上的月亮你是怎么认识它的？噢，天上有一轮月亮，圆圆的，发出光芒，像一面镜子，你是这样认识的。李白不是说“小时不识月，呼作白玉盘”吗？后来，上了小学了，你学了自然学了科学，老师上课讲了，书上也写了，原来月亮是地球的卫星，它是一颗星球，它要围绕着地球走，转一转就是一个月。因为你的知识，你对月亮的认识就不一样了。到了中学，学了很多关于月亮的文章或者说诗词，“海上生明月，天涯共此时”，“千里共婵娟”。噢，原来月亮里面还有情思，月亮里面还有悲欢离合，月亮里面还有思念，等等。随着你的知识越来越多，月亮还是那个月亮，但是你对它的意义的建构越来越扩大，越来越丰富了。所以说，人认识世界也好，认识一个事物也好，是一个无止境的过程，那么这个过程要靠什么？就是要靠学习，靠知识的不断扩充。

再比如，我对朗读的作用和功能的认识，就是经过了学习，知道了新的知识后，不断加深理解的过程。我1981年参加工作，教中高年级语文。从自己学习语文的经验，从当时教学大纲的要求中，我感觉到朗读对学生的语文学习很重要。在我自己的语文教学中，我很重视朗读。但是，我并不知道这样做的道理，只是一种直觉。经过几年的实践，我在教学中，总结出“朗读时要一边读一边想”的经验，写了一篇小文章《怎样让学生喜欢朗读》在《少年文史报》发表。引导学生朗读时像看电影一样，把文章中的画面想出来，如果是人物就要把他的形象想出来，如果是个茶杯，就要想出它的形状。现在知道这种边读边想象，在朗诵学上叫作“内视”。这就是知识，而当时自己并不知道。去年，我读了《汉语与中国文化》一书后，这个问题解决啦。我把这本书推荐给大家。其中有一个观点就是张世禄先生的

“语气论”。张世禄先生认为，汉语句子的根本性质及其所以成立的要素是语气。汉语的语气作为句子表达功能特有的标志，主要是依靠句末（有时是句首或句中）的语气词来表现的。它传达的不是一个动词的语气，而是全句的语气。张世禄先生把语气和语调看成构成句子的重要因素、语言交际中不可少的成分，并把语气词的运用看成区别句子类型的重要依据，这是汉语语法学史上的一个创见。读到这些新鲜的汉语知识，我恍然大悟。因为，只有通过朗读，才能感受体会到句子的语气，形成语感。朗读在汉语学习中的重要作用，可以从“语气论”中找到学理依据。后来，在研究“阅读教学中教学内容的选择与优化研究”这个课题时，我提出把朗读作为教学内容在教学中予以落实的想法。朗读，不能仅仅视为教学的手段、教学的准备、阅读的铺垫。朗读，应该成为教学内容，按照各个学段的要求教好。

总之，对老师而言，阅读和学习非常重要，我概括成两句话，“阅读像一艘船，给你向往，把你带往远方”，“知识像一束阳光，洞开你心灵的窗扉”。这是我说的第一个方面，我们要做个读者，不断地去吸收新的知识、拓宽视野，这样我们才能不断地积累建构自己对世界的理解，对自己工作的理解，对自己专业的理解。

二、思者，养成思考的习惯，形成自己对教育、教学的理解

当然，读书不能陷入死读书，要有自己的思考、判断，读书还要加上行动和实践。佛学里面讲悟道途径的“闻、思、修”，《中庸》里讲的“博学之、慎思之、审问之、明辨之、笃行之”，都是告诉我们读书要和思考结合起来的道理。

思考的目的是内化，通过思考把知识转化成自己对事物的理解，才能建构自己更宽广的精神世界。什么是理解呢？例如，李锐是文学评论家，他有自己对作家的理解。从哪儿看出他对作家是理解的呢？他说过这样一句话：“所谓作家，就是一群在词语的池塘里游泳的人。”因此，理解就是自己对概念有了一个切身的体验，并且能够用自己个性化的语言来表达。我们回过头来看我们的教育。我们每天从事教育的人对教育有自己的理解吗？也许，你能说出“教育是培养人的社会活动”这

样的定义，但这不表明你对教育有了自己的理解。你要能用你自己的语言说出什么是教育。譬如，我理解的教育是这样的，教育是一种交往，教育是人与人的交往，是心与心的交流，是情与情的交融。所以说定义是固定的，理解永远是多元的，永远是个性化的。只有用个性化的语言表达出来，才能说明你真的理解了。

回过头来说我们教的语文，什么是语文？我们要有一个理解，语文工具性、人文性，这都是定义的概念，你要有自己的理解。语文对学生成长有什么影响，有什么价值？你要去理解。什么是教学，你要去理解。当我们的教学效果有问题时，我们就应该思考，我的教学真的发生了吗？有时候我们时间花了，事情做了，课也讲了，作业也布置了，但是可能你的教学还没有发生或者你的教学发生很少，因为教学有三个要素——“引起、维持、促进”。如果学生在教室里貌似在听课，其实心早已飞到外面去了，“一心以为有鸿鹄将至”，那你能说教学发生了吗？好，学生都注意了，3分钟过去了，他的思想又飞到天上去了，没有维持。学生注意力有了，也维持了，你有没有促进呢？他有没有在原有的基础上进步呢？有时候我们的教学就是在原地打转，没有促进。所以教学这三要素在学生方面没有得到反应的话，那我们的教学根本就没有发生，还谈什么效果？这就是我们通过思考去理解什么是教学，只有理解了才能产生自觉的行动。

怎样由知识达到理解呢？清代文艺理论家刘熙载的一句话可以给我们启发。刘熙载说，“读义理书，要推出事实来；读事实书，要推出义理来”，推就是想，就是思考。当你从义理里面推想出事实，这时你对义理就理解了；当你从事实推想出义理来，说明你对事实理解了。讲得明白一点，用现代的话说，其实就是理论与实践相结合。

我们读《新课程纲要》的解读，都是讲道理的。那么这些道理你都理解了吗？怎样验证你是否理解了呢？就是看你能不能从那些道理中推想出教育教学的事实来，推想出课堂的真实情景出来，用经验来建构你的知识。比如说，我读了“语气论”，我就推想到朗读在学习汉语中的重要性，这就是从义理推出事实来。反过来，读事实书要推出义理来，比如说《名师课堂实录》，这些书要不要读呢？肯定要读的，读了肯定有好处。我们应该思考怎样让我们读的这些书发挥作用，你读这些讲实践的书的时候，要推想出它背后的道理来。你要想他为什么这样设计。当你能把这些道理想出来，你的收获就大了。否则，你读再多这样的书，只能是模仿，永远不会有自己的思想、自己的信念。没有信念，就不会有自己坚守的行为。

三、行者，研究教学的实际问题，不断改进教学

我们从第一步学习、读书，有了知识，再走到第二步，经过思考这座桥梁，到理解，我们就有了信念。自己有了信念，当然觉得应该这样做。有了信念，我们就可以行动。关于语文教学的行为从三个方面谈：一个是教学内容的问题，一个是教学目标的问题，一个是文本解读的问题。

（一）教学内容的问题

首先要思考一个问题，教什么比怎么教更重要。教学内容选得不恰当的话，就算在教学方法上做文章，学生的语文学习还是低效的。我们要思考，为了学生语文能力的提高，我们应该教什么给他。

我举一个例子，一位老师教五年级的课文《装满昆虫的衣袋》，教学第一小节时，其中有两个词“小溪纵横”“花草丛生”，他问学生“小溪纵横”什么意思？请一位同学到黑板上画出来，画出来说明你理解了。于是这个学生就到黑板上画了，画了一个十字形，画好了，他就问学生：“这是不是小溪纵横？”，有学生说不是的，还要再加几条。“‘花草丛生’什么意思？哪个同学再来画一画？”他又请了一个同学上来，学生又画呀画，5分钟没有了。

这个教学内容选得恰当吗？非常不恰当。一忽视了《课标》，《课标》讲得很清楚，五年级学生应该理解词语的表达效果而不是仅仅理解词的意思，用低年级的直观方法有什么作用呢？二忽视了文本，第一小节讲法布尔生活的环境，是个次要的内容，不要把它当重点，重点应是讲法布尔对昆虫的痴迷。而且老师的教学还犯了个错误，他不断地讲因为法布尔生活在这个环境当中，所以成了一个昆虫学家，这是很荒唐的。那么多小朋友都生活在那样的环境里，怎么没都成为昆虫学家？法布尔成为昆虫学家，是因为那个环境吗？是因为他对昆虫的痴迷，是因为强烈的兴

趣。这样的教学内容的选择不是很有问题吗？老师还忽视了学生的基础，五年级学生该用什么方法来理解词呢？用自己丰富的想象力来理解，而不需要再借助实物，一、二年级的小朋友才借助图、动作、实物来理解，到了五年级就不需要了。而且“小溪纵横”“花草丛生”五年级学生不能想象出来吗？肯定能想出来。这就是教学内容选择不恰当的一个实例。教学内容的选择，也就是教什么，我认为总体来说有三点：教“语言”而不是“内容”，教“形象”而不是“概念”，教“情感”而不是“道理”或“结论”。

例如，六年级《钱学森》一课，第一小节应该教什么？不应该教什么？或者不能仅仅教什么？过去我们都是这样教的，同学们读读第一小节，这一小节写了什么呀？（写钱学森归国。）表达什么感情呀？（说明钱学森爱国。）再把课文读一读，行了，就这样结束了。没有关注具体的语言，也没有关注人物的形象，也没有体会人物内心细腻丰富的情感。这样的教学就是内容选择有问题，没有认识到应该教什么。

简单地分析一下，这一段应该教什么？首先应该教语言，第一句话中“1955年10月1日清晨”，10月1日你可以问学生是什么日子，是祖国的生日，在这一天钱学森终于回到了祖国的怀抱。钱学森的归国、爱国是义无反顾的，这样一个特定的时间，钱学森会忘记吗？不会。这个时间出现在课文的开头，是很有意义的。“他屈指一算，已经在海上漂泊15天了。”这句很平静的叙述语言有意思吗？有意思。他自从登上了这艘归国的轮船，就每天都在算，什么时候才能回到祖国，天天在算，这反映了一种迫切的心情。如果说不是很迫切地想回来，他会“屈指一算”吗？“屈指一算”，天天掰着手指头算，“已经在海上漂泊15天了”，15天长吗？短吗？说长不长，说短不短。爱因斯坦说过一句话：当你和一个心爱的女孩约会的时候，你觉得时间很短；当你在火车站等火车的时候，你会觉得时间很长。而15天对钱学森来说，对这样一个归心似箭爱着祖国的儿女来说，是那么的漫长。这种漫长反过来表达了他迫切回到祖国怀抱的心情。最后一句，“他，就是世界著名的科学家钱学森”，这是一个陈述句，要不要教呢？要教。为什么？因为“他”后面是一个逗号，平常我们写句子这里要用逗号吗？不用。这里为什么要用逗号？是要引起你注意，撞击你的心灵。这句话我们应该怎么读呢？该在哪儿停顿呢？该用什么样的语气读呢？该用什么样的感觉来读呢？这些都是教的内容。再来看课文后面的习题：按照时间的先后顺序，课文的第一自然段应该放在哪里？为什么要放在文章的开头？按照时间顺序，应该放在倒数第二小节，可是课文却放在了开头。这也是一种语言表达的方式，是倒叙。是不是告诉学生这种表达的方式叫倒叙，就行了呢？不行。倒叙有个好处，能够引起你的阅读期待，它是一个悬念，这样教，行吗？还不行，那是概念，教概念是不行的，学生是不能理解的。刚才说，读义理书要推出事实来。那你就应该引导学生联系整个文章进行比较，为什么要把这一段放在开头。这里面有很多值得我们思考的问题，只有备课的时候做了深入思考，有了自己的想法，课堂上才有与学生对话的资本。因为对钱学森来讲，回到祖国，是他的新的生活，乃至于新的生命的开始，这是一个无比重要的时刻，这样的时刻，用这样的方式隆重地把钱学森像电影的特写镜头一样推出来。"背景"是辽阔的太平洋，"近景"是一艘巨轮，"特写"是额头宽大、健壮魁伟的一位中年人眺望远方。作者以这样的方式浓墨重彩地把钱学森推到你的眼前，给你以心灵的震撼——这就是钱学森。通过对语言的品味、咀嚼，引导学生在脑子里想象出钱学森独特的形象，感受他那颗火热跳动的爱国心——当他要到祖国的时候，他眺望远方眺望哪里呀，是自己的祖国，这个祖国是他魂牵梦绕的。当钱学森的形象浮现在孩子们的心里了，情感同时也就出来了——钱学森是这么爱着自己的祖国。爱国不是一个口号，不是一个空洞的概念，它是具体的，在每个人身上都是不一样的。我们语文教学往往喜欢教育学生，其实，真正能给学生影响的，是鲜明的形象，是感人的形象。

（二）教学目标的问题

这是一个老问题，也是一个新问题。说是老问题，自从有教材有教学，就有了教学目标。老师备课每天都要写教学目标，但是在现实当中，我们写出的教学目标往往没有什么意义和价值，教学目标跟教学过程、教学效果等并不匹配。我提出一个问题大家来思考，你真的会写教学目标吗？我认为教学目标要生本化。什么叫生本化？就是从学生出发，从学生学习的角度来写教学目标。现在我们的教学目标不是从学生的角度写的，而是从老师的角度写的。第二，教学目标要具体化，就是说你让学生学什么，学到什么程度都要写具体，理解词语，理解哪些词，理解到什么程度，都要有具体的要求，要可操作，可检测。第三是教学目标要显现化，这话什么意思？假设你定了4个教学目标，这4个目标在你的教学过程当中的哪一个环节、怎样落实的要清楚。举例说明，这是二年级课文《青蛙看海》教学参考书上的教学要求：

1. 能正确流利有感情地分角色朗读课文。

2. 学会本课10个生字，理解由生字组成的词语。

3. 懂得只要脚踏实地，一步一个脚印，坚持不懈地努力，就一定能达到理想的顶点。

这是我尝试着写的教学目标：

1. 体会青蛙惊讶、失望、有信心的心理。比较感叹号、句号的不同语气，并能读出不同的语气，再练习分角色朗读课文。

2. 比较“喝”和“渴”，理解“善跑”和“失望”的意思。

3. 能说出后来青蛙登上山顶的原因，知道青蛙是跟着松鼠一级一级地往上跳，才看到大海的。

我们看看教参上的，首先这不是教学的目标，是要求，不具体。第二它的要求太高了，“达到理想的顶点”二年级学生能懂吗？

我为什么定这样的教学目标？教学参考书上的第一个教学目标一般都是正确流利有感情地朗读课文，用一个放之四海而皆准的要求，来代替我们具体的教学目标，老师上课不知道教什么。我写的这个目标就知道教什么了。我写这个目标有什么依据呢？我的依据是《语文课程标准》和文本，《语文课程标准》第一学段有这样的要求：认识课文中出现的常用标点符号，在阅读中体会句号、问号、感叹号所表达的不同语气。再来看文本，这则童话有个特点，角色的语言很丰富，角色微妙的心理变化用特定的语言形式写出来了。比如苍鹰对青蛙说：“喏，只要登上前面那座山，就能看到大海。”“天哪，这么高的山！”青蛙吸了口凉气。后面是个感叹号，还有后面一句"这有什么难的！"又是一个感叹号，这说明青蛙跳一级台阶是容易的，它有了自信，再跳一下又上了一级台阶，"好，你一定能看到大海！"又是一个感叹号，感叹号把青蛙的心情变化写出来了。这些是要教给学生的。第二个目标写字，教参的要求很笼统。我写的第二个目标要比较"喝"和"渴"，比较这两个"读音差不多、写法也差不多"容易混淆的字。"喝"是刚刚出现的生字，"渴"已经学过了，进行比较，才能正确书写。"理解由生字组成的词语"，这篇课文后面有10个生字，最起码能组10个词语，这10个词语是不是都要理解？哪些学生已经懂了？哪些是需要理解的？我觉得课文中主要有两个词语要理解："善跑"，因为善是一个生字，这里是指它能跑，有跑的能力；"失望"要联系课文来理解。

教参的第三个目标不符合低年级学生的认知水平。我定的目标，能说说后来青蛙登上山顶的原因，只要学生能把后来青蛙登上山顶的原因说出来，对小学生来说，这个故事就懂了。青蛙是跟着松鼠，一级一级地往上跳，最后才登上了山顶，小孩子记住这个就行了，记住故事本身更重要。有的老师教得很深，他说："就这样青蛙跟着松鼠一级一级地往上跳，累了在草丛中歇一会，渴了喝点山泉水，不知不觉已经跳完了所有的台阶，到达了山顶。"他还问："小青蛙跳得吃力不吃力，辛苦不辛苦啊，小青蛙勇敢不勇敢啊？"这都是乱教，课文中写得很清楚，"累了就歇一会，不知不觉已经跳完了所有的台阶，到达了山顶"，难吗？不难，如果这里体现出难，体现出苦，对小孩子就是一种伤害，小学生你教他难啊苦啊，他还愿意做吗？他这时候不是个理性的人。对大人来说，可以是知难而进，对小朋友不是这样。

（三）文本解读的问题

准确独到的文本解读是有效教学的基础。文本有5个结构层次：语音强调层，语意建构层，修辞格层，意象意境层，思想情感层。我们可以用这5个层面来进行文本解读。

我们有些老师容易忘记"语音强调"这个层次。我们在阅读诗歌或教学诗歌的时候可能还会比较重视语音，注意它的语调、节奏、韵律，但是我们在教其他体裁的时候一般不太注意，其实有许多课文的语音值得我们关注。四年级上册的《田园诗情》写的是荷兰牧场的景象。第一句话它的语音层值不值得我们关注呢？“荷兰，是水之国，花之国，也是牧场之国”，这里面有“语音”的“强调”啊！第一，它的节奏，“荷兰”后面有个逗号完全可以不要；第二，它可以说“荷兰是水的国家，是花的国家，是牧场的国家”。他为什么不这样说？这是语音的节奏。再从全文来看，这篇课文题目是“田园诗情”，所以整个文章的语言风格是什么？抒情的，富有诗情画意的，就像一首小夜曲。因此，它讲究了语音的韵律和节奏，以此来表达荷兰牧场不一样的“诗情”。

第二“语意建构层”是讲语言表达的意思，大家都知道，这里我就不说。第三“修辞格”，就是比喻、夸张、拟人等，这里我要提醒老师们的是，对修辞的教学我们千万不能只停留在概念和形式上面，一定要把握修辞所表达的独特的内在的意蕴。以比喻句为例，四年级《槐乡五月》有这样一个比喻句：“有的槐花抱在一起，远看像玉雕的圆球；有的槐花一条一条地挂满枝头，近看如维吾尔族姑娘披散在肩上的小辫儿。”平时我们怎么教？同学们，这句话什么句子？（比喻句。）把什么比作什么？（把槐花比作玉雕的圆球，比作维吾尔族姑娘的小辫儿。）这样的教学并没教好修辞，因为修辞是语言的一种变形。教师提问：“作者为什么把槐花比作玉雕的圆球？”因为它们都是白色的。一般教学都是这样。但是到了这里，再向上，就是考老师的境界、考老师的底蕴了。白色，为什么不把它比作雪球呢？学生想不出来了。可以这样启发学生：你身上带玉了吗？你喜欢玉吗？玉珍贵不珍贵？提示学生：中国是一个有着悠久的玉文化的国度，玉在我们的民族文化里面，是美好的珍贵的象征，作者用玉雕的圆球这样珍贵的东西来比喻普通的槐花，说明他对槐花太爱了！把槐花比作维吾尔族姑娘披散在肩上的小辫儿，仅仅因为槐花是长长的条儿吗？不是，是因为槐花像小姑娘那样活泼可爱，那样美丽，打扮得花枝招展。修辞里面是有情感、有意蕴的。

第四是“意象意境层”。《姥姥的剪纸》写姥姥和我童年时的幸福时光，最后一小节，写“我不管走多远、走多久，梦中总不时映现家乡的窗花和村路两侧的四季田野。无论何时，无论何地，只要忆及那清清爽爽的剪纸声，我的心境与梦境就立刻变得有声有色”。其实这段抒情的文字，它就是一个意象，也是一个意境，作者的情感就化在这样的境界里面。读这样的文字，我们就要把这样的意境想象出来、体会出来，那才叫学到语文。要是仅仅说“我很爱姥姥，我在梦里面想姥姥”这有什么意思？没有意思。文学的熏陶功能没有发挥出来，因为你没有关注意境的美。第五个层面是思想情感，之前我们已经提到了就不说了。

最后我想强调的是，解读文本不要轻易给人物贴标签，要从语言的品味中，去感受语言背后那个真实的活生生的人。比如一位老师教《厄运打不垮的信念》，教到谈迁在第二次写《国榷》的时候，抓住了一个短语——“一袭破衫”，从这个“破”字你读到了什么？你理解了什么？学生说了：谈迁很苦。教师板书：重写《国榷》→苦。我在下面听了很不是滋味。下课了，我问老师：“你怎么能说谈迁很苦呢？”我们来看看文本的语言，作者要表达的是不是谈迁的苦，“他一袭破衫，终日奔波在扑面而来的风沙中。面对孤灯，他不顾年老体弱，奋笔疾书，他知道生命留给自己的时间已经不多”，这是写他苦吗？不是，这是一种悲壮。谈迁的生活是很苦，但作者要表达的不是他生活的苦，而是面对苦难不屈不挠的意志。在谈迁看来，任何物质的匮乏对他来说都不是苦，实现他的理想，写成《国榷》，才是他生命的追求。这“一袭破衫”，描写的是中国古代士大夫“穷且益坚，不坠青云之志”的顶天立地的崇高形象。中国传统文化中的正能量历来是“士志于道，而耻恶衣恶食者，未足与议也”。有理想的士大夫历来追求“立言、立功、立德”和“己欲立而立人，己欲达而达人”的天下情怀。

由所谓谈迁的“苦”，我又想到《天游峰的扫路人》的“苦”。这篇课文的教学，不少老师强调老人的辛苦、勤劳。我们一定要从文本的语言出发，而不是被思维习惯束缚。文章里讲得很清楚，作者问他苦不苦，他说“不苦不苦”，“不累不累”，他说话的时候“朗声大笑”，“悠然自得”，他苦吗？一点也不苦。我们应该引导学生从语言去理解“老人这么大岁数，每天扫上山、扫下山，为什么不觉得苦，反而乐在其中”。让学生从语言中，感受这个不一样的老人。其实，在老人眼里，他的工作是很自在的，是很快乐的，一边扫一边看风景，是在享受工作，享受生活。这篇课文到底讲什么呢？我的理解是作者作为一个都市的人——他整天生活在喧嚣的都市，整天为了工作在奔忙——突然看到了这样一位老人，他发现原来享受生活、享受工作才是最重要的，这是第一；第二，享受生活、享受工作与房子、车子、票子无必然联系。老人什么也没有，但是他在享受生活，享受工作。所以享受生活、享受工作才是最高的伦理，这才是作者要传达的信息。

再比如《天鹅的故事》我们一般这样理解：故事写天鹅顽强的生命力，一种勇敢的精神。其实这样理解你只理解了文章的一个不太重要的写作意图。如果我们从语言出发，我们就不仅仅看到“天鹅”，还应该看到“看天鹅”的“人”。首先看题目“天鹅的故事”而不是“天鹅”，这是一。第二，从叙述的视角看，这篇文章有一个作者，章廷桦，他讲了一个故事，这个故事里面又有一个人，叫斯杰潘老人，他又讲了一个故事，这篇文章里有两个叙述者。作者为什么讲这个故事？因为他觉得这个故事有价值，这个故事的价值在哪里呢？是不是在天鹅的生命力？是不是在天鹅的顽强？是的，又不仅仅是。斯杰潘老人是怎么讲这个故事的呢？我们不妨来看课文的语言，“瞧着这位‘破冰勇士’”，我们要想一想，“破冰勇士”这个光荣的称号是谁给他的，是斯杰潘老人。可是，刚开始，老人在湖边转悠时，看到的天鹅，就跟其他鸟儿一样的，只是鸟儿。后来在老人眼里，天鹅不再是普通的鸟儿，而是“破冰勇士”，老人对天鹅的情感发生了变化，把天鹅当成人来看了。斯杰潘老人看着天鹅，对天鹅的理解不断加深，不断变化，对天鹅的情感也逐渐加深。他从一个猎者变成一个爱天鹅的人，从一个观看者变成一个欣赏者，从好奇变成感动，从一个打猎者变成一个动物保护者。斯杰潘老人这样讲了自己和天鹅的故事以后，我们再来理解，课文要告诉我们的，是对生命的一种感悟。文章讲的是斯杰潘老人理解了生命这样一个感人的故事，所以重点不在天鹅，在斯杰潘老人，老人对天鹅感情变化的历程，老人对生命的理解和感悟。

今天能有机会在这里把我读书学习的心得，以及对语文教学的理解，说出来跟老师们分享，感到非常高兴。谢谢各位老师！

2009年10月31日，泰州市高港区小学语文骨干教师培训讲座

语言：语文教学的根

认识与观点

◆语文教学的根本任务是使学生形成基本的语文素养。

◆形成语文素养的途径是学习语言。

◆在阅读教学中学习语言的基本方法是组织和指导学生进行语言实践活动。

◆学生学习语言是一个感知语言、感受语言、理解语言，积累和运用语言的过程。

◆阅读教学应该在学生的精神世界里留下形象、留下情感、留下语言。形象是理解、运用语言的重要背景，语言是语文学习的归宿，情感与理解、运用语言相依相伴。形象、情感、语言三位一体，既相互作用，也共同作用于学生语文素养的形成、人文精神的养成，体现语文的多重功能，体现语文在促进学生全面发展、终身发展方面的作用。

形成语文素养也好，培养语文能力也好，一般说来，教师对语文教学的目的是明确的。语文教学实践中一个被忽视但不可回避的问题是：通过教什么可达到教学目的？这个问题的答案似乎很明确：通过使用教材达到教学目标。但在实践中我们不难发现，针对同一篇课文，不同教者在“用什么教”上会有不同取舍。语文教师经常感叹，越改革越不知道语文课该怎么上。其实，不知道怎么上，就是对“用什么来教”心中无数。过去，我们比较多地研究怎么教，而忽视教什么。如果“用什么教”不明确，那么研究“怎么教”就失去了意义。这就好比弄不清人需要的营养，光顾着研究做菜的花样。我们认为，我们的语文教学研究，尤其是实践研究要来一个转向，重点研究“教什么”，把“教什么”弄清楚。

“苏教版教材阅读教学中组织指导学生学习语言案例研究”就是对语文教学“教什么”的一种尝试和探索。回顾一下，过去我们的语文课上大多数教什么呢？教内容——什么人，什么事，什么景，什么物；教概念语文知识；教道理——什么道理，什么精神，什么思想。事实说明，教这些对学生语文能力的提高是没有什么作用的。

通过课题研究，我们认为，语文应该“教语言而不是内容，教形象而不是概念，教情感而不是道理和结论”。情感、品质、价值观、品位、情趣、审美等都蕴含在具体的语言中，都是从语言这个根上长出来的。没有对语言的感受、理解、感悟、品味，这一切都只能是无源之水。

因此，语言是语文教学的根。情感、形象则是生长语言、智慧的土壤。智慧是语言根上和情感、形象土壤里长出来的繁枝茂叶、硕果鲜花。生动鲜明的形象、真挚深厚的情感、活泼丰富的语言在学生心中积淀下来，成为语文能力的基础，文化底蕴的养料，人格形成的萌芽。在今后的人生道路上，特殊的时空、境遇，可以借过去留在心中的形象、情感得到一种慰藉、一种动力、一种激励，成为人生的一种资本。语文教学熏陶、浸润的功能，传承文化的功能，帮助人终身发展的功能就可以发挥出来。

一、语言——语文教学的根

（一）对语言和学习语言的理解

我们所说的语言不是语言学家概念化的关于语言的定义，而是指与我们每个人的日常生活、工作、学习乃至生命息息相关的活生生的语言。这种语言在语言学上也称“言语”，即运用语言所创造出来的具体的作品。在汉语言教学领域，这种语言具体指汉字、词汇、句段、篇章和语言的表达方法。学习语言，就是学会汉字——读准、记牢、写好；积累词汇——记牢、理解、运用；阅读、积累段篇——朗读、背诵、理解、感悟、运用。学习语言即感知语言，理解、感悟语言，积累语言，运用语言。当然，这些语言的学习，是在具体的言语作品中结合语境进行的。

（二）语言对人类生存的重要性及对学生成长的作用

语言是思维的工具，是人与动物的根本区别之一，是人类社会重要的交际工具。没有语言，人类社会就不能形成组织系统，将是一盘散沙。一个人孤身来到一群语言不通的人中间，可以想象，他的感觉就像鱼儿离开了水、人离开了空气，将会感到孤寂窒息，难以生存。人的日常生活离不开语言，人的精神生活更是如此。本民族语言不仅是个人生活中必不可少的，而且对弘扬民族精神、增强民族凝聚力也起到十分重要的作用。语言的学习为学生拓展认识范围提供了条件和前提。通过语言的学习，学生逐步认识到感官范围之外的世界。汉语的学习使学生接受中国优秀传统文化的熏陶。母语是民族思想、道德、伦理、信念等的载体。德国语言学家洪堡特说：“语言仿佛是民族精神的外在表现，民族的语言即民族精神，民族的精神即民族语言，二者的同一程度超过了人们的任何想象。”一位日本学者指出：放弃母语等于亡国。

（三）语文素养是语文知识、能力与人文素养的统一

语文课无疑要帮助学生提高运用语言这个工具的能力。我们要全面科学地看待这个工具。语言这个工具不是客观的，它本身就包含着意义，包含着人类的文化、历史、精神和传统。学习语言与继承人类传统文化是统一的。过去语文教学的误区在于把重点放在了课文内容的理解和语文知识的教学上，却忽视了语文素养的培养，忽视了对语言本身的学习——感悟语言、积累语言、运用语言。因此，只有充分认识到语文教学的根本任务是提高学生的语文素养，形成语文素养的基本途径是学习语言，才能真正提高语文教学的质量。

（四）学习语言的途径和方法

语文教师必须坚定一个信念：学生的语文能力不是教给的，而是通过活动、实践自己习得的。学生听说读写的语言实践越多，感性语言材料积累越丰富，语文水平就提高得越快。《语文课程标准》（实验稿）指出：“语文是实践性很强的课程，应着重培养学生的语文实践能力，而培养这种能力的主要途径也应是语文实践。不宜刻意追求语文知识的系统和完整……应该让学生更多地直接接触语言材料，在大量的语文实践中掌握运用语文的规律。”也就是说，语文课一定要上成语

言实践课，它的作用才能显现。

（五）语言实践的几种具体形式

读——这里指不同形式、不同范围的阅读，包括朗读、默读、诵读，精读、浏览，课内阅读、课外阅读等。《语文课程标准》指出："各个学段的阅读教学都要重视朗读和默读。""应加强对阅读方法的指导，让学生逐步学会精读、略读和浏览。有些诗文应该要求学生诵读，以利于丰富积累，增强体验，培养语感。"因此，要把语文课上成读书实践课、读书指导课。教师要加强对朗读、诵读、默读指导的研究。通过朗读、诵读帮助学生积累语言、领悟含义与方法、体会情感、培养语感等。通过默读培养学生一边读一边想、发现问题、独立思考的能力和习惯。读要根据不同层次提出不同的要求，教师给予必要的引导、指导和示范，让学生在读书实践中提高语文能力。

悟——分为三个层次：了解，感知；领会，有所得；觉醒，豁然开朗。悟以感知为基础，以独立思考、富有个性的创造性阅读为特征，是学习汉语言的必要途径之一。《语文课程标准》中首次用"感悟语言"代替了过去"理解语言文字"的表述。感悟和理解的区别是：理解——侧重于理性、抽象、逻辑思维，重在得出结论；感悟——侧重于感性、具象、直觉思维、顿悟思维，重在阅读、涵咏、体悟的过程。学生通过自己阅读感悟而获得的语言是有生命、有活力的语言。

悟是一个整体的过程，大体可分为三个方面：悟言、悟形；悟意、悟情；悟法、悟道。悟言、悟形是理解、领悟语言的意思、意味，展开想象，进入文本意境；悟意、悟情指领会内容，体会情感；悟法、悟道指揣摩文章思路，领悟表达方法。

"悟言、悟形，悟意、悟情，悟法、悟道"，三个方面分开来说是研究和表达的需要，其实这三方面是圆融一体、不可分割的。有人指出现在语文教学往往得"意"忘"形"、得"意"忘"言"，这很值得语文老师反思。"言生于象，故可寻言以观象；象生于意，故可寻象以观意。"（王弼《周易略例·明象》）"象"是言与意的中介。儿童的阅读是这样一个过程：借助语言文字，结合已有感性经验，唤起形象、引发情感，让文章中描绘的形象在脑海中"活"起来，并深深留在自己脑海中。儿童的习作，是在观察、感受之后，通过构思，用思维将若干留在脑海中的“表象”编织起来，用“认识”这根红线将零散的“表象”贯穿起来，然后选取恰当的语言表达出来的过程。由此可见，领悟语言，依赖于形象；体会情感、陶冶情操，依赖于形象；语言表达，也依赖于形象。形象、情感、语言三位一体，相互作用，共同作用于学生语文能力的提高、语感素养的形成、人文精神的养成。

感悟语言要有教师的引导、激发。教师用富有启发性并带着情感的语言，用激发学生思维的问题，适当运用各种形象、直观的手段，把学生引进文章中去，有情趣地读，有意味地读。随着年级的升高，教师要给学生静心默读、独立思考的机会，让学生入境“亲”文本，潜心“会”文本，培养学生边读边想的习惯。只有这样，才能实现个性化的阅读，学生个体才会产生独特的体验。在学生真心阅读、独立思考的基础上，教师还应充分地让学生表达自己的阅读感受，师生、生生间进行交流、对话，既注意尊重学生的独特体验，又注意正确的价值导向，使感悟真有所得。最后，教师要求学生在对文章有真切感受的基础上，通过朗读把自己的理解、感受表达出来，有的要熟读成诵。这样指导学生亲近文本，走进文本，感悟语言才能落到实处。

记——就是积累。包括记住3000个汉字，其中2500个会写，记住常用词汇、句式、精彩的段落、篇章，还包括积累观念和形象。观念指思想、观点、认识，以概念的形式保存在记忆中；形象指人物、事件、情节、场景，以表象的形式储存在记忆中。记要讲科学、重方法，以儿童心理特征为依据，以教材特点为依据，多运用“情绪记忆”，反对死记硬背。对小学生来说，形象和语言的积累最为重要。鲜明的形象、真挚的情感、丰富的语言是语文能力的基础，也是文化底蕴的养料、人格形成的萌芽。

写——指写字和写文。写字是一项重要的语文基本功，是巩固识字的手段。写好字不仅可以提高学生的语文能力，还能培养学生认真的学习态度和良好的学习习惯。认真的态度是一个人求知、学习、做事、做人的重要品质。因此，学生必须在小学打好写字基础。写文，除课堂习作训练外，还要强调平时的练笔，让学生自由表达，养成“乐于动笔，勤于表达”的习惯。可指导学生写读书笔记、周记、小随笔、办小报等。习作要强调基本功训练：书写工整，不写错别字；正确使用标点符号；能一句一句把意思表达清楚；等等。

动——指开展丰富多彩的语文实践活动，在生活和社会中学语文、用语文。要大力开展语文综合学习活动，指导学生多读书，采取多种形式交流读书心得。在课内外组织社会调查、参观访问、办报办刊，组织朗诵、书法等兴趣小组，还可以利用广播、电视、网络等媒体，拓展语文学习的空间。

二、形象、情感——语文教学的土壤

形象泛指能引起人的思想或感情活动的具体形状或姿态，特指文艺作品中创造出来的生动具体的激发人的思想感情的生活图景。过去的阅读教学，教师重视的是文章内容的理解掌握、知识的传授以及结论或道理的归纳，忽视帮助学生建立生动具体的形象，体会丰富的情感。学生学得的语言是缺乏形象支撑、缺乏真情实感的干瘪、枯燥的语言，学生获得的感悟是抽去形象、缺乏生命体验与心灵沟通的感悟。

1992年颁布的《九年义务教育全日制小学语文教学大纲（试用）》及2000年颁布的《九年义务教育全日制小学语文教学大纲（试用修订版）》中关于阅读教学皆没有提出“感悟文章形象”的要求。《全日制义务教育语文课程标准（实验稿）》（以下简称《语文课程标准》）第一次在阅读教学中把“感悟形象”和体会情感结合在一起提出要求。在“阶段目标”第一学段的“阅读”中第6条、第7条分别指出：阅读浅近的童话、寓言、故事，向往美好的情境……诵读儿歌、童谣和浅近的古诗，展开想象……第二学段“阅读”中第5条指出：能复述叙事作品的大意，初步感受作品中生动的形象和优美的语言，关心作品中人物的命运和喜怒哀乐……第三学段“阅读”中第7条指出：阅读叙事性作品，了解事件梗概，简单描述自己印象最深的场景、人物、细节……阅读诗歌，大体把握诗意，想象诗歌描述的情境，体会诗人的情感。（着重号为笔者所加）

《语文课程标准》提出的阅读教学的总目标是：学生“具有独立的阅读能力，

注重情感体验，有较丰富的积累，形成良好的语感。学会运用多种阅读方法。能初步理解、鉴赏文学作品，受到高尚情操与趣味的熏陶，发展个性，丰富自己的精神世界”。其中，情感的体验，语言的积累，语感的形成，文学作品的理解、鉴赏等，都离不开形象的建立。因此，《语文课程标准》阶段目标中阅读部分提出帮助学生感受形象、想象情境、体会情感的要求是非常及时和必要的。

（一）形象、情感与语言的理解和感悟

理解和感悟语言是阅读教学的基本任务。过去，我们帮助学生理解语言，重于定义、概括、抽象，学生得到的是结论、法则，与语言之间隔着一堵墙，对语言没有契合心灵的理解。这样学到的语言，学生并没有真正理解，更没有经历感悟的过程。其实，对语言的理解、感悟，一刻也离不开形象和情感。“‘言生于象，故可寻言以观象。象生于意，故可寻象以观意。’‘披文—触物—体情’，‘寻言—明象—悟道’是学习汉语言的基本规律。”（高万同《科学开发儿童潜能，争取语文教学有较大突破》）“触物”“明象”就是想象事物的形象，“体情”就是体会情感。可见，形象是语言与意蕴、情思之间的桥梁。“文章不是无情物”，作者“情动而辞发”，读者“披文以入情”。

阅读教学一刻也离不开情感体验，阅读教学中的语言学习必然伴随着情感体验。只有体会到了文章内含的情感，学生学习的语言才是活生生的、富有生命的语言，也只有这种语言，才能内化为学生的语文素养。

阅读教学中，唤起形象、想象形象、体会情感是不可缺少的环节，是学生步入语言殿堂，理解、感悟语言的门径。

词语教学是阅读教学的基础，对词语的理解和感悟离不开形象。苏霍姆林斯基曾说：“儿童在知识的梯子上攀登时，使他迈出最初的，在我看来也是最宽阔步伐的，就是通过词来认识世界。让词在儿童的意识里活起来，欢蹦乱跳，使词成为儿童借助它去掌握知识的工具，这是多么重要啊。”理解、感悟词语时，只给它下一个定义是远远不够的。对“春天”一词，仅知道它是一年四季中的一个季节是没有实际意义的。我们要引导学生想象春天繁花似锦、万物复苏、生机勃勃的形象，引发学生对春天的真实感受，让学生的心灵真正走进春天。只有当词在学生的心灵里跟鲜活的、难忘的、激动人心的画面联系起来，这个词在学生的意识里才具有了深刻的个性，才具有了生命，它也才被学生真正理解和感悟。

对句子、文章意义的理解、感悟同样离不开形象的支撑和情感的体验。“是啊，人人都需要掌声，特别是当一个人身处困境的时候。让我们珍惜别人的掌声，同时，也不要忘记把自己的掌声献给别人。”（苏教版小学语文教材第五册课文《掌声》）在理解这段话及整篇文章时，是不是给学生一个结论——人与人要相互帮助——就行了呢？这掌声难道只是刺激耳膜的机械声响？不，这掌声后面有一个感人的故事，有一个忧郁的但敢于战胜自己的小英，有一群心灵纯洁、心地美好的孩子。只有感受到这些鲜明动人的形象、真挚感人的情感，学生才能真正理解“掌声”的含义，感悟语言中的意蕴和生命。

（二）形象、情感与审美体验和人格养成

《语文课程标准》多处提到“培养学生高尚的道德情操和健康的审美情趣”。总目标的第7条指出：“具有独立阅读的能力，注意情感体验……能初步理解、鉴赏文学作品，受到高尚情操与趣味的熏陶，发展个性，丰富自己的精神世界。”

情感是人对客观世界的态度体验，它不是凭空产生的，必须依赖客观实在的事物，尤其是生动感人的形象。“托物言志”“借景抒情”说的就是这个道理。“一轮明月”这个鲜明的形象，曾引起古今中外多少人丰富、独特的情感体验，从而留下多少多姿多彩的感人诗文啊。要让学生体验深厚、真挚的情感，必须在学生心中植下鲜明、生动的形象。没有形象基础的情感是飘忽的，暂时的，是不会真正感人肺腑的。车尔尼雪夫斯基说：“美是个别的、活生生的事物，而不是抽象的思想。”审美体验必须先让学生感受到活生生的具体美好的形象。《高粱情》（人教版小学语文教材第九册课文，作者牛汉）一文，描写了西北高原上的高粱，叙述了高粱与那里人们生活的密切关系，抒发了作者对高粱的敬佩之情。在阅读这篇文章时，如何激发起学生对高粱的喜爱敬佩之情，与作者产生情感共鸣，形成审美体验？首先必须在学生心中植入高粱鲜明的形象——血红的沉甸甸的穗头，挺直修长的秆子，坚强有力的根，暴风雨中不屈不挠的姿态。可让学生盯着图画看一会儿，把高粱的形象映入脑海。有了这个基础，在阅读过程中，让学生边读边想象，使高粱形象在学生心中逐渐明晰起来，鲜活起来，感受到高粱是有生命的活物，它仿佛在和人们对视，和人们说话。经过这样的形象植入，学生对高粱的敬佩、赞美之情便油然而生，高粱作为审美对象，才会在学生心中留下深刻美好的印象。

阅读教学中，我们的老师往往习惯于留给学生一个结论、一个道理，以为这个结论、道理很重要，可以改变人。学了《狐狸和乌鸦》要学生记住：听奉承话会吃亏。这个结论要不要呢？要的。但只有这个结论是不够的。比结论更重要的是让孩子记住有趣的故事，记住生动的形象，记住心灵曾有的感动。这个故事，这些形象，这份感动，留在心中后，在孩子们今后的人生经历中，在不同的时空，不同的境遇，会生成不同的思想，给人不同的启迪。"形象大于思想。"留下形象、感动，比只留下思想、结论更具有开放性、生成性和创新性。结论对人的改造作用是微弱的，而情感的熏陶、浸润，可以逐渐使人在精神世界里自主建构对世界、社会的认识，形成良好的道德情操。

这里不妨引用一个故事。在瑞典的语文教材和旅游手册中载有这样一件事：1971年，瑞典的首都斯德哥尔摩，当市政工程的铲车朝古树参天的"国王花园"逼近时，一群勇敢的年轻人站了出来，他们高喊"拯救斯德哥尔摩"的口号，用身体组成人墙，挡在那些美丽的百年古树前面……终于，政府做出了让步，将地铁线改道。古树多么幸运，而新一代的瑞典人，在享受古树的阴凉的同时，也更加珍惜这来之不易的绿色。几十年来，那些护树者，一直被瑞典公民视为心目中的英雄。我深信，他们之所以有这样的举动，与其童年接受的自然意识的启蒙教育有关，与其早年积淀的与树有关的审美记忆和生命情结有关——这份热爱一定是童年就埋藏在心中的，正是那些深刻的印象刺激和鼓励着他们，才促使他们做出这般不顾一切的举动……①

当情感感动心灵，当情感变成信念，就会产生巨大的精神动力和道德力量。

（三）形象与思维、创造

《语文课程标准》总目标第4条指出："在发展语言能力的同时，发展思维能

① 王开岭. 流逝的古典［J］. 读者，2004（8）.

力，激发想象力和创造潜能。”我们认为，语文学科发展思维能力的独特之处在于发展学生的形象思维，培养学生的想象力。爱因斯坦说过，想象力比思维更重要。其实，形象思维对科学创造具有与抽象逻辑思维同样重要的意义。1979年，诺贝尔物理学奖获得者，美国物理学家格拉肖，曾生动地谈到形象思维对科学创造的重要意义。他认为涉及诸多方面的学问可以开阔思路，抽时间读读小说，逛逛动物园，都很有好处，可以帮助提高想象力，这同理解力和记忆力一样重要。“假如你从来没有见过大象，你能凭空想象出这种奇形怪状的东西吗？我这样讲，有的人听起来会感到奇怪。但是在我们研究物理问题的时候，往往会用到现实世界的各种形式，对世界或人类社会的事物形象掌握得越多，越有助于抽象思维。”

我国著名化学家侯德榜小时候十分爱好形象思维。他的故乡在福建，十来岁的时候，他常常侧身躺在草坡上，望着长流不息的闽江水，让自己的想象纵情驰骋。旋转不息的水车、姑母家的药碾子都是他丰富的形象思维中的事物。

还有一个大家耳熟能详的例子：雪化了变成什么？按常规的逻辑思维，答案是变成水。有个学生却给出了富有创意的答案——变成春天。这就是形象思维催生的创造之花。形象介入思维，可另辟蹊径，拓展思维空间，转换思维方式，突破思维定式，激发创造潜能。由此可见，形象、形象思维、想象力对发展思维是何等重要。而这些正是语文教学，特别是阅读教学的优势所在，个性所在。

2004年6月，第五期江苏省中小学教学研究重点课题
“苏教版教材阅读教学中指导学生学习语言案例研究”结题报告。
撰写：何伟俊　课题主持人：何伟俊、孙万寿

架起理论与实践的桥梁

——我的教学研究心得

教学研究的重要性，这是人人都明白的。无论从学校的生存发展看，还是从教师自身成长的需要看，科研兴校、科研立教、科研成才，已成为大家的共识。

如何开展教学研究，对教育教学第一线的教师们来说，我认为要明确三点。一是明确教学研究的目的：解决实际问题，为提高学生素质，提高教学质量服务，同时提高自身素质。二是明确教学研究的途径：从理论到实践再到理论。也就是我为今天发言定下的题目——架起理论与实践的桥梁。通过读书、学习掌握理论，用理论指导实践，在实践中消化吸收理论，在实践中总结升华理论。三是明确教学研究的方法：理论与实践之间的桥梁怎么架，靠什么架。这就得思考、研究。伟大的教育家孔老夫子告诉我们："学而不思则罔，思而不学则殆。"苏霍姆林斯基说："每一位勤于思考的教师，都有他自己的体系、自己的教育修养。"清代著名文艺批评家、兴化人刘熙载在《持志塾言》中谈读书法时，曾说："问读书法，曰：读义理书，要推出事实来，读事实书，要推出义理来。"这里的"推"就是思考、推想、探索、研究的意思，这一"推"就把理论与实践沟通、联结起来了，就把理论与实践的桥梁架起来了。通过思考和研究把理论和实践结合起来，这就是教学研究的方法。读书、理论、实践、总结和思考、研究的关系可用如下简图表示：

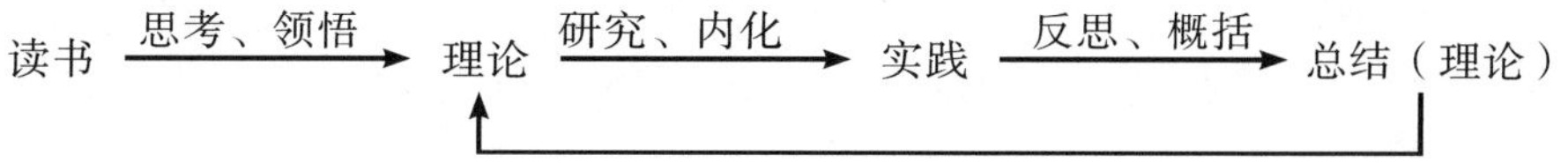

教育教学中值得研究的问题很多，只要我们具有一双发现的眼睛，认真去研究，大胆去实践，教学研究就有做不完的事情。下面就读书、实践、总结、研究四方面谈谈个人的体会。

一、读书的策略

读书、学习是从事教学研究的开始。苏霍姆林斯基曾说："一些优秀教师的教育技巧的提高，正是由于他们持之以恒地读书，不断地充实他们知识的大海。"我们在座的都是爱读书、好学习的，但为什么花同样的时间读同样的书，取得的效果不一样呢？有的人读了一辈子书，可谓学富五车，可能没有一点创造。这就要求读书讲究策略。根据我自己的读书体会，读书可采取以下四种策略。

（一）向心阅读

人类的知识浩如烟海，我们研究的问题只不过是沧海之一粟，我们掌握的知识只是大海中的一滴水。但根据"全息"理论，一滴水可以反映大海的全部信息，就好比人体的一个细胞，可以反映生命的全部信息一样。我们可以通过一滴水了解大海的奥秘，可以让大海为我这一滴水服务，这就是向心阅读的原理。我们搞的是教育教学工作，教的是一门学科，但人类的一切知识，都可以为我所用，为我服务。作为一位教育工作者，要有这样的意识，不管读什么书，读什么文章，都要与自己的教育教学工作联系起来，都要向着教育教学这个核心，用人类的一切知识来研究解决教育教学的具体问题。现在，我已养成这样一个习惯，无论看什么书，读什么文章，都要往教育教学上去想，往小学语文教学上去思考。如：1998年6月27日晚，国家主席江泽民在人民大会堂举行国宴，欢迎克林顿总统和夫人一行。克林顿在讲话中说，我们在以不同的方式坚决维护着孟子的思想，孟子曾经说过这样一句话，"一乡之善士斯友一乡之善士……天下之善士斯友天下之善士"。克林顿还引用中国一句古谚"不怕慢，就怕站"。读到这则《扬子晚报》上的新闻，我想到中国传统文化的魅力。我还想到，作为教育者，有对学生进行中国传统文化教育的使命和责任。

再比如读印度大诗人泰戈尔的一首小诗，“不是槌的打击，乃是水的载歌载舞，使鹅卵石臻于完美”，使我们想到一种教育现象：温暖、喜欢、尊敬、同情、认可、爱抚和关怀等“积极关注”，会让人感到一种赞许的情感体验。这种受赞许的情感体验更有利于儿童的成长。而责骂、批评则可能取得恰好相反的效果。

1990年我写了一篇3000多字的论文《阅读课整体教学的主要途径——谈阅读课教学的联系》，发表在全国小语会会刊《小学语文教学》上。这篇论文的写作得益于向心阅读。当时小学语文教学研究的整体教学，实质是抓中心组织教学的更高层次。那么，实施整体教学的具体途径是什么呢？哲学中“联系”的观点给了我启发。在构思的过程中，正巧阅读周振甫的《诗词例语》。其中对诗歌文艺性的三种见解触发了我的灵感，打开了思路。《诗词例语》中是这样说的：“洪昇要求完整，像画龙，要把整条龙画出来，连它的首尾鳞爪都不能忽略。王士禛反对这样求完整，要求精粹，认为神龙见首不见尾，有时只在云中露一鳞半爪，只要把最精粹的地方画出来就行了，不必求完整。赵执信认为完整和精粹两者是不可分的，画出来的龙虽然见首不见尾，只有一鳞半爪，我们却可以从这里看到完整的龙。心目中有了完整的龙才可以画出一鳞半爪，才可以通过一鳞半爪来反映龙的整体，离开了完整的龙去画一鳞半爪是不成的，也就是精粹要从整体中来，离开了整体就谈不上精粹。”赵执信对待完整与精粹的见解与阅读课教学中整体与部分的联系有异曲同工之处。文章是一个有机的整体，我们教学部分时应不忘整体，即心中带有整体去教学部分。教学整体又必须从部分入手，由部分见整体。我们要让学生见到“一鳞半爪”的龙就联想到“完整的龙”，根据“完整的龙”去理解“一鳞半爪”。

（二）批判阅读

这里的批判，即分析、判断，也就是读书学习要敢于怀疑和探索，根据自身的经验和知识背景对阅读材料进行独立思考和判断。

宋代教育家、哲学家陆九渊曾说过：“为学患无疑，疑则有进，小疑则小进，大疑则大进。”他还说“昔人之书不可以不信，亦不可必信，顾于理如何耳”。他的话告诉我们，对别人著作中的理论和各种观点要一一审察，加以分析和判断，正确的要能说出所以然，错误的也要能分析出错在哪里，不能不辨其味，囫囵吞枣，盲目接受。只有坚持运用批判性阅读的方法，才能真正学有所进，读有所得，不断提高自己的理论修养。

阅读叶老的《叶圣陶语文教育论集》，看到他在《对于小学作文教授之意见》一文中就如何帮助学生修改作文，有如下论述："学生作文，意义有谬误，须为修改，前已言之。或全篇谬误，苟为之拟作，则学者既嫌文非己作，教者亦感不胜其烦。于是又有一法，指出其谬误之点，巧譬善导，使之领会，而后令之重作。令之重作，苟不授以意义，则前既谬误，或不能另辟途径；如告以如何作法，又将侵犯其思考之自由。但告以趋向，当从某方面着想，意在启发，而非限制，则重作之效果当有可观矣。意义不为增损，谬误促之自省，则于学生推理及行文必多裨益，固不仅批改之足以尽事也。"读完整篇文章，1996年2月1日我在文后写下了这段话："科学的教学方法，以先进的教育思想为基础，以正确的学生观为基础，以对学科性质的准确理解为基础。叶老的'生活作文论'即以培养社会有用人的教育思想为前提，以培养学生的自学能力、相信学生的主观能动性的学生观为基础，以对作文本身规律的深刻认识为基础。作文教学应以学生为主体，发挥学生的学习主动性，让学生在自我思考、自我实践中启智增能。"

叶老作文教学思想的基本观点是，作文是生活的一部分。因此他最讲作文的立诚，就是要以生活为源头，写真情实感。现在要培养学生的创新能力，提倡写想象作文（今年高考作文题）。叶老在作文教学中很少讨论想象的问题，但是想象也应是生活的一方面，是现实生活的发展，怎样处理好立诚与想象的关系，我们可以讨论研究。

《小学语文教学》1995年第5期，有这样一篇文章——《对当前阅读教学改革的反思》。在论述"学习语文与认识事物的关系"时，作者写道："认识社会，认识自然，提高学生认识客观世界的能力是语文教学的根本任务。"读到这里，我认为这一提法不妥当。认识社会、认识自然应该是所有学科教学共同的任务，是共性的教育要求。语文教学的根本任务应该体现学科自身的独特性，即培养学生理解和运用语言文字的能力。教师在指导学生理解和运用语言文字的过程中，自觉地注意提高学生的认识能力，这是语文学科具有综合性规律的反映，而不能把提高学生认识能力当成语文教学的根本任务。

（三）联系阅读

哲学的原理告诉我们，事物间的联系是自然、社会普遍存在的客观规律，只有弄清了事物间内在的必然联系，才能认识事物的本质。我们读书学习，搞教学研究也要遵循这个道理。在读书时，只有做到前后联系、新旧联系、跨学科联系，才能融会贯通，温故知新，形成知识网络，不断构建、更新自己的知识结构。联系不是新旧知识简单相加，它要求读者发挥思维的功能，经过分化、同化的心理过程，把各方面的知识或道理融合贯串起来，从而得到更透彻的理解。

目前，教育系统正在深入学习第三次全国教育工作会议精神，领会全面推进素质教育的深刻含义。素质教育在20世纪90年代初提出以来，论述素质教育理论和实践的书籍、文章可以说汗牛充栋、不计其数。大家各种文章读得很多，但是，不少老师对素质教育内涵是什么还不甚了解，对素质教育还存在许多模糊的认识。原因在哪儿呢？我觉得这与我们读书学习的方法不当有关。如果我们运用联系的、发展的方法去看素质教育，就会得出符合历史发展逻辑的准确认识，就会对素质教育有一个历史的、全面的、准确的把握，就会旗帜鲜明、坚定不移地按素质教育的要求去开展教育教学工作，而不是陷入举棋不定、等待观望、犹豫不前、方向不明的被动局面。我们简要地回顾一下中国古代的教育。

古代教育的内容，可以说是德、育、体、美、劳全面发展。“礼乐射御书数”的“六艺”教学内容，对应的就是现在的“道德修养、审美修养、体育素质、语文修养、逻辑思维”等。

古代教育的对象：孔子提出有教无类，可谓是面向全体，提高全民素质。

古代教育的方法：因材施教，不愤不启，不悱不发，导而弗牵，开而弗达，等等。可以说是充分发挥学生的主体性，让学生主动地、积极地去发展。

从素质教育的内容、对象、方法，我们可以清楚地看出，柳斌同志指出的素质教育的三要义——“全面发展、面向全体、生动活泼地发展”——在古代教育中体现十分明显，素质教育可谓源远流长。

同样，古代雅典教育强调学生体力、智力、美感和品德多方面的和谐发展。其实，也就是现在我们说的“素质教育”。

事实上，素质教育的思想古来有之，只不过当时没有命名为素质教育罢了。可以这样说，早期教育、古代教育反映了教育的本质，即为人的全面发展而教育，随着教育的功利色彩越来越浓，社会急功近利心理的蔓延，教育沦为经济的奴隶，成为人谋利谋生的手段，与教育培养健全人格的初衷越离越远，导致违背规律的应试教育模式的产生。现在重提素质教育只是教育的返璞归真，正本清源。素质教育并不神秘，我们的老祖宗搞的就是素质教育；素质教育并非高不可攀，素质教育就在我们平时教育教学的实践之中。

这是我学习素质教育的文章，联系古代教育所得到的认识。我们还可以从新中国成立以来50年教育发展轨迹的前后联系中，加深对实施素质教育势所必然的认识。

我国当代教育改革和发展大致经历了四个阶段。

第一阶段（1949—1978）掌握“双基”阶段。

50年代初期，随着凯洛夫《教育学》的引进，我国便一切按照凯洛夫的教育思想来改造和建设自己的学校教育。凯洛夫《教育学》中提出的“以系统的科学知识武装学生的头脑”这一口号，逐步深深地在我国学校教育中扎下根来。这一阶段的学校教育偏重“双基”十分突出。当时，曾流行这样两句顺口溜：“学好数理化，走遍天下都不怕。”

第二阶段（1979—1982）发展智力与培养能力阶段。

这一阶段的主要倾向，就是强调智力的发展与能力的培养。1978年左右，乘着改革开放的东风，我们接触到了国外教育改革的信息。原来在50年代中期，一些发达国家的教育，已不再偏重知识的传授，而是提出了发展智力的任务。当时，美国教育界的一些有识之士就提出，发展不发展学生的智力是关系到美国这样一个国家今后能不能在世界上生存下去的大问题。他们是把发展智力问题提到关系国家生死存亡的高度来看的。这次（1999年）江泽民总书记在全教会上讲话时也指出“国运兴衰，系于教育”。

在强调智力的这短短的四年中，我国教育界认识到了知识技能、智力、能力三者的关系，并注意到了不要因强调智力的发展，而忽视对知识技能的掌握。所以，这一阶段既是前一阶段的发展，又继承了前一阶段中可取的部分。正是从这个认识出发，当时明确提出了教育改革的12字方针，即“加强基础、发展智力、培养能力”。

第三阶段（1983—1989）非智力因素与智力因素相结合阶段。

这一阶段的主要倾向是重视培养非智力因素，并把它与智力因素结合起来。

20世纪80年代中期，中国的客观现实向教育界提出了两个十分严峻的问题：一个智力水平很高的学生，能不能保证他一定学习得很好？一个聪明绝顶、才华出众的青少年，能不能保证他将来一定成才？现实的问答是：不一定。不仅如此，而且还有不少的事实告诉我们，一些聪明的学生，如果依靠自己的聪明，而别的方面却未得到相应的培养与提高（用心理学的话说，前者为智力因素，后者为非智力因素），那么这些学生就可能学习不好，将来也难以成才。不但如此，他们中的个别人还可能走上邪路，这是应了我国的一句古话：“聪明反被聪明误。”

这一阶段又是第二阶段“发展智力、培养能力”的充实和发展。

第四阶段（1990年以来）加强素质教育、全面提高学生素质阶段。

这一阶段的主要倾向，就是提出了加强素质教育、全面提高学生素质的要求。

20世纪80年代，随着经济发展对人才规格的要求，我国断断续续地提出了培养劳动者素质、提高民族素质、提高国民素质等要求。1993年，中共中央、国务院颁发了《中国教育改革和发展纲要》，《纲要》透辟地论述了教育对提高全民族素质的重大意义，民族素质的提高对建设有中国特色社会主义的重大作用，明确指出：“基础教育是提高民族素质的奠基工程，必须大力加强。”“中小学要由‘应试教育’转向全面提高国民素质的轨道。”1994年《中共中央关于进一步加强和改进学校德育工作的若干意见》更是明确提出了加强素质教育的问题，要求“增强适应时代发展、社会进步，以及建立社会主义市场经济体制的新要求和迫切需要的素质教育”。总之，从“应试教育”向“素质教育”转轨是我国教育发展的必然趋势，提高全民族素质则又是我国实现社会主义现代化的必由之路。素质教育是一种教育观念，一种教育思想，一种伟大的教育战略。

素质教育虽已提出了近十年，但“应试教育”根深蒂固，仍然盘踞着教育的部分阵地。1999年6月召开的全国第三次教育工作会议明确指出：实施素质教育应当贯穿于幼儿教育、中小学教育、职业教育、成长教育、高等教育等各级各类教育，应当贯穿于学校教育、家庭教育和社会教育等各个方面。素质教育必将成为21世纪我国教育发展的主旋律。

从上面简单的回顾来看，50年来，我国教育发展的轨迹十分明显。从偏重双基，到强调智力，到重视非智力因素，最后发展到培养素质，加强素质教育，全面提高学生的素质水平。素质教育可以说是呼之欲出，水到渠成。

我们这样前后联系起来读书学习，就能对素质教育的理论与实践有一个比较深刻的领会，就会自觉地按照素质教育的要求开展学校的各项教育教学工作。

再如，美国教育家布鲁纳20世纪50年代提出了“发现教学法”。“发现教学法”的运用分6个步骤进行：1. 教师选定一个或几个原理，确定让学生“发现”的目标；2. 建立问题情景，要求其难度适合学生已有水平但又必须经过一番努力方能解决；3. 组织提问和演示等活动，旨在将能揭示一般原理的各种因素显示给学生；4. 在活动中向学生显示教材中各种对比因素；5. 组织学生根据活动中的发现得出一般原理的基本概念，包括教师对学生的反馈和强化；6. 将一般原理和概念付诸应用。

布鲁纳的“发现法”在20世纪50年代可谓风靡全球，20世纪80年代在中国教育界也产生了很大的影响。但是，当我读到陶行知先生《教学合一》这篇文章时，我明白了“发现”的思想早在20世纪20年代就被陶先生认识了。陶先生是怎么说的呢？“我认为好的先生不是教书，不是教学生，乃是教学生学。教学生学是什么意思呢？就是要把教和学联络起来。一方面先生要负起指导的责任，一方面学生要负起学习的责任。对一个问题，不是要先生将现成的解决方法来传授给学生，乃是要把这个解决方法如何找来的手续程序，安排停当，指导他们以最短的时间，经过相类的经验，发生相类的联想，自己将这个方法找出来，并且能够利用这种经验来找别的方法，解决别的问题。得到了这种经验理解，然后学生才能探知识的本源，求知识的归宿，对世间一切真理，不难取之无尽，用之无穷了。”

阅读陶行知这一段论述时，联系“学法指导”“发现法”等教学方法加以理解，我得出三点体会。

一是教学必须以掌握获得知识的方法为归宿。这个当今教学改革的热门话题，20世纪20年代就被陶行知认识了。

二是学习的方法不是灌输给学生，而是启发学生自己去找方法。20世纪50年代布鲁纳的“发现法”影响很大，但早在20世纪20年代，陶行知即深知“发现”的重要。他要求教师“指导学生自己将方法找出来”，就是指导学生自己去“发现”。

三是教学的方法不是满足于获得一定的知识，而是要让学生掌握一般规律，“去探知识的本源，求知识的归宿”。

联系当前素质教育的要求，不难发现陶行知这段著名论断中仍然闪耀着许多真理的光辉，可谓真知灼见。

“好的先生不是教书，不是教学生，乃是教学生学”反映了以学生为本，以学生为主体的现代学生观。

“先生要负起指导的责任，学生要负起学习的责任”辩证地阐明了教师为主导，学生为主体，教与学双方共同作用的教学论思想。

“指导他们以最短的时间”体现了现代教学讲效率的观点。

“经过相类的经验，发生相类的联想”说明必须从学生的已有经验出发，注意培养学生的实践能力、运用知识的能力。

“利用这种经验来找别的方法，解决别的问题，探索知识的本源”揭示出教学过程必须注意创新意识，创造能力培养的规律。

这样古今中外联系起来思考研究，我们对教学规律、教学原理的理解就会更加透彻，就会把教育理论内化为自己的教育素养，增强自己的教育文化底蕴。

另外，联系阅读还要求我们在阅读教育教学理论和经验文章的时候，注意联系自己的教育教学实际，深入思考，用实践来验证理论，用理论去指导实践。只有这样，才能把书读活。理论往往是灰色的，只有与丰富多彩的实践相结合，才会显出活泼的生命力。

（四）研究（探索）阅读

“研”拆字理解为分开石头，是分析的意思；“究”拆字理解为在家里静思默想，追本究源，探求事物的根本、究竟。总起来讲，研究就是通过分析，探求事物的真相、性质、规律。

研究阅读就是对阅读材料所包孕的意义进行积极探究求索，边读边思，多问为什么，找出其中的理论依据。探索性是主动性和创造性的一种表现。现代阅读学研究表明，阅读应该是再创造，是主动地探索，而不是被动地吸收；阅读过程只有不断地介入评价、怀疑和预测才能提高阅读的效果和价值。具体地讲，在阅读过程中，不能停留于对读物泛泛的表面理解，而要进行精细的探索性思考，要能把新信息和已知的旧信息结合起来，纳入已有的知识体系，并寻找出某些联系，产生出新的信息组合，在理解的基础上有所发现、有所创造。

1995年我在《福建教育》读到一篇教学经验文章。这篇文章介绍了几个重点词的教学方法。我觉得教者设计的教学词语的方法很具操作性，把语言文字训练通过词语教学落到了实处。我反复阅读研究，找出这样设计的理论依据，对每一步教学方法进行了评点，写成一篇文章《从几个重点词的教学谈语言训练》，后来在《江苏教育》刊登。我是这样进行研究的。

［例一］“海滩上有美丽的贝壳，大的，小的，颜色不一，形状多样，真是千奇百怪，无所不有。”（《富饶的西沙群岛》）我对“颜色不一”“形状多样”两个词的教学评析如下：

1. 谈谈你见过的海滩上的贝壳有哪些颜色，有哪些形状。

评：从学生生活经验入手，唤起头脑中的已知表象，为学生理解词语提供知识背景。

2. 要求学生试着解释词语的意思。

评：从学生生活经验入手，但又不停留在具体事物之上，使学生的思维及时由具体向抽象过渡。这种具体与抽象的结合，事实与概念的结合，是学生理解词语的重要方法，也是发展学生思维的重要途径。学生在理解词语的过程中提高了认识事物的能力。

3．用“先总后分”（沙滩上的贝壳颜色不一：有……，有……，有……，还有……。）“先分后总”（沙滩上的贝壳有的像……，有的像……，有的像……，真是形状多样。）的句式说一段话。

评：看起来是两个词语的教学，其实融句式、说话、理解和运用词语的训练为一体，熔知识、能力、智力的培养于一炉，可谓“一箭三雕”。扎实的语言训练由设计的综合性、层次性体现出来。就句式讲，学生掌握了语文基础知识；就说话讲，训练了学生的表达能力，且对词语的理解极为生动、具体。

［例二］“沙漠广阔无垠，到处是高高低低的沙丘，旅行的人很难认路。”（《沙漠里的船》）对“广阔无垠”一词的教学评析如下：

1．识字——读准“垠”字，并组词连读。

评：词语教学要“四会”，其中会读是最基本的要求，读准词，读出词应有的节奏是词语教学不可忽视的一环，也是朗读的基础。

2．解词——查字典，从“垠”字着手理解词语的意思。

评：“垠”是“广阔无垠”这个词中学生不理解的字，只要弄懂了“垠”的意思，学生不难理解整个词的意思。在这个过程中，学生学习了从抓难理解的字入手去理解词语的方法。

3．联句——联系上下文，找出具体描写沙漠广阔无垠的语句读一读。

评：在阅读教学中，理解词语不能满足于给某个词下一个抽象的定义，也不能只要求学生背诵词语解释，而是要引导学生通过自己的思考达到真正的理解。怎样达到真正的理解，把理解词语的训练落到实处？联系上下文理解是一种方法，经常注意引导学生联系语言环境具体地理解词语，可以使词、句的理解相辅相成，学生思维的训练也有了丰厚的知识土壤。

4．延伸——说说除沙漠之外，还有什么也是广阔无垠的。

评：恰当适时的延伸，有利于丰富学生的知识结构，使学生知识的“库存”经常“周转”，避免词语的消极积累。

5．比较——结合课文，联系学生的知识，说说沙漠与海洋、草原的广阔无垠的不同之处。

评：比较是一种重要的思维方式，这里新旧知识的比较，既复习了旧知，又加深对新知的理解，学生对广阔无垠一词的理解也就比较全面与深刻。

［例三］“为了拖住敌人，六班的五个战士一边痛击追上来的敌人，一边有计划地撤退，把大批敌人引上狼牙山。”（《狼牙山五壮士》）对“痛击”一词的教学评析如下：

1. 解词——通过与“打击”一词的比较，引导学生弄懂“痛击”是狠狠地打的意思。

2. 悟情——从作者表达感情这一角度思考“打击”与“痛击”有何不同。

评：在学生理解了“痛击”比“打击”有更进一层意思的基础上，启发学生从战士对敌人态度的这一角度去思考“痛击”的内涵，体会词语所表现的五壮士对敌人的刻骨仇恨，而这一点正是五壮士不怕牺牲、视死如归的情感基础。词语所表达的细腻的感情色彩就像一缕阳光，使智慧之树显出蓬勃的生机。

3. 联句——找出五壮士带着对敌人的无比仇恨打击敌人的语句。

评：由于学生体会到了“痛击”一词的感情色彩，他们对五壮士英勇行为的理解就生动具体了。反过来，通过五壮士的表现，学生更深入地体会到了五壮士恨敌人爱人民的内心世界，对“痛击”一词的理解更真切了。

4. 有感情地朗读这句话。

评：在理解内容、体会感情的基础上，通过有感情地朗读，强化了对语言的感受，训练了学生的语感。

教师在平时教学中阅读得最多的要数教科书，用研究的态度，用探索的眼光去阅读教材，在教学研究中显得特别重要。吃透教材是上好课的基础，也是广大教师从事教学研究的基础。有人说：千重要，万重要，掌握教材最重要；这个法，那个法，不掌握教材就没有法。北京著名特级教师霍懋征老师曾经说过，她从教40多年主要精力就是放在研究教材上，只有吃透教材，才能设计出好的教学方法；只有吃透教材，才能应对学生的各种疑难；只有熟练自如地掌握了教材，才能在教学时不把主要注意力放在教学内容上，而是把主要注意力放在学生身上，观察每一个学生怎样学习，了解学生在感知、思维、记忆方面遇到哪些障碍，关注学生微妙的思维和情感变化，和学生取得思想感情上的沟通和交流。所以，只有把教材研究深、研究透，才能跳出教材，在课堂上挥洒自如，左右逢源，"潇洒走一回"。

研究教材的方法很多，诸如整套小学教材的前后联系，每册教材在实现教学目的中的地位和作用，每个单元编排的意图，单元内"导读""预习""思考与练习"的用意，等等。

这里我想就一篇课文如何研读举例讲一讲。

关于课文分析，大家心中都有一个一般的谱，无非是写什么，怎么写，为什么这样写。我认为，研究教材的重点是要从整体上找出课文的内在联系，探明课文的思路，体会到作者思想感情发展的线索，做到"遵路识斯真"。只有对课文真正有所感悟，被课文真正感动，和作者产生共鸣，才可能带着学生去感受语言，体会情感。下面以《李时珍》一课为例说说怎样从整体上把握课文的思路。

李时珍是明朝伟大的医学家和药物学家。他的伟大不仅在于他具有高超的医术，著有伟大的著作——《本草纲目》，更重要的在于他有崇高的思想、远大的志向和为之坚持不懈、艰苦奋斗的精神。课文首先讲李时珍在父亲的熏陶下立下了给穷人治病的志愿。"志愿"可谓本文之"文眼"。课文正是紧扣"志愿"这一中心叙述的。课文接着讲李时珍的父亲起初不愿让儿子再当医生，但李时珍处处留心向父亲学习，还暗暗记下了不少药方。"处处留心"说明了李时珍自觉地认真学习，"暗自"说明李时珍下定了决心非要学会不可。有一回，父亲遇到个疑难病症，一时想不出有效的药方，李时珍却很快说出了对症良方。这说明李时珍专心、自觉地学习，已经取得了很大的成绩。父亲被儿子勤奋好学的态度、矢志不渝的精神感动，不得不同意他学医。李时珍立下了为穷人治病的"志愿"，这崇高的"志愿"是李时珍不顾父亲反对，不怕受人鄙视自觉学医的内在动力。第三节写李时珍发现旧的药物书上有很多缺点（这也体现了李时珍读书的批判思维精神），决心重新写一部比较完善的药物书。他下这个决心的动力又是什么呢？也是因为他立下了为穷人治病的"志愿"。只有编好完善的药物书，才能更好地为穷人治病，实现自己立下的“志愿”。第四节介绍李时珍为了编写药物书所做的准备工作。这部分是课文的重点，也是体现李时珍为实现崇高志愿英勇奋斗的精彩片断。李时珍为了做好三项准备工作——积累经验、去各地采药、向群众学习——不怕山高路远，不怕严寒酷暑，不怕冒着生命危险，亲口品尝药物。这三个不怕的动力是什么呢？是他早就立下了为穷人治病的“志愿”。课文最后写李时珍花了27年时间，终于编写成历史上颇有影响的药物书——《本草纲目》。李时珍之所以能27年如一日，持之以恒，编成这部100多万字的鸿篇巨著，正是因为他在青年时代就立下了为穷人治病的“志愿”。通过上面的解读，我们不难明白这个伟大人物的伟大、感人之处，就在于他立下了为穷人治病的宏伟“志愿”，且为这一“志愿”做出了巨大的牺牲，最终实现了自己的宏伟 “志愿”。

二、实践的类型

运用四种读书策略，就能掌握一些教育教学理论，并会有自己的见解。作为教师，如果仅仅停留在学习理论上，那么教学研究是不会深入下去的，学习理论也就失去了意义。理论只有与实践相结合，理论才有生命力，才有存在的价值。苏霍姆林斯基曾说，一个实际的教育工作者就是要研究怎样把科学的原理变成我们劳动的活的经验。从词义上看，实践就是实行或行动，教育教学实践指的是了为实现教育目的而开展的一系列教学活动。平时我们所做的备课、上课、批改作业、辅导学生、考核评价学生等工作，都是教学实践的内容。关于教学研究的实践，分三种类型来讲。

（一）验证型

验证型实践就是把读书学习到的现成的教学原则、教学方法直接运用到自己的教学实践中去，并考察这样实践的效果，达到加深理解、提高教学效率的目的。

朱作仁教授在《小学语文教学法原理》一书中提出“词语教学要区别对待”的原则。当时，语文课堂教学中存在词语教学方法单调、效果不好的问题。不少教师把词语教学的作用片面理解为“扫除障碍”，第一课时所有生字、新词都从音、形、义三方面逐一讲解，平均使用力量，词义理解不注意联系语言环境。这样既浪费教学时间，又不能收到应有的效果。

我按照朱教授“词语教学区别对待”的方法，尝试着在实践中验证。初读课文时，读熟词语；阅读课文时，联系上下文理解词语；作业时，指导学生练习写词语，运用词语。

通过实践，我从三个侧面总结了词语教学区别对待的经验。

1. 对不同词语所花的力气区别对待。（1）从学生实际看，以前未接触过的、学生难以理解的、容易用错的词，可作为重点。（2）从词语在课文中的地位看，与课文中心关系密切的词可作为重点。（3）从词的使用频率看，常用词应作为重点，一些冷僻的字词、方言、专用名词就不必多花力气。这样抓住了重点，力气就花在点子上，学生就能真正有所得，而不至于使词语教学流于形式，走过场。

2. 词语出现的时机应区别对待。（1）一些名词术语不是词语教学的重点，可安排在初读课文时教学。只要学生会读，了解大概意思就行了。（2）由熟字组成的新词语与表现文章中心有密切联系的词，宜结合阅读课文进行教学。因为，词的生命在句子中，在整个文章中。离开语言环境的词语，会成为无源之水、无本之木。（3）有些含义深刻的词则联系全文反复加深理解，以求得牢固掌握。如：第一部分讲到的《李时珍》中“志愿”一词，就必须联系全文，不断深化理解。

3. 理解词义的方法区别对待。（1）名词术语教学不作为词语教学的重点，可作通俗定义，但不可照搬字（词）典、参考书，而应以实物、图片、模型等直观方法让学生理解。（2）联系学生生活实际、生活经验理解词义。（3）联系上下文理解词义。（4）通过查字（词）典，指导学生自己动手、动脑理解。

（二）求证型

求证型实践，就是根据教育学、心理学的某些原理和教学论的思想，采取相应的教学策略，设计一定的教学方法，解决教学实际中存在的问题，提高教学质量。比如小学语文教材所选课文，大多是形象鲜明、语言生动的文学作品，按理说学生应该喜欢朗读。可是，教学中的实际情况如何呢？不少学生怕读书，感到朗读是枯燥无味的事情。为了解决这个问题，我寻找了心理学、教学法、文学鉴赏等方面的理论依据。

——心理学的原理告诉我们，小学生的思维以具体的形象思维为主。

——文学鉴赏的理论告诉我们，文学具有形象性和审美功能，只有通过想象，进入到文章情境中去，感受到鲜明生动的形象，才能理解内容、受到感染。

——语文教学法告诉我们，朗读和默读是阅读教学中最经常最重要的训练。各年级都要重视朗读，充分发挥朗读对理解课文内容、发展语言、陶冶情感的作用。

根据上面的理论，我设想，如果在训练朗读时，采取启发学生一边朗读一边想象的策略，使学生感受到文章中鲜明的形象，那么学生就会对朗读产生兴趣。根据这样的设想，我在课堂教学中进行了实践和求证。

首先，从学生的生活经验出发。小学生都喜欢看连环画、看电视、看电影。因为图画、影视里有生动的画面，人物的各种动作、神态、语言、事物的场面等，都活生生地出现在他们眼前。我对学生说，文章并不是“白纸上的黑字”，它是由一幅幅形象的画面组成的，就像连环画上的一页页图画，电影里的一个个镜头。《美丽的小兴安岭》《海底世界》《草原》《桂林山水》等课文，色彩绚丽，形象各异，栩栩如生，只要同学们边朗读边想象，一个个有声有色的镜头就会在你大脑的银幕上放映出来。朗读写人记事的文章，可以把事情的发生、经过、结果，人物的外貌、神态、一举一动、一言一行想象出来。这样边朗读边想象，就等于看了一场电影，朗读就会和看图画、看电影一样有趣。

其次，通过教师范读、听录音，训练学生边听边想象、边模仿。最后，要求学生自己练习。经过一段时间的训练，不少学生对朗读产生了兴趣，觉得读书是一件很有趣、很好玩的事儿。

在教学研究中，就是要以理论为指导研究解决实际问题，敢于大胆设想，付诸实践。叶老（叶圣陶）曾说：“唯以理论做引路之灯，即随时有适合的实施法自然产生。此等自然产生的实施法，恒为最能收效的方法。”

（三）专题型

专题型实践，就是围绕一个专题从不同侧面、不同角度进行实践，以在某一方面取得一系列经验。

1．围绕整体教学这个专题，我曾从四个方面进行研究。

——从实现小学语文教学目的这个整体目标出发，通过联系的方法，提高阅读教学的效率。其中，抓了目标联系、新旧联系、前后联系、生活联系、思想联系、学科联系、读写联系。

——单元整体教学。以单元为单位，抓读写训练重点，由一个个小的训练目标的实现，达到整个小学语文教学总目标的实现。

——阅读课整体教学。阅读教学中，在引导学生正确理解文章内容的基础上，引导学生弄清句与句、段与段、句段与篇的联系，弄清课文线索的内在联系，从整体上领会文章的思想，体会文章的感情，领悟表达方法，达到阅读教学的高层次。

——一篇课文的整体教学。任何一篇课文总得有个中心，在教学过程中，只有抓住文章的中心，抓住总揽全文的词句或段落，才能驾驭全篇，从整体上把握全篇，深入浅出地引导学生读懂课文。

2．围绕学习语言与发展思维这一专题，进行了如下研究。

——挖掘语言内涵，发展学生思维的深刻性。

——根据因果联系，培养学生思维的逻辑性和发散性。

——在词语教学中，培养学生的分析、综合能力，比较、分类能力，系统化和具体化的思维方法，形象思维的能力。

——根据课文结构的相似特征，举一反三，渗透相似思维的方法。

3．目前，正在研究两个专题：①低年级语文“读说结构”课堂教学模式研究；②作文“双翼全程”指导研究。

三、总结的方法

这里的总结指教育教学经验的总结。经验指人们的经历和体验，也指人们在实践中获取的知识和技能。经验与理论相比，虽然还只是通向理论的中介，但是，在正确理论的指导下，加以认真总结，经验同样发挥一定的揭示规律、概括理论的功能。

对在教育教学实践中亲历其境的广大教师来说，总结教育教学经验，作为一种揭示教育教学本质规律的研究活动，比起其他研究活动（如实验法等），更具有潜力、活力和可行性，更具有得天独厚的条件。它具有三个特性：

——广泛性。经验对长期在教育教学实践第一线的教师来说，或多或少，或深或浅，人皆有之。

——简易性。总结经验简单易行，不像实验研究那样，要有一定的条件，要有适度的控制。经验总结是在自然状态下进行的，一般来说，做描述的经验总结还是比较容易的。

——普遍性。各学校、每个教师，每学期都要写教育教学总结，经验总结存在于教育教学工作之中，就是我们工作的一个有机部分。

经验总结的方法是，思考自己在理论指导下的实践，可以这样说，经验是思考的结果。苏霍姆林斯基说："教育——这首先是活生生的、寻根究底的、探索性的思考。没有思考就没有发现（哪怕是很小的，乍看起来微不足道的发现），而没有发现就谈不上教育工作的创造性。"下面是我个人经验总结的几个方法和途径。

（一）教材总结。教材总结，就是在深入钻研教材的过程中，发现教材的特点，或是用词造句的匠心，或是思路安排的巧妙，或是情节结构的独特。当对教材有了真切的领悟之后，才能设计出好的教法，引导学生进行生动活泼的学习。教材总结是第一部分讲到的研究教材后的自然结果。

如通过认真研究《粜米》一课，我对"透、跌、喷"三个字有了真切的体会，作了如下总结。

《粜米》一文是叶圣陶先生20世纪30年代创作的小说《多收了三五斗》中的一部分。叶老以简练犀利的笔法，描写了旧中国农民丰收后粜米的场面，充分揭露了地主、资本家对农民的压榨和剥削。课文无论是场面描写还是人物的刻画，作者都能做到用词准确生动，平中见奇，入木三分，令人回味无穷。下面试以三字简析本文妙处。

1. 从一个"透"字，看农民丰收后渴望美好生活的希望。

"那些戴旧毡帽的大清早摇船出来，到了埠头，气也不透一口，就来到柜台前面占卜他们的命运。”这句话里的“透”字是“稍微喘一口气”的意思，“气也不透一口”把农民急于要知道米价的急切心情，形象地表现了出来。读到这里，我们仿佛看到了农民们匆匆的脚步、焦虑的神情。农民的心情怎能不急呢？米是他们的命根子。米价的高低决定着一家老小一年的生活状况，决定着他们的命运。

2．从一个“跌”字，看农民丰收后被盘剥的悲惨遭遇。

希望毕竟是希望，等着农民的真正命运怎样呢？

六月里，米价是每担十三、十五块，现在却只有每担五块。因此农民们非常吃惊——“哪里有跌得这样厉害的！”这句话中的“跌”是“下降”的意思。从这个“跌”字，可以想象出农民从希望的高峰跌进失望的深渊时惊异不解的神态。带着“气也不透一口”的心情，怀着“该透一透气”的希望，面临的却是米价大跌的残酷现实。命运悲惨啊。从这个“跌”字看出了资本家盘剥压榨农民的手段之残酷。六月里，青黄不接，农民田里的稻将要成熟了，家中却无米下锅了，为了填饱肚子，只好借债到米行买米。这时，米行乘机涨价。新米上市了，米行又压低米价收购。这一涨一降，农民的遭遇就可想而知了。

3．从一个“喷”字，看农民失望后的愤怒。

“‘还是不要粜的好，我们摇回去放在家里吧！’从简单的心里喷出了这样的愤激的话。”“喷”本来是“液体散开而有力地射出”，这里形容农民极端气愤的心情。农民们咬牙切齿义愤填膺的神态历历在目，人们仿佛看到了农民满腔的怒火在熊熊燃烧。这是对旧社会的血泪控诉，也是对旧社会的反抗和斗争。旧社会正是在人民不断自觉起来的斗争中被推翻的。因此，农民心中的怒火，也正是冲破牢笼争取解放的希望之火。

（二）教法总结。就是对某种具体教学方法的总结。为了达到教学目的，我们总要采取一定的教学方法，特别要采取一些指导学生学习的方法，这些方法总有一定的理论依据。如果我们学会运用“元认识”的原理，意识到自己所运用的方法，并通过思考寻找到这些方法的理论依据，就会总结出很多教学的具体方法。比如：指导学生解词的方法，理解句子的方法，分段归纳段意的方法，朗读的方法，等等。

比如：我曾总结过中年级分段的方法。中年级学生刚学习分段时困难是比较大的。教学实践中，我总是先让学生反复读课文，在理解课文内容的基础上指导分段，而不是在学生对课文内容不甚了了时就匆忙去分段。其次，我教给学生一些分段的方法，归并法、抓重点法、按事情的起因经过结果分段法等。最后，我注意反复训练，每种分段方法多次运用，并把相类的课文进行比较，举一反三。

以理解为基础的理论依据是什么呢？毛泽东说过，只有感受到的东西才能理解它，反过来，只有理解了的东西才能更好地感受它。分段是对整个文章的结构分析，必须以对整篇文章的感受为基础。因此，只有真正理解了内容，才能准确地给文章分段。

为什么要教给方法，这是学习心理的原理。任何一种形式的学习，都离不开一定的途径、程序、方式、手段和艺术。这些途径、程序、方式、手段和艺术的总和，便是我们常说的学习方法。

为什么要反复练习，这也是学习心理的原理，反复是学习的母亲。任何知识、技能的掌握，都是历练的结果。

经过实践和思考，我写出了一篇经验总结《从理解入手，着眼在方法，落实在训练——四年级分段教学训练浅谈》发表在《江苏教育》（小学版）1992年第11期。

（三）听课总结。听课既是学校领导检查指导教学工作的一种方式，更是与教师相互学习、共同研究的经常化的途径。听课应该带着研究的目的，用自己的脑袋独立思考问题，把课堂教学的实际与教学理论联系起来，把实际材料加以概括，整理总结成教学经验。我的不少经验都是听课时一边听一边思考产生灵感后总结出来的。

比如我听一位低年级教师教《黄鹂和山雀》，初读课文后，她让学生按自然段轮读，要求学生一边听，一边想：哪几小节写黄鹂捉卷叶虫？哪几节写山雀捉梨椿象？读后让学生讨论。这里虽然没有明确提出分段训练的要求，却渗透了分段的知识，为以后学习分段做了铺垫。我把这一教学环节概括为“初读归纳”，培养思维的逻辑性。在学生理解课文内容的基础上，教者提出几个问题让学生比较：卷叶虫与梨椿象有什么不同？它们吃的东西有什么不同？它们是怎样吃的？讨论后，要求学生把几句话连起来读，培养了学生仔细阅读、连贯话语的能力。我把这一教学环节概括为“细读比较”，用来培养思维的全面性。教者在教学最后一句话（“一阵风吹过，红通通的海棠，黄澄澄的梨，都轻轻地点头，在感谢黄鹂和山雀呢”）时，启发学生想象：海棠和梨是怎样感谢黄鹂和山雀的？它们会说些什么呢？我把这一教学环节概括为“通读想象”，能够培养思维的创造性。我把听课的思考做了总结，写成文章《〈黄鹂和山雀〉教学札记》，发表在1994年第5期《教师之友》。

三四年前，我曾写过一篇经验文章《谈小学语文课堂训练点设计》。这篇文章就是听了孙双金、于永正、施建平等特级教师的课后构思写成的。他们的课堂教学中，往往有几处精心设计的环节给人留下深刻印象，我把它称为“训练点”。通过对这些具体感性材料的思考、概括，我意识到，高效率的课堂教学，无不由一个个互相关联的训练点组成。这篇文章讲了三个问题：设计训练点的意义，设计训练点的原则，训练点的类型。事实上，构思时，先考虑的是第三个问题，由此再推出第一、第二两个问题，最终构成一篇完整的文章。

四、树立“教师——研究者”的新形象

传统上，教师专业活动的内容，多被理解为围绕着教学内容而展开的一系列活动。我国唐代文学家、教育家韩愈提出教师之职为“传道、授业、解惑”的观点，比较典型地表达了这种教师观。传统教师观对教师专业活动的界定，比较客观地描述了教师一般所从事的活动。这种观念下的教师，其“道”之“传”、“业”之“授”、“惑”之“解”，要么是由习俗、传统或教学实践之外的其他人（如某些权威、专家等）提供现成答案，要么靠自己在实践中摸索，形成一套经验做法，却往往很少有机会通过比较系统的调查、分析，对自己的教学实践进行深入而理性的思考和理解。

20世纪70年代以来，“教师即研究者”“反思的实践者”“反思性教学”“行动研究”等概念越来越多地出现于各种教育文献中。这些表述不一的概念道出了一个共同的声音：作为实践者的教师，与一切专门理论研究者一样有着自己特定的知

识和思想，有着理解能力、认识能力和创造能力的教师，应该结束长期以来消极被动的“教书匠”形象，而代之积极、主动的新形象，即教师——研究者的形象。

（一）做一个充实的、快乐的教师

孟子曰：得天下英才而教育之，一乐也。

1. 发现的快乐。教师在教学中发现问题、研究问题、解决问题，带领学生走进知识的宫殿。学生有所发现，有所成功；教师在把学生教得更聪明上，有所发现，有所成功。这是一种幸福、快乐。

2. 创造的快乐。教学本身是一个探索、创造的过程。苏霍姆林斯基说：“如果你想让教师的劳动能够给教师一些乐趣，使天天上课不至于变成一种单调乏味的义务，那就应当引导每一位教师走上从事一些研究的这条幸福的道路上来。”“不去研究、积累和分析事实，就会产生一种严重的缺点——缺乏热情和因循守旧。只有研究和分析事实，才能使教师从平凡的、极其平凡的事物中看出新东西。能够从平凡的、极其平凡的、司空见惯的事物中看出新的方面、新的特征、新的细节——这是创造性劳动态度的一个重要条件。同时，这也是兴趣、灵感的源泉。”苏霍姆林斯基的话告诉我们，创造会给教师带来快乐，创造寓于教学工作的平凡之中。

（二）做一个思考者、研究者

研究工作对教师来说，并不是神秘莫测、高不可攀的事情。就其本身的基础来说，教师的工作是很接近于科学研究的。科学研究就是分析事实、现象，找出规律，并预见事物的发展方向、未来。一个教师只要善于思考事实的本质，思考事物的因果联系，也就能预防许多困难和挫折，就能比较自如地驾驭教学工作，并从工作中得到快乐。

教师的研究不是那种从研究事实中引出科学理论意义上的研究，而是研究这样一些问题，这些问题虽然在教育科学上已获得解决，但是当一个创造性工作的教师一旦成为理论和实践的中介人，这些问题就经常以新的方式出现在他的面前。教师在实践教育理论时，如果他总是思考着、反思着，那么总会发现新的问题，产生新的想法，创造新的方法。于永正老师说：“我是一个普通的教师。一个肯思考、肯记、肯写的小学教师。我不同于别人的，恐怕就是因为我喜欢思、喜欢记、喜欢写。"于老师真切的体会，要成为我们自觉的行动。

（三）几种常用的研究方法：1. 行动研究；2. 移植研究；3. 教历研究；4. 课题研究。

教学研究是一项既辛苦又幸福的工作。说它辛苦，是因为搞教学研究必须付出大量的时间，花费很大的精力。说它幸福，是因为当付出取得成功之后，当劳动获得收获之时，你会享受到成功的喜悦，收获的幸福。

教学研究是一块古老而充满生机的土地，也是我们广大教师大有可为的舞台。让我们用思考去架起理论与实践的金桥，用理论的阳光去催开实践的花朵。我们一定会走进教学研究万紫千红、璀璨夺目的春天。

2000年12月5日，泰州市小学语文骨干教师培训讲座

读书确定信仰，知识生成力量

就人的心智发展和精神成长而言，阅读是我见到的最重要的，也可能是唯一的资源，充分发挥它的效应是我们每个教育者应该思考的一个问题。这是一个永恒的话题：阅读和教学，阅读和教育，阅读和我们的工作与生活，阅读与我们对整个世界的理解与建构。我的这些认识是从哪儿来的呢？我不是出生在书香门第，更没有所谓的家学渊源。现在所看到的、听到的丰富资源，在我的孩提时代什么都没有。刚才听小健讲，我感到很羡慕，他还能听到“小喇叭”给他讲故事。我这么大岁数了，工作了三十几年，有一些对人生、对教育的理解是从哪里来的呢？就是在座诸位都在践行的——阅读。我最近有一个理解——人是一个天生的阅读者，这句话是我自己想出来的，不是借鉴别人的。我们说“要培养学生阅读的兴趣”，这话可能站不住脚。学生本来就有阅读的兴趣，那么学生的阅读兴趣怎么会没有了呢？可能是我们的做法错了，或者是我们的环境有问题，或者是其他地方有问题。当然这个阅读不仅仅是读书，阅读大千世界，阅读人生社会，阅读我们自己，阅读我们工作的环境，像我们老师阅读学生啊，阅读课堂啊，都是阅读。

下面我就围绕题目，把我今天参加活动的感受跟大家做一个交流。

这个题目，是我现场生成的想法（板书）：“读书确定信仰，知识生成力量。”每次参加安丰中心小学小健、玉斌两位主任组织的读书、教研活动，我都会产生一种发自内心的亲切情感。因为我们做着同样的事情，有着同样的追求和志业。他们要我为学校教师的文集写几句话，我想了两个关键词，一个是“美妙的期许”，一个是“内心的感动”。当我们准备做一件事情的时候，总有一个向往，总有一种期待，总有一种期许。这样的期待，这样的期许，跟现场的感受加在一起，就会成为一种感动。我感动的是：在现在这样的教育环境下，这样的社会背景下，有冷玉斌、吴小健，有我们这么多的老师，在做读书这样一件事情；安丰中心小学的领导，一直在支持老师做阅读这件事。这是我非常感动的。我们一起来做的读书这件事，是一个真实的、发自内心的行为，不是作秀，不是为了做给别人看，而是把它作为一个人内在的、生命的需要，作为教师职业自觉的一种需要，作为为了孩子成长的一种自觉追求。这个是最令我感动的。

前两天在家里翻看自己的读书摘录本，看到我在十几年前摘录的苏霍姆林斯基的一句话，看到这句话就生成了我写在你们这个集子的最后的那一句话。苏霍姆林斯基是怎么讲的呢？他说：“一个学校里面可能什么都没有，但是如果缺少了为了人的全面发展的书籍，如果大家都不热爱书籍，如果大家对读书都很冷淡，那么这个学校就不能称为学校。”我们现在进行教育现代化建设，在添置各种各样的物质装备。我想一个学校最重要的装备就是书籍，就是有读书的人，用对读书的热情，转化成一种丰富的教育资源。苏霍姆林斯基接下来说：“如果一个学校里面缺少了很多东西，或者设备很简陋，可是如果学校里面有了为了人了解世界打开窗户的书籍，那么这所学校就是一所真正的学校。”

安丰小学的老师，安丰小学的领导，能够真诚地读书，能够对书有这样的热情，我真的从内心里面感到一种深深的敬意。我要向大家表示敬意，鞠一躬啊！（起立向全体老师鞠躬）谢谢啊！因为有你们，我看到中国乡村教育的希望。现在有一些学校，可以说已经不是真正意义上的学校；一些教学，已经不是真正意义上的教学；一些教育，已经不是真正意义上的教育。我作为中华民族的一分子，作为一个教育人，想到这些事情，感到非常痛心。前几天我发了一个信息给玉斌，我说：我们中国文化博大精深，有很多优秀的东西需要我们去继承，但是我们的文化里面也有一些糟糕的东西，有一些不适应现代社会、现代人的东西。我们作为一个公民，作为一个人，要为改造和重建我们中华民族的文化做一点什么，哪怕是像灰尘一样的微粒。我说的意思是，我们在座的各位都是播种人，期望更多的人参与到“读书”这样一个行动当中来，为文化的传播尽责尽力。

下面我把写在黑板上的两句话解释一下。“阅读确定信仰”什么意思呢？我们作为人，除了物质的生活之外，还有精神生活，这就是人之所以幸福或者痛苦的原因，也是人和其他动物不一样的地方。人有物质的需要和物质的生活，又有精神的需要和精神的生活。在精神的需要里面很重要的一点就是有信仰，当一个人陷入一种彷徨无奈的痛苦的时候，其实就是他失去信仰的时候。有信仰的人是从容、淡定的，也是幸福的。我经常说到乡村里面的一道风景，每个月的农历初一和十五，路上总有一群六七十岁的妇女。她们的臂上挎着一个香篮，身上的衣服不太考究，但是朴素干净；她们脸上是平静的微笑，或者是一种从容的神色。她们到哪里去呢？到庙里去，去敬香，就是我们所说的香客。基督教的教堂里唱的那些诗都是舒缓的、安静的，所以说信仰会给你一种生命的安全和可靠。

作为教师，我们做的教育教学工作，这个里面可能有你自己的良知，可能有领导的要求，可能有管理的规范，可能有课程的要求，可能有家长的希望，等等。在我们现在这样一个多元的社会，不同的人有不同的期望和诉求，你怎么去从事你的教育教学？你这门学科你认为应该带给孩子什么？你的教育行为究竟怎样去影响学生？你把学生教育成什么样的人？你的价值追求是什么？这些都要有自己的信仰。信仰要从读书来，你读了各种各样的书，了解了各种各样的观念，各种各样的事实，然后得出你自己的结论，形成你自己的主张。这个时候你就不会因为外面的众说纷纭，不会为了一个所谓的表彰，或者其他的利益，去改变你教育教学的信念。这就是读书给我们的力量，这就是信仰给我们的力量。这是我说的第一句话。

第二句话，“知识生成力量”，正好结合刚才葛老师的课以及四位老师的发言来说。“知识就是力量”，大家都知道这句话。

我这个时候讲“知识生成力量”什么意思呢？我们现代的教师，从事教育教学工作，怎么才能够找到一个合适的方法？怎么才能符合现代的教育理念？我最近几年经常呼吁的一个词就是“知识”。现在我们有很多的问题不能够解决，我们的观念不能够更新，就是因为我们缺乏知识，缺乏新的知识，我们有的只是“旧船票”。今天我们四位老师的发言，他们讲的都是新知识。第一位周老师讲了“对话”，过去我们只讲“问答”不讲“对话”，“对话”就是新知识。第二位汤老师讲的是“语感”，“言语与精神同构共生”，也是新知识。第三位李老师讲的是解释学里面的新知识——阅读当中的读者的眼光和读者的视角。第四位戚老师讲的是“异向交流”，讲到写作里面的“集体话语”和“个人话语”。

这些都是新知识，有了这些新知识才能产生新的教学方法，所以说“知识生成力量”。它是一种理解的力量，是一种建构的力量。我们人的一生就是不断地建构对自己的认识，对世界的认识，对社会的认识。我经常打一个比方，“少时不识月，呼作白玉盘”。小时候你看这个月亮，它就是一个白白的圆圆的东西；等你稍微长大一点了，到小学学了自然，知道月亮是地球的卫星；再长大一点，你的知识更多了，你对月亮的理解又不一样了，它上面有很多的物质。从文学的角度，月亮有时候是家乡，有时候是思念，有时候是亲人。有了这些知识，对月亮的理解就在不断的建构之中。月亮还是那个月亮，但是你对月亮的理解为什么不一样了呢？为什么会越来越丰富呢？就是因为你不断有新知识的加入，这就像核反应一样，新知识加入之后你的理解就丰富了。

回到今天葛老师的课堂，我提出一些问题跟大家讨论。葛老师今天一个大胆的尝试，是用讲故事作为主线来展开教学，来建构课堂。这是一个很好的尝试，我建议有兴趣的老师把这个作为一个课题来研究——怎么从讲故事切入来带着孩子学语文。学语文有各种各样的方法，有从读切入的，有从写作切入的，那么我们从讲故事也可以切入。这是我的第一个想法。

第二个想法，既然我们要来研究的话，就要弄清楚几个知识。请关注几个词语，“阅读”“复述”“讲故事”，这三个概念是不一样的。“复述”和“讲故事”是不同的。故事就是一个知识点，故事里面的学问可大了，讲故事是一种能力。大家想一想，我们在座的各位，包括我在内，谁能够把《九色鹿》这个故事讲得有声有色？讲故事是需要天赋的，这个我们排除，因为教育对天赋的改变不大。我们来研究，对一般的学生来讲，我们怎么提高他讲故事的能力，有哪些因素影响他讲故事能力的提高。《语文课程标准》把复述和讲故事是分开的，在“阅读”里面有复述的要求，三、四年级复述叙事性作品。讲故事是摆在“口语交际”里的，一、二年级能连贯地讲小故事，三、四年级能生动具体地讲故事，能吸引别人听故事。这样的不同，是我们要去琢磨的。

讲故事最起码要有情境、有悬念，讲故事应该有目的、有对象，讲故事还是应该有需求的，这个故事值得讲才会讲。你要学生讲《九色鹿》的故事，首先要调起他讲故事的内驱力。九色鹿为什么要把他救调达的故事拿出来讲呢？调达为什么要讲给他的邻居听呢？我们为什么千百年来还在讲这个故事呢？这个里面值得研究的知识非常多。

新知识从读书学习中来。有一个新知识，你就有一个理解的增长点。我读书知道了“陌生化”这个词，这对于我来说就是一个新知识。我们在阅读的时候，在表达的时候都要注意“陌生化”，不要总是说别人说过的话，要使你的表达让人意想不到，无论是形式还是内容。自从我知道了“陌生化”这个知识后，我就有意识地把它运用到对文本的解读当中去，有时候甚至非要找一个“陌生化”的别人没有找到的东西不可。我最近教的几篇课文，都是从“陌生化”这个知识点出发，用这个知识的“刀”去“解剖”文本，获得属于自己的感受和理解。这就是知识——新知识的重要性。时间关系我不能够更多地与大家交流。如果有需要的话，我可以就“陌生化”阅读对我们语文老师改变理念、改变教学方法的影响，做一个专题的交流。

好了，我发言规定的时间已经到了。非常感谢这么多的老师，在这样一个天气寒冷的下午，给我最多的发言时间。谢谢啊！非常感谢！

2010年12月17日，兴化市安丰中心小学“阅读与课堂”专题研讨会即席发言

从“佳话”到“文化”

——孙双金老师《推敲》（第二课时）评析

孙老师说，他上的是朴实的课、本色的课。这正是一线老师最需要的，也是最有研究价值的。我的评课也遵循孙老师的要求——本色评课，把自己听课的所思所想、把自己对语文教学的理解，真实地表达出来，和大家一起讨论。

孙老师第一课时的教学内容和重点是讲述故事，理解《题李凝幽居》；第二课时教学的内容和重点是“欣赏一段佳话”“欣赏一种现象”。这节课值得我们思考和研究，能给我们启发和借鉴。

1．文本教学价值的挖掘和提升。孙老师说，这篇课文是一则故事。不错，他对文本体裁的把握很准。一般教师对课文的理解也许仅止于此。孙老师从故事里读出了一段“佳话”，读出了一种中国文学的现象和传统。由此，文本的文化内涵就显现出来了。加进了文化元素，阅读教学就更丰实、更富有内涵。语文教学要培养学生基础的语文能力，同时要进行文化、审美、情趣等教育，以发展和提升学生的语文素养。《语文课程标准》总目标第2条指出：“认识中华文化的丰厚博大，吸收民族文化智慧”。文化，乃语文素养应有之义。

2．培养学生的语言感受力。孙老师是语言大师。他十分注重学生语言感受力的培养，用他的话说，就是读书要“咬文嚼字”。学生说出“访问朋友”，孙老师引导学生关注了“拜访”。孙老师指导学生读“夜深人静，月光皎洁，他的敲门声惊醒了树上沉睡的小鸟”，读出幽静的感觉，感受语言的魅力。通过人物的行为，感受贾岛的“精神可佳，憨态可佳”，感受韩愈的“姿态可佳，学识可佳”。

3. 培养学生的语言表达力。孙老师把讲述故事作为本课教学的第一个目标，切合语文教学目标和学生需要。语言的表达力，是人的基本素养，是人生存的基本技能。学会说话、学会讲述，是学语文的重要任务，亦是学生语文能力的“短板”。孙老师关注了培养学生的讲述能力，更教给了学生讲述故事的技巧和方法——“化人为己、理清线索、具体讲述、体态运用”。

4. 关注文化穿越力。孙老师从古到今，穿越时空，从古代的文人与官员关系说到现在的官员和文人的关系，引导学生做一个有文化的人。

5. 碎思几点：

（1）理出故事的线索：访友—题诗—斟酌—误撞—推敲。这样的设计是有利于讲故事，还是妨碍讲故事？

故事需要的是情节和细节。概括了，就讲不出生动的故事。情节是需要曲折的，需要意想不到的。这个故事的情节在哪里？访友，访到了，没有情节；访友不遇，才有情节。访友不遇，回去了，有情节，不生动；访友不遇再题诗，生动了，有意味了。题诗，回去了，故事结束了。第二天，还在想着前一天写的诗，故事又来了。在路上，想着写的诗，还旁若无人地做动作，就更有趣；撞入仪仗队，情节又来了。撞入仪仗队，遇到的不是一介武夫，不是不通文墨的人，遇到的是知音，情节的曲折又来了……如此，方成佳话：人与人心灵相遇的佳话，文人与文人切磋的佳话。

这样的故事情节让学生感受到、理解了，是不是更能讲好这个故事呢？讲故事的一个基本要求，是有意想不到的情节，让人愿意听。平铺直叙，平淡无奇，不是讲故事，而是传达信息。

（2）向学生传达什么样的“官文化”？

（3）韩愈，仅仅是官员吗？

（4）推敲，是文化现象，还是文学现象？

（5）生活的事实与文学的表达，是什么关系？

（6）是“可佳”，还是“可嘉”？

（7）选择教材后面的练习4引导学生体会“推敲”的意思，效果是否更好？

2010年11月12日于“千课万人”

悬置后的建构

——刘发建老师《鲁迅是谁》评析

刘老师教的《鲁迅是谁》，是一节让学生走进鲁迅、亲近鲁迅的课，是一节推荐他自己的研究成果《小学生鲁迅读本》的课。小学语文教师像大学教授一样，拿着自己的书教自己的学生，刘老师当属第一人。刘老师真牛！

一、鲁迅是谁

鲁迅的争议，鲁迅的褒贬毁誉不是来自鲁迅自身，而是来自不同时期的社会、政治等外在因素。鲁迅不会变，是人的观念、视角、意图在变。我们的心不纯，我们的眼不纯，我们怎能看到一个真实的鲁迅？鲁迅的文字和精神遗存不应该成为利用的存在，而应该成为研究的对象、学习的对象。正如校园里流传“一怕文言文，二怕写作文，三怕周树人”，学生的这三怕，不是文言文、写作文、周树人惹的祸，而是考试惹的祸，是我们的教学惹的祸。像今天刘老师教学《鲁迅是谁》，学生轻松学习，不用考试，怎么会怕周树人？

鲁迅是谁？鲁迅就是鲁迅。

二、刘发建是谁

作为一名小学教师，刘老师关注了鲁迅作品教学这一现象，由此进行了深入的研究和实践。这样的智慧、敏感和追求令人钦佩，同时给老师们以启示。从专业发展的角度看，刘老师的专业发展有了自己的一方天地；从现代社会看，刘老师为社会创造提供了可供消费的文化产品。刘老师的实践告诉我们，小学语文教师也能找到自己的研究领域和空间，也能做出自己的课程来。这种来自底层的富有个性和创造性的研究和实践才是小学语文教学和研究的希望。这样的研究越多，小学语文教学和研究的整体水平和品位才能得到提高。

刘老师用儿童的视角和人性、人情的视角理解鲁迅的作品，并实践于课堂教学之中。

刘发建是谁？一位对小学生进行鲁迅作品教学研究且颇有成就的小学语文教师，一位自觉的思想者和行动者，一粒落地生根的麦子。

三、刘老师用什么方法教鲁迅——悬置和建构

悬置，是现象学的方法。悬置，即把对事物的成见、概念搁置起来，直接思考现象本身。这种哲学方法类似于老庄哲学的“无”中生“有”。无，不是没有，而是腾出一个空间；有，是“无”这个空间里生长出来的。正像屋子里塞满了东西就没法再放进物品一样，杯子如果不是空的就无法盛水，人的脑子里如果塞满了先入为主的概念和成见，就不能产生新的认识和思想。为了把学生对鲁迅认识的成见“悬置”起来，刘老师一上课就设计了这样的教学环节：

师　说说鲁迅是谁？

生　著名的文学家。

生　革命家。

生　文化人，很伟大。

生　著名的思想家。

生　浙江绍兴人，笔名周树人。

师　你们说的是别人的鲁迅，不是你自己心里的鲁迅。我们继续上课，通过这节课的学习，再来说你心里的鲁迅。

看看，学生认识的鲁迅，都是概念化的鲁迅，都是别人的鲁迅；与自己无关，与自己的理解无关。这就是成见。刘老师告诉学生，这不是你自己心里的鲁迅，不能作为你对鲁迅的认识，这就是“悬置”。“再来说你心里的鲁迅”，这就是“悬置”后的“建构”。

建构，是认知心理学的方法。建构，就是通过对自己原有的经验和当前信息的选择与融合，产生新的理解。刘老师为学生建构对鲁迅的新的理解，提供了如下的信息。

1. 看鲁迅的几张照片

小时候的照片。

成年照片。

上海鲁迅纪念馆的雕像。

抽烟的照片。师（插话）：鲁迅还爱吃零食，在口袋里放糖果什么的。

鲁迅画的无常鬼图片。

鲁迅画的猫头鹰图片。

鲁迅画的老鼠成亲图。

鲁迅设计的北大的校徽。

通过形象丰富的图片，帮助学生建构多姿多彩的鲁迅的形象。

2. 百草园里的鲁迅

（出示幻灯片，百草园图。学生听老师朗读文字同时欣赏图片）

师　听完后，和你幼儿园的生活比较一下，你有什么感受？

生　鲁迅自由，快乐。

生　鲁迅在大自然玩游戏，而我们只能在教室里做游戏。

通过老师的朗读，还原少年时代活泼、顽皮的鲁迅，拉近鲁迅和学生的距离。通过比较，用自己的经验去理解，原来鲁迅小时候和我们小时候一样，是好玩的，是可爱的。

3. 三味书屋里的鲁迅，和我们一样调皮，聪敏，有鬼点子。

4. 当哥哥的鲁迅。兄弟之间有时也会有矛盾，有争吵。

5．当儿子的鲁迅，也有令母亲心烦的事。

6．当丈夫的鲁迅。刘老师出示了两幅大象图，原来是鲁迅写信给许广平的“署名”。鼻子翘着的大象，表示高兴；鼻子低着的大象，表示心情不好。他称妻子为“小刺猬”。这是个富有情趣的、浪漫的丈夫。

7．当爸爸的鲁迅。在这里，刘老师花的时间比较多，教得比较充分。出示鲁迅抱儿子的图片。带着学生诵读鲁迅抱儿子时哼的儿歌：小红，小象，小红象；小象，红红，小象红；小象，小红，小红象；小红，小象，小红红。

刘老师讲小海婴5岁时吐鱼丸的故事后问学生：如果你的妈妈遇到这种情况会怎样？与鲁迅处理的方法进行比较，体会到鲁迅是个理解孩子的父亲。刘老师教育学生做像鲁迅一样的父亲，给孩子说出理由的机会。这其实是一种尊重的教育。这种教育非常重要。我们的教育有时缺少尊重，尤其是对孩子，对陌生人，对普通人的尊重。

8．当邻居的鲁迅。鲁迅向邻居讲绍兴乡下女人吵架的故事：一个是剪刀阵，一个是茶壶型。剪刀阵：女人，两腿叉开，两手叉腰，脖子伸长；茶壶型：男人，一手叉腰，一手伸直。（一学生模仿女人做动作，老师模仿男人做动作）学生感受到，鲁迅是个风趣的人。

通过上面这些新的信息，学生在心里建构了新的鲁迅的形象。教学的最后，刘老师问学生：这个时候，你心中的鲁迅怎样？

生　慈祥。

生　童心。

生　爱国。

生　是个平常的人，和我们的心一样。

生　小时候调皮，长大是作家。

生　好的父亲。

生　为别人想得多为自己想得少的人。

比较刚开课学生对鲁迅的理解，尽管还有些概念化，但是，鲁迅的形象在学生心中得到了新的建构。

形象大于思想，世界大于概念。给孩子丰富的鲁迅形象，让孩子走进鲁迅的心灵世界。相信，鲁迅会在孩子的心里复活。

2010年11月14日于“千课万人”

心忘方入妙

——窦桂梅老师《我的爸爸叫焦尼》（第一课时）评析

听窦老师和孩子们一起读完绘本《我的爸爸叫焦尼》，从作者用图画、文字创造的淡淡伤感的世界，从课堂窦老师和学生营造的款款情深的世界，回到当下时空所处的真实世界，不禁想到了清代书画家恽寿平的一首诗："心忘方入妙，意到不求工。点拂横斜处，天机在此中。"这是第二次听窦老师的这节课，又一次感受到了"玫瑰"热烈中的细腻和深沉。正如窦老师所说，重复也许会产生意外的收获。其实，教学是没有重复的。每一次的教学，对学生对老师都是新的。生命就是这样生生不息，日日而新。巧的是，第一次窦老师的这节课是我评的；这次又是我来评。说是评课，其实是学习，是一起阅读、思考、对话和感动，是所有在场者的融合和分享。我把思考和感动说出来，和老师们分享，请所有亲历者讨论。

一、生活的谈话以入境

"生态语文"（本次活动主题）来自真实的生活。请看窦老师如何从生活中引导学生进入阅读的情境。

师　在我们的生活中，有一位这样的亲人，他帮我们系过鞋带，包过书皮，教过我们学骑自行车，他一定是我们的——

生　父亲。

师 把父亲这个词放在嘴里咀嚼一番，喊出来，谈谈你对父亲的理解和感受。

学生齐读，第一遍读得不响亮。窦老师让学生大声喊出“爸爸”这个词，再说出对自己父亲的理解和感受。几个学生作了回答。主要的意思有：聪明，懒，爱我；严肃，严厉，其中表现对我的爱；威严，幽默；严厉，但大多数情况和蔼，和我玩在一起。

师 每个同学都有自己对父亲的感受，随着年龄的增长，如果你是画家会用色彩表达对父亲的理解，如果你是音乐家会用旋律表达对父亲的理解，如果你是文学家会用文字表达对父亲的理解。有一位作家，有一位画家，都是瑞典人。作家叫波・R.汉伯格，画家叫爱娃・艾瑞克松。他们共同创作了一本关于父亲的书。今天，我们就来读这本书。读书是一件美妙的事，尤其到了高年级，读书更是惬意的事。那就让我们一起凝神静气来听一听，走进这个父亲的故事。

生态教学就从窦老师和学生生活化的谈话中悄悄地开始了。恍惚间，学生忘记了疲劳（今天是星期天），忘记了在一个特殊的空间上课。学生入境了，即将踏上阅读的美妙旅程，这样熨帖，如此生态。

二、自然的朗读以入情

生态即自然。窦老师用低低幽幽的声音，叙述的口吻略带忧伤，一幅图一幅图，朗读起故事。

从第1幅图读到第5幅图时（狄姆用手指着爸爸，告诉热狗店的阿姨：“这是我爸爸，他叫焦尼。”）窦老师读狄姆说的话，自豪的语气，那么逼真、自然，让我们仿佛看到了小狄姆天真、自豪的神色。

读到第7幅图狄姆又要对电影院伯伯说话时，窦老师没有直接读出来，而是对学生说：“请大家大胆想象，狄姆会对检票的伯伯说什么？”

生 他可能会说：“这是我爸爸，他叫焦尼。”

师　你读过这本书？

生　没有。

师　你猜想得对。是啊，他明明不认识检票的人，却又一次告诉人家（指一学生读）："这是我爸爸，他叫焦尼。"

由于窦老师的示范，学生也用自豪的语气读出了狄姆的话。

接下来学生朗读了第8至15幅图（从电影院到图书馆）。同样，由于窦老师朗读的示范，学生基本读出了叙事的感觉；读狄姆说"这是我爸爸，他叫焦尼"时，骄傲、兴奋之情都表达出来了。窦老师没有提"有感情地朗读"。窦老师的朗读教学在不言之中。

从第16幅图到23幅图（往车站、分别、离去），又是老师朗读。舒缓、略带忧伤的音乐响起。第1幅图到15幅图的朗读，窦老师没有用音乐；这里，为什么用音乐呢？很多的课堂，配乐都是多余的；而窦老师的配乐，那么自然、妥帖，让我们感到，这里应该有音乐响起。这里的音乐不是"配角"，不是帮助表达，就是在表达；表达语言不能表达的丰富。一位哲学家说过，当普通的语言不能表达时，可以用数学语言表达；当数学语言不能表达时，可以用音乐语言表达。音乐是最高级最神性的语言，最能抵达人心灵深处的语言。

自然的朗读和音乐，偌大的空间，这个时刻，老师和学生，所有的在场人，似乎忘记了一切，被一种看不见却又真实存在的叫情感的东西所包围和浸润。

三、整体的读图以入心

生态是联系的整体。接下来，窦老师要求学生看画面，提取信息，整合信息，体会狄姆的心情。

在热狗店——

师　这是哪里？卖热狗的阿姨，狄姆认识吗？

生　不认识。

师　仔细看图，把你的感受说说。

生　瞧，狄姆抬着头，看着阿姨，一脸高兴的样子，而且他一手拉着爸爸，一手指着爸爸，对阿姨说这句话的。

生　他好不容易见到了爸爸，心里一定好激动啊，我从他的眼睛里看出那份特别的高兴，他一定要告诉这位阿姨，尽管不认识她。

在电影院门口——

师　这是在检票口，看到检票的伯伯，认识吗？

生　这位老伯伯，狄姆也不认识。

师　你告诉这位伯伯，你旁边的人是谁。

生读（声音小了点）

师　小朋友，你说什么，我耳朵有点背，听不见。

生大声读。

师　原来，狄姆的语气那么那么开心、自豪。

在比萨店——

师　进了比萨店，狄姆的动作可跟前面不一样了，这是为什么？

生　因为这个哥哥不是陌生人，而是跟他住同一座公寓楼的、熟悉的哥哥。狄姆两只手握住围巾，挺着胸脯，一定是用很自豪的语气告诉哥哥。

生　狄姆的胸脯挺得直直的，他非常骄傲地告诉哥哥：他是和爸爸一起来的。这还没有完，瞧，还跪在椅子上，大声叫：“我爸爸要付钱啦！”他太自豪了。

在图书馆——

师　演示课件，把狄姆的手放大。狄姆对认识的大姐姐竖起了大拇指。狄姆什么心情？

生　“这是我爸爸，他叫焦尼！”（学生很自豪的样子读）

生　“这是我爸爸，他叫焦尼！”（学生加上动作，语气是那样骄傲）

在站台上——

师　送爸爸走了，站台上，狄姆又说了这句话，那是对站台上一位擦肩而过的叔叔说的，仔细看画面，他又是什么心情呢？

生　我猜狄姆心里很难过的，舍不得。

师　那就带着你的体会，再读读这句话。

生　“我在冲爸爸挥手，我在送爸爸呢！爸爸叫焦尼！”（声音低低的，自豪中有难过）

师　这是我的爸爸，他叫焦尼。这样简单的表达，场景一样吗？面对的人一样吗？每一次心情、表现一样吗？看来，简单里面的表达简单吗？

生　不简单。

师　是啊！有认识的，有不认识的，有擦肩而过的，有男的，女的，老的，少的。而且每一次狄姆的心情都不一样。我们从这简单的表达中获得了这么多丰富的感动。

在上述场景中，学生走进了完整的画面，走进了完整的生活。学生的心仿佛和狄姆那颗小小的心一起在跳动，在快乐，在自豪，在兴奋，在难过……

四、同情的遐思以入妙

生态关照的是终极关怀。课结束之前，窦老师深情地说：故事就这样结束了吗？两节课就这样结束了吗？读人家的故事，帮助自己的人生。如果，你到了窦老师的年龄，遇到曲折和选择，你也许会想到这节课，想到窦老师的良苦用心。

窦老师教语文，想到的是人；窦老师教现在的语文，想到的是未来的人生。感同身受的同情，面向未来的遐思，这就是生态教学的情怀和智慧，关注生命，关注生命的意义。也许，“忘记”了些什么，才有更多的得，进入教学的妙境。

窦老师的主题阅读教学，不像一般意义上的阅读课那样规范和工整，更像是写意。这“意”是窦老师对儿童成长的关切和情怀，是窦老师对教育的理解和体悟。这“意”中，同时巧妙地结合着扎实的语言学习。

心忘方入妙，意到不求工。简单表达处，感动丰富中。

2011年5月15日于“千课万人”

不立文字，直指人心

——窦桂梅老师《我的爸爸叫焦尼》（第二课时）评析

《我的爸爸叫焦尼》是一本关于生命教育的绘本。绘图的是瑞典人爱娃·艾瑞克松，写故事的是瑞典人波·R.汉伯格，中文翻译是彭懿。绘本，顾名思义，以绘画为主体。《我的爸爸叫焦尼》共24个页面。每个页面主体为画面，占整幅的四分之三。其中，狄姆和爸爸一起喝咖啡的一页，文字只有一句话：爸爸喝完咖啡，时间终于到了。最后一页，只有画面，没有文字。绘本怎么阅读，怎么教呢？对于习惯于阅读文字的学生，能读出画面里的意思吗？窦老师的教学给出了明确的答案——简单的画面里同样能读出丰富的意思和感动。窦老师深谙阅读之道。人是天生的阅读者。人有一双眼睛，有一对耳朵。人无时不在阅读，在倾听。每一片云，每一棵树，每一双眼睛，每一张脸……世界上的一切，都是召唤的主体，都在等着人的阅读和倾听。阅读就是发现，发现意义，发现自己；阅读就是理解——主客一体，物我合一。窦老师的教学就是唤醒了孩子阅读的潜能和天性，让孩子成了阅读者，从“不立文字”的画面背后，读出了人心，读出了感动，读出了自己。

一、确立阅读的态度

在学生阅读画面之前，窦老师告诉学生：“在读完了文字后要体现对画家的尊重。”语言是对画面的提升，但也有未达之境。窦老师给了学生一个重要的阅读态度——尊重。有了尊重，才有真正的阅读；有了尊重，才有平等的对话和倾听；有了尊重，才能达成真正的理解。很多的误读，除了方法的原因，大概就是缺乏尊重的缘故吧。窦老师还告诉学生，文字不是一切的表达：书不尽言，言不尽意。画面不是文字的补充，可以成为独立的阅读对象。

二、教给阅读的方法

接着，窦老师提示学生：看画面的色彩有什么特点？图形、构图有什么变化？画面中的某个小道具用意为何？然后，让学生一页一页地从头至尾仔细看一遍。学生的阅读证明，他们具有敏感的心灵，他们具有天生的阅读潜能。只要我们给他们时间，给他们指引和激励，他们就是优秀的阅读者。

1．主色调的阅读。

师　画面的主色彩是什么？

生　灰色。

师　灰色通常表达什么样的情绪？

生　情绪低落，淡淡的哀伤。

生　不完整的家庭。

师　除了主色彩灰色，有没有跳跃的亮的颜色？

生　爸爸的围巾是红色。（因为是幻灯片打出来的，其实绘本上是橙色，一种温暖而不热烈的色彩）

师　一片灰色里的这一点红，给你什么感觉？

生　温暖。

生　希望。

生　感动。

生　爸爸对狄姆的爱。

生　爸爸和狄姆的父子之情。

2．细节的阅读。

狄姆的围巾绿色的带有淡淡的橙色线条，这被学生发现了。学生激动地表达了他们的阅读感受和理解：

"不管父母怎样，孩子都爱他们。"

"父母离婚了，但他们都爱孩子。"

"表示把他们三个连接在一起，父母的爱聚焦到他的身上。"

3. 道具的阅读。

学生看到了第一幅画面（狄姆在火车站等爸爸）的时钟和狄姆送爸爸走时画面的时钟。学生读出了，他们相处的时间很短，但是感情深厚。

窦老师引导学生关注狄姆手里拿着的一本书——狄姆和车窗里的爸爸挥手，另一只手上拿着一本借来的书。

生 书包含了和爸爸在一起的记忆。

生 书能给他安慰。

生 从书里获得力量。

4. 构图变化的阅读。

学生还发现了，所有的画面都是方形的，最后的一幅图是圆的。（画面的中心是狄姆的背影和妈妈的侧影，妈妈的左手搭在狄姆的肩上，斜侧着头看着狄姆，狄姆看着伸向远方的铁轨。）

师 从圆你想到什么？

生 也许今后三个人会在一起。

生 会破镜重圆。

生 给人期盼和希望。

那静静的画面，被孩子们读懂了。作者的心、狄姆的心、孩子们的心，在阅读中融在了一起。孩子们就这样表达着美好的感情和心愿。

窦老师的教育观就是儿童观。她说："如果没有了儿童，就没有了教育，教师也就失去了存在的意义。那就让我们在课堂上培植柔软敏感的内心世界，悉心倾听孩子言语与思想拔节的声音……"

窦老师的课堂就是在引导学生阅读图画中"培植柔软敏感的内心世界"。

2010年11月13日于"千课万人"

于氏教法老更成

——于永正老师《学写对话》评析

全国小学语文名师中，于老师的课我是听得最多的。从于老师的教学中，我对语文教学的理解不断加深，对于老师以“五重”为价值取向的教学方法和艺术的理解不断加深。今天的课，用“浑然天成”“匠心独运”“精妙”“纯熟”等词，已经不足以表达我的全部感受和理解。让我们回到原点，从教学理论的角度来解读“于氏教法”。

什么是教学？教学（教）就是教师引起、维持与促进学生学习的所有行为。这句话告诉我们，有了教师，有了学生，有了教材，我们的教学在实际中未必真的发生了。有的老师经常抱怨：我讲了学生为什么还不懂，我讲了很多遍，学生为什么还不会做。其实，你讲了，教学未必就发生了！如果没有“引起”学生“注意”，那教学根本就不会发生，也就谈不上教学的效果；学习的注意引起了，如果没有“维持”一段时间，足以完成既定的学习任务，那么教学不能持续；引起、维持了学生的学习，如果没有“促进”，那么学生就没有进步。只有“引起、维持、促进”了学生的学习，教师的教学才真正发生了，学生的学习才真正发生了，教学才会产生效果。

于老师今天这节课完美地体现了这一教学的根本原理，就像哈佛商学院经典案例，堪称教学法的“经典课”。课堂呈现出来的每一个环节、每一个元素，都值得细细琢磨，写成一篇篇文章。真是“庾信文章老更成，凌云健笔意纵横”。限于水平和学力，我只能做粗略的勾勒，以引起大家的思考。

一、引起：信手拈来，自然天成

上课伊始，于老师以一小口误［采荷二小三六班小朋友，噢，是一小，二减一，是采荷一小，要记住］，拉近和学生的距离。加上于老师亲切的口气，一位长者和一群小朋友的学习之旅就这样开始了。这还只是外在的引起。接下来于老师从现场生成了教学资源，从教学内容的角度引起了学生的学习。

用上述小口误调节了气氛之后，按惯例，于老师和小朋友见面、问好。

师 小朋友，我姓于，叫于永正，欢迎我吗？

生 欢迎。

师 谢谢！那我们就上课吧。

师生对话问好之后，于老师说："于老师把刚才和小朋友的对话写了下来，哪位小朋友读一读？"出示对话文字：

上课了，于老师走进教室，对小朋友说："小朋友，我姓于，叫于永正，欢迎我吗？"

小朋友齐声回答："欢迎。"

于老师高兴地说："谢谢！那我们就上课吧。"

（生朗读）

师 这段对话怎么写的呢？第一，是分段写的。分段写的好处，一是清清爽爽，一目了然；二是文章显得长，这一点可不要告诉别人！（小调侃，学生会心窃笑）第二，用了提示语，知道话是谁说的，怎样说的，读了之后如见其人，如闻其声。

于老师的老到之处在于，把刚才师生对话的鲜活情境转化成了学习资源。这样的资源"出水鲜"，极富现场感。学生感到，写对话就在自己身边，就在自己的生活中。这就从学生内在的学习需要，引起了学生学习的愿望。课标里讲，要引起学生习作的愿望，让学生喜欢习作。于老师不经意间钓得学生"上钩"。

接着，于老师教学提示语运用的变式。既教了提示语运用的知识，又巩固了学生学习的注意。

二、维持：以生为本，妙趣横生

于老师的“维持”有三招。

一是兴趣。于老师和一位小朋友表演小猴和猴妈妈的对话。在于老师的指导下，一老一小的语言和动作惟妙惟肖，学生看得兴趣盎然。尤其是于老师模仿小猴抓耳挠腮的动作逗得小朋友开怀大笑。二是目标锁定。整节课，于老师紧紧扣住两个目标（分段、写好提示语）不放，从读到抄到写到评，不断强化这两个目标。如果说表演是外在的维持，那么目标就是内在的维持。这两个目标具体，学生努力能够达到。通过学习，达到了目标，就是用成就感维持了学生的学习动机。三是鼓励。学生抄写时，于老师不断夸奖小朋友字写得漂亮、规矩；学生朗读时，于老师具体指出优点表扬。于老师的鼓励，特别表现在他的“惯用伎俩”——“加分政策”。

师　原因写得好，加5分；“说着，指指自己的牙齿”写得好，加5分；读得有趣，加5分。

这样的教学，既是指导，又是激励，把学生的学习“维持”在积极的状态。

三、促进：步步踩实，拾级而上

引起、维持不是目的，目的是促进学生有效地学习，让学生学有所获，得到发展和进步。在促进学生学习上，于老师重视了方法、训练、习惯和对学生的关心，体现了他的“五重”教学思想。

教方法。这节课，于老师教学写对话，教了分段的方法、写提示语的方法、抄写的方法、朗读修改的方法等。于老师最巧妙的教方法是寓指导于评改之中。

师 “小猴饿着肚子回家”，原因写得好，加10分。提示语写了“妈妈笑着问，小猴摇摇头”，形象、具体，加10分！

这里没有讲怎么写原因，没有讲怎么写生动具体。通过对学生作文的评价，自然地把如何写的方法教给了学生。在中低年级，这才是最有效的指导方法。

这些方法要转化成学生的能力，离不开严格的训练。于老师拿出时间让学生认真抄写对话。

师 要抄得和老师的一模一样，连标点符号都要一样。

于老师拿出15分钟让学生练习写作。

在教给方法、扎实训练的同时，于老师始终注意学生良好学习习惯的养成。

认真检查的习惯——

师 抄好后检查，一点一点看，仔仔细细，标点不要放过；要抄得一字不差，标点完全正确。

认真修改的习惯——

师 认真念三遍，大声念，念了就会发现毛病，发现毛病立即改，抓紧时间。

认真倾听的习惯——

师 认真听别人朗读，学会倾听。

合作学习的习惯——

师 同桌互相学习，互相检查。查三个方面：分段，提示语，标点。有毛病，告诉他怎么改。

其实，“认真”本身就是最重要的习惯。现在的小学生，现在的社会，多么需要“认真”！

于老师在促进学生学习的过程中，时时表现出对学生的关心。这种关心其实也是一种教学。正如赫尔巴特说的，教学永远具有教育性。真的教育，教学和教育是一体的。

课堂上，于老师多次对学生说，对自己负责，对同学负责。

于老师关注学生的学习困难。学生习作时，于老师说，有困难举手，于老师帮助你。

学生习作的15分钟里，于老师没有闲着，不时停在学生身边辅导。他在一个小女孩的身边，足足一分钟，指点并看着她改正。

于老师用他的方法、智慧和对学生发自内心的爱，帮助学生学习，促进学生进步和成长。

2011年5月16日于“千课万人”

依“标”据“本” 学有所“长”

——吴小健老师《奇妙的国际互联网》评析

根据活动要求，要我对小健老师的课做一个评点。刚才评课，有老师提到“教无定法”，“教无定法”的说法是不错，但教学基本规律是要遵循的，也是不能违反的。下面，我结合这节课的教学，就语文教学，特别是阅读教学中一些基本的、必须遵循的规律，谈一些个人的看法。

当然，我讲得不一定对，和大家一起探讨和研究。题目定了八个字，把我要讲的内容浓缩起来，供大家来思考。这个题目是“依‘标’据‘本’，学有所‘长’”。

依“标”据“本”，“标”指的就是《语文课程标准》（以下简称“课标”）。如果语文老师是个负责任的老师，那么“课标”应该摆在身边，在备课、评课、研究的时候，都要认真去看。

“本”指三个本，第一是课本，第二是文本，第三是语文教学之本。课本是我们语文教学的依据，不能不看。文本指的是具体的课文。比如，今天教的文本是《奇妙的国际互联网》。第三个“本”，是语文之本，这是我们语文教学作为一门有别于其他学科的课程，它的根本是什么。

学有所“长”，“长”是学生的成长。你教学的最终目的是什么？是为了学生的学，那么学生的学需要达成哪两个目标呢？第一，语文能力要有长进。第二，学生通过语文学习，他的精神要有成长。我说的两个“长”，就是学生语文能力要有长进和精神要有成长。根据这个题目，我从以下几个方面来做一下具体的解释。

第一，依据“课标”定教学目标和教学内容。以今天小健的这节课来讲，这节课的主要目标是引导学生学习语言，进而理解这篇课文的主旨——“奇妙”。那么，他为什么定这个教学内容和目标？因为，“课标”第二学段讲得很清楚，“能联系上下文，理解词句的意思，体会课文中关键词句表情达意的作用”。比如“地球村”，要联系上下文理解它的意思，不能仅仅理解为地球成了一个村庄。我不知道你们有没有注意，吴老师经常有一句话：“不能少掉哪个词，如果那个词少了，文章就没有味道了。”这个就是帮助学生来体会词语表情达意的作用。科普文章的魅力在哪里？就是它的准确性和逻辑性，还有它的生动性、形象性。这些文本固有的内容，都可以用来达成“课标”中“体会文中关键词句表情达意的作用”这个目标。他这样确定教学内容、教学目标，就是要落实“课标”的要求。

我们上语文课，首先要依据的是“课标”。吴老师不仅仅关注三、四年级的学段目标，而且他已经开始为五、六年级的学段目标做一些铺垫，做一些起步。表现在哪里呢？“课标”五、六年级的阅读目标与内容里面除了理解词句、体会表达效果等，还有一个要点，就是“目标与内容”中的第四点，“在阅读中了解文章的表达顺序，体会作者的思想感想，初步领会文章的基本表达方法”。我们现在的语文课注重讲内容，至于这篇文章怎么写的，它用什么方法表达出来的，它的语言有什么特色、个性，我们关注不够。而吴老师这节课，他注意到第三小节，关注到互联网与我们“息息相关”里面的条理性，它的层次“可以……还可以”。这就是表达方法。后面的比前面的程度深一点，或者说范围广一点，或者内容深一点。当然学生还没有完全理解，但是不要紧，语文学习是一个浸染熏陶的过程，并不是一学就会的。这就是我说的第一点，就是依据“课标”来确定我们的教学目标和内容，不要胡乱、不着边际地去写教学目标。

第二，依据课本，体现编者意图。我讲的“课本”与“文本”不完全是一个概念。“课本”除了这篇文章，还包括课文后面的学习提示、要求等（一般以练习题目的形式出现），与文本合在一起构成课本（教材），是课程的载体。课文后面的提示、要求等设计，体现的是编者意图。

我们来看吴老师这节课是怎么来体现编者意图的，比如说：他花了十几分钟来完成识字写字的任务。如词语听写，更可贵的是他让学生在把字写正确的基础上，抓住“蜘、蛛、邮”这三个左右结构的字重点指导，把这三个字写美观、写好看，来体会我们汉字的形体美。“课标”规定：“第一到第三学段，每天的语文课中安排10分钟，在教师指导下随堂练习，做到天天练。”这节课就得到了很充分的体现。不少中高年级老师对写字教学不够重视。其实，语文教学里没有小事情，按照要求，应该写的要写好。课文后面的字要写，词语要读一读、听写。但是他没有听写所有词语，而是抓住几个难写的重点词语。课文后面要求理解文中引号的作用，吴老师在阅读过程中引导学生做了理解。课文后的问题：为什么说互联网与我们生活息息相关？老师在阅读教学中也引导学生理解了。课文后面的阅读提示和要求，吴老师在教学中都能一一加以落实。这就是依据课本，体现编者意图。当然编者意图有时我们可以做一些调整和选择，但是一般情况下，课本上提出的教学任务，我们应该完成。这是一个基本要求。

第三，依据文本，体现文本的独特价值。刚才我讲文本和课本的区别，我们的阅读教学，依据的是一篇篇课文，就是文本。不像数学、物理、化学有严密的学科体系，语文学科没有严密的体系，比如《奇妙的国际互联网》，四年级上学期可以教，摆在下学期似乎也同样可以教。但是既然已经把这篇课文摆到某个单元、某个学期，那么我们要做的，除了刚才第二点讲到的——依据课本来完成课文后面的基本要求，我们还要关注这篇文本的特点是什么，独特价值是什么。就像我们每个生命不一样，每篇课文也都不一样。我们来看这篇课文，吴老师是怎么解读的。首先，它是一篇科普文章，讲究逻辑严密、表达准确。第二，它又是一篇比较通俗易懂的科普文章，适合小孩子读的科普文章。文中打一些比方，举一些例子，语言带有童趣，这就是文本个性特点。“依据文本体现独特的文本核心价值”，这里面有两点我们要注意。第一点，这个文本与其他文本比有什么特点？第二点，依据文本，把文本独特的价值转化为教学价值。

第四，依据语文教学之本，品尝语言的味道，感受语言的生命。这是我要讲的重点。如果你们阅读面稍微广一点，应该知道下面这句话。德国哲学家海德格尔讲过，“语言是存在的家”。那么这个“存在”是什么？不是指桌子、椅子、电脑，而是指我们人的存在，人的精神、思想、情感的存在。所以说语言是存在的家，其实也就是讲语言是人的精神之家。如果我们要问人和动物有什么区别，第一，人会制造工具，这是一个本质区别。第二，人会说话、人有语言，这是人的又一个本质。

语言与人的生命、人的精神是相关的，它不是一个机械的符号。“国际互联网”这五个字，它有字形，有声音，有字面的意思。它还表达着人的一种思想，人的一种情感，带着人的特殊的精神内涵。就好像美食有酸甜苦辣一样，语言也有味道，它的味道就是表达出来的人的喜怒哀乐。吴老师不断引导学生感受作者的情感，虽然是一篇科普说明文，但作者对互联网的理解，以及对国际互联网兴奋的情感，在字里行间表现出来了。语文教学的根本是什么，就是要带着孩子去品尝语言的味道，要有语言的感觉，像今天孩子站起来读书，都是有语言的感觉的。不要老师过多地说，朗读这句话——“其实这种‘网’不是一般的网，而是指‘国际互联网’。你可以想象一下，假如有一只巨型的蜘蛛，织成了一张团团包住整个地球的大网”，学生就知道注意“不是一般的网”“巨型”“团团包住”“大网”这些词。一听就知道学生对语言是有感觉的。没有感觉，就不会这样读出来。我们怎么让学生去品味语言，这就要让学生去触摸语言、咀嚼语言，就像吃东西一样，色香味俱全，你可以嗅、摸，看它的光鲜溢彩。现在很多的课上，学生没有真正去“吃”文本的语言。如果不去吃，能不能真正体会它的味道？“吃”语言就是去阅读、朗读、默读、反复地读，细细地品尝、咀嚼、回味。

今天，吴老师是这样引导的：“你用朗读把你的感受、理解表达出来。”这个也就是“课标”里讲的“在语言实践中培养语言实践能力”。什么叫语文实践？阅读课上的实践，主要的就是要读。“读”是在老师启发、激发下读的。因为有了老师的激发——他的表情、他的动作、他可爱的样子，以及他自己对语言的理解去感染学生，学生们对语言有感觉了，有感觉了以后他们就愿意去“吃”、去品尝了。细细地品尝语言，学生经历了感受、理解语言的过程，他的语言能力才能得到提高。

“课标”里有这样一句话，不知道你们有没有关注。“语文课程就是培养学生语言文字运用能力。”“语言文字运用能力”这八个字，我们应该经常琢磨。“课标”讲得很清楚。语文教学干什么？就是去培养学生“语言文字运用能力”。在阅读教学中，学生理解感受语言能力的提高，就是培养学生“语言文字运用能力”。运用语言文字能力其实就是听说读写能力，听说读写的能力其实就是语言运用的能力。听说读写哪个更重要也说不清楚。我个人理解，读的能力是基本能力。读的能力为听说写的能力的提高提供了一个背景，提供了一个帮助。阅读是一种运用，听说写也是一种运用。因此，引导学生感受、理解语言，品尝语言的味道，其实就是落实“课标”中“培养学生语言文字运用能力”的要求。

今天吴老师的这一节课，是怎么引导学生来品尝语言、咀嚼语言的？我举一个例子，第二段教学，首先，他让学生找哪些词不能少，一少掉就没有味道了。学生找到“巨型”“大网”“团团”“包住”等。要“吃”这些语言，得先让学生把它们找到，再让他们感受。找出了这些词，吴老师引导学生思考：你怎么想的？学生说出来为什么包住，为什么是“巨型”“团团”。学生说出自己的想法，就是在“吃”语言——理解它、感受它、体会它。有了自己的感受之后，让学生来朗读，就是在“吃”了之后的咀嚼、品味。这看似简单的三个步骤——找出来，说出你的理解和感受，再读一读，把这种感受和理解读出来、表达出来——就是品尝语言的过程，咀嚼语言的过程，也就是学习语言的过程。

这就是我说的第四个方面，依据语文教学之本，即品尝语言的味道，感受语言的生命。语文教学之本是什么？语文教学的根本任务就是学习语言。用“课标”的话就是“学习语言文字运用”。数学就是学数量关系、学空间观念。物理、化学学什么？就是学物质的性质、变化。音乐学韵律和节奏。每个学科都要有它自己学的东西。你不教学生学习本学科应该学的东西，你学科的个性和价值就没有了。

第五，感受语言生命，促进学生精神成长。今天这节课，我们从课堂上体会到教师和学生的对话、学生和文本的对话，这些对话流淌出一种精神、一种情感、一种智慧。在不知不觉当中，孩子们通过对语言的感觉、感受，精神更丰富了。有的联想到孙悟空的十万八千里，有的联想到水晶球能照出人的影子。这样的阅读，语言的生命就复活了。为什么语文教学要关注学生的语言感受？言为心生，语言本来就与人类息息相关。这个词还可以教得更好些——什么叫“息息相关”？什么叫“命运与共”？什么叫“同呼吸，共命运”？息就是呼吸，人的生命与每一次呼吸都是离不开，你说这种关系密不密切？

语言与人的生命息息相关。它是人生命的一种表达。我们不理解一个词时，它就是一个机械的符号。当一个字、一个词进入了文本，语言文字就在独特的文本中获得了生命。本来文字是躺着的，它进入文本有了生命，另一个生命与它相遇、对话，这个生命就是读者。当这两个生命相遇了，文字就站起来了，很神奇，它站起来和你说话了，是这样一个过程。“课标”说，“阅读教学是老师、文本、学生、编者之间的对话”。有了生命才好对话，如果沉睡了，怎么对话？那是梦话。文字的生命需要我们读者来把它唤醒，我们读者的生命与文字的生命相遇就产生了对话。文字生命就焕发出来了。

我在教《青海高原一株柳》时，写了“马复兴”这个词，他是最美的乡村教师。学生不知道，如果你不了解他的事迹，没有走进过他的情感世界，你就仅仅知道这是三个字，三个符号。当你知道他没有两只手，这时你会触动一下。没有两只手却能用膀臂把粉笔夹起来，夹起来会在黑板上写字，而且非常漂亮，还可以画圆，带着学生学习。这时，你感觉“马复兴”还是三个字吗？你就会感到一种顽强的生命的力量。

我们看看这篇课文，学生理解互联网使我们生活更加快捷。当学生知道互联网可以听音乐、购物的时候，“互联网”这三个字就不仅仅是一个机械冰冷的符号，它就进入学生的生活、生命中去了。当学生通过互联网把“天涯”理解成“咫尺”，“地球”理解为一个“村”，“地球村”就不仅是一个词，在村中、网络中充满了人的活动、人的感情、人的生命。所以，语言生命是人的一个活动，当我们引导学生关注到文本后面的人，人的情感、学生的心灵就在学习语言中得到一种发育，学生精神就在语言中获得成长。今天吴老师不仅关注文本内容，它有什么功能，怎么奇妙，有什么作用；他还不断地关注作者，作者是怎么写的，作者是什么情感。为什么不断关注作者？因为这篇课文是作者写出来的，他是一个有生命的人，有情感的人。他是带着情感写的，他感受到互联网的奇妙。他要把这种奇妙的感觉说出来和人分享。互联网是这样一个有生命的东西，所以他才用了那些词、比喻、表达方法去表现它。我们在阅读时，必须用我们自己的生命，我们的心灵去与它相遇、相融、对话。

语文教学根本任务就是两条，这两条是从哪里归纳出来的？"课标"指出："义务教育阶段的语文课程，应使学生初步学会运用祖国语言文字进行交流、沟通，吸收古今中外优秀文化，提高思想文化修养，促进自我精神成长。"这是一句话，我把它分解一下，其实就是两大任务：一，培养学生语言运用能力。二，促进学生心灵发育和精神成长。

谢谢！

2012年11月27日兴化市教育局名师送教活动于兴化市大邹中心小学

品尝语言，神遇作者，对话中心心相契

——《青海高原一株柳》同课异教评析

刚才我们三位老师的评课都非常好，欣赏两位的课，谈听课的感受，谈值得自己学习借鉴的地方，或者提出一些思考，这都非常好。各人发表各人的观点，我觉得很有必要。刚才有位老师提到，阅读就是为了写作。这个观点我不太赞同。阅读首先有自身的价值，阅读提高了写作能力，那是另外一个问题，这是第一。第二，刚才有老师也讲到了，阅读教学中也要教写作。但我的理解是，阅读和写作其实不应该分开，也是不能分开的。为了表达和研究的方便，分开来说是没办法的事情。从语言表达这个角度说，阅读和写作是一回事，都是文章之道。阅读教学要教“文章之道”。文章之道，就是写作。每一个作者，每一篇文章都有它的“文章之道”。今天学陈忠实，就是学习“陈忠实之道”。明天学巴金，就是“巴金之道”。后天学老舍，就是“老舍之道”。这样子，“一道”“一道”的，你得到了很多的“文章之道”以后，你自己就有自己的“道”了。我们阅读就是学“文章之道”。这是我听了大家发言后的一点想法。

下面我的发言，想了一个题目。前几天没想出来，今天没办法了，最终总要有一个题目，刚刚经过斟酌，定了这么一个题目“品尝语言，神遇作者，对话中心心相契”。这个题目就是我对这次我们研究的主题“如何引导学生钻研文本”总的想法。

“引导学生钻研文本”是新“课标”里面新提出来的教学要求。怎么引导学生钻研文本？其实答案也在“课标”里面，这就是解释学上的“互释”或者叫作“互训”。“课标”在“教学建议”“关于阅读教学”第一小节里面讲“阅读教学是学生、教师、编者、文本对话的一个过程”。这就告诉我们，引导学生钻研文本，就是要引导学生去和教科书的编者和文本展开对话。“课标”在这部分的第二小节又讲了，“在积极主动的思维活动中，加强理解和体验，有所感悟和思考，受到情感熏陶，获得思想启迪，享受审美乐趣”。这里的关键词是什么，“理解、体验，感悟、思考，熏陶、启迪、享受”。这些关键词，告诉我们怎么引导学生钻研文本。下面我结合两节课的教学具体地讲。

“引导学生钻研文本”首先要确定教学目标，因为你引导学生钻研文本不是你自己钻研文本，必须要有一个教学的目标。那么，教学的目标怎么来确定呢？有这样四点。

第一个点，教材中规定的教学任务。我们这篇课文后面有几道题目，或者叫提示，有朗读课文，有听写，有描红写字，有两个问题。这个应该成为我们确定一篇课文教学目标的重点。

第二个点，文本自身所具有的核心价值。当然文本自身核心价值有的已经被编者提示出来了，它已经放到课文后面了。这篇课文的核心价值是什么，可能比较多样，有一个选择的问题，比如说它独特的语言风格。刚才我们有两个老师不自然地用了一个词，文章语言优美，那么请大家想一想，这篇文章的语言风格是不是可以用优美来形容？恰当不恰当？回味你们学过美学方面的一些概念——优美、壮美、崇高，思考一下这篇文章的语言风格是不是优美。再从思想、情感的层面上看，今天两位老师抓住了“神奇”，抓住了“奇迹”。我觉得文本中表现出的作者对“生命的敬畏”不可忽视，作者对“青海高原一株柳”“望而生畏”。因为生命真的很偶然，李老师说到这棵柳树生存下来就是一巧合。但是呢，你说这个生命到底是从哪儿来的，搞不清楚。其实我们人无非是成千上万亿个原子所组成的，坐在这里，大家都神采飞扬的，用物理的方法一透视，你就是原子哎。人没有生命时，就是一堆物质啊。你的祖先的祖先，生下来，没事，没有掉到河里淹死，没有被石头砸死，没遭遇太严重的灾难，才存活下来。然后再一代一代地传下来。如果我把它稍微再上升一点，叫天人合一，谁说万事万物没有生命呢？就是一粒泥土，一粒灰尘，它也有生命啊。这就是生命值得我们敬畏的地方，是不是有点不可思议啊？什么叫不可思议呢，就是神奇啊。这种神奇，让我们从内心有一种敬畏。还有文章的表达方式，托物言志，借物喻人。这些术语要不要教？要教，但是怎么教是有讲究的。学生能说出“悬念”也好，“欲扬先抑”也好，这个不重要，关键是能结合这个具体文本、结合语境理解，并且能体会到这些表达方法的表达效果。今天李老师做了尝试。第一段、第二段作者告诉你柳树是神奇的，你一定想看，可作者没让它出场，不给你看；第三、四段写了高原的苍凉和广袤，柳树还没有出场；到第五段作者才给你看柳树，你一看就震撼了：这样一个顶天立地的“男子汉”！这样的方法就是“悬念”。

我们还可以继续研究，怎么样教得更好，教得让孩子们能接受能理解，教得跟这个文本更贴合在一起。如果你只教概念，这一篇文章用了“设计悬念”的方法，等于没有教。所以这课文独特之处就在于它独特的写法，这是第二个我们要关注的。

第三个点，学生阅读该文本可能会遇到的困难，是我们确定教学目标要关注的。比如，课堂上学生提到的古典边塞诗词。还有，什么是“绿得深沉”，你绿就绿吧，还绿得深沉干什么呢？这样一些表达方法，应该是学生感到比较难以理解的地方，可以作为我们的教学目标。

第四个点，“课标”各学段的教学目标和内容应该作为我们制定教学目标最基本、最根本的依据。高年级语文的重点是什么，联系上下文和自己的积累推想词句的意思、辨别词语的感情色彩、体会其表达效果，要关注文章的表达顺序，体会感受作者的思想感情。今天看“课标”又有新的收获了，我来跟大家交流一下。我请带了“课标”的老师来看一看，第二学段，三到四年级，阅读部分第三条：“能联系上下文，理解词语的意思，体会课文中关键词句表达情意的作用”。这是三到四年级，只在这一处提到“表达”。五、六年级提到“表达”就多了，请大家看第三条：“能联系上下文和自己的积累，推想课文中有关词句的意思，辨别词语的感情色彩，体会其表达效果”。第四条“揣摩文章的表达顺序……初步领悟文章基本的表达方法”。年级越高，越关注我前面说的“文章之道”——怎么写的，怎么用词造句，怎么表达的，怎么一段段建构起来。你看这篇课文，它有它构思的妙处。好了，这个是我们确定的教学目标要注意的四个方面。

第二，选择教学的内容。我们引导学生研文本也好，要完成某一个教学目标和任务也好，要有相应的教学内容。这一点有些语文老师还搞不清楚，也不知道。其实关于教学内容的问题，上海师范大学的王荣生博士10年前把它提出来了。当时，我看到之后非常激动，我觉得这个是语文教学的一个标志性转折，过去我们都不知道去关注教学内容，只是在研究教学方法。你不知道教学的内容，就没有相应的内容去完成你的教学任务，或者你的教学内容不正确，教学目标就不能达成。所以请大家要关注、研究教学内容。什么叫教学内容呢，“下面的环节我要教第五小节”，这不叫教学内容，教学内容就是，你教学活动里学生要做的事情、学生学习的凭借，这些事情、凭借能够帮助学生学习“语言文字运用”，这才是教学内容。今天李老师给我们做了很多示范，她把“理解作者用悬念来表达”作为教学内容。“理解、学习用悬念表达”，这是她的教学内容之一。而且她教出来了，所谓“教出来”就是学生经历了学习的过程，在这个过程中有所得。

以这篇课文为例的话，我们可以有哪些教学内容呢？第一，感受柳树成长的艰辛过程；第二，环境描写起到的衬托或者烘托的作用；第三，感受生命力的顽强，作者对生命的敬畏；第四，作者独特的用词造句以及构篇的方式；等等。这些都可以作为教学内容。当然还有很多很多，你可以列下去，但是这些教学内容并非都要拿到课堂上来教给学生，你要选择一下，就是根据上面讲的教学目标进行取舍。这是我讲的第二点，选择合适的教学内容，引导学生钻研文本。

第三，要设计一个有思考价值的主问题。像今天两位老师，她们都有一个主问题，李老师提到的“奇迹”，就是她的主问题。前段时间，为了上这节课，我们一起研究，我也到第二实验小学教了这篇课文。我教了三个课时，并把课堂实录马上发到了网上，老师们也可以看看，来比较，到底怎么教。我的主问题是，“作者望而生畏，他的畏怎么生出来的？”望到了不一般的柳树，他怎么生出这个畏的呢？他畏什么？他是想象之中体会到这个生命的可敬可畏的。他是在联想之中更加体会了这棵柳树是值得崇拜的。作者是通过想象、联想去感受这个生命的。畏是畏生命的神奇，畏是畏生命的偶然。每一篇课文的教学都可以有自己的主问题，教学就不会显得凌乱。这是第三，设计一个主问题，然后引导学生去钻研文本。

第四，我们怎么去教，要有总的思路安排。教学的思路，其实“课标”里面已经跟我们说了，教师要“指导、引领、点拨”。这比较抽象，你可以自己去意会。指导，有的地方学生不会、不懂，你指导一下；有的地方学生理解没有到位，处于“愤悱”状态，你引领一下；有的地方学生迷糊了，你点拨一下。再具体讲呢，像这篇课文，当初我思考的一个教学思路，就是从“感受、体验、理解、感悟”这几个角度来引导学生钻研文本。

一是感受什么？感受环境的恶劣，感受这棵柳树生命的力量。那怎么感受，感受当然要跟语言去接触，就是去读。

二是体验，体验作者想象、联想中所表露出来的敬佩。今天，李老师处理得很机智，就是在想象里面，把一些关键的句子列出来。学生已经读过了，已经理解了，在体验作者的想象时，又把描写柳树的句子拿出来读了，这就是“体验”着作者的“体验”。大家注意一下，文本本身写得很流畅，是很自然地写出来的。第八小节开头一句话写家乡灞河柳名贯古今，第二句就转了——“然而面对青海高原的这株柳树，我却崇拜到敬畏的境地了”，接下来又回头写家乡的柳树，实际就是把他的体会说出来，在比较中写出他的体会。作者把联想跟体验融在一起来写，他不是仅仅为了写联想，他就是通过想象和联想把他的体验传达给你。

三是理解。理解什么呢，今天李老师教的“悬念”的表达方法，就是理解。用这种方法来写，把这个高原写“足”了，写得那么苍凉，给你奇特的感受。写这种独特的感受的目的，是为了更好地写柳树。这个是你要理解的，叫“对比”也好，叫“悬念”也好，叫“衬托”也好，你要去理解它。

四是感悟。上面说到感受、体验、理解，感受这棵树与众不同的样子，体验作者的内心世界，理解这样写的作用。那么感悟什么？感悟命运是不能变的，能变的是你用全部的生命去抗争，这就是李老师最后引导学生讨论的，你是选择抗争，还是选择别的什么呢？引导学生钻研文本，和文本对话，教学的思路无非是这样：感受啊，体验啊，理解啊，感悟啊，若有所思啊。假如再加一点的话，还可以欣赏啊。

最后回到我的标题：品尝语言，神遇作者，对话中心心相契。这个是标题，我不想展开，展开就是一篇文章了。我的意思就是说我们语文教学要关注语言。今天这两节课体现得很充分。抓关键词，抓它是怎么写的。语言这个东西你要去品尝的，不品尝它就没有味道。怎么品尝呢？品尝就是吃啊，你要让学生去"吃"语言，"吃"语言就是读，当然读不是机械枯燥地读、读、读。要感受一下再读，体验一下再读，学生读不出来老师要带着读。就像一个美食家一样，他说，你看看菜的色香味，这时候你的唾液已经分泌出来了，筷子已经忍不住了。这是吊胃口。如果吊到最后，你不给他吃，端走了。怎么品尝？学语言也一样，光说这个语言好啊、好啊，你不让他读，怎么"培养学生感受、理解、欣赏、评价的能力"？你得让他读啊，反复地读，多读几遍。好"吃"吗？再"吃"一口，再读一遍。语言是有味道的。这篇课文的语言是一种硬朗的风格，你就让他品尝出这个硬朗的味道，就像啃骨头，虽然硬、难啃，但有味道。品尝语言的过程中就神遇了作者，跟作者进行了对话。我在教这篇课文的时候强调的是体会作者的感受，然后是你自己的感受。作者写这个青海高原他是什么感受？你读到作者写的这个青海高原是什么感受？你读的时候触摸语言、品尝语言，他的感受传染给你了，你的感受是什么？你要把自己的感受说出来、读出来。

"课标"里有一句话讲得很清楚，"体会作者的思想感情"，要注意，是体会"作者"的思想感情。作者说出自己的感受，他说出来是要跟别人交流的。语言这个东西就像桥梁一样、像渡船一样把你"渡"过去。作者有感受写出来，然后你通过他的文字，跟他的感受相通了。他是一个"传话人"，把他的感受传递过来。其实我们每个人都在语言中生活。为什么海德格尔要讲"语言是存在的家"？这个存在就是我们，就是人，就是人的思想、人的情感、人的生命。我们感受别人的感受，感动别人的感动。我们不是作家，但是我们能"感受"和"感动"。有了阅读的"感受"和"感动"，文字才能流传下来。我经常说，解读文本就是解读人，这个人包括写文章的人，包括你这个读文章的人。怎么去关注这个人呢？中介是语言。语言是一座桥梁，你通过语言跟作者对话，跟文字对话，彼此的心灵就相通了。词语在字典上的解释是静止的、没有生命。但是当"生铁""铁锭"这两个词被陈忠实放到一个具体的文本里，放到一个具体的句子里的时候，它就有生命了。“树干和树枝，呈现出生铁铁锭的色泽。”这个“生铁铁锭”就站起来了，就跟你说话了，这就是作者用自己的生命赋予了语言生命。“生铁铁锭”告诉你：这棵柳树的千锤百炼，告诉你生命的坚强，等等。所以，当语言文字从作者的情感世界进入文本中，它就会站起来，它就会和你说话。当然你要用你的心去唤醒它，它是一个“沉睡的美人”。就像王子皮革马利翁看“美女雕塑”，看着看着把她看活了，成了活生生的大美人。这是生命的神奇。

好了，上面是我结合今天两节课，就“如何引导学生钻研文本”这个话题，跟老师们做的一些讨论和分享。高年级的阅读教学一定要教“文章之道”，一定要关注“作者”的“表达”。如果我们在今后的语文教学当中，在这方面能迈出一小步，我想我们今天的活动就是一个大成功。“小”跟“大”就在一步之间。谢谢各位！

2012年11月28日兴化市小语名师工作室“同课异教”研讨活动

于兴化市戴南中心小学

附录 1

“学”者何伟俊

赵冬俊

何伟俊是我们很多人的老师。

与何老师相遇，是我，也是我们这一拨人的幸运。

幸运的我们，可以写出长长的一串词来形容我们的何老师。不过，如果只用一个词来形容何老师的话，我想说——他是一个“学”者老师。

何老师的“学”者气质由来久矣。他早年那些具有传奇色彩的语文教学故事以及工作履历经由他同事的绘声绘色的描述传到远远近近的他乡小镇，传至如我一样的年轻语文人的心中。1988年，年仅25岁的何老师，一年内接连在《江苏教育》上发表三篇文章。这个数字在出版业异常热闹的今天也算得上高产，何况是《江苏教育》这样的重量级刊物。更不可思议的是，何老师从班主任到教导处副主任，主任，校长，一步一个台阶，稳步前进。他在每一个岗位上都得心应手，卓有成效。30岁那年，他成为戴南教管办主任，主持一方教育工作。他这一路走来，处处绿灯，快捷而稳当地实现了一个乡镇年轻老师所憧憬的一切。

1998年，何老师从戴南镇调至市教育局教研室任小语教研员。从此，我不仅只是“耳闻”，还能“目睹”何老师的“学”者模样。

一、诲人不倦，学而不已

2000年3月，何老师以小语教研员的身份走进我的课堂。何老师的形象是显而易见的“学”者派，他的眼镜总是擦了又擦的那种晶亮，领带色泽鲜艳但并不夺目，安然地搭配着挺括的黑色西服。那时的他比现在的我略小。回忆起来，他的衣着比我们多了几分讲究，加上他挺拔的身子，称得上标准的清秀、俊朗。不笑的时候，他表情严肃，让你觉得，学者就应该是这样一副严谨的模样。他笑起来的时候，则亲切、温和，又让你觉得，学者又应该是这样一副随和平易的样子。

时至今日，一切淡出。只是清楚地记得，评课时，我如同一个不谙世事的孩子，战战兢兢，望见何老师脸上的笑，心才踏实下来。何老师夸我是个基本功好、有内涵的老师，说我将来能成为“兴化的于永正”，叮嘱学校领导好好地培养我。我一任天真信以为真，一直到今天。也许，只有许多年后的今天，我才能发现这次见面对我意义重大，影响深远。他于我的意义是什么？是清晰的看见，是美妙的发现，是巧妙的激励，还有“取法乎上”的指引与塑造。

从那以后，我对语文教学产生了更为浓厚的兴趣，开始认真研读何老师推荐的于永正的教育专著《教海漫记》以及《于永正课堂实录》。就这样，而且总是这样，“学”者何伟俊，在不经意间，润物无声，诲人不倦，将我们这群初为人师者一个个塑成虔诚的“学”者的模样。

后来，我教学中逢有疑惑，哪怕鸡毛蒜皮，也常落笔成文，塞进邮箱，寄到何老师那儿。何老师有问必复，不厌其烦。每次收到回信，我都要细细琢磨信中行云流水般的文字，有时甚至绞尽脑汁地联系上下文去辨析某个词。当读懂一个难认的词，我眼前像是打开了一扇语文教育的门。何老师曾托人带给我一本崭新的《给教师的建议》，扉页上题着——“赵冬俊老师：愿苏霍姆林斯基的教育思想，能带你进入教育教学研究的新天地”。

再后来，向何老师学习的机会就更多了。我参加了他组织的兴化市第二期小学青年教师教育理论读书班，参与了他主持的省教研重点课题“‘学习语言’案例教学研究”、市规划课题“阅读教学中教学内容的选择与优化研究”。

于是，他所学，我所学，常常一脉相连，只是远没有他那么广博。他敬重叶圣陶，我也敬重叶圣陶，早早购置了《叶圣陶文集》；他推崇苏霍姆林斯基，我也推崇苏霍姆林斯基，把《苏霍姆林斯基全集》（五卷本）放在书柜最为显眼的位置，并时常翻阅；甚至他常常提到的与小学语文教学并不直接相关的期刊《语文学习》《中学语文教学》，我也一直订阅……

读书、学习是何老师工作、生活的常态。于何老师而言，阅读既是工作需要，更是生活本身的需要。读书，已经成为他生活中的习惯。他随身带着的工作包总是沉甸甸的，除了听课笔记、工作笔记等，总放着一本《读书》或一两本小书。包里还有几本小笔记本用来临时记录读书、思考所得。何老师的阅读并不限于教育教学书籍，他的兴趣更多在历史、文化、哲学等方面。他每年读书几十本，写读书笔记几万字。

至此，我不仅耳闻目睹了何老师的“学”者模样，更亲身感受到何老师的“学”者气质。“学”者二字在他，不是一种称谓，而是一种状态。这种状态，首先表现为不耻下问。

10多年来，何老师以写字教学为抓手，通过组织现场观摩、评比验收等，扎实推进写字教学改革，成效显著。这期间，活动一茬接一茬，轰轰烈烈，可作为教研员，何老师的书写功底欠佳，尤其是楷字始终拿不出手，不能给全市语文老师现场示范、指点。年近不惑的何老师，没有“惑而不从师”，更没有心虚地避短扬长，而是一如板桥笔下的“竹梅”，花不仰面，绿叶低头，虚心地取长补短。开会、听课隙间，他常取出随身携带的那支老式“英雄”钢笔，认真临摹一两行楷字，然后小学生一样地推送到我面前：“帮我看看怎么写好这些字。”可想到自己多年不用钢笔，实在无地自容。只得在旁圈画，并费力地写几个不见得就端庄秀气的所谓范字。接过这些字，何老师还会细细地比照、揣摩一番。

何老师的年龄早过了学字关键期，欲改变这“第二张面孔”，着实需要一股韧劲。孟子曰：“源泉混混，不舍昼夜；盈科而后进，放乎四海。”何老师就这样“日克一字月积累，坚持数载始悟衷”，他的字一天天精致、稳健。他对全市写字教学的管理，也逐渐从宏观细化到微观，从行政推动转换到专业指点。这些年，何老师认的写字老师真不少——高志坤、邱加明、黄坚强……逢有聚会，他总恭恭敬敬地端起酒杯，一个一个地敬我们这群老师的酒。他敬酒就像求字一样认真，令我们这群后生恭敬不如从命地一饮而尽。

我承认，字写得漂亮一些是我相对于何老师的强项。但我又不得不承认，“不耻下问”是他相对我们很多人的强项。他有强烈的“求学”“下问”的意识，且擅长作深透的思考与准确的抽象。如，书法有“无横不斜”之说，我们将之当成书写法则加以运用。而何老师却要知其然，更要知其所以然。他通过一个个无横不斜的字例，将此说抽象到汉字结构的根本是“平衡之美”。他曾与我讨论，“毛”中两横取斜势，第二横左边偏长，实则是为了与最后一笔竖弯钩取得平衡之势。

2010年春天，江苏人民出版社资深编辑姜克强先生慕名而来，请何老师主持编写一套硬笔“写字指导”丛书。何老师倾其所学，组织兴化市几位擅长写字教学的老师，将他对写字教学研究的领悟融入这套书的编写中。2011年夏天，丛书面市，深得老师与学生的喜爱。后来该丛书还获得江苏省教育科研成果二等奖。

2012年3月，何老师应凤凰语文网十年庆暨“新课标”教学研讨之邀，做了“汉字形体美与写字教学”专题讲座。他以实例阐发——“汉字书写的灵动之美与双姿、笔画（运笔）教学”“汉字结构的均衡之美与偏旁、结构教学”“汉字文化之美与字源字理教学”，让听者固有的写字教学观念焕然一新，彻底翻转。

这次讲座，好评如潮，听者惊叹何老师的学识。但我更愿意把它看作是对一个“学”者不耻下问孜孜以求的回报。

二、博学笃志，明察秋毫

其次，何老师的“学”者气质表现为对专业的敏锐与自信。

早在20世纪90年代，何老师旗帜鲜明地提出自己的语文教学主张——语文教学给学生留下什么？留下语言而不是内容；留下形象而不是概念；留下情感而不是道理。这是兴化小语人耳熟能详的“三个留下”。我的语文教学，正是在这“三个留下”的指引下渐渐步入正道的。后来，何老师与时俱进地提出语文教学还应当给学生“留下思考而不是结论”。何老师明确指出：“语言是语文教学的根，情感、态度、价值观、品德修养、审美情趣等，都是从语言这个根上长出来的。没有对语言的感受、理解、品味、感悟，这一切都将成为无源之水。”何老师的这些见解与主张，在那个时代，具有极强的针对性，具有纠偏、校准的意义。他将积习已久的语文教学之弊，通过平易的语言，让人人看见。而语文教学改革的走向，也通过这平易的语言豁然开朗。走过近20年，何老师提出的这些主张没有淡出，恰恰相反，它们犹如一面铜镜被时光打磨得越发锃亮，越发清朗。说到底，这是何老师对专业的敏锐与自信，让他所言具有前瞻性、可行性，而又兼具恒久性——风雨不动，四季不变。

何老师的敏锐与自信，源于厚积薄发。为了从高处把握小学语文教学的方向，他重新研读了苏霍姆林斯基的《给教师的建议》，联系语文教学写了12篇共2万多字的读书笔记。他还细读了《教学理论：课堂教学的原理、策略与研究》《名作细读》《汉语与中国文化》《论对话》《叙事学》等专业书籍。但是我更愿意将这份敏锐想象成他作为“学”者的直觉与常态。因为他对语文教学的敏锐觉察，常常不是在冥思苦想、深思熟虑之后，而是在笑谈闲聊当中，语出惊人，点中症结所在。一次，一位老师执教《桂花雨》，她关注课后习题并不折不扣地将之作为重要教学内容。评课时，何老师说：“不要过于迷信教材。对于课文后的习题，我们要认真推敲，看看它是不是适合小学生。让学生联系生活，说说对‘外地的桂花再香，还是比不得家乡旧宅院子里的金桂’这句话的看法。小学生有这样的生活体验吗？这是值得我们思考的。”

其实，我也曾有这样的敏锐直觉，只不过我的敏锐被“尽信书”钝化了。何老师的明察秋毫与自信直言，让我的敏锐得以重新披挂上阵。随即，我研究了好几册教材的课后习题，写成一篇《课后习题当警惕》的文章，并发表于《语文报》。

在兴化，像这样因何老师的敏锐点化而写成并发表的文章，不在少数。有一次参加课堂调研活动，我与何老师一起听青年教师执教老舍的《草原》。课上，一位学生将“……隐隐有鞭子的轻响”一句中的“轻响”读成“响声”，老师点出并纠正。可何老师觉得，这是让学生学习语言的绝佳时机，不能轻轻放过。评课时，何老师自信满满地说："你们谁把这个案例写成文章，题目是'这里的'轻响'不可放过'，保准发表。"几个月后，我们几个又聚在一起开会，孙大武老师（2010年被评为江苏省小学语文特级教师）带来他发表在《小学语文教学》上的文章，题目就叫"这儿的'轻响'要放大！"。

2006年暑假，我应邀参加苏教版教材培训，并在培训会上执教四年级上册《但愿人长久》一课。试教时，我向学生提问："'人们都在欢欢喜喜地品尝着瓜果，观赏着明月，只有苏轼却在因思念弟弟而心绪不宁'这段文字中，有两幅完全不同的生活画面，能说说你看到的两幅画面吗？"何老师说："'只有苏轼却在因思念弟弟而心绪不宁'这句太拗口，要改得顺畅一些。"我说："书上就这么写的。"何老师接过教材，果然如此。何老师又反复读了两遍，依然不满，坚持道："'却在'二字在刻意强调苏轼的心绪，并不自然。应当去掉！"可书上明摆地写着，我怎能擅自改动？事实证明，这句话也正是学生读得最卡的地方。又一个学期，我再次执教这篇课文，对这句话记忆犹新。可我万万想不到的是，教材真的改成"只有苏轼因思念弟弟而心绪不宁"，"却在"果然不在了。

何老师超凡的敏锐语感，以及"学"者的超凡自信，简直神乎其神了。

三、道阻且长，溯洄从之

语文教学之道，可谓路漫漫其修远兮，多少语文人上下求索。求索者多若牛毛，可真正求到的却如麟角。语文教学之道，从来就不是沿着直线而来，它常常迂回曲折，需要我们具有溯洄从之的毅力和定力。何老师，无疑具有为学的这份毅力和定力。小语教研的路上，他始终保持着"学"者应有的冷静与客观，因地制宜，因人而异，将许多华而不实的"新理念""新思路"拒之于兴化小语的门外。

2001年，《语文课程标准》（实验稿）正式颁布。语文教学研究如火如荼，语文教学课堂改革满目繁花。借助多媒体进行拓展，成为当时语文课堂千课一面的风景。兴化市第一届新课程课堂教学比赛结束，何老师严肃地提出了自己的看法："我希望我有一把锋利的刀，将你们课堂拓展的尾巴全部砍掉。"

何老师清楚，浩浩荡荡的课堂教学改革之河，泥沙俱下。“拓展”，可以是课改的一个取向，但绝不是主流。想借助于“拓展”体现课改精神，一方面，有拉大旗作虎皮之嫌。另一方面，更为可怕的是，错将黄土当黄金的拓展，高耗低效，将黄金一般的课堂时间碾成了无用的黄土。

《语文课程标准》还曾明确提出：“不宜刻意追求语文知识的系统和完整。”这一矫枉过正似是而非的提法一度让语文人欢欣鼓舞甚至迷醉。何老师自始至终，没有和着《课程标准》的节拍走淡化语文知识教学的路子，而是逆流而上，督促我们加强语文知识的学习和教学。他理性地告诉我们：“语文老师面对着语文教学不知所措、一筹莫展，其实是语文知识缺乏的表现，是一种知识恐慌。”他又透彻地点醒我们：“传统的知识，对现在的语文教学显得太过时了。”“‘语文知识’之所以成为一个问题写进课标，其实质是去除僵死的旧知，接纳拥抱鲜活的新知。”几番溯洄，何老师将语文知识重新放置在一个更为科学合理的学习框架里。于是，知识的问题不再是问题，语文知识教学边缘化的问题也在小学课堂里得以正视并改善。为了更好地胜任写字教学，何老师推荐我们读《汉字王国》《汉字树》《汉字的故事》……让我们长长汉字字形字理的知识。为了更好地理解朗读教学的意义，何老师要求我们读《朗读学》《汉语与中国文化》。只有具备了相对完备的语文知识，语文教学的真理才能被我们掌握。

近几年，何老师以新知为基，上出一连串简朴而又令人耳目一新的好课。如，《钱学森》《天游峰的扫路人》《天鹅的故事》《望月》等。他的这些课，让人重新感受到“知识就是力量”，有新知，课堂应能焕发新的力量。

2010年5月，顾文艳老师（2014年被评为江苏省小学语文特级教师）代表泰州市赴连云港参加省青年教师优质课评比，执教《槐乡五月》。文中有这样一个比喻句：有的槐花抱在一起，远看像玉雕的圆球；有的槐花一条一条地挂满枝头，近看如维吾尔族姑娘披散在肩上的小辫儿。平常，我们教比喻，只是让学生知道把什么比作什么。在磨课时，何老师以修辞学的知识，指导顾老师一定要理直气壮深入浅出地教知识，不要抽象地教概念，而是教出比喻的内在意蕴。他指点顾老师从“玉文化”“修辞主体”“美感”等方面，去引导学生理解、感受作者如此比喻的精妙。于是，连云港的那节课上，顾老师让学生想象一下看到过的玉，思考作者为什么把它比作玉雕的圆球。在交流中，学生发现，玉是洁白无瑕的，玉是晶莹剔透的，玉是很珍贵的，用玉雕的圆球来比喻槐花，槐花显得更美了。

赛后，评课总结时，南通市小语教研员王爱华对这节课尤其是这个环节的教学给出极高评价。她说："这节课对我们整个活动的最大贡献是什么？我以为是如何去教比喻句。我很敬佩顾老师。比喻句的教学，现在已经程式化了，考试考比喻句也是程式化的，总是运用什么样的方式形象生动地写出了什么。顾老师站在文化的高度去引导孩子体会比喻句的妙处，体会作者把槐花比作这两种无比珍贵的、可爱的形象，其实是想表达自己对槐花的喜爱之情……"

坐在台下，听着由衷的赞美，我真希望何老师也能坐在台下。在语文教改的路上，毕竟还有很多溯洄从之、坚定不移的同行者。

四、任重道远，为而可为

何老师经常说："人不能太'忙'，忙则心亡，心亡则忙。"事实上，他一刻也没有闲住。这并非口是心非，而是他将那份"闲"放在心里，静静地自悟自得，将那份"忙"担在肩上，身体力行，播撒教育的种子。

2012年的秋天，何老师利用休息日下午，为青年教师开设"《论语》与现代教育思考"系列讲座。也许，这是一个突发奇想的决定，一个微不足道的开始，但走完二十讲，所有的听众都觉得这一程程思想的旅行、一场场幸福的对话分享，让二十个下午变得意义非凡、难以忘怀。每一个洋溢古典气息的下午，何老师带着他读孔子的心得如约而至，在他飞扬的神采里，活生生的孔子也仿佛带着他亲切的音容迎面而来。我们聆听何老师，也聆听孔子。仿佛两位师者在当时当地相交了，甚至重合了，令人恍然。

何老师这份快乐的忙碌，没有谁盛情邀约，也没有谁安排指令，完全是他的自觉。对于传统文化的经典——《论语》，他不仅仅坐而论道，还要起而行道。"道虽迩，不行不至；事虽小，不为不成。"何老师，以他的"行"，日臻"学"之妙境，将儒家担当进取的精神化作坚定的理想与信念，坚定前行。唯不同的是，他身上没有“知其不可为而为之”的悲壮，有的是“知其可为而为之”的洒脱。即使偶有不顺，也一往无前。

2008年左右，何老师通过调研发现，小学教师尤其是新分配教师的书写水平整体下滑。他随后组织了规模空前的小学教师书写质量测试。测试不合格的教师，学校领导须督促其按时按量描红临帖，并按月上交练习作业。再由何老师聘请的四位写字高手，将作业逐字评点返回，如此反复，直至合格。这种费力费心的免费午餐，在好学者、乐学者看来，是幸事。可偏有个别不领情的，一封“人民来信”，投诉何老师此举“增加老师工作负担”。

在他办公桌上看到这封来信，我义愤填膺。而何老师却是一脸“人不知而不愠”的温和，他耐心而委婉地给老师回复……他不改初衷，不改其乐，只为改变当下教师整体书写水平不尽如人意的面貌。

何老师就是这样，永远微笑着试图改变什么。他心中没有愤恨，也没有埋怨，有的是闪闪发光的正能量。何老师一直关注乡村教育，关心留守儿童。只是，他的关注与关心保持一贯的低调。他带领我们一起去最底层的村小，给孩子们讲故事、上课，给村小的孩子们捐赠适宜的童书。他也曾资助留守儿童，但他从不会留下孩子手持红包、书籍接受资助的照片。他总是在节日里，带上几本书，和孩子聊聊最近的读书与生活。2008年5月，何老师约我去戴南小学听课。他说，最近接触了一个留守孩子，想到他班上上两节语文课。课上，何老师不露痕迹地关注着这个孩子，表扬并激励他大胆发言。临走，孩子高高兴兴地从何老师手上接过一本《草房子》。何老师又回头叮嘱班主任，多多关心这个孩子……

何老师的真诚与深情，深深地影响了我们，让我们也拥有了满满的正能量。我们也像他要求的那样“不抱怨，也不听别人抱怨”，“我们每个人都是自己的一把手”。我们可为，可以大有作为。而那长吁短叹，除了伤身劳神，还能有什么呢？几十年来，何老师一直坚守在小学语文教学、教研岗位上，咬定青山不放松。由于好学和潜心钻研，他的读书、教研都取得了丰厚的成果。最能体现他学术内涵和层次的是，2015年12月28日《中国教育报》公布年度教师喜爱的100本书，何老师所著《论语里住着的孔子》入选“90佳”。2016年《人民教育》杂志第2期发表了何老师4000余字的长文《“好老师”孔子的学习哲学》，终结了兴化市若干年来无人在《人民教育》发表文章的历史。文章中，何老师说，孔子为师之道的根本就一个“学”字。正因为何老师深谙此道，才诞生出这样一本厚重的《犁痕桨迹：我的语文行与思》。他的为学之道尽在其中，他的为人之道亦尽在其中。

附录2

“论语里住着”的味道

——关于教师读《论语》的对谈

在我看来，《论语里住着的孔子—— 一位普通教师的〈论语〉阅读笔记》（何伟俊著，广西师范大学出版社2015年2月版）一书，是一次关于《论语》的现象学写作，何伟俊老师从文本出发，认识、理解、亲近孔子，读出一个“住在《论语》里”的孔子。在解读上未必蹊径独辟，但著者本着一颗教育者的心灵，喂饭哺人，带着读者走进孔子老师的课堂，听课，也评课。著者还努力将自身修习的快意与乐趣传达出来，让大家与孔子一起想想事、聊聊天，慢慢地，这一群人也略微有些“论语里住着”的味道了。

由一个人了解一个时代

冷玉斌（以下简称冷）　何老师最初怎么想起要读《论语》，并且读得如此用心？

何伟俊（以下简称何）　作为一个中国人，作为一名教师，要想对中国的传统文化要有所了解，有两种方法，一种是间接的了解，听别人讲，看别人介绍。另一种是直接的了解，回到原点，细读文本，做出自己的理解，形成自己的判断。

我最初读《论语》有四个“回到”，即回到文本、回到语言、回到人、回到生活，寻找属于我自己的答案。从这个话题，又能引出另外一个话题，这就是中国传统文学评论的一个命题，叫“知人论世”。“知人论世”，现在通行的解释是研究一个人及其作品一定要先了解他所处的时代，但我觉得不完整，有时候可能还是有问题的。其实，时代背景不是一个预设在那里的、虚空的东西，时代是由人组成的，哪有抽象的时代？我们过去，往往由时代去了解人，其实还有另外一条路径，由一个人去了解一个时代。所以我读《论语》的时候，想做一点突破，不管那个时候是什么时代背景，我从文字出发、从语言出发。这正好跟《论语》中孔子的话是相符合的，子曰：“不知命，无以为君子也；不知礼，无以立也；不知言，无以知人也。”他最后一句话说得很清楚，意思是你不能理解语言的话，就不能理解一个人。海德格尔说过，“语言是存在的家”，这个存在，是指人，指人的思想、精神，我就是想从语言去琢磨孔子，琢磨孔子的精神与人格。

冷　作家刀尔登有一本历史随笔集叫《中国好人》，也是说从一个人身上，看到一个时代。

何　因为有了《论语》，我能还原一个真实的孔子，假如没有《论语》，没有语言文字留下来，凭空想象也想不出来。我读《论语》时，孔子好像就在我的身边，天天在跟我说话，我做梦的时候，都有跟他相遇的感觉，真的是言为心声，语言就是人心的表露。至于为什么用心来读，也是对自己思想的挑战，对文本细读能力的挑战。古往今来，有那么多人解读《论语》，产生了那么多的专著，我还能读出什么东西来呢？这是一个挑战，我用心去读，想读出一点自己的东西来。另外，用心读也是实践我关于阅读的一个观点，并对此加以验证。我认为阅读有两种，一种是读过，一种是读到。读过的书很多，很快就随着时光流逝烟消云散，而读到的书不多，所谓读到的书就是能够走到你灵魂中，能够留在你生命中的那些书。我想让《论语》成为我“读到”的书，而不是“读过”的书。用心读的过程中，才能有自己的感受，形成自己的理解，没有理解和感受的阅读，只是思想的空转。有时我们困惑，老师也好，学生也好，读了很多书，花的时间也不少，总觉得收获不大，问题在什么地方呢？正是因为他没有去感受，没有用心读，没有把书变成自己的东西。

讲出来才算拥有一本书

冷 何老师对《论语》的阅读与理解是否经历了一个持续的过程?

何 我对《论语》的学习和关注是从2007年开始的，当时阅读了《蒙培元讲孔子》、李长之《孔子的故事》、李申《简明儒学史》，还关注了余英时、袁伟时这些学者对于儒学、传统文化的见解与批判。通过阅读，我对儒家文化的历史有了大略了解。其中一个观点，对我的启发很深：儒家不等于孔子，孔子不等于儒家。过去我们对孔子的诟病与责难，往往就是说孔子搞三纲五常、专制、等级……都把罪过加在孔子身上，这其实是不对的，儒家的文化是历史的形成，是一个动态的过程。在中国历史上，儒家是在逐步衰弱的，儒家鼎盛的时候应该是在宋朝，到清朝的时候已经衰弱了，到了“五四运动”，大家都要抛弃它，但这不是孔子的过错，与孔子没有多大关系。古人好的东西你继承发扬，有不好的东西，你应该与时俱进，“不迁怒，不贰过”，把所有的罪过加在古人身上，这是无能的表现，也是推卸责任的表现。

我读的时候，主要是一篇一篇地读，一个字一个字地读，用语文老师的方法，梳理、归纳，一篇中提炼一个主题出来，然后再归纳成几个方面，列出小标题，把自己的思考记下来，最后写成完整的读书笔记。到2012年10月，我已经写了前7篇的读书笔记，每篇五六千字，最多的也写过一万多字。到这个时候我陷入了一个困境，继续向前走，感觉比较难。我就想到一个倒逼的办法，为青年教师作“《论语》与现行教育思考”系列讲座，这就有了一个承诺，承诺就要兑现。

我从2012年10月27日开始讲，每个学期讲5讲，一共是20讲，两年时间完成。到2014年4月30日，这个阅读的长跑，或者说是一次历险，终于到达了终点。正是因为有了每次的讲座，我才逼着自己去看更多的书，进行更多的思考，思想是相互照亮的，看了别人的书以后，自己想到更多东西，获得更多启发，这就是我阅读与理解《论语》的过程。

冷 两年的讲座影响了一大批老师，他们也积极投身于《论语》的阅读，在这个过程中，您自己的收获更多吧?

何　是的，这两年给教师讲《论语》，于我也受益良多。第一，是分享的快乐。第二，是尽到一份传播的责任。叶嘉莹先生认为，“讲”就是一种传承。教师是文化人，教师的价值是传播文化，不仅仅是教知识。我讲《论语》，也有这么一个想法，就是尽到我的责任，能够把我知道的、理解的传统文化告诉大家，与大家分享。第三，我也有一点私心，通过讲让自己思考得更深。因为有人听你才会讲得更多，讲得更好。这正如莫提默、查尔斯在《如何阅读一本书》中说的：“你真想拥有一本书，你就把它讲出来。”所以我讲《论语》，收获最大的不是听我讲的老师，而是我自己。

思想是相互照亮的

冷　助人者自助，果然是这样。那给老师们讲时，感觉最难的是什么？

何　最难的还是自己的读。从字面上读《论语》容易，读出自己的理解、感受，要有自己的发现，还要与当下的生活与教育有联系，这不容易。阅读不仅仅是解释词句，还要有自己的想法与新意，这样才对得起听我讲的老师。我讲的时候力求与当下对接，实现所谓的穿越。当然自己的东西不是凭空产生的，一定要有一个凭借、一个出发点，这就是参照别人的思想。更多阅读、更多思想就会引发你的思考。从这个意义上说，读者、作者是相互照亮的。最近读到日本学者白川静的著作，他热爱中国文化，著有《孔子传》。他的一句话对我触动很大：“孔子在《论语》中是活着的。”真是说到我的心坎里了，由此我想到“《论语》里住着孔子”，这就是我本书序言的来历。书名与序言一字之差，加了“的”字，更突出是从孔子角度解读《论语》。

冷　您把《论语》这本书变成了您自己的东西。在您看来，《论语》对于当下教育和教师有什么样的意义？

何　这个问题首先让我想到一件事——对教师职业的认同。我一直认为，无论从事什么职业，职业认同是非常重要的，包括对这个职业创始人的认同。教师的鼻祖是谁？就是孔子，他是万世师表。因此我觉得教师读《论语》，意义之一就是认识我们教师行当的老祖宗孔子先生。

其次，我觉得孔子作为老师，他的教育理念、教育思想到现在还有很多值得我们借鉴的，“学而不思则罔，思而不学则殆”，“温故而知新”，“三人行，必有我师焉”，等等，此外，“不愤不启，不悱不发”，启发式教学，等等，这是教师读《论语》的第二个意义，它能给我们教育的智慧。

最后，作为语文老师，自己的汉语言功底的根在哪里？应该在古代的经典里，譬如《论语》《老子》《孟子》《庄子》等。教师通过阅读，提升语言修养，影响、熏陶学生，担起传承中国传统文化的重任，这也是阅读经典的意义之一。

冷　这就说到您的书了，您认为，老师们阅读《论语里住着的孔子》一书时，有哪些特别值得关注的地方？

何　第一个，阅读要回到生活。阅读的时候看到的是文字，但联想到的、思考到的应该是生活，在读《论语》的时候我总是尽量回到生活里去的。第二个就是还原语境。《论语》里有很多话，假如回到语境当中就非常好玩，像“女与回也孰愈”一节，孔子与子贡的对话，充满了老师与学生之间的生活情趣，彼此心照不宣，很有意思，所以读《论语》要还原语境，没有语境的理解就仅仅是词语解释，没有什么实在的意思。第三个是尊重文本。我阅读《论语》用了杨伯峻先生的译注，他是研究《论语》的大家，但我在读的时候，对他的一些解释也会提出自己的质疑。当然，我的质疑是回到文本有疑而问，如对“道不行，乘桴浮于海”一节，书中就有不少个人之见，故此这第三点就是尽量回到文本去进行理解。最后一点是系统思维，我读《论语》在解读文本方面的一个收获就是联系，将一个篇章里面的几句话贯通起来理解，书里这样的例子就太多了。

《中国教育报》2015年5月11日

附录3

何伟俊：读书当及时

张　旻　戚小晔

人物介绍：

何伟俊，江苏省兴化市教育局教科室主任，小学语文教研员。阅读爱好者，热心并坚持推动地区内师生阅读。1998年创办兴化市小学青年教师读书班，已至第6期，18年不间断；2010年创办兴化市小学教师“心远”读书会。读书班走出一批名师，在省内外产生一定影响。出版了《小学语文教学散论》《互动学作文》《在书香里成长》《论语里住着的孔子》等著作。

读书人，是教师身份的名片。教书人本来就应该是个读书人。

于我而言，阅读既是工作、教研的需要，更是生活本身。教学、教研之余，最爱是读书，以读书、买书、送书为乐。

我常常用四句话勉励自己，并且与书友、老师们分享：一个人能做事幸运；有事做幸福，心怀感恩；做自己喜欢的事快乐；和朋友一起做自己喜欢的事更快乐，吾心欢喜。

让读书、教书、育人，成为幸福和快乐的事。

在这里，兴化市教育局教科室主任、小学语文教研员何伟俊被教师们亲切地称为“点灯人”，因为他几十年如一日，勤勤恳恳播撒阅读的种子，点燃了教师的阅读热情。也有人说他是“生命中的重要他人”，因为早在1998年，他就创办了兴化市小学青年教师读书班，一路春风化雨，培养出一批批优秀的教育人。更有人把他称为“精神导师”，因为如今的他用业余时间积极开办公益讲座，解读《论语》《大学》《中庸》等传统经典。但教师们其实更喜欢称呼他为“老师”，因为他循循善诱、言传身教，除了引领、带动阅读，还经常为老师们指点迷津……

热爱阅读：为善无不报，读书当及时

何伟俊的办公地点在兴化城区，几年前，他却特意把住处换到了安静、偏僻的城郊临城镇上，究其原因，他坦言：“为了有一个更大的书房，以及能安静看书的环境。”他的新书房里放满了书柜，就连桌上也摆满了书。这些书囊括了文史哲体艺，涵盖了上下五千年。古城兴化是郑板桥的故乡，在何伟俊的书房中有一幅挂轴，写着郑板桥的名言：为善无不报，读书当及时。这，也是何伟俊的座右铭。

他出生于戴南乡村，求学于高邮师范。在那所人文传统深厚、创作氛围浓郁的校园内，何伟俊迷上了阅读。学校图书馆是他晚上经常光顾的地方。1981年，他回到老家戴南小学工作，不但自己保持着阅读习惯，还在学生中倡导阅读。他的语文教学方式，开当时的风气之先——不给学生布置抄写、默写等所谓的语文家庭作业，而是要求他们每周写两篇日记，每月写两篇读书笔记。他用钢板刻印“读书卡”，发到学生手中，要求他们填写。“读书卡”上有课外阅读书目的名称、阅读时间、作者名，以及学生从中学到的字、词，还有阅读感受等。这样的语文教学方式，让他所带班级不仅语文成绩在平行班中名列前茅，而且学生的演讲、作文等语文综合素质在同年级中具有明显优势。

阅读，让你能够分享别人的智慧，同时产生属于自己的智慧。于何伟俊而言，阅读既是工作需要，更是生活本身的需要。读书，已经成为他生活中的习惯。他随身带着的工作包总是沉甸甸的，除了听课笔记、工作笔记等，总放着一本《读书》或一两本小书。包里还有几本小笔记本用来临时记录读书、思考所得。何伟俊的阅读并不限于教育教学书籍，他的兴趣更多在历史、文化、哲学等方面。从2009年开始，他细读《论语》，阅读过程中参读了《论语今读》（李泽厚）、《孔子传》（钱穆）、《说儒》（胡适）等18本相关书籍。这几年他读过的书有：《中国文化十一讲》《中国改革30年——10位经济学家的思考》《越读者》《尼采与形而上学》《静悄悄的革命》《中国哲学简史》《叶嘉莹说诗讲稿》《汉字的魔方》《朝圣之旅》《无言之美》《我想遇见你的人生》《活法》《美国讲稿》《斐多》等几十本书，累计写读书笔记5万多字。2008年起，他还在“凤凰语文论坛”“读书空间”开了两个专题帖——“阅读随记”和“同窗共读经典”。

推动阅读：既滋兰之九畹兮，又树蕙之百亩

“不忘初心，方得始终。”由于工作表现突出，年轻的何伟俊由一名普通教师逐渐成长为学校教导主任、副校长、镇教管办主任。从引领学生阅读，到引领教师阅读，他始终初心不改。1998年，何伟俊调至兴化市教育局教研室工作，在这个更大的平台上，他创办了有兴化小学教育的“黄埔军校”之称的“小学青年教师读书班”。屈原在《离骚》中说：“余既滋兰之九畹兮，又树蕙之百亩。”何伟俊又何尝不是“树蕙”之人呢？

何伟俊还记得，1998年12月28日，一个初冬的下午，首期“兴化市小学青年教

师读书班”在兴化职业技术学校（现改为兴化市新生中心小学）报告厅举行了开班仪式。首期读书班有23名成员，他们来自兴化城乡，均为小学教育的业务骨干。何伟俊为他们规定读书篇目，购买图书，制订读书计划。每期读书班，他拟定的推荐书目或许稍有不同，但最为经典的几册教育典籍从来都是必读之选，如苏霍姆林斯基的《给教师的建议》、杜威的《民主主义与教育》、施良方先生的“课程三论”（《教学理论》《学习论》《课程理论》）等。

每学期，何伟俊组织读书班学员开展读书心得交流、相互听课评课，外出听特级教师讲课、专家讲座。何伟俊将读书班的班刊取名为“树蕙苑”，刊发学员的读书心得、教学随笔等，以便交流、分享。每期读书班编2~3期，至今共编了18期。2008年2月，读书班编辑了一份《树蕙苑》特刊，这是第四期学员开班时得到的一份“大礼”，内容是一、二、三期读书班学员回忆读书班的文章，记录了前三期学员温馨的记忆，表达了他们对第四期学员殷切的希望。何伟俊经常为《树蕙苑》撰写刊首语或发表自己的读书感悟，《让阅读像呼吸一样自然》《读书，以臻玄妙洞深》等文章深刻地影响了学员的个人阅读，让每位学员谨记不忘。

“星光尽管微弱，却给夜行者以方向和安宁。”因为更多人的努力，至今读书班已经举办到第6期，走过了18年的难忘历程——总计有235位学员参与了读书班学习，从中走出一位江苏省特级教师、多位在省市内外有影响的小学语文名师。目前活跃在兴化小学教育第一线的名师、骨干，无论在城在乡，他们中有许多人曾是读书班学员。

可以说，“读书班”的影响早已经超出了“读书班”本身，很多学员回到学校后成了本校读书组织的主办者或者活动骨干。他们从一个“读书班”走到另一个“读书班”，从没有将读书放下，而是让读书的声音传得更远，把读书的事业做得更大。这些组织或机构发扬了市级读书班的读书精神，于书海里徜徉，在经典中汲取营养，吸引了更多同行者加入到读书队伍里来。

可是何伟俊并未停住脚步，2011年，他又牵头组织成立兴化市小学教师“心远”读书会。何伟俊说：“心远”出自陶潜的《饮酒》的‘问君何能尔，心远地自偏’，旨在激励教师怀揣理想，志存高远。”这个新的读书阵地，是读书班的延伸。读书会定期开展读书沙龙、教学研讨。每年的世界读书日，读书会除了召开一次隆重的年会，还要遴选会员们一年来的读书笔记、影评、文学创作、教育随笔等文章，编印成刊。

在组织、引领教师读书的同时，何伟俊把推动全市小学生课外阅读作为教研的常规工作来抓。为了推动全市小学生的课外阅读，他和教研员孙万寿老师一起，于2001年制定了《小学课外阅读基本要求》；2002年制定了《关于加强小学生诵读古诗词的意见》，并选编了160首古诗词分成6年12个学期，供全市小学生诵读；2005年制定了《关于在全市小学开展书香班级和书香学校评比活动的意见》，推动书香校园的建设。他每学年组织召开课外阅读现场会或研讨会，树立典型，推广经验，促进课外阅读的深入开展。

升华阅读：学高为师，身体力行

近几年，何伟俊又将他热切的目光投注在了《论语》等古代经典上，因为孔子是万世师表，他的教育理念、教育思想值得教师借鉴。何伟俊认为，作为语文教师，汉语言功底的根应该在《论语》《老子》《孟子》《庄子》这些经典里。教师通过阅读，提升语言修养，从而影响、熏陶学生，担当传承中国传统文化的重任，这也是阅读经典的意义之一。

何伟俊读《论语》的方式和一般人不一样。他读《论语》做到四个“回到”，即回到文本、回到语言、回到人、回到生活，寻找到“属于我自己”的答案。所以他在读《论语》的时候，想做一点突破，即不完全受“知人论世”的束缚，从语言本身去琢磨孔子，琢磨孔子的精神与人格。

2012年秋天，在读完很多介绍孔子及其学说的专著的基础上，何伟俊义务给教师们讲起了《论语》。讲座之后，他将讲稿整理，形成专著《论语里住着的孔子》。在书中，何伟俊从文本出发，读出了一个“住在《论语》里”的孔子，介绍了一位“活生生的可亲可敬的人”。

此后，何伟俊又开始讲《大学》和《中庸》，明年打算讲《孟子》。在他看来，教师要形成独立思考的能力，离不开阅读这些古代经典。从教育专业看，要读《论语》《孟子》等；从文学修养看，要读《诗经》、唐诗宋词等；从理解历史看，要读《史记》《资治通鉴》等。他觉得，“讲”就是一个学习的过程，并且，读了一本书，再把它讲出来，也就是真正拥有这本书的过程。

公益讲座影响了一大批老师，他们也积极投身于对《论语》等古代经典的阅读之中。兴化市垛田中心小学的仇山奇老师说：“在课堂上，我们与他一起走进《论语》，穿越历史的时空，来到了两千多年前的一个古老的教室听课，孔子的课堂亦如我们的课堂。”兴化市城东中心小学的罗鹤军老师说：“他谦虚地说是我们的‘听’成就了他，其实应该说是何老师的‘讲’成就了我们，使我们懂得了什么是情怀，什么是坚持，什么是付出。”

何伟俊说，他想把兴化市小学青年教师读书班一直办下去，让更多的老师走上专业阅读之路。要培养更多的好老师，提高教师的教育素养和文化素养，这样幸福的学生才会越来越多。每一位见过何伟俊的人，无不感慨于他的睿智、儒雅、谦和与深度。如果将这些特质用一个词来概括，那应该是“读书人”。他自己觉得，教书人本来就应该是个读书人，怎样让更多的教师爱上读书，是他作为教研员的责任。“阅读，就是在心里种下一棵树。要带着思考和生命体验，和文本与作者对话，把读过的书变成读到的书。”采访的最后，他微笑着对我们说。

2015年11月《阅读》

后 记

20世纪七八十年代，职业选择的空间很小。1979年高中毕业，读了两年高邮师范，我便懵懵懂懂做了老师。刚做老师，学校有“新教师必须教语文做班主任”的规定，糊里糊涂开始教语文。语文并非我学生时代的优势学科，更没有所谓“家学渊源”。幸好，我的“学习基因”正常，1986年南京师范大学汉语言文学自学考试大专毕业，2002年苏州大学汉语言文学教育本科函授毕业。除了学历进修，我工作以来一直坚持读书学习，边教边学。第一个十年，我摸索积累了一些语文教学的经验，是个基本称职的小学语文老师。接着的五年，我“客串”教育行政管理工作。因为喜爱教研，钟情小学语文教学，1998年我调动到兴化市教研室专门从事小学语文教研工作。

在我心里，教育教学研究是我永远的专业；读书、上课、教研，是我终身的志业。做教师，我追求对每一个学生负责，教好每一个学生，做一名合格的教师；做行政工作，我追求带好每一所学校，让更多的教师发展好，让更多的学生成长好；做教研员，我追求帮助教师获得成长和发展，教师成长发展了，学生才能更好地成长和发展。“做最好的自己”，虽然尚未做到，但一直如此要求着自己。

除了教育教学研究，倡导、推广教师读书，是我一直坚持的“行动”。从1998年起，我组织创办了兴化市小学青年教师读书班，至今已办6期，参加的青年教师共234人。我为他们挑选读书篇目，购买图书，制订读书计划。每学期举行读书心得交流、相互听课评课活动，组织外出听特级教师讲课、专家讲座。我为读书班编印了专刊《树惠苑》，刊登学员的读书心得、教学经验文章等，现已编到18期。在这样的学习型组织中，我和学员一起读书、思考、实践、写作，同修共进。读书班，培养了一批本市的教学骨干和省、市有影响的教师，被称为兴化小学教师的“黄埔军校”。

多年来，在这样的“行动”中，我感受到读书、教研、工作的快乐。我经常和朋友分享四句话：能做事幸运，有事做幸福，做自己喜欢的事快乐，与朋友一起做自己喜欢的事更快乐。《尚书》上说：“非知之艰，行之维艰。”《晏子春秋》上说：“为者常成，行者常至。”王阳明说：“事上磨炼，知行合一。”西方人说，行动着的人，离上帝最近。孔子说：“弟子入则孝，出则悌，谨而信，泛爱众而亲仁。行有余力，则以学文。”苏格拉底说：“未经审视的人生是没有价值的人生。”佛学的修炼途径为“闻、思、修”。由此看来，行动是人生的根基。只有将行动与思考结合起来，才能使生命臻于完美圆融。人的一生，从“表面”看是位过客，经历一段段行走的旅程；从“里面”看是位探索者，离不开思考、感悟和体验；从“深处”看是自觉觉他者，接受他人恩惠再给予他人恩惠。

《犁痕桨迹：我的语文行与思》是我30多年语文学习、教研过程中“行”与“思”的留痕，也是自己的一份人生“作业”。这本书看似是我写的，其实是众人加持的结果。读书，就是“借光”，用他人的思想照亮自己。我读过的书以及作者，都是我生命中的恩人。感谢读书班、读书会的书友，常常给我激励和启迪。感谢听我课、讲座的老师，尤其是帮我做实录、点评的各位。感谢广西教育出版社石立民总编等编辑的帮助、指导。感谢家人的关心，为我心无旁骛投身读书、教研提供了最大支持。感恩所有关心、帮助过我的人！

最后，特别感谢于永正老先生。于老是我最崇敬的特级教师，他前前后后来兴化上课、讲学7次，对兴化小学语文教育教学事业产生了重大影响。我的语文教学实践与思考，也从于老那里获得了很多启发。去年底，于老身体初愈。我试着恳请于老为拙著写序，想不到他老人家欣然应允。于老竟将本书初稿一一看完，一个月后，几番斟酌，序言写成。于老的肯定和鼓励，实在让我汗颜，我会用不断努力学习和工作来表达自己内心的感激之情！

本人学识浅陋，书中的问题敬请书友、同行批评指正。

何伟俊　2016年2月

图书在版编目（CIP）数据

犁痕桨迹：我的语文行与思 / 何伟俊著.—南宁 ：广西教育出版社，2016. 8（2019.9重印）
ISBN 978-7-5435-8118-0

Ⅰ. ①犁… Ⅱ. ①何… Ⅲ. ①小学语文课—教学研究 Ⅳ. ①G623.202

中国版本图书馆CIP数据核字（2016）第154540号

出 版 人◎石立民
出版发行◎广西教育出版社
地　　址◎广西南宁市鲤湾路8号
邮政编码◎530022
电　　话◎0771-5865797
本社网址◎www.gxeph.com
电子信箱◎gxeph@vip.163.com
印　　刷◎广西民族印刷包装集团有限公司
开　　本◎787mm×1092mm　1/16
印　　张◎35.75
字　　数◎600千字
版　　次◎2016年8月第1版
印　　次◎2019年9月第3次印刷
书　　号◎ISBN 978-7-5435-8118-0
定　　价◎58.00元